国家出版基金项目
NATIONAL PUBLICATION FOUNDATION

“十二五”国家重点出版物出版规划项目
人才强国研究出版工程·人才学理论研究丛书

宏观人才学概论

HONGGUAN RENCAIXUE GAILUN

中国人才研究会　编

主　编　赵永乐

副主编　沈荣华　桂昭明

党建读物出版社

图书在版编目(CIP)数据

宏观人才学概论/赵永乐主编;中国人才研究会编
.—北京:党建读物出版社,2013.9
(人才强国研究出版工程.人才学理论研究丛书)
ISBN 978-7-5099-0424-4

Ⅰ.①宏… Ⅱ.①赵… ②中… Ⅲ.①宏观人才学
Ⅳ.①C96

中国版本图书馆 CIP 数据核字(2013)第 085604 号

宏观人才学概论

HONGGUAN RENCAIXUE GAILUN

中国人才研究会 编

赵永乐 主编

责任编辑:刘宗琴 **责任校对**:钱玲娣 **装帧设计**:创造力

党建读物出版社出版发行
http://www.djcb71.com
(北京市西城区南横东街6号 邮编:100052 电话:010-58587632/7681)
新华书店经销 保定市中画美凯印刷有限公司印刷

710毫米×1000毫米 16开本 27印张 397千字
2013年9月第1版 2013年9月第1次印刷
印数:1-3000

ISBN 978-7-5099-0424-4 定价:55.00元

序*

尹蔚民

为了深入学习贯彻党的十八大精神，加快确立人才优先发展战略布局，推动我国由人才大国迈向人才强国，中国人才研究会组织人才学研究专家学者，策划编写了《宏观人才学概论》、《微观人才学概论》和《新编人才学通论》，该套丛书以科学发展观为指导，系统研究总结了改革开放以来人才理论与实践发展的成就和经验，吸收借鉴了国际人力资源开发的最新理论成果，在新的历史起点上，紧紧围绕我国实施人才强国战略的重大理论创新和实践创新问题，着力开拓人才学发展的新思维、新方法，首次提出了以宏观人才学、微观人才学、人才学通论为基本知识框架的人才学理论体系。这对构建中国特色人才学理论体系、更好实施人才强国战略具有重要意义。

实践是理论创新的源泉。改革开放以来我国人才工作实践的每一次重大突破，都有力地推动着人才理论创新。人才强国战略的实施，特别是国家中长期人才发展规划纲要实施以来，各地创造了许多新鲜经验。比如实施国家“千人计划”，重点引进一大批海外高端创新创业人才；加大人才经费投入，确保人才优先发展战略布局的形成；建立多样化的创业园、留创园，促进了产学

---

* 本文作者系人力资源和社会保障部部长、党组书记，中共中央组织部副部长，中央人才工作协调小组副组长。

研结合的人才培养新模式；推进人才公共服务建设，努力营造良好的人才成长环境；重点扶持一批人才管理改革试验区，鼓励地方、行业在体制机制改革和政策创新方面大胆先行先试。这些丰富的创新实践既为人才学理论的形成提供了坚实的基础，又为理论创新提出了现实需求。理论从实践中产生，再用于指导实践，同时又接受实践的检验。只有在这个紧密结合的过程中，人才学理论才有其生命力和创造力。

人才理论创新要靠人才理论工作者的智慧和探索。人才理论工作者是推动人才理论创新的骨干力量，是推动人才工作思想解放的先行者。改革开放30多年来，广大人才理论工作者深入研究、阐发宣传中央关于人才工作的重大战略思想，积极推动我国人才学科建设和人才理论发展，做了大量基础性开创性工作，取得许多很有价值的研究成果。但从总体上看，人才实践已经远远走在人才理论研究的前面，有许多问题亟待研究，有许多经验值得总结，人才理论研究与人才实践发展还很不相称。人才学理论研究丛书是对人才实践的一次系统总结和理论创新，本丛书的出版必将有助于改变我国人才理论研究薄弱的局面。

习近平同志指出，“把我国建设成人才强国，是一项庞大的系统工程，必须认识规律、尊重规律，按规律办事”。提高人才工作科学化水平，必须深化对人才发展规律的认识。广大人才工作者要自觉加强人才理论学习，尊重人才发展规律，把握人才发展特征。要尊重人才成长规律，把握人才的实践性特征；尊重人才供求规律，把握人才的适应性特征；尊重人才竞争规律，把握人才的创造性特征；尊重人才流动规律，把握人才的自主性特征；尊重人才价值规律，把握人才的激励性特征。广大人才工作者要接受人才理论指导，在尊重人才发展规律中推进人才工作实践，解决深层次矛盾和问题，增强人才工作的预见性和创造性。

相信人才学理论研究丛书的出版在推动人才实践发展和人才理论创新方面将发挥积极作用。

2013 年 6 月 3 日

前　　言

在人类社会发展进程中，人才是社会文明进步、人民富裕幸福、国家繁荣昌盛的重要推动力量。当今世界正处在大发展大变革大调整时期。世界多极化、经济全球化深入发展，科技进步日新月异，知识经济方兴未艾，加快人才发展是在激烈的国际竞争中赢得主动的重大战略选择。进入新世纪新阶段，我国作出了实施人才强国战略的重大决策，人才强国战略已成为我国经济社会发展的一项基本战略，人才发展取得了显著成就。

人才的培养、引进、发现和使用是一门科学。经国家标准化管理委员会批准，自 2012 年 3 月 1 日起，人才学正式列为社会学下的二级学科，这将改变人才学学科的边缘化和碎片化现象，推动人才理论创新，促进人才理论研究队伍发展，更好地落实人才强国战略。

为了深入开展人才理论研究，积极探索人才资源开发规律，加强人才学科建设，中国人才研究会集中全国人才理论研究专家，紧紧围绕人才强国战略，编写了人才学理论研究丛书，从宏观人才学、微观人才学、人才学通论三个层面，对改革开放 30 多年来人才实践创新和理论研究成果进行梳理，对人才学基础理论进行系统的构建。

宏观人才学是从宏观的角度研究人才整体的发展、运行规律以及人才政策体系的学科。它关注的是整个社会、国家、地区、产业、行业的人才发展，其人才观是“大人才观”，具体涉及人才的生产和投资、流通和配置以及消费和产出的整体人才社会运行全过程。

微观人才学是从微观的角度研究组织内部个体的成才要素、成才过程及其发展规律的学科。它的主要研究对象是人才个体，人才个体的发展是在一定的环境作用下，提高素质、不断学习、不断实践的周而复始的循环上升过程。素质、学习、实践、环境是人才发展的四大必备要素，其中学习与教育、实践与使用又是主体与客体相辅相成的两个方面。

人才学通论是对人才学研究的基本问题的论述，包括人才概念、人才分类、人才标准、人才统计等。基于人才是个系统，人才开发是一项复杂的社会系统工程，人才学通论按照人才学导论、人才基础论、人才成长和发展论、人才开发论、人才展望论的顺序展开。

人才学理论研究丛书坚持科学性、前瞻性、创新性、实用性、国际性相统一的编写原则。

科学性。人才学理论研究丛书立足于国际国内人才发展的最新动态，立足于我国人才强国战略和创新型国家建设的迫切需要，遵循人才发展的客观规律和必要条件，借鉴国内外人才思想和我国人才工作30多年来丰富的实践，构建了人才学基础理论独立的、具有丰富内涵和外延的内容框架体系，使之具有确定的逻辑关系、相对完整的理论体系和具有可操作性的方法群。

前瞻性。人才学理论研究丛书始终贯穿国家中长期人才发展规划纲要的基本思想，放眼未来10年乃至更长的时间，思考国家当前与未来对人才数量和质量的需求，从人才发展适应社会需求的原则出发，在大量调研和实证分析的基础上，对人才的思想素质、心理素质、思维素质、生理素质以及创新能力、学习能力、适应能力、自我控制、自我开发能力进行了解析。对人才素质的全面提升具有重要的启迪性和开发性。

创新性。人才学理论研究丛书在理论上、实践上和方法上均有新的突破，体现了学科的发展与创新。首先人才学理论研究丛书从宏观人才学、微观人才学、人才学通论三个层面进行架构，本身就是人才学科的不断发展和创新；其次在各个章节的阐述中，作者注重吸收最新理论和实践研究成果，力图进行理论创新；另外基于创造性是人才的基本特征，专门介绍了人才创新。

实用性。人才学理论研究丛书要为人才强国战略服务，它不仅在内容上具有全局性、前瞻性和系统性，而且在应用上具有启迪性、引导性和有效性。对于人才发展特别是国家中长期人才发展规划纲要实施过程中迫切需要解决的重大理论问题和政策问题，深入研究、深入探索，在服务人才发展中推进理论创新和政策创新。对于人才个体成长与发展，在思想上予以启迪，在方法上予以明示，在实践上予以引领，且具有典型的中国特色，为人人都可以成才提供理论基础与方法支持。

国际性。当今世界，经济全球化深入发展，人才国际化是世界发展趋势，人才竞争是世界各国国力竞争的核心。人才学理论研究丛书着眼于国际人才发展的大背景，遵循国际人才运行规则，积极参与全球人才的合作和竞争，充分利用国际国内两个人才市场，大力吸引海外高层次人才参与我国的社会主义现代化建设。同时，学习借鉴世界发达国家人才开发和管理的成功做法。

人才学理论研究丛书是近年来中国人才学界第一套系统性、高水平的研究丛书，该套丛书系统地总结了一系列重要人才理论和创新实践，从概念、理论到实践、方法，初步形成了逻辑体系，对构建中国特色人才学理论体系、实施人才强国战略具有重大意义。

目　　录

绪　论

知识经济开启了一个以知识为主宰的全新时代。在这样一个时代里，国家也好，企业也好，个人也好，所有的竞争都最终聚焦在两个字上："人才"。以至于人们可以毫不夸张地说：知识经济就是人才经济。当今世界，谁占领了人才的制高点，谁就有了统制知识经济的话语权。怎样才能占领当今世界的人才制高点？这是宏观人才学开宗明义所要解决的重大问题。

第一节　宏观人才学研究的背景

一、我国人才发展的宏观实践

20 世纪 70 年代末 80 年代初，我国改革开放的总设计师邓小平曾对中国的发展给我们勾勒出一幅战略蓝图。第一步到 20 世纪末，中国的目标是"实现小康"，"要达到第三世界中比较富裕一点的国家的水平，比如国民生产总值人均一千美元"①。在此基础上，"我们取得了一个新起点，再花三十年到五十年时间，接近发达国家的水平"②。如果以 50 年计，那就是到中华人民共和国成立 100 周年的时候，中国要真正实现现代化。到 20 世纪末，邓小平第一步目标"实现小康"的愿望得到了实现。

新世纪到来之前召开的党的十五大对 21 世纪进行了展望：第一个 10 年实现国民生产总值比 2000 年翻一番，使人民的小康生活更加宽裕，形成

① 邓小平．邓小平文选：第 2 卷［M］．北京：人民出版社，1994：237.

② 邓小平．邓小平文选：第 2 卷［M］．北京：人民出版社，1994：417.

比较完善的社会主义市场经济体制；再经过10年的努力，到建党100年时，使国民经济更加发展，各项制度更加完善；到21世纪中叶建国100年时，基本实现现代化，建成富强民主文明的社会主义国家。

在中国实现现代化的大计方针确定之后，就要寻找实现现代化的路径。那么，我国实现现代化的路径到底在哪里？邓小平于1977年指出："我们要实现现代化，关键是科学技术要能上去。""没有知识，没有人才，怎么上得去？"① "一定要在党内造成一种空气：尊重知识，尊重人才。"②邓小平意图的逻辑很清晰：现代化的实现靠的是科学技术，而科学技术要上去，没有知识、没有人才不行，因此要"尊重知识，尊重人才"。

自党的十四大开始，中央对人才工作的重视日趋升温，逐步提升到战略的高度。江泽民提出"人才资源是第一资源"③ 的著名论断，他深刻指出："当今和未来世界的竞争，从根本上说是人才竞争"④。

党的十五大报告提出："人才是科技进步和经济社会发展最重要的资源，要建立一整套有利于人才培养和使用的激励机制。""培养同现代化要求相适应的数以亿计高素质的劳动者和数以千万计的专门人才，发挥我国巨大人力资源的优势，关系二十一世纪社会主义事业的全局。"

党的十六大报告提出："必须尊重劳动、尊重知识、尊重人才、尊重创造，这要作为党和国家的一项重大方针在全社会认真贯彻。""发挥风险投资的作用，形成促进科技创新和创业的资本运作和人才汇集机制。""努力形成广纳群贤、人尽其才、能上能下、充满活力的用人机制，把优秀人才集聚到党和国家的各项事业中来。"

《2002—2005年全国人才队伍建设规划纲要》提出，实施"人才强国"战略。

2003年5月23日，中央政治局召开会议，研究和部署进一步加强人才工作等问题。这是中央最高决策层首次召开专门会议从战略的高度研究

---

① 邓小平．邓小平文选：第2卷［M］．北京：人民出版社，1994：40.
② 邓小平．邓小平文选：第2卷［M］．北京：人民出版社，1994：41.
③ 江泽民．江泽民文选：第3卷［M］．北京：人民出版社，2006：319.
④ 江泽民．江泽民文选：第3卷［M］．北京：人民出版社，2006：40.

中国的人才工作。会议认为，人才问题是关系党和国家事业发展的关键问题。中央站在推进改革开放和社会主义现代化的战略高度，作出了人才资源是第一资源的科学判断，提出了人才强国战略和党管人才原则，制定并实施了加强和改进人才工作的一系列重大方针政策，逐步确立了人才工作的基本思路和宏观布局。会议决定成立中央人才工作协调小组，加强对全国人才工作的宏观指导。

2003 年 12 月，胡锦涛在全国人才工作会议上强调指出：全党同志必须从全局和战略的高度，以高度的政治责任感和历史使命感，把实施人才强国战略作为党和国家一项重大而紧迫的任务抓紧抓好，努力造就数以亿计的高素质劳动者、数以千万计的专门人才和一大批拔尖创新人才，建设规模宏大、结构合理、素质较高的人才队伍，充分发挥各类人才的积极性、主动性和创造性，开创人才辈出、人尽其才的新局面，大力提升国家核心竞争力和综合国力，为全面建设小康社会和实现中华民族的伟大复兴提供重要保证。

2003 年底出台的具有重大现实意义和深远历史意义的《中共中央　国务院关于进一步加强人才工作的决定》（以下简称《人才工作决定》）对人才强国战略作了更为系统、详尽的阐述。决定指出："必须把人才工作纳入国家经济和社会发展的总体规划，大力开发人才资源，走人才强国之路。"

党的十七大报告和十七大通过的党章首次将人才强国战略和科教兴国战略、可持续发展战略作为我国的三大战略并列提出。十七大报告指出："更好实施科教兴国战略、人才强国战略、可持续发展战略，着力把握发展规律、创新发展理念、转变发展方式、破解发展难题，提高发展质量和效益，实现又好又快发展，为发展中国特色社会主义打下坚实基础。""进一步营造鼓励创新的环境，努力造就世界一流科学家和科技领军人才，注重培养一线的创新人才，使全社会创新智慧竞相迸发、各方面创新人才大量涌现。""贯彻尊重劳动、尊重知识、尊重人才、尊重创造的方针，坚持党管人才原则，统筹抓好以高层次人才和高技能人才为重点的各类人才队伍建设。创新人才工作体制机制，激发各类人才创造活力和创业热情，开创人才辈出、人尽其才新局面。”

经过多年的理性思考和实践总结，我国最高决策层不仅强烈地意识到人才工作对我国现代化建设的重要性，而且最终提出了包括科学观念、战略、原则、重大方针政策、基本思路和宏观布局在内的能够为全面建成小康社会和实现中华民族伟大复兴提供重要保证的系统的人才工作体系。《国家中长期人才发展规划纲要（2010—2020年）》（以下简称《人才规划纲要》）提出了到2020年我国要确立国家人才竞争比较优势，进入世界人才强国行列的宏伟战略目标。

人才强国战略是中华民族伟大复兴的必然选择，也是我们的唯一选择。

党的十八大报告再次强调，“深入实施科教兴国战略、人才强国战略、可持续发展战略”，并要求“加快确立人才优先发展战略布局，造就规模宏大、素质优良的人才队伍，推动我国由人才大国迈向人才强国”。

改革开放30多年来，我国波澜壮阔的经济社会发展和人才发展在呼唤宏观人才学，在造就宏观人才学，为宏观人才学的问世和发展提供了充要的条件。

二、美国人才强国的宏观启示

国与国的竞争，归根到底就是人才的竞争。民族的兴盛、社会的发展、科技的进步、国家的强大，人才无一不是根本的决定性因素。20世纪之初美国赶超英国，50年代日本赶超美国，60年代韩国赶超欧洲，毫无例外地走的都是人才强国之路。如果以美国为例来进行分析，不仅个案脉络更加清晰，而且对我们也更加具有宏观启示意义。

美国建国只有230多年的历史，人口为全世界的5%，但是却拥有43%的世界经济生产力和40%的高科技产品。到2006年，美国人均GDP已达到3.97万美元（将近是我国当时人均GDP的20倍）。到2011年，美国的经济尽管已严重滑坡，但其人均GDP仍达到4.71万美元（是我国当时人均GDP的11倍多）。美国是当今世界唯一具有称霸世界能力的强国。

说起来，美国是一个很耐人寻味的国家。美国至今没有“人才”这么一个名词，也没有类似“人才”这么一个比较准确的概念，但却是世界上人才最强的国家。冷战结束后，世界上出现了美国一强独霸的局面：在政治上，美国的政治是世界上的强权政治；在经济上，美国的经济是世界上的强势经济；在军事上，美国的军事威慑全球；在文化上，美国的核心价值观像幽灵一样渗透到世界的每一个角落。然而，政治也好，经济也好，军事也好，文化也好，都是美国称霸的手段，只是末而非本。美国的本是人才。因为美国强大的政治、经济、军事和文化，都是由人才创造出来的，也是由人才运作起来的。美国之所以能够维持其作为世界上最发达和最富强的国家的地位，能够称霸世界，靠的就是人才——美国拥有世界顶尖水平的超一流精英队伍。独立战争后的美国，从一个弱小的殖民地国家在很短的时间内能够成为一个资本主义大国，进而再成为一个能够称霸世界的强国，走的正是一条人才强国之路。

实际上，当年美国也在摸索怎么样才能强国这个问题。独立战争后美国从英国殖民地中独立了，但是很快美国人就发现，独立并不意味着强大。建国之初的美国，百废待兴，认为只要有劳工就能解决问题。美国当年的移民政策正如百年后法国人送给美国的自由女神像座上所归结的那样：“欢迎你，那些疲惫、疲乏了的和贫困的，挤在一起渴望自由呼吸的大众，那熙熙攘攘的被遗弃了的、可怜的人们。把这些无家可归的、饱受颠沛的人们，一起交给我。”然而，那“熙熙攘攘”的人们不但没有解决自己的疲惫疲乏和贫困，也没有从根本上解决美国的弱小问题。一百多年艰难的经历告诉了美国人，仅靠这些普通劳动力，年轻的美国是没有办法在短时间内赶上英国等老牌资本主义国家的。美国必须另辟捷径。

于是，美国开始向欧洲的老牌资本主义大国们学习，从重视教育、开发人才着手耐心地向前追赶。美国一方面创办大学，建立大学研究院；另一方面通过立法资助各州兴办被嘲为“牧牛娃学院”的农工职业学院。但是，自己培养的人才数量少，质量不高，无法适应经济和科技发展的需要。于是，美国又把眼光瞄向了国外，从全世界范围内搜罗自己所需要的人才。建国140年后，美国以立法的形式控制移民，将刻在自由女神像座上的劳工移民政策改为人才移民政策。时至今日，美国的移民政策虽几经变更，但对人才价值取向没有变，那就是不断强化控制一般性移民，越来越向更高层次的人才大开绿灯。美国的移民政策已经变成地地道道的高门槛精英掠夺政策。

然而，真正能使美国成为人才强国的缘由，却不仅仅是上述所说的人才培养和人才移民等举措。经过 200 多年的摸索，美国已经创立了一套以四个“高”为标志的成熟的具有美国特色的人才发展机制模式。这个模式就是：高普及性的高等教育与社会培训体系+高门槛的人才移民政策+高竞争的市场流通配置机制+高效率的企业用人制度。美国特色的人才发展机制模式由人才的生产获取、人才的交换配置和人才的使用消费三个环节组成。其中，人才的生产获取通过建立高普及性的高等教育与社会培训体系和实施高门槛的人才移民政策两个渠道得以实现，人才的交换配置通过高竞争的市场流通配置机制得以实现，而人才的使用消费则是通过高效率的企业用人制度得以实现。在美国，全民普及性的高等教育与社会培训，就是最大规模地一次造就和再次造就能够满足美国经济社会发展要求的人才。高门槛的人才移民，就是在全球范围内网罗一流人才，低成本地扩大高价值的人才规模。高竞争的市场流通配置，就是通过市场的供需关系和自由竞争去凸显人才的价值。高效率的企业用人制度，就是通过对人才消费的制度化管理，使人才在企业里能够与其他生产要素有机结合并产出高效益。四个“高”缺一不可，既是逻辑的流程，相辅相承，又是系统的组合，相得益彰。

2006 年，美国爆发了次贷危机，紧接着引起了金融风暴，进而向全世界蔓延引发了全球性严重的经济危机。在经济危机的影响下，美国的经济持续 6 年多萎靡不振，导致大批人才外流。美国总统奥巴马深感其国家地位面临着挑战，从 2009 年开始在多次讲话中提出要向中国学习。学习什么呢？一是要学中国的教育，二是要向中国学加大科研投资，三是要学加强基础设施建设（高铁和新机场建设等）。在我国《人才规划纲要》颁布之后不到 3 个月，奥巴马就公布了一项美国在未来两年内招聘 1 万名科学、技术、工程和数学领域教师的目标。如果说中国有一个

“千人计划”的话，那奥巴马公布的就是“万人计划”；如果说中国实施的是引进1000个人才的话，那奥巴马公布的就是要引进1万个生产人才的人才。

英语中现今虽然没有一个单词能与中文“人才”一词完全对应，但不难看出，美国所走过的强国之路其实就是一条人才强国之路。美国的人才强国之路不仅值得我们很好地研究，也为宏观人才学的问世和发展提供了丰富的历史借鉴。

第二节　宏观人才学研究的要义与思路

一、宏观人才学的提出

改革开放30多年来，我国发生了天翻地覆的变化，经济腾飞，科技进步，社会繁荣。与此相伴随，我国的人才发展也取得了举世瞩目的成绩。人才发展有力地推动了经济社会的发展，经济社会发展又为人才发展提供了良好的环境和必要的条件。如今，“人才是我国经济社会发展的第一资源”已经成为从中央到地方以及全体国人的共识；实施人才强国战略已经成为新世纪新阶段人才工作的根本任务。

20世纪70年代后期，在改革开放的感召下，人才学诞生了。人才学这门中国土生土长的学科，在绚丽壮观的人才发展大潮和丰富多彩的人才工作实践的滋润下，经过短短30多年的理论积累和发展，已经从稚嫩的小苗长成参天的大树。广大的人才理论工作者，为推动人才学科建设和人才理论发展、推动人才工作思想解放，做了大量基础性开创性工作，取得许多很有价值的研究成果。

尽管在人才学开创的初期，人才学研究的成果多集中在微观领域，但还是有不少理论研究者和实际工作者把目光瞄向了宏观领域。一些领导同志也曾对宏观人才学研究给予了关注、关心和支持。胡耀邦在一次讲话中从战略学、经济学谈到了人才学，给人才学下了一个定义。“以最小的代价取得的最大战果，叫做战略学；用有限的投资，取得最好的经济效果，叫做经济学。可不可以这样说，以有限的领导骨干和技术骨干，发展他们的最大才能，以有限的时间造就大批的合格人才，叫做智力开发学或人才学。"① 胡耀邦的这个定义无疑是一个宏观定义。习近平同志在担任河北省正定县委书记时，曾出席 1984 年 10 月在江苏省无锡县召开的全国农村人才研究学术讨论会，并在会上作了《振兴经济要念好"人才经"》的专题报告。他在会上指出："我们体会，开发人才是一项居于特殊地位的战略任务，关系四化成败，关系国家兴衰。"②

非常值得一提的是，我国人才学主要创始人王通讯早在 1986 年就出版了一本《宏观人才学》，把人才学研究分为微观研究和宏观研究两大领域。他认为，前者主要研究人成其才规律，后者主要研究人尽其才（包括人才辈出的社会条件）规律。在《宏观人才学》一书中，王通讯重点探讨了人才的发现、识别、使用、考核、任用、管理等实际应用问题。③ 王通讯的这本书对于 20 多年后的今天我们开展宏观人才学研究仍有着重要的启迪作用。

尽管如此，与我国人才发展形势的要求相比，宏观人才理论的研究仍然显得薄弱且滞后。

2010 年 10 月 23 日，在"人才发展理论创新座谈会"上，中央组织部有关领导关于建设人才强国要创新人才发展理论提出要求，强调："建设中国特色人才学理论体系非常紧迫，要加紧研究。"关于中国特色人才学理论体系的组成边界，指出，"人才学可以有宏观人才学、微观人才学和人才学通论。"这样，对宏观人才学进行理论研究和探索，就成为一项非常紧迫的任务摆在我们的面前。

---

① 王通讯．王通讯人才论集：第 1 卷［M］．北京：中国社会科学出版社，2001：总序 3.

② 习近平．振兴经济要念好"人才经"［J］．人才研究通讯，1985（1）．

③ 王通讯．王通讯人才论集：第 3 卷［M］．北京：中国社会科学出版社，2001：250.

二、宏观人才学研究的要义

西方只有宏观经济学，没有宏观人才学。宏观经济学是西方经济学说中与微观经济学相对应的一个分支，其发展很快，流派也很多，各流派之间的关系错综复杂，既有一致的，又有相悖的。尽管如此，人们对宏观经济学研究客体定位的认识却是基本差不多，一般都认为宏观经济学是通过分析国民收入和经济整体投资与消费等总体性统计概念来研究宏观经济运行规律和宏观政策体系的经济学。流派不同，认识差异在所难免。但归纳起来，宏观经济运行有多种形态的要素，这主要就是产品、货币、劳动和信贷等。如果这是现实的话，即是产品在运行，货币在运行，劳动在运行，信贷也在运行；产品还是那个产品，货币还是那个货币，劳动还是那个劳动，信贷还是那个信贷；这些形态的要素综合交错运行，日复一日，月复一月，年复一年，运行再运行。那么就有一个问题摆在我们面前，这就是自20世纪初到21世纪初的100多年里，为什么我们这个世界的经济社会能发生如此大的根本变化呢？究其原因就在于，在这100多年里，产品已不是原来那个产品，货币已不是原来那个货币，劳动已不是原来那个劳动，信贷已不是原来那个信贷，更重要的是，运行也不是原来那种运行。毫无疑问，是另外一种形态的要素改变了原来的产品、原来的货币、原来的劳动、原来的信贷，甚至改变了原来那种运行方式。那么，这是一种什么形态的要素呢？

其实，早在20世纪中叶就有人注意到了这个问题，这个人就是诺贝尔经济学奖得主、美国芝加哥大学的著名教授西奥多·W. 舒尔茨。舒尔茨曾经对1929—1957年间美国经济增长要素的贡献进行过定量研究，他发现这期间美国经济的增长除了资本和劳动这些传统要素带来的贡献份额之外，还多出来相当大比例的不明贡献份额。舒尔茨认为，这不明份额就是由教育投资所带来的贡献。经过研究，舒尔茨得出了1929—1957年间教育投资对美国经济增长的贡献超过33%的结论。舒尔茨把教育投资形成的东西称之为“人力资本”。虽然舒尔茨的观点是正确的，但不知什么原因在这之后的半个世纪里，西方主流的经济学家们在宏观经济运行形态要素的研究中，却并没有认真吸纳舒尔茨的观点。

如果我们现在考虑这一问题，能不能把教育当作宏观经济运行的一个形态要素呢，或是把创新当作宏观经济运行的一个形态要素呢？不是说不行，而是相当勉强。其实，不论是教育还是创新，都与人力资本有关，尤其是与人才资本关系更加密切。在现代社会，教育投资的本质是产生人才资本，而创新的本质则是人才资本的消费和释放。所以，我们可以尝试将人才或是人才资本作为宏观经济运行的一个形态要素来进行研究。

可以认定的是，在人类社会进入知识经济时代的今天，人才已不再是一般的资源，而是经济社会发展的最重要的资本。人才资本是一种高级的能动的具有创造功能的人力资本，它从根本上有别于农业经济、工业经济时代诸种资本（包括一般的人力资本），是与知识经济相对应的新的形态的资本。人才资本是经过投资形成的凝结于人才个体之中并能够带来预期回报（产出创造性成果和作出巨大贡献）的以知识、技能、健康和态度等因素的总和所体现的价值，是一种高效资本，经过周期长、成本高的主客体统一、内涵复杂的投资过程而形成，与各种生产要素主要是知识要素相结合，能够带来具有自主知识产权的最大产出回报。毫不夸张地说，人才资本的形成、配置等问题是当今经济和社会发展的核心问题。

那么，到底什么是宏观人才学呢？我们是不是可以这样理解：宏观人才学是从宏观的角度研究人才整体的发展、运行规律以及人才政策体系的学问。宏观人才学与微观人才学的区别在于：宏观人才学关注的是整个社会、国家、地区、产业、行业，其人才观是大人才观，涉及到人才的生产和投资、流通和配置以及消费和产出的整体人才社会运行全过程，既有发展问题，又有体制问题。对于中国来说，还有开放问题。而微观人才学研究的则是一个组织、部门或是人才个人的运行规律和决策。因此，宏观人才学研究的虽然也是人才问题，但其切入点已不再是一个个的人才个体，也不再是一般意义的人才群体，其范畴已冲出单位、部门的边界，是人才整体。宏观人才学既有别于微观人才学，也不能与微观人才学截然分开。

微观人才学其实就是宏观人才学的思维基础，没有微观人才学的逻辑关系，宏观人才学是不能建立的。

当然，要认识和研究宏观人才学，经济学是一条最重要的线索，但不是唯一的线索，还有其他多种线索。也就是说，研究宏观人才学的切入点不只有宏观经济学，还可以从其他学科的角度选择切入，如宏观社会学的角度、宏观管理学的角度等。然而，不管是从哪个角度对宏观人才学进行研究，宏观人才学的基本概念都不变，她仍然是从宏观的角度研究人才整体的发展、运行规律以及人才政策体系的学问。其实，宏观经济学也好，宏观社会学也好，宏观管理学也好，对于宏观人才学来讲，都是其学科形成的理论基础。宏观经济学、宏观社会学和宏观管理学的基本原理和研究方法早已被广泛地或单独或综合地应用于宏观人才学研究的各个领域之中，也都获得不同程度的成功，取得不同程度的成果。

三、宏观人才学研究的基本思路

本书研究的基本思路可以归纳为以下四点内容。

（一）边界：与宏观经济学大致相当

宏观经济学的历史悠久，流派众多，但其研究的客体定位一般都认为是通过分析国民收入和经济整体投资与消费等总体性统计概念来研究宏观经济运行规律和宏观政策体系。宏观人才学的起步时间虽然较短，体系有待完善，流派也没有明显形成，但其研究客体定位也比较清晰，那就是以宏观人才运行规律和宏观人才政策为基本对象。宏观人才学的理论系统除了包括人才功能理论、人才要素理论、人才资源理论、人才资本理论和人才发展理论五大基本理论之外，还应包括宏观人才运行理论、人才市场理论、人才宏观管理理论、人才强国战略理论、人才发展指标与评价方法理论等。

（二）视角：与国际人才发展大趋势相衔接

当今世界是全球一体化的世界，人才国际化是世界发展大趋势，人才竞争是世界各国国力竞争的核心。因此，宏观人才学必须着眼于国际人才发展的大背景，探索世界人才发展的规律，遵循国际人才运行规则，积极参与全球人才的合作和竞争，充分利用国际国内两个人才市场，统筹开发利用国际国内两种人才资源，大力吸引海外高层次人才参与我国的社会主义现代化建设。同时，还要学习世界发达国家人才开发和管理以及在全球范围内吸引优秀人才的先进经验，借鉴新兴工业国家和发展中国家培养人才、维护人才安全的成功做法。

（三）立足点：确立在实施人才强国战略上

2003年底出台的《人才工作决定》指出："新世纪新阶段人才工作的根本任务是实施人才强国战略。"2010年10月在"人才发展理论创新座谈会"上，中央组织部有关领导强调："要鼓励和支持更多的人从事人才理论研究和宣传，丰富和发展中国特色人才理论，为建设人才强国提供有力的思想和理论支撑。"因此，宏观人才学不能脱离中国的实际，更不能成为玄之又玄的空中楼阁，而应立足在人才强国战略的实施上。具体说，就是要抓住人才发展特别是国家人才规划纲要实施过程中迫切需要解决的重大宏观理论和宏观政策问题，提炼宏观人才学的基本原理，深入研究、深入探索，在服务人才发展中推进宏观人才学理论体系和政策体系的创新。

（四）研究与写作：既保证基本思路统一又体现理论创新自主

参与本书写作的学者，都是我国人才学研究的著名专家。他们投身人才学研究多年，功力深厚，经验丰富，著述颇丰，但由于专业基础和研究领域不同，理论体系和研究成果也各有千秋。在基本思路统一的大前提下，本书给这些学者们的写作留下宽裕的自主创新空间，从整体布局来看，十二章脉络清晰，环环相扣，逻辑关系严密；从具体写作来看，各章主题分明，自成一体，表述异彩纷呈。章与章之间只求承接一致，不求概念内涵完全相同，在写作方法和表现方式上也允许略有差异。

第三节　宏观人才学研究的方法与内容

一、宏观人才学研究的方法

对于宏观人才学研究的方法，可以从不同的角度加以归纳。在这里大致将其分为理论基础学科的研究方法、综合的研究方法和具体的研究方法三个层次。

（一）理论基础学科的研究方法

从形成宏观人才学的理论基础来看，可以运用哲学的研究方法来指导宏观人才学研究，运用经济学、社会学、管理学、政治学等学科的研究方法来研究宏观人才学。

1. 哲学的研究方法

哲学是关于世界观和方法论的学说，是人类认识世界、改造世界的根本工具和方法。哲学在各门科学知识的基础上高度抽象，对各门科学的研究反过来又提供正确的世界观和科学的方法论，具有普遍的指导意义。对于宏观人才学来讲也毫不例外。

辩证唯物主义和历史唯物主义的方法是宏观人才学研究的根本指导方法，具体来讲这个方法体系包括系统分析、历史分析、矛盾分析、价值分析、社会分析、人的分析以及思辨分析（包括演绎思辨分析、归纳思辨分析和顿悟思辨分析）、量化分析、质化分析、本体分析和认识论等研究方法。

2. 经济学的研究方法

若把人才当作一种生产要素来进行研究，那么几乎所有的经济学研究方法都可以应用到宏观人才学研究领域。因此，经济学研究方法是宏观人才学研究的最重要也是应用最多的方法。

经济学既有一套以数量分析为特征的研究方法，如实证分析、边际分析、均衡分析、静态分析、比较静态分析、动态分析、长期与短期分析、个量与总量分析等方法；也有一套一般唯有经济学方可运用的研究方法，如投入产出分析、供给需求分析、成本分析、生产函数分析、计量经济学分析、经济模型等方法。这些方法都不同程度地适用于宏观人才学的研究。

3. 社会学的研究方法

人才现象是一种社会现象，人才问题也是一种社会问题。根据 2011 年 12 月 29 日国家标准化管理委员会批准 GB/T 13745－2009《学科分类与代码》第 1 号修改单，人才学的学科分类为社会学下的二级学科，学科代码为 84072。因此，社会学的研究方法也被广泛应用于宏观人才学。

社会学经常运用的研究方法包括实证分析、规范分析、归纳分析、演绎分析、整体分析与个体分析、横剖分析、纵贯分析、统计分析、数理分析、社会形态分析、社会心理分析、社会行为分析以及文献分析、问卷分析、调查分析、实验分析等方法。这些方法都适用于宏观人才学研究，尤其是社会学的资料收集方法和资料分析方法在宏观人才学研究中更是得到普遍应用。

4. 管理学的研究方法

人才也有管理问题，特别是人才整体、人才队伍或人才群体，都离不开体制、机制和管理。因此，宏观人才学的研究离不开管理学的研究方法。

在管理学研究中，经常使用的方法包括实证分析、规范分析、比较分析、历史分析、系统分析、案例分析、定量分析、实验分析、演绎分析、组织行为分析以及 SWOT（优势、劣势、机遇、挑战）分析、PEST（宏观环境）分析、行业竞争矩阵分析、战略分析、业务流程分析、量本利分析、市场分析、绩效分析、管理体制分析等方法。这些研究方法大部分都适用于宏观人才学研究。

5. 政治学的研究方法

在现代社会，人才问题在很大程度上就是政治问题，人才发展战略、人才体制和政策等都涉及国家的基本国策。我国的人才强国战略、党管人才原则和人才工作体系都属于政治学范畴。因此，很多政治学研究方法也都可以应用到宏观人才学领域。

政治学的研究方法很多，除了有实证分析、规范分析等方法外，还有思辨分析、经验分析、历史分析、经济分析、阶级分析、结构功能分析、定量分析、辩证分析、心理学分析、伦理学分析、法学分析、生理学分析、生态学分析、人类学分析以及预测分析、因素分析、行为分析、博弈分析、理论模式分析、实验分析、体制分析、统计分析、数理分析等方法。这些研究方法除了少量的方法（如阶级分析等方法）外，大部分都可以直接应用于宏观人才学研究。

以上只是列举五个基础理论学科的研究方法，实际上还有一些学科的研究方法也经常被应用于宏观人才学，如教育学、历史学、心理学和统计学等。从以上的列举不难看出，在这些基础理论学科的研究方法中，不少方法是通用的，如实证分析、规范分析、定量分析等方法和一些具体的研究方法（如调查方法、统计方法等），这些研究方法也是宏观人才学的基本研究方法。其实，在宏观人才学的研究中，经常出现几个学科的研究方法综合起来使用的现象，有时甚至很难说清某种研究方法究竟属于哪一个学科，因为很多学科的研究方法都是相通的。

（二）综合的研究方法

在宏观人才学研究过程中，有时单独使用某种研究方法会出现一定的偏差或缺陷，这时就要考虑运用一些综合的研究方法，使几种对立或对应的研究方法互相印证和互为补充。以下主要介绍三种常用的综合研究方法。

1. 实证分析与规范分析相结合的研究方法

实证分析源自于哲学上的实证主义方法，又称为经验分析法。实证分析通过经验事实进行验证，回答“是什么”。一般来讲，实证分析要求超越一切价值判断，因而分析问题具有客观性。实证分析主要运用个量分析与总量分析、均衡分析与非均衡分析、静态分析与动态分析、定性分析与定量分析、逻辑演绎与经验归纳、模型等方法进行研究。

与实证分析相对立的分析方法最早被称为反实证分析或人文主义分

析，现在被称为规范分析或理论分析。规范分析以价值判断为基础，回答“应是什么”。一般来讲，规范分析从价值判断出发确立分析标准和理论前提，因而分析具有主观性，也被称为主观分析。规范分析主要运用价值分析、历史分析、境遇分析、考察分析、行为分析、思辨分析、比较分析、逻辑分析等方法进行研究。

实证分析与规范分析既相互对立，又相互呼应，还相互补充。在宏观人才学研究中，大量的需要采用实证分析与规范分析相结合的方法，既要回答“是什么”，又要回答“应是什么”。当然，有时以实证方法为主，有时以规范方法为主，但要防止出现极端的实证方法或极端的规范方法、机械地生搬硬套的倾向。

2. 定性分析与定量分析相结合的研究方法

所谓定性分析就是对研究对象进行“质”的分析，从事物的内在规定性来把握其本质和关系，主要回答“有没有”或“是不是”。定性分析的最大特点，是依据一定的理论和经验开展研究，而忽略同质的数量差异。定性分析主要运用逻辑推理和历史比较的方法，如文献分析、案例分析、调查分析、体验分析、实地观察和归纳分析等方法进行研究，多以文字描述方式表达。

定量分析研究的则是研究对象的“量”，比较强调客观、严密、价值中立，以客观事实说话。定量分析从“量”中探寻事物发展的规律，确定之间的关系，查找变动的缘由，甚至大胆舍弃过往的经验结论。定量分析主要运用经验测量、实验研究、统计分析、数理分析和演绎分析等方法进行研究，多以数据、图表、公式、模型为表达方式。

定性分析和定量分析各有千秋，都有优缺点。宏观人才学既有大量的“质”的问题，又有大量的“量”的问题，因而在开展研究时，单纯地使用定性分析或定量分析的方法，具有明显的局限性，只有结合起来使用才能充分发挥各自的长处，互补短处，效果才能更好。

3. 横向分析与纵向分析相结合的研究方法

横向分析又称横剖分析，一般是指在同一时点上，对若干研究对象或同一研究对象的若干组成因素进行的综合分析和对比分析，探讨事物之间或因素之间的异同、相关关系与变动情况，有时又称为水平分析或静态分析。横向分析主要运用系统分析、归纳分析、博弈分析、运筹分析、数理分析和决策分析等方法进行研究。

纵向分析又称纵贯分析，相对于横向分析而言，是指对同一研究对象在不同时点（历史的时间序列）的差别、发展过程、规律与趋势进行的动态分析和对比分析，有时又称为垂直分析或动态分析。纵向分析主要运用统计分析、数理分析和模型等方法，如重复测量方差分析、时间序列分析、潜变量增长曲线模型、多层线性模型等方法进行研究。

横向分析和纵向分析是宏观人才学研究中应用比较普遍的重要方法。但两种方法单独使用的效果都具有一定的局限性，例如横向分析虽有面上的比较，但过于静态，缺少时间和发展的动感；而纵向分析虽有历史线上的比较，但多以自己比自己，缺少面上的综合比较。为取得系统全面辩证的效果，就需要使横向分析和纵向分析相结合，既有历史时点的横剖，又有历史过程的比较。

（三）具体的研究方法

宏观人才学的具体研究方法很多，这里只简单地介绍一些应用比较广泛的方法。

1. 文献分析法

文献法是历史学研究的主要方法。在宏观人才学研究中，文献法被广泛应用。文献法主要应用第二手资料，通过各种文献获取有关数据和信息，以此来确立研究方向，了解事物概貌，开展研究。文献一般指各种书籍、报刊、杂志、文章、统计资料、年鉴以及网络信息等。搜寻、阅读、归纳是文献法的基本功。

2. 调查法

调查法是宏观人才学研究中最常用的方法之一。调查法以调查为手段，对有关研究对象的现实状况或历史状况进行有目的、有计划地对资料或信息进行搜集与系统梳理。调查法经常综合地运用历史法、观察法以及访谈、问卷、个案研究等方式，对人才现象或人才工作进行了解，并对调查搜集到的资料或信息进行分析、综合、比较、归纳，形成有关的观点或报告。在调查法中最常用的是问卷调查法，这是一种以书面提出问题的方式搜集有关信息的研究方法。问卷调查法就调查项目设计成问卷表式，请有关人员填写或选择答案，然后回收进行整理、统计和研究。

3. 实验法

实验法一般应用于自然科学的研究，在宏观人才学中用的虽然不是很普遍，但却很有实用价值。现在各地人才特区实施的各种人才计划和工程，其实就是一种广义的实验法，只不过不都为人们了解而已。实验法人为地改变研究对象的存在方式和发展过程，使其朝着既定的方向发展，借以发现和确认事物间的因果联系。实验法一般将接受实验与未接受实验的人才群体进行比较分析，有时还会对接受实验的人才群体进行实验前后的情况对比，以便了解接受实验人才群体是否在有关方面发生变化。

4. 观察法

观察法是一种实地研究方法。研究者事先拟定研究目的、研究提纲或观察表，通过直接观察研究对象从而获得相关信息，并对其进行判断和解释。利用观察法进行研究主要运用定性分析和归纳分析，对获取的信息进行整理和加工，最后概括出理性的认识。

5. 个案分析法

个案分析法也称案例分析法，以某一特定对象为个案或案例，对其加以调查分析，得出某种结论。在宏观人才学研究中所选的案例通常不是某个人才个体，而是大案例，如某个群体、某支队伍、某个单位、某项工作、某个现象或某个问题等。其实，个案和案例还是有所区别的。个案一般事先要有所选择，通常需要有一定的代表性，而案例就不一定要有所选择。

6. 数理分析法

数理分析法用数学工具对研究对象从量的方面进行处理，得出数字形式的研究成果，以达到准确认识研究对象本质特性的目的。数理分析方法应用的工具主要有统计、模糊数学和模型。在宏观人才学研究中，数理分析法被广泛运用于人才发展预测、人才实力评价、职业分布描述、人才流动趋势测量以及人才统计、供需分析和效能分析等方面。

二、宏观人才学研究的内容

（一）宏观人才学研究的基本内容

宏观人才学研究的主要内容可以概括为两大部分，第一部分是宏观人才学的理论系统，第二部分是宏观人才学的实践系统。

1. 宏观人才学的理论系统

宏观人才学的理论系统分为基本理论体系和基础理论体系。宏观人才学的基本理论体系由人才功能理论、人才要素理论、人才资源理论、人才资本理论和人才发展理论五大基本理论组成。宏观人才学的基础理论体系除了包括宏观人才运行理论、人才市场理论、人才宏观管理理论三大基础理论体系外，还包括人才强国战略理论和人才发展指标与评价方法理论。

2. 宏观人才学的实践系统

我国宏观人才学实践系统的核心是人才强国战略。围绕着人才强国战略，宏观人才学的实践系统涵盖了人才队伍建设、区域人才发展、人才产业结构、人才发展环境、海外高层次人才引进和国际人才竞争等一系列实践问题。人才发展指标虽不完全是实践问题，但与人才强国战略密不可分，它既是人才强国战略实施目标的具体描述，又是人才强国战略实施结果的判断标准。

（二）本书的架构设计

在构架设计上，本书正文除绪论外共设十二章。这十二章大体上可以分成四个组成部分。

第一部分是本书的基本理论。该部分主要包括第一章的内容，解读了人才功能理论、人才要素理论、人才资源理论、人才资本理论和人才发展理论五大基本理论，对于全书的展开起着理论提炼和概括指导的作用。

第二部分主要是宏观人才学的基础理论体系。该部分主要包括第二、三、四章的内容，从宏观人才运行系统、人才市场体系和人才宏观管理三个方面展示了宏观人才学的基础理论体系，为全书的展开奠定了一定的理论基础。

第三部分是本书的核心内容——人才强国战略。该部分主要包括第五章内容，从人才强国的战略背景出发深刻阐释了人才强国战略的指导思想、基本要求、战略目标和战略任务以及实施人才强国战略的重大举措。

第四部分是人才强国战略的外延。该部分主要包括第六、七、八、九、十、十一、十二章的内容，分别对人才发展指标与水平、人才队伍建设、区域人才发展战略、人才产业结构调整与优化、海外高层次人才引进、人才发展环境和国际人才竞争等一系列宏观人才范畴中重大的现实理论和实践问题进行了比较全面的探讨。

本书虽然还不能称为是对宏观人才学的系统理论归纳，但已经向人们展示了宏观人才学的基本轮廓。我们期待不久的将来，宏观人才学将形成不同的学派，学术的百花齐放和百家争鸣必将带来宏观人才学整个学科的繁荣发展。

宏观人才学的发展不仅是对人才学的重要贡献，而且很有可能是中国对宏观经济学的重要贡献。更为重要的不是对别的学科的贡献，而是她将以一个独立的系统的理论体系呈现于世，必将为我国的人才事业作出更大的贡献。

第一章
宏观人才学基本理论

【导读】

人才功能理论、人才要素理论、人才资源理论、人才资本理论和人才发展理论属于宏观人才学的基本理论，是创新发展宏观人才学的学科基础。本章共分五节，从两个维度切入，对五个基本理论进行初步探析。一是社会发展维度，具体探讨改革开放30多年来国家层面人才思想认识深化以及人才理论创新情况，主要涉及人才功能理论和人才资源理论。二是经济生产角度，具体分析人才在宏观经济运行过程中的价值和作用，主要涉及人才要素理论、人才资本理论和人才发展理论。

第一节　人才功能理论

人才功能理论是宏观人才学基础理论之一，主要研究人才的社会发展功能、社会需求和服务状况等。人才是最活跃的先进生产力，是一个国家的核心竞争力。研究人才功能理论，就是要强调人才要为经济社会发展中心任务服务，实现通过人才来推动社会发展的目的，切实发挥好人才的先进生产力作用，努力把我国建设成为人才强国。

一、人才是最活跃的先进生产力

（一）人才概念的界定

人才，是中国特有的概念，泛指才华出众的人。西方民族语言中虽然没有与之完全对应的概念，但有“天才”、“精英”等相近的词语。人才，我国在不同时期也有不同定义和解释。在我国古代，人才通常指人的才能或有才能的人。在中国共产党的历史上，一直沿用的是“知识分子”的概念。改革开放之初，邓小平提出“尊重知识、尊重人才”的方针，社会上对人才的认识仍然等同于知识分子的概念。1982 年，国务院在批转国家计委关于制定长远规划工作安排的通知中，第一次界定了“专门人才”的概念，即“具有中专以上学历者和具有技术员或相当于技术员以上职称者”。这种界定虽然是一种统计学的指标概念，但在以后的实际应用中渐渐延伸用于其他各类人才。这种以学历和职称来判定是否是人才的做法，无疑在很大程度上限制了人才概念的外延。对此，王通讯、叶忠海等人才学学者都曾对人才概念进行过学术定义。2003 年底出台的《人才工作决定》明确指出：“只要具有一定的知识或技能，能够进行创造性劳动，为推进社会主义物质文明、政治文明、精神文明建设，在建设中国特色社会主义伟大事业中作出积极贡献，都是党和国家需要的人才”。以中央文件形式对人才内涵进行界定，充分说明党和国家对人才工作的重视。这一人才概念体现了科学人才观，对人才发展具有重大意义，也为社会各方面所普遍接受。2010 年，《人才规划纲要》又进一步提出：“人才是指具有一定的专业知识或专门技能，进行创造性劳动并对社会作出贡献的人，是人力资源中能力和素质较高的劳动者。人才是我国经济社会发展的第一资源。”这段话体现了人才思想的又一次突破，是站在新的历史起点对人才概念的进一步丰富和完善。

人才概念的突破不仅具有学科意义，而且具有指导人才工作的实践意义。鼓励人人都作贡献，人人都能成才，使人才的概念不再囿于少数精英者所专有，有利于整个社会的发展，有利于人的全面发展，既符合马克思主义观点，也符合社会主义制度的基本特征。2010 年，胡锦涛在全国人才工作会议上指出，“把每个人的潜能和价值都充分发挥出来，努力使每个人都成为对祖国、对人民、对民族的有用之才，不仅对实现我国发展战略目标具有重大意义，而且对提高全民素质、促进人的全面发展也具有重大意义。”他进一步强调，“要把人力资源开发作为人才资源开发的重要基础，把人才资源开发作为人力资源开发的重要目标，通过提高全民素质夯实人才开发基础、实现人才资源持续规模开发，通过培养和用好用活人才激发全民成才志向、形成人人竞相成才的生动局面。”①

（二）人才是最活跃的先进生产力

早在1988年9月邓小平就指出：“马克思说过，科学技术是生产力，事实证明这话讲得很对。依我看，科学技术是第一生产力。”② 人才是人力资源中的先进部分，是科技创新的主要承担者。如果没有人才，一切科学技术只能是无源之水、无本之木。人才对经济社会发展的创造性贡献，决定了人才是最活跃的先进生产力。总结人类社会历史发展规律不难发现，人才对经济社会发展起着巨大的推动作用。15世纪意大利成为文艺复兴的摇篮，18世纪产业革命最早在英国发生，第二次世界大战后美国在诸多领域抢占了“一览众山小”的绝对优势，这些与达·芬奇、哥白尼、牛顿、培根、爱因斯坦、比尔·盖茨等一批国际顶尖人才紧密相连，正是这些艺坛巨匠、科学泰斗、思想鼻祖、文化先驱、商界精英为经济社会发展创造了举世瞩目的成就。环顾我国经济社会发展现实，引进一个人才、带动一大产业、激活一方经济的发展传奇并不鲜见。这些生动的事例充分展现了人才在创造和发展先进生产力中的关键作用。我们要充分认识人才在创造和发展先进生产力中的关键作用，强化人才意识，不断解放思想、解放人才、解放科技生产力，大力推进人才强国战略。

党的十六大以来，各级党委和政府深入贯彻落实科学人才观，人才工作取得了新成绩，为实施人才强国战略提供了坚强保证。但还有一些领导干部对人才是最活跃的先进生产力认识不到位，有的单位对人才重视不够，不注意发挥人才的作用和积极性。诸如重视物的生产，轻视人才培养；热衷于花大本钱搞建设，不愿意对人才进行投资；平时不注意引进人才，到用时才手忙脚乱临时招聘；对人才求全责备，人才外流严重；用人

---

① 吴江．人才概念新内涵［N］．中国人事报，2010－06－25.

② 邓小平．邓小平文选：第3卷［M］．北京：人民出版社，1993：274.

机制僵化，忽视人才使用效率，等等。推动科学发展，开创中国特色社会主义事业新局面，迫切需要在全社会大力倡导尊重劳动、尊重知识、尊重人才、尊重创造，积极营造有利于人才创新创业的良好环境，真正让各类人才的创造活力竞相迸发、聪明才智充分涌流。

二、人才的社会发展功能

（一）人才推动社会发展

时代造就了人才，人才又促进了社会的进程，这是历史发展的规律。纵观历史上各个朝代的兴盛与衰落，无不与人才的作用息息相关。齐桓公大胆任用管仲为相，使齐国成为春秋时代的第一代霸主。秦孝公重用商鞅，使秦国由原来落后的弱国，一跃成为战国时代最强大的国家。刘邦在总结创业经验时说："夫运筹帷幄之中，决胜于千里之外，吾不如子房；镇国家，抚百姓，给响馈，不绝粮道，吾不如萧何；连百万之众，战必胜，攻必取，吾不如韩信。三者皆人杰，吾能用之，此吾所以取天下。"（《资治通鉴·卷十一·汉纪三》）。历史上著名的"光武中兴"、"贞观之治"、"开元盛世"和"康乾盛世"等繁荣时期，无不与使用大批优秀人才有关。就科学技术领域而言，在过去500年里，世界上先后大约发生了五次科技革命，每次科技革命发生发展的背后都离不开诸如瓦特、富尔顿、史蒂芬孙、富兰克林、莱特兄弟、贝尔、爱因斯坦、比尔·盖茨、乔布斯等各类人才的理论创新和技术发明的支撑。人类社会文明史表明，人才推动社会历史发展，其途径和形式是多种多样的，各类人才均有其各自的具体途径和形式，起着各自特殊的作用。思想家的革命理论为群众的自发运动指出道路，政治家、革命家的正确领导促进历史的发展，科学家的创造发明促进科学技术和经济社会的发展，文学家、艺术家的文艺作品激起人民群众改造客观世界的斗志。

（二）人才工作要为经济社会发展中心任务服务

围绕中心、服务发展是人才工作的根本出发点和落脚点，只有紧紧围绕经济社会发展中心任务培养、吸引、用好人才，人才工作才能有为有位。随着经济社会发展进入新阶段，我国提出建设创新型国家的目标，并确立了科教兴国战略和人才强国战略。海外高层次人才是建设创新型国家、建设教育强国和人才强国的重要力量，采取积极措施吸引海外人才是世界主要发达国家和新兴发展中国家壮大本国人才队伍的通行做法，也是在较短时间内突破技术瓶颈、提升科研水平的一条宝贵经验。随着改革开放的深入推进，我国各项事业蓬勃发展，为各方面优秀人才提供了前所未有的发展空间和广阔舞台，吸引大批海外高层次人才的时机已经到来。因此，大力引进海外高层次人才回国（来华）创新创业成为我国人才工作的重要议题。2008 年 12 月，中共中央办公厅转发《中央人才工作协调小组关于实施海外高层次人才引进计划的意见》，提出从 2008 年开始，用 5 到 10 年，在国家重点创新项目、重点学科和重点实验室、中央企业和国有商业金融机构、以高新技术产业开发区为主的各类园区等，引进并有重点地支持一批能够突破关键技术、发展高新产业、带动新兴学科的战略科学家和领军人才回国（来华）创新创业。各地各部门也确立了人才优先发展战略布局，编制本地本部门人才发展规划，积极创新人才政策，营造有利于人才发挥作用的良好环境。总的来看，近年来，海外人才归国数量快速增加，归国人才层次不断提高，为国服务活动日趋活跃，在我国科技创新和高新技术产业发展中发挥了重要作用。2012 年 8 月，中央组织部、人力资源和社会保障部、中央宣传部等 11 个部门和单位又联合下发《国家高层次人才特殊支持计划》（简称“国家特支计划”，也称“万人计划”），面向国内各领域遴选 1 万名杰出人才、领军人才和青年拔尖人才，加快造就一支为建设创新型国家提供坚强支撑的高层次创新创业人才队伍。

党的十七大以来，我国按照中央部署，制定国家中长期人才发展规划，实施重大人才工程，大力引进国家发展急需紧缺的海外高层次人才，充分发挥国内高层次人才在建设创新型国家中的支柱作用，组织专家学者到地方发展一线为应对国际金融危机、转变经济发展方式开展咨询服务，这些都是人才工作服务大局的实际行动。我们要始终把服务科学发展作为人才工作的根本任务，紧紧围绕全面建设小康社会、加快推进社会主义现代化开展人才工作，以服务经济发展和社会进步的实际成效检验人才工作。

三、人才强国战略

（一）人才强国战略的提出

党对人才资源认识的不断深化，引领重大战略决策的走向。1995 年党中央、国务院作出实施“科教兴国”战略的伟大决策。2001 年，时任国务院总理的朱镕基在《关于国民经济和社会发展第十个五年计划纲要的报告》中，首次把人才规划纳入国民经济和社会发展规划。他强调：“实施人才战略，把培养、吸收和用好人才作为一项重大任务。”这就把人才问题提到了新中国成立以来前所未有的高度。2002 年 5 月 7 日，中共中央办公厅、国务院办公厅关于印发《2002—2005 年全国人才队伍建设规划纲要》的通知首次明确提出了“人才强国”战略的概念，人才强国战略成为国策。2003 年 5 月 23 日和 11 月 24 日，中央两次召开中央政治局会议，重点研究人才工作，对进一步加强人才工作等问题作了研究和部署。2003 年 12 月 19—20 日，全国第一次人才工作会议召开。胡锦涛在会上就新世纪新阶段的人才工作发表了纲领性讲话，精辟阐述了新世纪新阶段人才工作的极端重要性，明确提出了做好人才工作的根本指针、主要任务和方针原则。会后下发的《人才工作决定》，对新形势下的人才工作作了全面部署。《人才工作决定》指出：人才问题事关党和国家事业发展的关键，实施人才强国战略是党和国家一项重大而紧迫的任务。从科教兴国战略到人才强国战略，表明了新时期我国对科学技术和人才资源认识的深化。党的十七大提出更好实施“人才强国战略”，同时把人才强国战略作为我国顶层设计的三大战略之一写进党章，这在我党历史上是第一次。在 2010 年全国人才工作会议上，胡锦涛进一步提出：“切实做好人才工作，加快建设人才强国。”这些标志着我国的人才工作已经从传统人事管理进入战略管理时代，这是贯彻落实科学发展观，增强我国综合国力和国际竞争力，实现中华民族伟大复兴的战略选择。

（二）坚定不移地走人才强国之路

在人类社会发展进程中，人才是社会文明进步、人民富裕幸福、国家繁荣昌盛的重要推动力量。当今世界正处在大发展大变革大调整时期，世界多极化、经济全球化深入发展，科技进步日新月异，知识经济方兴未艾，加快人才发展是在激烈的国际竞争中赢得主动的重大战略选择。我国正处在改革发展的关键阶段，深入贯彻落实科学发展观，全面推进经济建设、政治建设、文化建设、社会建设以及生态文明建设，推动工业化、信息化、城镇化、市场化、国际化深入发展，全面建成小康社会，实现中华民族伟大复兴，必须大力提高国民素质，在继续发挥我国人力资源优势的同时，加快形成我国人才竞争比较优势，逐步实现由人力资源大国向人才强国的转变。

党和国家历来高度重视人才工作，新中国成立以来特别是改革开放以来，提出了一系列加强人才工作的政策措施，培养造就了各个领域的大批人才。进入新世纪新阶段，党中央、国务院作出了实施人才强国战略的重大决策，人才强国战略已成为我国经济社会发展的一项基本战略，人才发展取得了显著成就。科学人才观逐步确立，以高层次人才、高技能人才为重点的各类人才队伍不断壮大，有利于人才发展的政策体系进一步完善，市场配置人才资源的基础性作用初步发挥，人才效能明显提高，党管人才工作新格局基本形成。同时必须清醒地看到，当前我国人才发展的总体水平同世界先进国家相比仍存在较大差距，与我国经济社会发展需要相比还有许多不适应的地方，主要是高层次创新型人才匮乏、人才创新创业能力不强、人才结构和布局不尽合理、人才发展体制机制障碍尚未消除、人才资源开发投入不足，等等。

未来十几年，是我国人才事业发展的重要战略机遇期。我们必须进一步增强责任感、使命感和危机感，积极应对日趋激烈的国际人才竞争，主动适应我国经济社会发展需要，坚定不移地走人才强国之路，科学规划，深化改革，重点突破，整体推进，不断开创人才辈出、人尽其才的新局面。

第二节 人才要素理论

人才要素理论是宏观人才学基础理论之一，主要研究人才作为生产要素的配置方式、条件和价值实现。在知识经济时代，人才在生产中的作用越来越重要，已经成为核心生产要素。人才资源的稀缺性决定了必须通过一定方式把人才合理配置到社会生产的各个领域中去，通过人才资源的良性配置实现人才价值的创造。

一、人才是生产要素

生产要素，是经济学中的一个基本范畴，指进行社会生产经营活动时所需要的各种社会资源，是维系国民经济运行及市场主体生产经营过程中所必须具备的基本因素。

一般而言，生产要素至少包括人的要素、物的要素及其结合因素。劳动者和生产资料之所以是社会生产的最基本要素，是因为不论这个生产的社会形式如何，劳动者和生产资料始终是不可缺少的要素，前者是生产的能动条件，后者是生产的物质条件。但是，当劳动者和生产资料处于分离的情况，两者只在可能性上是生产要素，而要使它们成为现实的生产要素，就必须使两者结合起来。劳动者与生产资料的结合，是人类进行社会劳动生产所必须具备的条件，没有它们的结合，就没有社会生产劳动。在生产过程中，劳动者运用劳动资料进行劳动，使劳动对象发生预期的变化。生产过程结束时，劳动和劳动对象结合在一起，劳动物化了，对象被加工了，形成了能够满足社会需要的产品。如果整个过程从结果的角度加以考察，劳动资料和劳动对象表现为生产资料，劳动本身则表现为生产劳动。由于生产条件及其结合方式的差异，使社会区分成不同的经济结构和发展阶段。在社会经济发展的历史过程中，生产要素的内涵日益丰富，不断地有新的生产要素诸如现代科学、技术、管理、信息等进入生产过程，在现代化大生产中发挥各自的重大作用。生产要素的结构方式也随之发生变化，而生产力越发达，这些因素的作用也就越大。

通常认为，生产要素包括劳动、资本和土地三大类。但长期以来我们只强调劳动在价值创造和财富生产中的作用，而其他生产要素的作用及其对国民收入的贡献则要么被忽视了，要么重视不够，因而一直只强调劳动参与收入分配的问题。我们今天在讨论按生产要素分配时，就是要在继续凸显劳动作用的同时，给资本、技术和管理等生产要素以足够的重视，使它们也能合理合法地得到回报。这其中特别要强调人才要素的作用和回报。在今天全球化背景下的信息社会中，发达国家之所以能占据产业价值链的高端位置，是因为他们创造财富的关键“生产要素”是先进的知识和人才，而不是人们过去所说的一般意义的劳力、土地。在现代全球经济中，知识是关键的限制性的生产要素，而不是传统意义的付出汗水的劳动。在全球经济中，收割水稻或铲煤的人，处于价值创造的边缘地位；而同一个人，如果拥有先进的工程、科学或企业管理知识，就可能使经济发生彻底变革。因此，可以说知识已经取代传统劳动力，成为现代经济的主要“劳动力”了。以美国为例，第二次世界大战以后顶尖移民人才对美国发展作出了巨大贡献。到 2006 年，由移民创建的高科技公司雇用了 45 万名工作人员，直接产生 520 亿美元的收入。这些移民 CEO 们对 GDP 的间接贡献估计每年超过 2000 亿美元，并逐年增长。哈佛商学院教授威廉 · R. 科尔（William R. Kerr）总结了这样一个现象：“虽然移民约占美国劳动人口的 15%，但他们当中博士级的科学家和工程师却占了美国将近一半的比例。在博士队伍中，有着获得诺贝尔奖、被推举进入国家科学院、获得专利奖项等人才，其中相当大的比例是移民。他们是美国技术发展非常强大的贡献者。因此吸引和留住这支高技能的队伍就是美国国家利益，这是提高我们国家创新率所采取的一个最简单的政策杠杆。”① 再看美国各个产业就业分配比例的变化：1820 年，美国在农业、工业和服务业之间的就业比例分别为 70%、15%、15%；而 2006 年则变为 6%、15%、79%。美

① 陈志宏. 全球人才流动新变化［N］. 解放日报，2009－12－21.

国1820年人均GDP为1231美元（按1990年美元计），而2006年高达4.2万美元。这里所说的服务业主体不是足底按摩、酒店餐饮式的低端服务，而是像芯片设计、IT集成、战略顾问等高端服务。

人才已经成为生产力的核心，有了人才就有了一切。美国著名钢铁大王卡内基曾说过：即使我的全部资产都没有了，只要把我的人才留下，再过4年，我仍将是钢铁大王。人才不但能够带来技术创新、管理创新，还能创造先进的生产工艺，提升企业核心竞争力，能为社会带来巨大的经济效益、社会效益和环境效益。在今天，人才不仅是生产要素，而且是核心生产要素。

二、人才要素的配置

人才资源的配置历史上曾有计划配置和市场配置两种方式。作为一种特殊资源，人才资源的配置具有不同于物力资源配置的特点。物力资源的配置是由人主导实施的，如何配置、配置效果如何都取决于配置和使用这些资源的人。人才资源的配置则不同，人才既是资源，也是配置的参与者和实施者。人才资源的这种本质特征决定了，人才资源的市场配置是通过人才个体走进人才市场，并通过双向选择实现自身资源的配置。而人才资源的计划配置，也只有在配置对象愿意参与、双方达成共识的基础上，才有可能得到相应的人才效益，取得较好的人才配置效果。因此，人才资源配置方式必须与人才资源本质特征相适应，配置过程必须遵循人才资源配置规律。在社会主义市场经济条件下，市场在人才资源的配置过程中发挥着基础性作用。

人才资源是特殊生产要素，如果配置不当，不仅不会产生效益，而且还会带来诸多方面的负面作用。清代的申居郧说过这样的话："人才各有所宜，用得其宜，则才著；用非其宜，则才晦。"（申居郧《西岩赘语》）人才与岗位密不可分，只有根据岗位的需要和人才的特点、意愿，对各类人才实行优化组合、合理配置，将人才调配到能够充分发挥其作用的岗位上，才能最大限度地挖掘出人才潜力，实现人才价值，发挥人才效益。实践证明，合理调配人才资源，优化人才资源配置，实现人与岗位的最佳结合，可以使人才队伍在知识、能力、专业、学历等方面形成优势互补，实现按需、有序、科学、合理的良性流动，从而通过资源整合，发挥人才资源整体效能，避免人才建设的高投入、低产出。

三、人才价值的实现

人才价值是指物化在人才身上的社会一般劳动时间，亦即物化在人才身上可用于创造性劳动的人才资本含量。人才价值的实现是指人才向社会提供服务、付出劳动和进行创造性活动所应得到的承认和补偿，包括物质回报和精神激励等。

全国人才工作会议和《人才规划纲要》，多次提出要充分体现人才价值，要求各级社会组织通过用好人才，最大限度地发挥其聪明才智，创造出更多的创新成果，为社会进步和经济发展作出更大贡献。充分体现人才价值，既符合马克思主义的价值规律，也体现了市场经济条件下人才的商品属性和特征。党的十八大进一步明确要坚持党管人才原则，把各方面优秀人才集聚到党和国家事业中来。贯彻落实党管人才原则的本质就是遵循人才价值规律，吸纳各方面优秀人才到党的国家事业中创造价值，并在建功立业中实现自身价值。

人才价值主要通过人才创造性的劳动成果和对人类的较大贡献表现出来。21 世纪，人们不再把学历文凭与学术职称当作主要的人才价值标准，而是把人才与创新意识、创新能力和创新成果结合起来考虑，最大限度地实现人才的社会价值和经济价值。以学历、职称划线的人才价值标准已受到质疑，以品德、知识、能力、业绩评价人才正成为主流。人才的社会价值是人才以其崇高的理想、高尚的思想品格、非凡的进取精神，或独特的经营理念、超群的管理能力而创造的、为社会组织乃至全社会所推崇的道德情操、改革意识、创新精神、价值观念、管理方法等精神财富与实践经验。人才的经济价值应该表现为人才以其广博的知识、前沿的理论、科学的研究方法所创造的高水平的创新成果，或以其高超的技术、精湛的技艺作出的发明创造在现实及未来一定时期内所创造的新的经济收益。被国际上称为“中国杂交水稻之父”的袁隆平教授就是以其科研成果的推广创造了数以亿计的经济效益。

人才价值的实现，最根本的途径在于进行创造性实践。人才所具备的才能在未发挥出来之前，只能称其具有潜在形态的价值，只有通过创造性实践活动，才能将这种潜在形态转化为现实价值。创造价值的质量和实现价值的程度也取决于创造性实践的广度和深度。所以，在市场经济条件下，人才必须主动投入国民经济建设各条战线，在市场经济的大潮中将作为价值主体的个人所具备的品德、知识和才能客观化、对象化为社会财富，创造出能够满足人们日益增长的物质和文化生活需求的成果，从而为人才价值的实现提供先决条件。而作为社会各级组织，要坚持“尊重劳动、尊重知识、尊重人才、尊重创造”的方针，通过用好人才、最大限度地发挥其聪明才智，创造出更多的创新成果，实现其自身价值，推进社会不断进步，推动经济得到长足发展。

当前存在一些未能充分体现人才价值的现象，即人才价值与价格相背离现象，如一些单位和部门把人才当作廉价劳动力。由于人才的廉价使用，造成了对人才的虚假需求，造成部分单位的庞大和臃肿，人浮于事，致使许多优秀人才做着他们不愿意做也不应该做的事情，人才浪费严重。造成人才价格与价值相背离的根源，在于没有真正认识到或者不愿意承认人才对经济发展的重要作用，在于不愿意承认人才的价值。特别是一些优秀科技人才，堪称企业成长的柱石，他们在创造价值的过程中有着特殊的贡献，他们是人才资本所有者，理应获得相应的高额回报。

为实现人才强国战略目标，应重点围绕用好用活人才、提高人才效能，完善人才工作管理体制，健全人才工作机制，真正实现人才价值。这就要求从人才培养开发、评价发现、选拔任用、流动配置、激励保障等方面形成更加科学、更具活力的一整套机制。其中，建立健全与工作业绩紧密联系、有利于激发人才活力和维护人才合法权益的激励保障机制是充分体现人才价值的重要机制，是促进人才价值实现和增值的关键机制。

第三节　人才资源理论

人才资源理论是宏观人才学基础理论之一，主要研究人才资源特性，以及人才资源的供求关系、开发政策、保护与流失、吸引等。人口资源是人力资源形成的数量基础，人才资源是人力资源中质量较高部分，是第一资源。人力资源是生产力，人才资源则是先进生产力。中国的基本现实是人力资源丰富，但高层次人才资源相对不足，人才贡献率偏低，必须大力加强人才资源开发力度，逐步实现由人力资源大国向人才强国的转变。

一、人才资源是第一资源

党和国家历来高度重视人才工作，新中国成立以来特别是改革开放以来，提出了一系列加强人才工作的政策措施，培养造就了各个领域的大批人才。2001 年 8 月江泽民在北戴河会见部分科学家时指出：做好人才工作，首先要确立人才资源是第一资源的思想，克服见物不见人和重使用轻培养的倾向。要建设适应党和人民事业发展需要的高素质人才队伍；要树立全面的人才观，广纳贤才，知人善任；要按照全面发展的要求，提高人才自身的思想道德素养和科学文化素质，充分发挥人才的主观能动性和创造精神；要更新人才工作的思想观念，探索更加灵活的人才工作思路，营造符合人才成长特点的环境。2003 年 5 月 23 日，中共中央政治局召开会议，强调“人才问题是关系党和国家生存与发展的关键问题”，“人才资源是第一资源”。要把开发人才资源作为实践“科学技术是第一生产力”战略思想的新突破口，作为建设创新型国家的重要战略方针。人才资源作为第一资源，直接统领和制约其他资源的开发和利用。在当今世界，人才优势已经成为经济社会发展的重要推动力量。清醒地认识人才资源在当今社会的重要战略地位，确立人才资源是第一资源的观念，有效提升我国人才和人力资源综合开发水平，努力形成人才辈出、人尽其才的新局面，对落实科学发展观有重要战略意义。

中国人力资源丰富，人才众多。根据《人才规划纲要》的数据，截至

2010 年年底，全国人才资源总量达到 1.2 亿人，其中研发人员、科技人员数量在 2009 年就位居世界第一。但人力资本对经济增长贡献率仅为 32.6%，其中人才贡献率是 26.6%。处于世界领军地位的杰出人才凤毛麟角。

当今世界正处在大发展大变革大调整时期，综观国际国内大势，我国发展仍处于可以大有作为的重要战略机遇期。党的十八大提出，我们要准确判断重要战略机遇期内涵和条件的变化，全面把握机遇，沉着应对挑战，赢得主动，赢得优势，赢得未来，确保到 2020 年实现全面建成小康社会宏伟目标。加快人才发展是实现这一宏伟目标的重大战略选择，我们必须进一步增强责任感、使命感和危机感，积极应对日趋激烈的国际人才竞争，主动适应我国经济社会发展需要，大力提高国民素质，逐步实现由人力资源大国向人才强国的转变。

二、人才资源的特性

人口资源、人力资源和人才资源的本质不同，三者在数量上却存在一种包含关系。在数量上，人口资源最多，它是人力资源形成的数量基础，人口资源中具备一定脑力和体力的那部分都是人力资源；而人才资源又是人力资源中质量较高的那部分，也是数量最少的。就人才的才能、创造性、对社会的贡献等方面而言，人力资源是生产力，人才资源则是先进生产力。在比例上，人才资源最小，它从人力资源中孕育并产生，而人力资源又是从人口资源中产生。对社会组织而言（包括政府、机关、团体、企事业单位乃至个体户等），最需要的是人才资源，但人才资源毕竟有限，而且往往供不应求。在人口资源相对固定的条件下，人才资源的获取，只能在已有的人口资源中进行培育，从人力资源的行列中开发提高。所以需要对人口资源中具备可培育的（有一定脑力或体力）那部分人进行知识、能力等的提升，使其成为人才资源。

人才资源与人力资源具有一些相同的特征，即能动性、两重性、时效性、再生性、社会性等。除此之外，人才资源还具有一般人力资源所不具备的特征，即内在素质的优越性、劳动过程的创新性和劳动成果的创造性、贡献超常性、资源的稀缺性、不可替代性及时代性和群众性等。一般来讲，人才都在一个或几个方面具备一般人所不具备的优越素质。这里的素质是广义的，超出我们一般所指的德、智、体、美等范畴。它包含许多方面，如高学历、品德高尚、智力超群、谋略过人等，这些都是一般人所不具备的。人类的劳动，按其性质可分为模仿性劳动、重复性劳动和创造性劳动三种类型。前两种劳动都是以继承性劳动为重要特征，其结果只是将前人创造出来的劳动形式和经验进行重复，因而在劳动成果上无法有大的收获。一般人的劳动就属于前两种。人才则不然，由于人才具有优越的内在素质，决定了他们能够并且乐于以前人的经验和成果作为基础，有所创新，有所突破。人才必然是人类实践活动的精髓——能动性、创造性活动的主体，他们的劳动以创造性劳动为主。也就是说，人才尤其是各类高级专门人才，能够在较高程度上实现对世界的认识与改造，能够高效率地实现自身价值，劳动过程的创新性和劳动成果的创造性成为人才资源区别于人力资源的重要表征。人才具备了创造性就决定了他能够取得比前人、比一般人更大的成就，因而人才的贡献要远大于一般人。人才资源具有稀缺性，这一特征在发展中国家表现得更为显著，因而赋予人才资源更为重要的经济意义。杰出人才的艰巨复杂劳动，是一般人不可替代的。这就是历史唯物主义所指的“个人在历史上的作用”，如果这种作用集中体现在某个人才身上，那么，这个人才就在那个时代（或环境、条件）下具有不可替代性，发挥不可替代的作用。《人才工作决定》和《人才规划纲要》给人才概念赋予的新内涵体现了新时期人才资源的新特征，这些特征表现在两个方面。首先，人才必然在历史的、具体的社会实践中生成与发展，由此决定了人才总是现实地活动于一定的历史时代、实践领域，因而必然打上时代烙印并受制于客观世界。其次，人才必然存在于人民群众之中，是人民群众推动历史前进的先进代表；同时，人人都有成才可能，因为人人都有参加社会实践机会，只要在社会实践中积极进取，刻苦磨砺，就有可能成为某一类型某一层次的人才。以上两个方面的特征可归纳为人才的时代性和人才的群众性。

三、人才资源开发与保护

人才的基础在教育，人才的成效在社会。为有序高效释放全社会的人才能量，加快经济社会的发展，必须把人才问题当作系统工程来抓，遵循系统培养开发人才的规律。系统开发培养人才的规律，体现在社会的各个层面。比如，中国航天科技集团有着具有航天特色的人才培养体系，这一体系包括三个方面。首先，航天人才群体是一个包括五个层次的体系：负责独立解决工程实际问题的专业主管的骨干层次、负责主导专业技术发展的专才层次、负责组织领导航天工程型研制的将才层次、负责创造性解决重大关键技术的帅才层次和负责开拓航天技术领域的学术巨擘层次。这样一个系统犹如一座金字塔，层层上升，形成梯次架构，支撑起我们国家宏伟的航天事业。其次，航天人才队伍科学管理制度也是一个体系，包括招聘录用、配置使用、考核评价、薪酬待遇、晋升激励、流动退出诸多环节。再次，航天科技集团人才资源与管理制度之间不断调整与相互适应，这是一个不断进化、日益优化的过程，而两者之间相互作用的结果，就是高层次科技人才的大量涌现和一批又一批航天科技成果的圆满完成。

“十年树木，百年树人”，人才开发要靠长期持续的系统培养。全社会的终身教育体系，教育与实践相结合的培养体系，科研与生产相结合的创新体系，都是人才开发合乎规律的系统工程。终身教育，指的是涵盖人生各阶段所受各种教育的总和，也是人生所受的不同教育类型的综合，既包括正规教育，也包括非正规教育和非正式教育。全社会的终身教育则是指涵盖社会所有成员的终身教育。对于人才开发来讲，教育与实践相结合是最有效的途径。在成长过程中，人才总要不断地进行实践，通过实践丰富自身在教育中获得的理论知识，然后再将所学的知识加以运用。因此，《人才规划纲要》在“人才队伍建设主要任务”中提出“突出培养造就创新型科技人才”时，将“建立学校教育和实践锻炼相结合”作为主要举措。科研与生产结合的一般形式就是产学研合作，或是叫产学研一体化。建立科研和生产结合的创新体系，不仅是解决长期以来我国科学研究与生产严重脱离的有效办法，而且也是我国人才开发的重要途径。党的十七大以来，我国主要从四个方面进行了系统培养开发人才的具体实践。首先是以德才兼备为培养标准，建立来自一线的党政干部培养选拔链。其次是实施青年英才开发计划，选拔优秀拔尖人才进行重点培养。第三是注意各类各层次人才开发的衔接配套，统筹区域人才开发。第四是强调实施人才发展规划要与科技规划、教育规划协调配合。

人才资源开发必须遵循全面协调可持续发展的原则，着眼于经济社会发展的现实需要和长远需要，坚持把人才资源放在经济社会发展各种资源的首要位置，以人才资源的开发作为推动科学发展的根本动力，确立人才资源开发相对于其他资源开发的优先地位。人才资源开发要做到现实需求与长远需要相结合、高端引领与整体开发相结合、外部引进与内部培养相结合、培养与使用相结合。我国科技人力资源总量虽然已居世界前列，但创新创业拔尖人才和领军人才严重不足。面对这一形势，我们要把培养创新创业人才作为人才工作的重大战略任务来抓。全社会一方面要营造创新的环境，另一方面要形成鼓励创新、宽容失败、团结协作、勇攀高峰的社会氛围。此外，高等院校在人才的培养上要以社会发展需求为导向，在专业设置上要紧跟技术以及产业发展的步伐，在教师的自身素质上要不断调整自身的知识结构以满足社会发展的变化，在教学方式上要培养学生敢想、敢做、敢创新的精神。

党的十八大首次提出了中国特色社会主义事业五位一体总布局，要求大力推动生态文明建设，指出节约资源是保护生态环境的根本之策，必须全面促进资源节约。人才资源是第一资源，其稀缺性特点决定了人才资源比物力资源更需要节约和保护。人才资源，除了享有一般劳动力应该得到的劳动保护和社会保护以外，还应享有三个方面的特殊性保护。

一是知识产权的保护。知识产权是指基于智力的创造性劳动取得成果后，劳动者以其成果依法享有的权力。它是公民与法人民事权利的重要组成部分，包括人身权利和财产权利。所谓知识产权的人身权利是指权利同取得知识产品的人的身份不可分离，例如作者或发明者在其作品或证书上署名的权利。所谓知识产权的财产权利是指知识产品被法律承认后，权利人可以利用其知识产品取得报酬或奖励的权利。人才是科学技术的载体，是知识产品的主要创造者，保护知识产权对于保护人才资源具有特殊重要的意义。

二是经济权益的保护。人才既是物质文化财富的创造者，又是物质文化财富的消费者。人才必须享有相应的经济条件，也必须获得应有的经济利益。在我国，长期存在着“脑体倒挂”、知识分子待遇偏低的问题，严重影响着人才作用的发挥。因此，保护人才的经济权益，是当前人才资源开发利用中急需解决的重要问题。

三是社会环境的保护。人是社会关系的总和。人才对社会环境的要求比一般劳动者更高，没有一个良好的社会环境，人才的价值就无法实现，作用就难以充分发挥。因此，加强对人才社会环境的保护是人才资源保护的重要内容。所谓人才资源的社会环境保护，就是指通过创造一种有利于人才生活、学习及其创造性劳动的环境，使人才充分发挥作用，更好地为经济发展和社会进步服务。这里所说的社会环境是一个广义的范畴，包括心理、思想、政治、文化及社会生活等各个方面。所以，我们不仅要努力解决人才工作和生活中的实际困难，还要创造宽松的政治环境、自由的学术空气和“尊重劳动、尊重知识、尊重人才、尊重创造”的社会风气。

第四节　人才资本理论

人才资本理论是宏观人才学基础理论之一，主要研究人才的投入、风险、回报等。人才资本是与继工业经济之后出现的知识经济相对应的新资本形态，其突出强调潜在创新能力、创造性劳动成果及对人类的较大贡献。人才资本需要投资形成，其投资收益远高于物质投入，加大人力资本投资对发展中国家来讲意义尤为重大。

一、人才资本的概念

人才资本是与继工业经济之后出现的知识经济相对应的新的资本形态，是通过有意识、长时间、高成本的投资而形成的，凝结于人才体内并能够带来创造性成果和巨大贡献的以健康、知识、技能等因素所体现的价值。

人才资本理论是人力资本理论在知识经济时代的延伸和拓展，而非一开始就是一个新的独立理论体系。人力资本理论自 18 世纪后期萌芽以来，迄今已经历了三个发展阶段：20 世纪中叶经舒尔茨、贝克尔及阿罗等人的努力，形成了以劳动要素分析为中心的一般人力资本理论；20 世纪 80 年代中期以来经卢卡斯、罗默尔等人的努力，形成了以构建技术内生化的增长模型为中心的人力资本理论；90 年代以来，由于知识资本理论的兴起，人力资本理论的研究主线又有了新的动向。但是，遗憾的是无论在哪一阶段西方人力资本理论学者都没有明确论及人力资本的核心——人才资本的有关问题。以人力资本理论为基石，明确提出人才资本问题并作出开拓性贡献的是我国的一些学者。我国学者对人才资本内涵、人才资本特性、人才资本与人力资本关系、人才资本产权等方面内容进行了研究，形成了人才资本理论的主要内容。

姚先桥从资本角度指出，人才资本是指人才将自身蕴藏的智慧、才能释放出来，同生产资料、资本相结合，创造剩余价值。在市场经济条件下，尤其是在以科技进步促进社会全面发展的条件下，人才资本的价值绝不逊于土地、货币等其他生产资料资本。人才资本具有增殖性、无形性、潜在性、动态性等特性。刘家强也提出了类似的观点："人才资本是指体现在人才本身和社会效益上以人才的数量、质量和知识技能、工作能力特别是创造性的劳动成果及对人类的较大贡献所表现出来的资本。"刘楼和黄爱民研究了人才资本的形成，认为人才资本是在一定人力资本基础之上形成的，附于具体人身上的知识、智慧、才能、技能等能够被用来进行创造性劳动并能对人类作出较大贡献的智力资源禀赋。人才资本是动态概念，与劳动、创造等活动过程联系紧密。丰富的知识、超人的智慧、杰出的才能、娴熟的技能，如果不与劳动结合，不参与创造，那只会是潜在的、凝滞的人力，不是人才资本。人才资本具有潜在性、创新性、能动性、增值性、流动性等特征。桂昭明则从舒尔茨的人力资本概念出发，认为人才资本是体现在人才本身和社会经济效益上，以人才的数量、质量和知识水平、创新能力特别是创造性的劳动成果及对人类的较大贡献所表现出来的价值。人才资本有多种价值形态。人才资本结构包括“显形资本”和“隐形资本”两部分。“显形资本”即为人力资本意义上的教育、卫生保健、迁移等投资量。如果把学历作为教育投资的结果，则显形资本在形态上可分为“学历资本”和“健康及迁移资本”两部分。桂昭明认为人才资本具有七个特征：第一，人才资本与其承载者不可分离；第二，人才资本只能被出租，或转让其使用权，而不能够像物质资本那样直接转让、继承或买卖；第三，人才资本的形成与效能的发挥都与人的生命周期紧密地联系在一起；第四，从理论上讲，人才个体所能拥有的人才资本是无限的，这是由增值无限性的创新资本所决定的；第五，人才资本的形成与效能的发挥受其承载者个人偏好的影响；第六，人才资本是以各种不同的形式存在于人体之中的；第七，人才资本效能发挥的最大化在很大程度上受制于存量水平。① 赵永乐认为，人才资本是一种高级的人力资本，它从根本上有别于农业经济、工业经济时代诸种资本，是与知识经济相对应的新的形态的资本。人才资本是凝结于人才个体之中并能够带来预期回报（产出创造性成果和作出巨大贡献）的以知识、技能、健康和态度等因素的总和所体现的价值，是一种高效资本，经过周期长、成本高的主客体统一、内涵复杂的投资过程而形成，又与各种生产要素主要是知识要素相结合，带来具有自主知识产权的最大产出回报。人才资本的形成、配置等问题是当今经济和社会发展的核心问题。②

从人才和人力资本的关系看，不管是按投入还是按产出的方法来算，人才都是人力资本中的核心价值，或者是价值较高的那一部分。人才资本是体现在人才本身和社会经济效益上，以人才的数量、质量和知识水平、创新能力特别是创造性劳动成果及对人类较大贡献所表现出来的价值。人才资本与人力资本的区别主要体现在，人力资本的内涵泛指知识技能和工作能力；而人才资本的内涵，则突出强调潜在的创新能力、创造性的劳动

① 王勇，赵永乐．人才资本研究述评［J］．改革与战略，2006（3）：115－117.

② 王勇．人才资本产权实现的路径模式与制度安排［M］．北京：中国财政经济出版社，2012：序2－3.

成果及对人类的较大贡献。人才资本和人力资本在起点资本上存在着差异，人才资本理论揭示了人力投资达到一定的阈值——人力成为人才时，人才资本会增值的规律。人才资本的起点资本——阈值，随着社会不断进步而增加。人力资本不存在阈值的概念，其起点资本为零，或可称为零阈值。人才资本和人力资本在资本收益上存在着差异，主要表现在时效性差异、社会性差异和增长幅度差异等方面。

二、人才资本的投资

人才资本与人力资本一样也对经济起生产性的作用，这种作用的结果是使国民收入增加，它也需要投资才能形成。人才资本需要通过人力资本投资的积累并达到一定阈值时，才能在其显形资本的基础上不再依赖教育投资，可通过在实践中自学自研而不断形成并逐步增值隐形资本。桂昭明指出，人力资本中的“人力”，泛指“凡是具有劳动能力（体力和脑力）的所有的人”，外延很宽；而人才资本中的“人才”，则是特指人力资源中的一部分，外延较窄。人力资本中的“资本”，指以舒尔茨为代表的人力资本理论中通过教育、卫生保健、迁移等方面投资形成的、凝结于人体的资本，是一般性人力资本，以知识资本为主体。而人才资本中的“资本”，指以罗默、卢卡斯为代表的“新增长理论”中的“特殊的知识和专业化的人力资本”，是专业型人力资本，以能力资本为主体。人力资本是通过教育、卫生保健等方面的投资而形成的。用货币形态衡量，人力资本价值量等于形成人力资本的投资量，其形态以知识资本为主。而人才资本的价值量，如上所述，它应包括“显形资本”和“隐形资本”两部分，“隐形资本”是其增值量，不是靠再次学历教育的投资形成的，而是靠自学自研获得的，其形态以能力资本为主。①

人才资本、人力资本以及物质资本都是一个历史的范畴，即它们都不是自然地存在，都有一个投资与开发的过程，但是人才资本在形成方面更具有其自身的特征，这主要表现在人才资本形成的时代性、人才资本投资

① 桂昭明．人才资本论纲［J］．中国人才，2003（9）：4－10.

的长期性和人才资本开发的持续性等方面。人才资本的形成受到时代条件的制约。时代条件制约着人才资本的数量和质量，以及人才资本的资本存量的积累。这主要是因为人才资本的投资开发要受到既定的生产力和生产关系的制约。由于受到历史和社会条件的约束，人才资本作用的发挥和作用范围也会受到不同程度的限制。过去的人才资本载体无法完成现在的事情，当代的人才资本载体也无法用其现有的资本存量全部做到过去人才资本载体做到的事情。物质资本、人力资本、人才资本都是投资的结果，但是相对而言，物质资本、人力资本可以在一个较短的时间内生产出来，而人才资本需要经过人才资本投资受益者较长时间的学习和培训才得以形成，甚至是终身学习，才能保持住人才资本的地位，否则人才资本会降低为一般人力资本。也就是说人才资本的投资需要更长的周期，正所谓“十年树木，百年树人”。总的来说，人才资本的投资是一个“时间线形性”的过程。作为物质资本一般只有一次开发、二次开发，形成产品使用之后，就不存在继续开发的问题了。人才资本则不同，使用过程同时也是不断开发过程，而且这种开发过程具有持续性。在欠发达国家，传统的观念和做法是，大学毕业后就进入工作阶段了，开发与使用界限分明。这种“干电池”理论目前已经被“蓄电池”理论所代替。后者认为，人才工作之后，还需要不断学习，继续充实和提高自己。

三、人才资本的回报

马克思经济理论认为，生产力取决于劳动者、劳动资料与劳动对象三要素。一个经典的公式是：生产力 = 劳动者 + 劳动资料 + 劳动对象。但这个公式经历了不同社会的各个历史发展阶段，已经发生了一些变化：在工业经济初期，科学技术作为第四要素加入，产生和数效应，即：生产力 = 劳动者 + 劳动资料 + 劳动对象 + 科学技术。在工业经济鼎盛期，科学技术作为第四要素加入，产生倍数效应，即：生产力 = （劳动者 + 劳动资料 + 劳动对象） × 科学技术。而在知识经济时代，高科技作为第四要素加入，产生指数效应，即：生产力 = $(\text{劳动者} + \text{劳动资料} + \text{劳动对象})^{\text{高科技}}$。随着社会的发展，知识经济时代已来临，人才资源无疑已上升到第一资源的重要位置，人才成为决定经济社会发展的关键因素，人才资本投资收益高于其他形态资本投入。

第一个把关注的目光“从物质资源转移到人力资源”的，是美国经济学家西奥多·W. 舒尔茨，是他最早创建了人力资本理论体系，对经济发展的动力作出了全新的解释。舒尔茨指出，在美国经济半个多世纪的增长中，物质资源投资增加 4.5 倍，收益增加 3.5 倍；人力资本投资增加 3.5 倍，收益却增加了 17.5 倍。从 1919 年到 1957 年，美国 38 年中的生产总值增长额，49% 是人力资本投资的结果。在舒尔茨之后，经济学家萨卡洛普洛斯分析了 61 个国家的人力资本投资（社会与个人教育投资）状况，发现对于发展中国家来说，20 世纪 60 年代的物质资本投资收益率为 15%，人力资本投资收益率为 20%；70 年代这两个数字分别为 13% 和 15%。萨卡洛普洛斯据此指出，加大人力资本投资对发展中国家意义尤为重大。①

各个国家越来越认识到人才价值的重要性，纷纷加大人才资本投资力度。2005 年，世界各国公共教育支出占国民生产总值（GNP）的百分比按地区划分，北美和西欧最高，平均达到 5.7%，其次为拉美和加勒比海及撒哈拉以南非洲为 5.0%，中东欧 4.9%，东亚和太平洋 4.7%，阿拉伯国家 4.5%，南亚和西亚 3.6%，中亚 3.2%。发展中国家，巴西 4.4%，墨西哥 5.3%。自 2000 年以来，欧盟国家教育投入在不断增加，在欧盟国家中比例最高的是北欧国家，丹麦 8.28%，瑞典 6.97%，芬兰 6.31%。而目前我国人力资本投资远低于世界平均水平。②

我国经济学家曾利用 1978—1996 年教育投资与健康投资的数据作为人力资本总投资，计算出每增加 1 亿元人力资本投资，可带来次年近 6 亿元 GDP 增加额，而每增加 1 亿元物质资本投资，仅能够带来 2 亿元 GDP 的增加额。但从重视物质资本投资到重视人力资源的投资并不是件容易的事，特别是将其上升到国家宏观决策更是不容易。根据芝加哥大学詹姆斯·海克曼的测算，中国各级政府现在大约把国民生产总值的 2.5% 用于教育投

---

① 王通讯. 人才资源为什么是第一资源［J］. 中国人才，2003（6）：16－19.

② 王通讯. 人才资源为什么是第一资源［J］. 中国人才，2003（6）：16－19.

资，30%用于物质投资。这两项投资在美国分别是5.4%和17%，在韩国是3.6%和30%。上述物力资本投资与人力资本投资比例，中国是12:1，韩国是8:1，美国是3:1。这位曾经获得2000年度诺贝尔经济学奖的教授指出："中国对人进行投资的支出，远远低于各国平均数。如果中国过多投资于一种资本，而另一种资本投资不足，那么，财富增长的机会就丧失了。"①

海克曼教授的话并非危言耸听。我国改革开放以来的经济高速增长，很容易使我们陷入盲目乐观的误区。我国经济建设成就的取得，很大程度上得益于计划经济向市场经济的转轨，得益于制度创新所释放出来的巨大能量。与此同时，人力资本投资明显不足，人力资源开发明显滞后。如果忽视了被掩盖着的危机，其严重后果将在日后凸显出来。未来，我们可以预见，如果不改变目前的教育投入策略，中国的人才资源水平将继续拉大与世界平均值的差距。为此，《人才规划纲要》确立了人才投资优先总体部署，健全政府、社会、用人单位和个人多元人才投入机制，加大对人才发展的投入，并提出人力资本投资占国内生产总值比例2015年要达到13%、2020年达到15%的工作目标。

第五节　人才发展理论

人才发展理论也是宏观人才学基础理论之一，主要研究人才优先发展、人才以用为本等方面内容。人才优先发展是世界进入人力资本时代的必然要求，是后发国家实现现代化追赶的成功经验，也是我国东部发达地区率先发展的成功实践。在新形势下，实现人才发展必须坚持人才以用为本，必须坚持改革创新。

一、确立人才优先发展的战略布局

确立"人才优先"的战略布局是深入贯彻落实科学发展观，将发展方

① 王通讯．人才资源为什么是第一资源［J］．中国人才，2003（6）：16－19.

式转变为主要依靠科技进步、劳动者素质提高和管理创新的必然选择，也是对世界发达国家历史经验的借鉴。从人类社会的实际发展历程看，勇于创新的人才总是先行发展，才带动了后继者的发展，人才优先发展是历史演进的事实。回顾20世纪，1900年美国赶超英国、1950年日本追赶美国、1960年韩国追赶欧洲的史实表明，美国、日本、韩国三个国家成功追赶的秘密武器正是这三个国家实行了人才优先战略。第二次世界大战结束之后，在建设现代化国家的谋划中，选择人力资本积累优先的国家，较之于选择物力资本积累优先的国家，不仅发展速度较快，而且社会发展平稳和谐。这对于中国这样一个人口众多、经济较为落后的后发国家，应该是一个有益的启示。当前中国正处在经济转型、体制转轨、发展方式转变的重要历史时期，把中国现代化的可能变为现实，关键在于转变发展方式，切实使发展建立在以创新为动力的效率提升基础上。人才优先发展战略就是要为在21世纪中叶基本实现社会主义现代化奠定人才基础。选择人才优先的战略布局，强调的是人才这种最先进的生产力要优先发展，从而带动整个国民经济的发展，使我国的GDP不仅做大，而且要做强。唯有如此，才能使100多年来中华民族的强国之梦，变成民族复兴的伟大现实。

人才优先发展是世界进入人力资本时代的必然要求，也是党和政府对人才资源的重要价值和作用的深刻理解与清醒把握。胡锦涛在2010年全国人才工作会议上指出，要确立在经济社会发展中人才优先发展的战略布局，做到人才资源优先开发、人才结构优先调整、人才投资优先保证、人才制度优先创新。我国已确立科教兴国、人才强国和可持续发展三大国家战略，而人才强国战略是三大战略中的支撑和关键。因此，必须树立人才优先发展的战略思想。加强统筹规划，优先研究制定人才发展规划。加大人才培养和引进力度，优先开发利用国际国内两个人才市场和两种人才资源。人才优先发展，还必须加快现有人才管理制度改革，转变传统的行政配置方式，采用以市场机制为主体的多元配置方式，加快人才资源开发向市场配置的战略转型。

人才优先发展是后发国家实现现代化追赶的成功经验，也是我国东部发达地区率先发展的成功实践。党的十七大以来，我们围绕建设人才强国，加大人才投入和开发力度，突出培养造就创新型科技人才，开发经济社会发展重点领域人才，国家自主创新能力显著增强，有力推动了经济发展方式的转变。但从人才工作实践来看，还有许多工作要做。一是确立人才资本优先投资、优先积累原则，加大人才资本投资力度，提高人才资本投资在整个国家财政支出中的比重。二是要把党管人才的原则切实落实到为各类人才的成长和发展营造良好的政策和制度环境上来，各级党委、政府和机构应把建立健全有利于人才成长、使用和发展的体制、机制和政策，作为人才工作的重要内容，努力做到用事业造就人才、用环境凝聚人才、用机制激励人才、用法制保障人才。三是在普遍提高劳动力素质的同时，大力引导科技人才向企业集聚，提高人才的创新创业意识与能力和企业的创新能力与国际竞争力。

二、以用为本是人才发展的重要方针

以用为本是胡锦涛在2010年全国人才工作会议讲话中提出的人才工作新理念，是我国人才发展指导方针的重要内容，是人才思想的一个重大创新。这一理念进一步总结揭示了人才发展的本质和规律，反映了科学发展对人才发展的新要求，深化了科学人才观的内涵，是党的人才发展理论的创新。从现实意义上看，以用为本具有鲜明的问题导向特征，对解决我国当前在人才开发利用方面存在的一些典型问题具有最直接的指向作用。

以用为本，就是要用好用活人才、充分发挥各类人才作用，将用好用活各类人才贯穿于人才发展的全过程，作为人才发展的根本任务和根本目的，作为人才成长的根本途径和人才价值的根本验证，以有效使用为抓手，牵引更多的优秀人才在投身创造实践中脱颖而出。实际上，以用为本是科学发展观在人才发展方面的理性判断和原则性延伸，是就如何实践以人为本理念所作出的务实性回答。以人为本理念包含着对人的社会人文价值（主体性意义）和经济工具价值（功能性意义）两个基本取向的统一承认，两者不可分割、相辅相成。相应地，人才主体本身与人才效能的实现也是相互统一的范畴，或者说人才这个概念本身就包含着知识技能等主体特征和业绩贡献等产出效能两个方面的含义。“用”则是打通人才引进与人才效能发挥的关键环节，也是持续优化人才开发与管理机制的重要突破口。以用为本的核心即在于人才效能的充分施展和开发，从而实现人才能力、业绩和贡献的有机统一。这既是对以人为本理念在学理逻辑上的发展，也是针对现实问题在解决策略上的指针。而落实以用为本的关键，则在于深化“用”的实践内涵，并以其为导向积极推进人才开发与管理机制的变革创新与优化。

树立以用为本的人才理念，不仅是一场观念的革新，更重要的是通过政策调整和制度创新，改善人才成长的土壤和制度环境，使得不拘一格地识才选才，各类人才各显其能、各尽其用成为现实。人才以用为本的核心要义，就是将合适的人在合适的时间用到合适的位置上，使人才发挥最佳效能。简言之，即人尽其才、才尽其用。实践出真知，实践出人才，在实践使用中锻炼提高人才是人才培养的主要途径。以用为本，就是要加大各类人才投身实践、用中砥砺的力度，在广阔的实践舞台上，促进人才潜能的勃发和显现，实现人才素质的锻炼和提升，为人才队伍的持续发展提供坚实的实践平台。人才效益取决于人才机制的科学性，以用为本就是要紧紧围绕用好用活人才这个根本，深化人力资源政策制度的调整改革。只有着力破除那些阻碍选贤任能的思想观念和体制机制，不断创新和完善人才机制，才能改善人才的成长土壤和任用环境，最大限度地激发人才的创造活力和创新动力，增强高素质人才的成长效率。

三、改革创新是人才发展的根本动力

从国内来看，经济快速持续发展要求人才数量相适应，经济发展方式的转变要求人才素质相适应，产业结构优化升级要求人才结构相适应，非公有制经济与新社会组织的迅速发展要求人才配置相适应，市场机制的深化发展要求人才工作体制机制相适应。总体上看，我国是一个人才资源大国，但人才发展总体水平与世界先进水平相比还有较大差距，与经济社会发展需要相比还有一些不适应的地方，影响制约人才发展的条条框框依然存在，党管人才的方式方法和实现途径还需要不断完善。解决这些问题需要深入研究把握人才工作规律，不断创新人才发展新理念，探索符合发展实际的人才工作机制，落实人才发展新举措。在新形势下，坚持把改革创新作为人才发展的根本动力，对于确立人才工作新思路、突破人才发展瓶颈制约、不断开创人才工作新局面，具有十分重要的指导意义。

当前，随着经济社会的快速发展，人才工作面临的新事物层出不穷，尤其在一些社会关注的热点难点问题上，产生了许多新情况、新矛盾、新问题，一些体制性、制度性的障碍，制约了“人”这一生产力中最活跃因素的活力的释放，影响了经济社会的持续快速协调发展。在这种情况下，传统的工作方式已经无法突破体制机制的壁垒，只有用创新的精神和思路，大胆破除那些阻碍生产力发展的不合时宜的观念、体制和做法，才能使人才工作始终有新思路、不断有新突破，才能使生产力最大程度地释放出来。党的十七大以来，各地把改革创新作为人才发展的根本动力，争相建立人才特区、人才创新创业基地等人才制度改革实验区，积极探索建立充满活力的科学研究、科研开发和科技创业机制。北京中关村积极建设国家级人才特区，天津加快建设滨海新区人才高地，上海加紧建设浦东国际人才创新试验区，武汉东湖新技术开发区、重庆两江新区、苏州工业园区、深圳前海、福建平潭等地也先后启动人才特区建设，通过“特殊政策、特殊机制、特事特办”，努力激发科技人才的创新创业活力。过去常被视为“禁区”的人才体制机制问题，现在也被越来越多的部门和地方在改革中“瞄准”并“触碰”，南京 2012 年提出的“科技九条”就是其中的代表。据了解，中央国家有关部门近年来先后制定了 168 项人才政策，正在研究起草的还有 140 项。各省（区、市）及新疆生产建设兵团计划制定人才政策 909 项，到 2011 年年底已出台 378 项。① 其中很多都是针对人才反映强烈、社会关注的重点难点问题而提出的突破性的人才政策。

人才发展的关键在体制机制，体制机制的活力来自改革创新。我们要坚持把改革创新作为人才发展的根本动力，进一步解放思想，开阔眼界、开阔思路、开阔胸襟，通过体制机制的根本变革，把人才这个最活跃的先进生产力解放出来。我们要以改革创新精神，破解人才发展中的思想观念

① 盛若蔚．人才发展看三变［N］．人民日报，2012－04－21．

束缚和体制机制障碍，构建与社会主义市场经济体制相适应、有利于中国特色社会主义事业科学发展的人才发展体制机制。重点围绕用好用活人才、提高人才效能，从人才培养开发、评价发现、选拔任用、流动配置、激励保障等方面，形成统分结合、上下联动、协调高效、整体推进的人才工作运行机制；建立健全政府宏观管理、市场有效配置、单位自主用人、人才自主择业的人才管理体制；把成熟的改革经验上升为制度规范，把普遍有效的重要政策纳入国家法律法规，形成有利于人才发展的法制环境；着力解决制约人才工作发展、制约人才发挥作用的突出矛盾和问题，使各类人才脱颖而出，为中国特色社会主义事业发展增添蓬勃活力和强大动力。

第二章
宏观人才运行系统

【导读】

人才不是天生的，是人才投资和人才培养的结果。人才投资是最有价值的投资，是人才资本累积的基石。人才资本要发挥效益，必须经过人才流通配置环节。参与人才市场流通，是有效配置社会人才资源的关键。人才使用是人才价值实现的目的和唯一手段，在人才使用过程中，通过人才的创造和创新行为，促进经济增长，推动经济发展的进步。本章共分五节，以人才从形成到流通再到使用的人才运行过程为时间轴线，分析人才生产与投资过程、人才流通与配置过程、人才使用与产出过程，构建宏观人才运行系统。

第一节　宏观人才运行系统概述

人才历来是影响国家兴衰存亡的关键因素。在新的历史时期，人才是科学发展的核心竞争力，人才资源是经济社会发展的第一资源。为了更加有效培育和发掘“第一资源”，必须从宏观视角了解人才的运行系统。宏观人才的运行经历了一个从形成到劳动消费的全过程，可以细分为人才生产、人才流通和人才使用三个环节。

一、宏观人才运行系统的过程

（一）宏观人才运行的三个环节

人才是社会财富的创造者。人才从产生到创造价值经历了从人才生产、人才流通与人才使用三大环节（见图2—1）。人才生产是宏观人才运行系统一个循环过程的起始环节，在这一环节里经过人才投资可以使凝结于人才体内的人才资本产生累积，因此这是人才的素质培养与人才能力提升的阶段。人才流通是介乎于人才生产和人才使用之间的中间环节，是人才资源流动与配置的过程，当存在着人才需求方和人才供给方，并且两者相匹配时，独立的人才个体就可以经过流通进入到某一社会组织，并在该组织中参与劳动生产。人才使用是宏观人才运行系统一个循环过程的终结环节，人才以其能力与才干参与社会生产，将人才资本转化到社会财富中去。

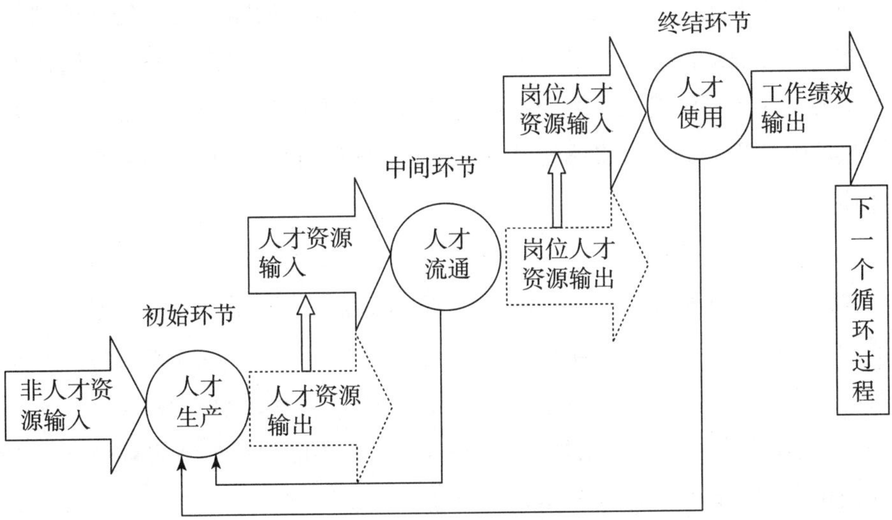

图2—1　宏观人才运行系统图

（二）宏观人才运行系统三个环节的关系

胡锦涛在2010年全国人才工作会议上指出，要坚持推进改革创新，激发各类人才创造活力，重点围绕用好用活人才、提高人才效能，完善人才工作管理体制，健全人才工作机制，从人才培养开发、评价发现、选拔任用、流动配置、激励保障等方面形成更加科学、更具活力的一整套机制。这也说明人才工作是一项系统性工程，人才培养开发是人才流动配置的前提，人才使用是人才培养和开发的目的。

第一，人才生产是人才流通的基础储备。人才生产是宏观人才运行系统一个循环过程的初始环节，没有人才生产环节就没有现代社会的人才。在人才生产环节，输入的是非人才资源或是低级的人才资源，输出的是人才资源或是高级的人才资源。经过人才生产环节，人才积累了人才资本，具有了参与生产的物质储备，才能够进入人才流通环节。

第二，人才流通是人才生产和人才使用的桥梁中介。人才流通是宏观人才运行系统一个循环过程的连结点，上接人才生产，下连人才使用。没有人才流通环节的中介作用，人才就只能永远是潜在的人才资源，其所拥有的人才资本也就永远无法实现其价值。人才流通的输入端是各种类型的人才，人才流通的结果使潜在的人才资源成为现实的生产要素——岗位人才资源。在市场经济条件下，通过市场资源的有序流动，人才市场需求方与供给方的主动寻找，最终实现合适的人才配置到合适的岗位上去，为人才使用提供基本条件。

第三，人才使用是人才生产和人才流通的终极目标。人才使用是宏观人才运行系统一个循环过程的终结环节，没有人才使用环节，人才就不能成为现实的生产力，就不能实现其价值。在这一环节，输入的是岗位人才资源，产出的则是人才在岗位上与其他生产要素相结合产生的工作绩效（包括物质形态的绩效和精神形态的绩效），人才的价值最终得以体现。人才使用环节是人才生产环节和人才流通环节的导向，人才生产以未来使用为人才投资的方向，社会需要什么样的人才，就生产什么样的人才。人才流通以人才使用引导人才合理流动，将合适的人才安排到最需要的地方去，将合适的人安排到合适的岗位上去。

第四，人才流通和人才使用是另外形态的人才生产过程。人才流通过程和人才使用过程也能起到人才生产的作用。人才生产有多种渠道，教育、培训、迁移和实际工作都是人才生产的重要途径。教育能增加人才资本的知识存量，培训能增加人才资本的技能，而实际工作则能增加人才资本的经验和能力，这些都是形成人才资本的重要渠道。人才流通的实质其实也是人才迁移，因而也是人才生产的途径之一。通过人才流通，能增加人才资本主动寻找资源、与资源相结合的能力。人才使用过程能够大大提高人才资本的工作经验，通过知识与实践的结合，提高知识与实践的结合度，提高解决实际问题的能力，增加经验值。因此，在人才流通过程和人才使用过程中也有人才生产，只不过其生产形态有别于纯粹的人才生产过程而已。

二、宏观人才运行系统的基本特征

（一）人才运行系统在时间上呈连续状态

宏观人才运行系统的一个循环过程，以人才生产为起点，以人才流通为中介，以人才使用为终点，在时间上是一个连续的过程。人才生产过程输出的是具有一定人才资本的人才资源，这就使人才资源具有了内在价值和使用价值，具备了流通的前提。作为生产要素之一的人才进入到流通领域，就可以通过市场进行流通与配置。具有人才资本的人才资源只有进入人才流通领域，才能被用人单位吸纳进而使用。社会上存在大量的人才需求，也存在大量的人才供给，通过流通领域将人才配置到最适合他的岗位上去，进入到人才的劳动消费过程。因此，宏观人才运行系统的一个循环过程在时间上是一个连续的过程，没有人才的生产，就无法参与人才流通，没有人才的流通与配置，就无法进入到人才使用过程。

（二）人才运行系统在空间上呈并行状态

人才生产、人才流通与人才使用虽然在时间上是连续的，但是这种连续是针对一个运行循环过程而言的。人才运行并不是单轨道的运行系统，而是一个多轨道并行的循环运行系统。当人才在人才流通领域无法得到有效配置时，人才有可能会选择放弃进入人才使用环节，重新选择进入人才生产过程，通过继续累积或提高人才资本存量，增加参与人才市场竞争的能力，从而在人才流通的更高层次的人才配置中，获得一席之地。在人才使用过程中，当人才使用效益低于人才或者人才使用者的预期效益时，人才有可能会主动或被迫放弃所在用人单位，重新进入人才生产过程或人才流通过程，或再次累积人才资本，或再次选择用人单位。另外，人才流通领域存在着人才市场关系，人才使用过程也存在着人才市场关系，只不过这个人才市场有别于社会上的人才市场，而仅是组织内的人才市场而已。总之，宏观人才运行系统由若干个循环过程组成，是一个在空间上存在交叉又并存的更大过程，是一个周而复始、往复循环、无始无终的运行系统。

（三）人才运行系统在整体上呈螺旋上升状态

宏观人才运行系统通过周而复始的循环，源源不断地为社会生产出大批的人才，为社会创造出大量的知识产品和物质财富，推动社会不断发展和进步。与此同时，人才个人的人才资本在运行过程中不断累积，知识的转化、流动的优化、经验的累积，都是人才不断提高整体能力的过程。因此，宏观人才运行系统不是简单地平行展开，而是一个呈螺旋上升态势的发展过程。在这里，每一个过程，人才都能有所成长，人才资本存量都能得到积淀；每一个循环，生产力都能有所提高，社会都能获得进步、得到发展。

三、人才运行与经济运行的关系

人才是参与经济建设的基本要素，是推动经济发展的驱动力，实践证明，有时候启用一个人才，可以救活一个企业，振兴一方经济。另一方面，经济的快速发展又有利于培养和造就高素质的人才，为人才发展提供条件。因此，人才运行与经济运行呈现出相辅相成、互为因果的关系，经济运行制约着人才运行，人才运行又影响着经济运行。

（一）经济运行制约着人才运行

宏观人才运行系统包括人才生产、人才流通和人才使用三个环节，每个环节都需要经济运行给予支撑。人才生产受到经济运行的制约：当经济运行良好时，从国家层面到企业和家庭层面，都会更有意愿加大人才资本的生产投资，在人才投资的方向上，更倾向于培养高科技含量的人才，更倾向于培养适合经济发展需求的人才。人才流通环节受到经济运行的制约：经济增长速度越快，人才流通和配置速度越快，就越能将人才配置到更能发挥使用效益的地方和产业中去。在良好的经济大环境下，人才市场越完善，其在人才配置中起到的作用就越有效、越显著。人才使用效率与效益也受到经济运行的制约：经济良性发展，人才需求旺盛，人才能够自主择业，人才能在使用效率和效益更高的企业和岗位中实现自我价值。反之，人才需求萎缩，就会造成人才资源的堆积和浪费。

（二）人才运行制约着经济运行

科技进步是经济增长的动力和源泉，不仅可以大幅度提高生产要素的使用效率，而且能够促进经济发展方式转变。科技进步之所以能成为经济增长的动力和源泉，其根本缘由在于科技进步是由人才推动的。因此，经济的运行离不开相当数量的人才资源和相当质量的人才资本的支撑；经济的高速发展离不开创新创业人才，需要一大批高科技人才的智力资本的引擎，需要各方人才队伍的参与和推动；经济发展的成果需要人才的智慧决策和实际行动的保持。只有人才运行系统运转正常，人才资源才能通过生产和流通环节配置到经济运行的各个部门和领域，才能为经济发展提供必需的人才队伍保证。

涵盖人才生产、流通与使用的人才运行系统和经济运行系统是社会运转铁路上的两条轨道，互为依存，缺一不可，永远不能分开，也永远不会只剩下其中的一条。人才运行既需要社会为其提供经济基础，又能为社会创造高端经济财富。因此，经济的发展需要人才资源的推动。

第二节　人才的生产与投资

《人才规划纲要》提出的“服务发展、人才优先、以用为本、创新机制、高端引领、整体开发”的人才发展指导方针，将“人才优先”纳入了人才发展的指导方针。“人才优先”即人才资源优先开发、人才结构优先调整、人才投资优先保证、人才制度优先创新。其中，人才资源优先开发、人才结构优先调整和人才投资优先保证三个“优先”都与人才生产有关，都充分体现了国家对人才生产的重视。人才资源优先开发确立了人才生产在社会生产中的地位，在各种资源的生产中，人才资源的生产处于优先的重要地位；人才结构优先调整明确了人才生产的一项根本性任务，为了实现经济结构战略性调整，必须对人才结构优先进行调整；人才投资优先保证对国家的投资战略作出了方向性的规定，没有充足的人才投资，人才生产就失去了可靠的保证。

温家宝在2010年全国人才工作会议上强调要加大人才发展资金投入。他指出，要建立健全政府、用人单位、个人和社会多元化的人才发展投入机制，较大幅度增加人力资本投资比重。虽然人才投资主体的多元化为人才投资能够提供多元化的保障，但关键还是国家财政要作为人才发展资金投入的最大主体，在人才投资上给予优先保证。

一、人才生产的基础要素

人才生产环节又可以称为人才培养环节，是宏观人才运行系统的起点，也是人才价值产生的基础。在这一阶段中，人才生产需要具备人才生产主体、生产客体、生产实施者和生产资料等基础要素。

（一）人才生产主体

人才生产主体是人才生产的委托者和投资者。人才生产主体是多元化的，包括国家、社会、用人单位、家庭和个人。

1. 国家

一个国家的经济发展水平与其所拥有的人才资源紧密相关。我国以人才资源优先开发为导向，说明国家已经充分认识到人才资源的重要性，因此在人才投资上优先保证，把教育摆在优先发展的战略地位，努力实现人力资源向人才资源优势的转变，建设学习型社会，提高全体国民的整体素质。

随着知识经济的到来，国家越来越重视人才的生产投资，成为人才生产投资的宏观主体。《人才规划纲要》指出，要实行人才投资优先，健全政府、社会、用人单位和个人多元人才投入机制，加大对人才发展的投入，提高人才投资效益。国家投资人才生产，具有非功利性和福利性，以提高国家经济发展水平、提高全民素质和提高人民生活质量为总目标。国家对人才的投资不是针对个人的，而是面向社会人才的，因此，国家作为人才生产主体，尽管无法直接获得投资收益，但是人才资源的积聚，能够带来外部效益，产生价值增值，而国家可以通过各种税收的方式从人才创造的价值增值中获取回报。这部分收益最终又以财政拨款的方式，用于全民公共事业，用于社会人才投资，使全体国民受益。

国家不仅是人才生产投资的宏观主体，而且还是社会人才生产的宏观组织者和调控者。国家根据国民经济和社会发展的需要，对人才发展进行预测和规划，规定未来时期人才发展的总目标以及人才规模、质量和结构等，并对此进行时空和产业的分解，引导社会的人才开发与生产。同时，国家还要运用经济的、行政的、法律的诸种手段对人才的生产进行宏观调控，其中尤其是运用经济的手段（主要是调整政府财政对人才投资的方向和规模）引导人才生产和促进人才结构战略性调整。

2. 社会和用人单位

社会组织对人才的投资具有较强的功利性和目的性，是为了获得更多的人才投资回报。社会组织的人才投资以追求“成本—效益之比的利益最大化”为总的目标，当其人才投资成本低于其所获得的人才投资收益时，社会组织有可能会继续投资；当获取的人才投资收益无法弥补其自身的人才投资支出时，社会组织一般会放弃该项人才投资，转而追求消耗人才资本的内在价值存量。

用人单位是人才生产的重要主体，虽然其对单位内人才的投资也具有较强的功利性和目的性，但其作为人才劳动消费的雇主，是为了使自己所拥有的人才资源质量更优，能创造更多的价值增值，分享更多的剩余价值。现代企业为了能引进优秀的人才并把他们留住，往往会非常重视对员工进行系统的开发培训。

3. 家庭和个人

从微观角度来看，人才生产的最直接的主体就是家庭，尤其是人才个体还不具备一定的经济能力时，家庭就成为人才投资的最重要主体。随着人才个体的成长，当长大到足以能够以自身价值被消费，并获取相应的回报，有能力自己支付投资花费时，该家庭对这个人才的投资就逐渐趋于结束。这时，人才个体将成为人才生产主体，也就是说，他们既是人才生产主体，又是人才生产客体。当这个人才组成家庭后，他们不仅要为自己投资，还要为未来的人才——自己的子女投资。

家庭是社会经济活动的基本单元。家庭进行人才生产的目的是为了使自己家庭成员中被投资对象拥有更大的人才资本价值，以便在未来获取更多的收益和回报，改善和提高家庭的生活质量和发展前景。家庭的人才生产投资往往以培养下一代为主要形式，对下一代的投资不仅有利于下一代的生存和发展，同时也能给家庭带来一定程度的经济回报和精神回报。

个人主动进行人才生产的投资一般具有很强的针对性，往往以自身人才资本的质量与数量情况为依据进行拾遗补缺。至于是选择增加知识、强化技能、扩大信息量，还是选择提升素质、锻炼能力，还要看社会或所在单位的需求来有意识地选取不同的投资途径。个人成为人才生产的主体的目的是“自我实现”，为了个人追求和自身需求，以全面提升自己的知识、技能、信息、素质和有关能力，优化自己人才资本的质量结构，突出自身人才资本的特色，在全面发展的同时更要有所专长，从而使自身的人才资本保值增值，最终实现整体收益最大化的总目标。

个人进行人才生产投资还有一种形态很容易被人们忽视，那就是用自己的劳动（体力和智力）来投资，其实这就是一种典型的人力（人才）资本投资。在人才生产过程中，无论是何种形式的开发，如果没有接受开发的个人的努力，那么这种开发注定都是要失败的。这种以人力资本（有的还是人才资本）为形态的人才生产投资，其作用和价值丝毫不亚于货币形态的投资。因此可以得出这样的结论，不管是哪种主体投资所形成的人才资本，都含有承载该人才资本的个人自身原本所拥有的人力资本或人才资本投资的成分。

（二）人才生产客体

人才生产的客体即接受生产开发的一定层次的人才个体或潜人才个体。这个个体必须现在具备或是将来具备民事行为能力并身心健康，没有行为能力的个体在后期接受投资开发过程中有可能失去主动学习和掌握知识的基础，因而不在人才生产客体的范围之内。

人才既是人才生产的主体之一，又是人才生产的客体，具有双重身份。由于人是有思想的个体，因此在接受人才生产的过程中，人才客体对知识和技能的主动接受、主动消化程度在很大程度上会影响人才资本存量。人才个体若愿意接受生产过程并主动参与，人才生产的结果即人才资本的价值存量就会越大，反之就会越小。同时，人才在接受生产过程中，投入的精力和时间，都是影响人才生产结果的关键因素。

对人才生产客体投资的结果，将在客体身上形成人才资本或是进一步提升人才资本。人才资本载在客体身上，须臾不可分离。由于人才资本载在客体身上，因此不管是谁投资形成的，都没有办法将这个人才资本拿走，若要使用这个人才资本，必须得到该客体的同意和配合才行。

（三）人才生产实施者

人才生产实施者也是人才生产必不可少的重要基础因素，在人才生产过程中对人才生产客体起着生产、加工和研发等作用。如果是以教育的方式生产人才资本，那么教师就是生产的实施者；如果以培训方式积累人力资本，那么培训者就是生产的实施者。人才生产的实施者是人才生产的引导者，也是传播知识和传播技能的组织或人。越是高层次的实施者，越具有很强的创新性，他们不仅创新传播知识和传播技能的方式方法，而且还直接创新专业知识和专门技能。人才生产实施者工作的结果，是将人才投资转化为载在人才生产客体身上的人才资本，或是为人才生产客体增加了人才资本，或是为人才生产客体提升了人才资本。当然，人才生产实施者的所有工作都离不开人才生产客体的配合与努力。

（四）生产资料

生产资料就是人才生产过程中所消费的资源和资本，包括所需的物质资本耗费和劳动力本身的精神、精力和时间的耗费。信息源也是生产资料的重要组成部分，不管是人才客体获取知识还是获得技能，都需要有知识源或技能源作为信息源。生产资料中信息源越丰富，信息源质量越高，人才生产的效果就有可能越好。

在具备了人才生产主体、生产客体、生产实施者和生产资料等各种基础要素后，就可以进入人才生产过程了。

二、人才的生产过程

从理论上来讲，纯粹的天才是不存在的，所有的人才都是由潜人才转化而来的，所有的高层次人才又都是由低层次人才转化而来的。在现代社会，这些转化几乎都是人才生产的结果。人才生产过程即人才资本形成或提升的过程。人才资本是依附于人才个体身上的各种素质和能力的统称，具有交换价值和使用价值（看起来好像人才具有交换价值和使用价值一样）。

在人才生产过程中，人才资本是内生因素与外在因素相互作用的结合体，是人才个体努力与人才投资共同作用的结果。人才生产投资是外在因素，是单纯的劳动力肌体转化为人力资本的必要条件。人才自身积极参与相应的人才生产过程，是人才生产过程中的内生因素，是人才自身发展、积累和提升人才资本的内因动力。

人才生产过程包括生产准备、生产输入、生产实施和生产输出四个阶段（如图2—2所示）。

在人才生产的前提条件具备后，人才生产准备阶段结束，进入人才生产输入阶段。人才生产输入将人才生产准备的各种要素输入一个系统内，人才生产主体完成对人才生产实施者的投资委托，建立起人才生产实施者和人才生产对象（即人才生产客体）的生产关系。如教育者和被教育者在同一家教育组织，培训者与被培训者在同一家培训机构，师傅

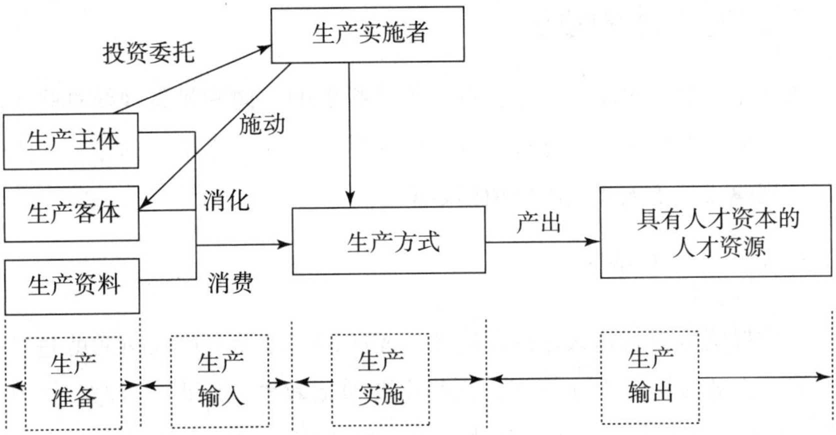

图 2—2　人才生产过程图

与徒弟在同一家企业等。同时生产资料到位，也纳入人才生产系统。人才生产实施是人才生产过程的核心部分，也是人才生产实施者作用于人才生产对象，人才生产对象消费生产资料，消化和吸收教育、培训等不同生产方式所施教的知识和技能等要素的具体过程。人才生产输出是生产的成果展示阶段，体现了人才生产对象将自己单纯的劳动力提升为具有价值的人才资本或是将自己价值较低的人才资本提升到价值较高的人才资本的增值结果。

应该强调的是，人才生产过程和一般商品的生产过程不同，商品的生产通常是一次过程就结束了，而人才的生产过程则往往是多次重复的。也就是说，人才生产过程具有循环性。人才生产某一个过程结束后，当有新的人才投资者和新的人才生产客体出现，重新建立与生产实施者的委托关系，生产实施者和人才生产客体、生产资料就将重构新的系统，进入下一轮人才生产过程。对于人才个体而言，一次人才生产的结束，并不意味着自己终身生产的结束，因为下一轮更高层次的人才生产过程在等着他。一个人才一生需要经过几次人才生产过程？对此虽然并没有定论，但终身学习的理念已被现代社会所广泛接受。“活到老，学到老”，应该成为一个人才，尤其是高层次人才的至理名言。

三、对人才的投资

人才生产过程离不开人才投资，人才投资的方向和投资规模都是影响人才生产的重要要素。人才投资的方向决定了人才资本增加的途径，人才投资的规模决定了人才资本价值的含量。

（一）人才投资方向

人才投资方向就是人才投资途径，而所谓人才投资途径指的就是以哪种方式对人才投资。人才投资的途径主要包括教育、培训、迁移、“干中学”、卫生保健等方式。不同的投资途径将决定人才生产结果的表现形式不同，例如教育投资的结果主要是产生知识形态，而在职培训投资的结果则主要是产生非知识形态，如技能等。

1. 教育投资

教育，尤其是正规教育，是人才投资的主要形式和核心方式。人们所拥有的所有的知识都是通过后天的学习获得的，教育是人们获得系统知识的主要途径。教育包括家庭教育、学校的正规教育（基本教育和专业教育）以及社会办学等成人教育、函授教育、扫盲教育等。基础教育是九年义务教育，专业教育又分为两个发展方向，一是按照不同学科方向进行的专业越来越专、层次越来越高的学位教育，二是职业技术教育。良好的专业教育，是人才投资的主要途径，人才的专业知识和综合知识以及专业素质都与专业教育密不可分。

国家作为人才投资的主体，要宏观统筹，根据经济社会发展的需求规定或调控各种学历层次和各种学科专业的设置。家庭与个人，在选择投资方向时应根据市场导向和个人喜好，明确个人的职业理想，选择适合家人或自己的专业教育。《人才规划纲要》提出，要实施促进人才投资优先保证的财税金融政策，指出各级政府优先保证对人才发展的投入，确保国家教育、科技支出增长幅度高于财政经常性收入增长幅度，卫生投入增长幅度高于财政经常性支出增长幅度。

2. 培训投资

培训是人才生产投资的另一重要途径，是技能等非知识形态形成的主要方式。培训相对于一般的正规学校教育而言，是指由用人单位或其他培训机构为人才提供以生产技术和技能为主的学习形式。培训以实际生产实践为核心内容，一般侧重于生产技术和操作技能的培养和提高。培训与其他投资方式相比，具有更强的针对性、层次性和实践性。培训投资的针对性是指培训与实际工作岗位的技能需求相联系，往往与人才所接受的专业教育相挂钩，与专业知识相配合，有针对性地提高以专业知识转化为实际生产能力的技能。培训投资具有层次性，培训计划根据人才的实际工作性质、工作背景和工作经验的不同层次进行设计。培训投资还具有实践性，培训的目的就是为了提高生产力，人才通过培训解决实际工作问题的能力大为提高，这是其他投资方式所无法比拟的。

3. 迁移投资

迁移指的是人才在地域间、行业间、单位间的流动，是就业机会的变更。迁移往往能够更好地实现人才资源的配置，给人才带来更多的收益。迁移还能够带来人才信息的交换，能够提升人才潜在价值向现实生产力转化的效率，使人才资本与物质资本实现更有效的结合。

4. “干中学”投资

“干中学”是人才获得经验的主要投资方式。人才参与社会生产时间越长，在工作中倾注的心血越多，花费的精力越多，调动自身价值存量的能动性就越强，“干中学”所获取的知识和技能就越多，累积的经验就越丰富。“干中学”所获得的经验是人才资本的重要组成内容，经验值在工作中所体现出来的价值创造功能是不可替代的。

5. 卫生保健投资

卫生保健是通过对医疗、卫生、营养、保健等方式对人才的健康水平进行恢复、维持或改善的投资，对人才的寿命、健康、体力、精力、耐力和活力等能起到维护和提高的作用，是形成人力资本生产价值的必要途径。卫生保健投资能够维持和改善人才的健康水平，影响人才的身体和精神的健康状况。卫生保健还能够提高人才的智力水平，影响人才的精力和活力，提高人才的学习能力和适应能力。

（二）人才投资规模

所谓投资规模即投资数额的大小，是影响人才生产的关键因素之一。通常在同一投资方向和投资客体接受程度一致的前提下，投资规模越大，人才生产结果形成的人才资本的价值就越高。投资规模与投资主体直接相关：投资主体的投资主动性越强，投资的规模就越大。投资主体投资越被动，其投资的规模就越小。就目前阶段来看，与世界上的中等收入国家相比，我国教育投资规模仍显不足。《国家中长期教育改革和发展规划纲要（2010—2020年）》强调增加教育投入规模，到2012年国家财政性教育经费支出占国内生产总值比例要达到4%。这一水平也就是全世界的平均水平，对于确立了科教兴国战略的我国来讲，仍有进一步提高之必要。《人才规划纲要》指出，国家人才发展主要衡量指标之一“人力资本投资占国内生产总值比例”2008年为10.75%，根据我国人才发展的总体目标，到2015年该指标将达到13%，到2020年该指标预计达到15%。

四、人才生产与投资的结果

人才生产与投资的结果或使潜人才成为人才，或使较低层次人才成为较高层次人才。其标志就是在人才体内形成了人才资本或提升了人才资本。

所谓的人才资本指的是经过投资而形成的凝结于人才体内的能够带来预期回报的知识、技能、健康和态度等要素的总和。大凡是人才，都应该拥有人才资本，只不过是多少而已。从理论上来讲，越是低层次的人才，其拥有的人才资本就越少；越是高层次的人才，其拥有的人才资本就越多。人才资本在人才运行系统中起着根本性的作用。看起来人才运行系统里运行的是人才，其实就本质而言，真正运行的是载在人才体内的人才资本。人才生产环节里产出的、人才流通环节里交换的和人才使用环节里消费的其实都是人才资本。只不过人才资本载在人才体内，既看不到，也摸不着，无形无影不能独立存在；而人才既是人才资本的载体，也是人才资本的支配者，所以人们感觉到的只是人才而已。

人才资本也具有商品属性，具有价值和使用价值，因此凝结于人才身上的人才资本具有交换价值，可以通过人才流通领域进行交换，并通过劳动消费获得相应的使用价值的回报。2011 年全国人才工作座谈会指出，人才投资是效益最大的投资。世界各国的研究都证明，包括教育投资在内的人才投资是发展效益最大的投资。我们要进一步树立人才资本是高效资本、人才投入效益最大的理念，在加大政府投入的同时，鼓励和引导社会、用人单位、个人投资人才资源开发，建立起多元化的人才发展投入机制。

第三节 人才的流通与配置

人才流通上承人才生产环节，下接人才使用环节，是宏观人才运行系统一个循环过程的中间环节，该环节的顺畅与否与配置效率高低决定人才资源能否转化为现实生产力和在多大程度上转化为现实生产力。才不能尽其用是人才资源的巨大浪费，而“人尽其才、才尽其用”的前提就是人才能合理流动和有效配置，使人才资源成为社会上的现实生产力，并进入到用人单位的具体岗位中去。在市场经济条件下，人才流通的主要渠道是人才市场。

从理论上来讲，人才市场指的是一种关系，是指一定范围内人才供需关系的总和。因此，这里所说的人才市场是一种市场关系，而绝非是人们平常所说的“人才市场”。因为人们平常所说的“人才市场”只是某些政府部门下属的人才中介机构和人才市场管理机构或是人才招聘的集市场所，这些“人才市场”与商品流通领域里的市场中介结构、市场管理机构或是商场、超市、集市在本质上并没有什么区别。

《人才规划纲要》中就人才流动配置机制提出了目标要求，指出：“根据完善社会主义市场经济体制的要求，推进人才市场体系建设，完善市场服务功能，畅通人才流动渠道，建立政府部门宏观调控、市场主体公平竞争、中介组织提供服务、人才自主择业的人才流动配置机制。健全人才市场供求、价格、竞争机制，进一步促进人才供求主体到位。”人才流动配置的主要任务是：“在建立统一规范、更加开放的人力资源市场基础上，发展专业性、行业性的人才市场，健全专业化、信息化、产业化、国际化的人才市场服务体系。积极培育专业化的人才服务机构，发挥人才服务行业协会的作用。要进一步破除人才流动的体制性障碍，制定发挥市场配置人才资源基础性作用的政策措施。”“建立完善与西部大开发、东北地区等老工业基地振兴、中部地区崛起、东部地区率先发展战略相配套的区域人才交流合作机制，加快长江三角洲、珠江三角洲、环渤海等区域人才开发一体化进程。根据国家主体功能区布局，引导各类人才合理分布。”

一、人才流通的基本要素

人才流通的形式主要包括人才的就业（从培养单位进入使用单位）、流动（人才空间位置的变化）和组合（人才与人才的关系、人才与劳动力的关系、人才与其他生产要素的关系）。其实就业和组合也是一种流动，就业是宏观人才运行系统内一个环节到另一个环节之间的流动，而组合则是组织内的微观流动。人才资本的内在价值是潜在的，没有被消费的人才劳动也是潜在的，只有进入人才流通领域，实现了人才资本的市场交换，人才才能进入劳动消费过程。

人才要进行流通和配置，需要具备几个基本要素。

（一）人才

人才是人才流通领域的供给主体，是人才流通的最基本要素。但这里所说的人才必须是具有人才资本的人才，不具有人才资本的人才是无法正常参加劳动生产（即使能参加劳动生产，那也不是人才的劳动生产），也无法参与市场流通。同时人才不仅要有人才资本，还必须是自由的，有对自己人才资本的独立处置权。

人才参与市场流通还要具备一个前提，即人才资本的所有权与使用权相分离。人才资本的产权是人才资本所有权派生出来的包括收益权、使用权、支配权等组成的权利组合，人才资本产权归属于其所有者，即人才资本的附着体——人才。根据我国有关法律，人口（人才也是一种人口）是不能买卖的，买卖人口是犯罪行为。随着社会的进步，人才虽不能买卖，但人才个体对其自身的人才资本却拥有处置权。也就是说，人才资本的所有权和使用权可以相分离。人才作为人才资本所有权的拥有者，不论在什么情况下，都是不变的，是受法律保护的。但是人才个体可以转让其人才资本的使用权及与使用权相联系的部分支配权，如人才个体可以与用人单位签订契约，就其人才资本（通常人们把它称为人才劳动力）转让达成交换协议（即雇佣协议或劳动关系协议）。这样在形式上，人才个体被用人单位聘用，在协议规定的工作时间内，用人单位可以要求人才为其工作，要求人才按照企业的规章制度做事，为其做出绩效创造效益。但是人才始终拥有自身人才资本的自主产权和收益权，可以在自身人才资本使用权交易契约得不到很好执行时或自己不愿再执行时，选择结束交易合同，收回人才资本使用权和相应的支配权。

人才资本所有权和使用权的分离，使人才的人才资本能够真正像商品一样，参与市场交易，并为用人单位带来使用价值，为人才带来相应回报。

（二）用人单位

用人单位可以是机关、企事业单位、社会团体和其他经济组织等。用人单位是人才流通领域的需求主体，也是人才流通的必备要素。人才需求主体和供给主体构成了人才流通市场的两个支柱，任何一方出现空位，都会造成人才流通市场的瘫痪。

用人单位应该具有用人的资格，能够依法承担用人的义务和责任，依法享受用人的各项权利。用人单位还要有用人的能力，能够有效使用人才，留住人才，能为人才提供各种基本的工作条件。用人单位还要具有一定的支付能力，能够根据消费的人才资本的价值与贡献给予相应的薪酬回报。

（三）人才市场

在市场经济条件下，人才市场是实现人才资本使用权交换的关系领域，是人才流通的基础要素之一，起着人才流通实现渠道的作用。随着信息化技术的发展，人才市场已经不仅仅局限于实地场所，关系介绍、直接联系、网上招聘、电话招聘等也都属于人才市场关系的重要组成部分。可以这么说，只要存在人才资本使用权的交换或转让关系，人才市场就存在。在人才市场上，用人单位可以自由选择招聘对象，人才个人可以自由择业，当双方选择达成一致时，用人单位与人才个人就能达成人才资本使用权的交换协议。人才市场在人才流通中具有交换功能、平衡功能、信息传递功能等，协调人才需求方与人才供给方之间的关系，促进人才资源有效配置。

二、人才流通过程

人才流通，实际上就是人才资本的流通，包括定位、探寻、调整、契合、达成协议五个过程（见图2—3）。在人才流通领域，供给方与需求方不是一对一的关系，而是多对多的关系。当供给个体超过岗位需求时，就会产生供大于求的现象，反之，则会出现供小于求的现象。

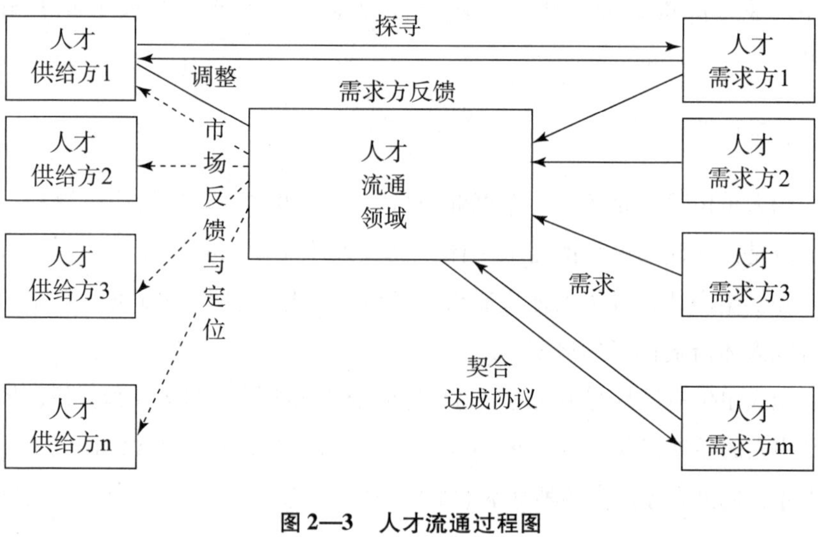

图2—3 人才流通过程图

（一）定位

人才在参与市场流通之前，首先会对自我进行定位，用人单位也会进行初步的定位。人才自我定位即了解市场情况和自身人才资本价值含量，根据市场反馈，作出职业规划和设计，找准自己适合的行业和职业。用人单位的初步定位则是根据单位的组织性质、发展战略以及用人需求，对人才资本类型作出初步定位，为人才招聘选拔定下基调。只有以定位为基础，人才的流通才能避免盲目性，才能有针对性地进行供求双方的探寻。

（二）探寻

探寻，即人才个体根据自身条件与用人单位所需条件进行对比，寻找合适职业的过程。这一过程也是用人单位根据自身的需要与应聘人才的条件进行对比，寻找合适人才的过程。如果人才能顺利找到自己喜欢的单位时，探寻可能是一次性成功，直接进入契合过程；但当人才发现自身定位与用人单位需求存在较大距离，经过多次探寻仍难以找到适合的用人单位时，则进入调整阶段。作为用人单位，也同样如此。

（三）调整

若人才个体经过多次探寻，仍然无法找到合适的用人单位，这时候人才个体要重新了解市场行情，重新调整自己的定位和预期，使自身的就业意向更具有现实操作性。这个过程就是调整阶段。若用人单位经过多次探寻仍然无法找到合适的人才时，也要进行调整。

（四）契合

契合阶段是人才流通的核心，也是人才顺利流动的保证。经过探寻或调整，人才与用人单位彼此满意，则人才就能被成功地配置到合适的单位去。人才找到了合适的单位，用人单位也找到了合适的人才。

（五）达成协议

达成协议是对契合阶段的补充，也是保障人才和用人单位双方权益的必要步骤。人才和用人单位就双方的权利和义务作出约定，签订劳动合同，实现人才向现实生产力的转化。

人才流通环节也是可以重复的过程，在人才的一生中，可以出现多次的就业与再就业以及流动的过程。尽管如此，每个过程一般都要经过定位、探寻、调整、契合及达成协议的阶段。只有这样，才能保证人才流通的顺利与高效。

三、人才流通作用

在宏观人才运行系统一个循环过程中，人才流通是人才生产和人才使用的中间环节，起着转化、调节和平衡的作用。

（一）人才流通的转化作用

人才生产环节产出的是具有价值的人才资本，但这时人才的人才资本价值处于内含状态，形成不了现实的生产力。也就是说，人才尚处于待业的游离状态。人才流通环节能使人才资本的内在价值向使用价值过渡，实现了人才资本从形成到使用的转化。人才流通是宏观人才运行系统必不可少的中间环节，其转化作用也是人才流通的最基本的作用。没有人才流通，人才生产环节产出的人才资本就会失去其原本应该具有的价值意义，而人才使用也将缺乏基本的人才基础。

（二）人才流通的调节作用

人才流通能使不同投资主体、不同生产途径所培养出来的各层次人才，在不同的地区、产业、行业形成合理布局，与不同类型的用人单位形成优化配置，形成经济和社会发展所需要的人才结构，起到在人才数量上调节、人才质量上平衡、人才结构上优化的作用。调节作用是人才流通的核心作用，通过人才流通，能够实现人才在市场中的有序流动和合理配置。

（三）人才流通的平衡作用

人才流通直接联系着人才的供需双方，当社会上人才供需的数量和质量产生不均衡时，首先就会在人才流通环节表现出来。这时，人才流通环节就会发出信号，预告人才数量和质量的供需情况，以及各紧缺专业人才的急需情况，迅速为人才生产的投资指明方向，引导人才生产的规模和质量。平衡功能是人才流通对人才供需关系的重要作用，通过人才流通的平衡作用，可以使人才的社会总供给与总需求从宏观上逐步趋于平衡。

四、人才配置

所谓的人才配置，指的是有关主体对人才的安排问题。一般来讲，人才配置都有一定的目的性，不是通过计划途径实现，就是通过市场途径实现。在市场经济条件下，人才配置通常是通过市场实现的。在人才市场对人才供需双方的协调和平衡作用下，将人才安排到效益较好的环节中去，这个过程就是人才配置过程。人才配置涉及时间、空间以及技术性和制度性配置问题，即将合适的人在合适的时间安排到合适的位置上去。宏观人才配置的最终目的是实现充分就业和效益最大化，形成良性结构，保障经济社会发展的需要。有效的人才配置对经济发展、就业、产业结构调整和区域发展都有着重要意义。

我国人才资源区域间分布不均，东部地区是人才密集的区域，而中西部地区人才资源相对匮乏。东部地区以其优越的区位优势和较高的经济发展水平，吸引了大量较高层次的人才。而中西部地区的区位劣势和经济发展水平的相对落后，造成人才的流出，进一步加剧了区域间经济发展的差距。要吸引人才，留住人才，在更大更广阔的人才市场上吸引人才，不但需要强大的区域经济发展的支持，而且还需要形成良好的工作环境和生活环境，为人才使用提供良好的物质基础。

人才的配置要遵循以下四项原则。

一是充分就业原则。所谓的充分就业指的是这样一种状态：人才供给基本上都能够被人才需求所吸收，即有能力并有就业愿望的人才基本上都能够获得工作岗位。毫无疑问，充分就业是一个理想状态，然而充分就业并不意味着所有的人才全部就业，因为总有一部分人会选择自愿失业，而且结构性失业是难以避免的。因此，充分就业不是一个具体指标，是人才配置的一个目标。

二是合理使用原则。人才配置以人才的有效使用为导向，要实现这一导向，就要将合适的人安排到合适的岗位上去，既要避免大材小用，又要避免小才大用，还要避免才用错位。要引导和推动人才合理流动，到能够发挥人才价值最大化的地区和产业中去。

三是良性结构原则。人才配置要与宏观的经济发展相适应，与国家政策导向相适应，与可持续发展的总的发展思路相适应。要对人才结构进行战略性调整，发挥高端人才的引领作用，使人才结构不断优化，促进经济发展方式加快转变。

四是效率效益原则。人才资源的配置要讲究效率原则，追求人才使用效益最大化。人才的配置具有目的性，就业只是人才配置的低层次目标，人才配置的最高目标则是将合适的人才配置到最需要他的地区、产业和使用单位中去，配置到效益较好的环节中去。

《人才规划纲要》提出了实施引导人才向农村基层和艰苦边远地区流动政策，对在农村基层和艰苦边远地区工作的人才，在工资、职务、职称等方面实行倾斜政策，提高艰苦边远地区津贴标准，改善工作和生活条件。采取政府购买岗位、报考公职人员优先录用等措施，鼓励和引导高校毕业生到农村和中小企业就业。逐步提高省级以上党政机关从基层招录公务员的比例。制定高校毕业生到艰苦边远地区创业就业扶持办法。开发基层社会管理和公共服务岗位。实施公职人员到基层服务和锻炼的派遣和轮调办法。完善科技特派员到农村和企业服务的政策措施。实施东部带西部、城市带农村的人才对口支持政策，引导人才向西部和农村流动。实施高校毕业生基层培养计划，继续做好“三支一扶”、大学生志愿服务西部计划和农村义务教育阶段学校教师特设岗位计划等工作。加强和改进干部援藏援疆、博士服务团、“西部之光”访问学者、少数民族科技骨干和少数民族地区小学“双语”教师特殊培养等工作，为西部地区特别是边疆少数民族地区提供人才和智力支持。实施边远贫困地区、边疆民族地区和革命老区人才支持计划。

五、现代人才配置的产业属性分析

（一）产业发展集聚吸引人才

我国人才的产业分布特点突出，新材料、新能源、生物技术、现代医药、节能环保、软件和服务外包、物联网等产业聚集了大量高层次人才。随着产业重心的转移，人才也开始从第一产业、第二产业向第三产业流动。一般而言，新兴产业和高科技行业，资本密集，人均资金占有量高，单位人才产出高，人才使用效益高，会吸引大量的高层次人才。而劳动密集型的传统制造业，人均资金占有量低，对技能型人才有较大需求。由于行业间的人才配置与产业结构的调整和优化紧密相关，因此对行业间的人才配置要制定和实行合理的宏观政策。对于国家优先发展的行业和新兴产业，国家通过产业政策等给予倾斜和扶持，使行业有较高的投入产出率，引导高层次人才流入。同时，人才市场在行业间人才配置中也要积极发挥作用，不断向社会传递行业的人才资源配置信息，引导人才合理流动。

（二）人才集聚拉动产业发展

人才的生产过程决定了人才拥有的人才资本受到一定的专业性限制。也就是说，人才生产中不同的投资方向使人才在接受教育或培训的过程中，所接受的知识和技能具有很强的专业性。不同的专业和方向的教育所呈现出来的人才培养模式大相径庭，不仅人才接受的知识体系和内容框架各具特色，而且人才产出的结果即人才资本的知识体系和能力体系也各有千秋。人才具有一定的专业性，而不同的产业形成了不同类型的人才需求，因此，从人才生产过程的一开始就决定了人才配置具有明显的产业属性。

人才生产过程的专业性决定了人才使用的产业属性，也决定了人才对产业的带动功能。人才并不是被动地适应产业转型升级的现实需求，而是以其人才资本反作用于物质资本，带动产业发展，甚至会引领和主导产业发展的格局，带动战略性新兴产业的兴起。

近年来，各地纷纷打造人才与产业的“生态链”，实施“产业人才工程”，以产业发展集聚人才，以人才集聚反推产业发展，形成人才资本与产业资本的有效对接，形成引进英才与产业发展的良性互动，真正体现了人才配置的产业属性。

第四节　人才的使用与产出

人才只有使用才能创造价值。人才的市场流通使人才的人才资本完成了售卖过程的“惊险的一跃”①，从单纯生产的个体走进社会生产领域，进入人才的使用环节。通过人才使用环节，实现了人才资本内在价值向使用价值的转化，人才正式进入社会生产领域。人才只有进入到社会系统中，参与社会劳动生产，将凝结于自己体内的人才资本转化为现实生产力，才能为社会创造出价值。人才劳动消费产生的效益不仅受人才资本存量的影响，也是对人才配置效果的检验。

人才价值的本源是使用，只有在使用中才能获得价值的认定，才能使价值得到发展。“以用为本”是我国新形势下人才发展的重要方针之一，是《人才规划纲要》的一个重要理论创新，也是创新体制机制、解放人才的强大思想武器。坚持“以用为本”在于通过提高人才效能，提高人才贡献度，使人才在新的机制下，重塑自己，锻炼出新的品质，提升新的价值。习近平在2010年全国人才工作座谈会上指出，人才工作要坚持重在使用，用当适任、用当其时、用当尽才，充分发挥各类人才的作用。2011年全国人才工作座谈会也指出，科学发展以人为本，人才发展以用为本。人才作为一种特殊的资源，其价值完全在于使用。作为个体的人才越用越聪明，作为整体的人才越用会越增多。党的十七大以来，我们把用好用活人才作为人才工作的核心环节，在使用中培养，为使用而引进，以使用来激励，充分调动了各类人才的积极性和创造性。贯彻落实科学人才观，要继续把用好用活

① 冯子标．人力资本运营论［M］．北京：经济科学出版社，2000：103.

人才作为人才工作的永恒主题，着力解决人才不适用、不够用、不能充分使用的问题，让各类人才各得其所、用当其时、才尽其用。

一、人才使用的基本要素

人才使用是宏观人才运行系统一个循环过程的终结环节，是人才进入社会生产领域，转化为现实生产力的过程。人才使用的基本要素包括提供人才资本的人才、物质资本以及社会组织。

（一）提供人才资本的人才

人才资本是人才创造价值的依托，愿意提供人才资本的人才是人才使用的必备条件因素。人才资本具有商品的属性，能够为使用方带来效用。人才在使用过程中具有能动性，因而不是被动的“被消费”。人才对于自身人才资本具有调动和协调作用，积极的工作和消极的怠工将产生完全不同的效用。人才是社会生产过程的生产者，又是社会生产过程的组织者和管理者，在各种生产要素中是最先进、最活跃、最能动的组成部分。

（二）物质资本

物质资本包括实物型物质资本、货币型物质资本和信用型物质资本，不论哪种表现形式，它们都具有“物”的特征，与人才一起构成了人才使用环节的基本要素。在人才使用环节，人才资本价值的发挥既依赖于“物”，又作用于“物”，并最终转移到新的物质资本形态中，实现物质资本和人才资本价值的转移和增值。物质资本为人才资本价值的发挥提供了基本的物质条件，没有物质资本，人才就失去了用武之地，人才资本的价值也无从实现。因此人才资本与物质资本要结为一体，相互补充，相互融合。实践证明，人才资本和物质资本两者的协调越好，人才资本的使用价值就越大。

（三）社会组织

社会组织即用人单位，是人才资本和物质资本价值转化的依托，是人才施动于物质资本的场所。在机关、企事业单位或者其他组织中，人才与具体的岗位结合，岗位与物质资本结合，人才资本与物质资本结合，扩大物质资本的使用功能和范围，改变物质资本的形态和价值，创造出适合社会需求的各种产品。社会组织雇用劳动，消费人才的人才资本，为人才使用过程提供基本的组织保障。

二、人才使用过程

人才的使用过程即人才的劳动消费过程或称人才资本消费过程。人才要成为人才，就必须进入到某个用人单位中，作为该单位的生产要素之一，将自己的人才资本随同实物流、资金流、信息流转移到新的产品价值中去。否则，就不能成为人才。在社会生产中，人才是推动产品创新和技术创新的施动者，是价值创造的源泉。

人才与用人单位达成协议，按照约定，人才即进入该单位从事工作与生产，进入人才使用环节。人才使用环节离不开物质资本，实质上是人才资本与物质资本准备、结合、价值融合、剥离的过程（见图2—4）。

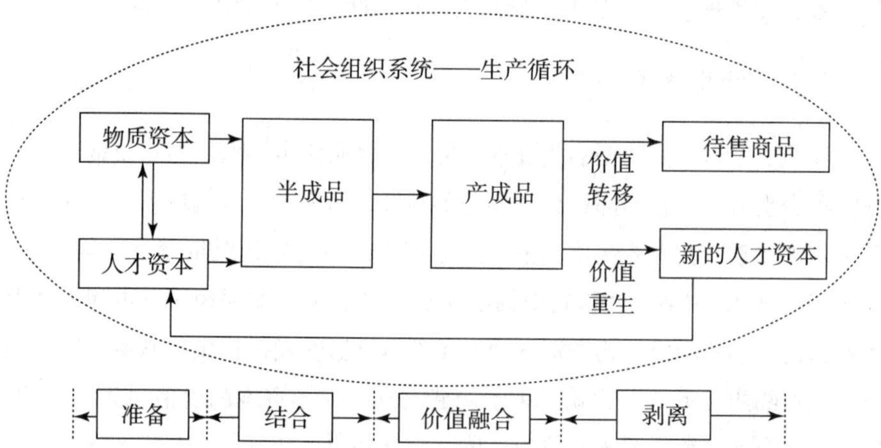

图2—4　人才资本使用过程图

（一）人才使用准备过程

人才愿意进入某个用人单位，并且愿意提供人才资本，是人才生产准备的前提。具有了物质资本和人才，并且共同进入了同一个用人单位，物质资本用途明确，能够成为生产资料，人才职责明确，能够参与生产过程，就做好了人才使用的准备。

（二）人才资本与物质资本结合过程

人才资本作用于物质资本，物质资本又反作用于人才资本，实现两者的结合，共同进入社会生产的每个价值环节。在企业中表现为人才资本作用于各种物质资本，进入生产过程。这个过程也是人才资本发挥其作用的过程，人才可以运用其全部知识、技能、经验、素质和能力，改变物质资本的形态，发挥物质资本的最大价值，提高劳动生产率，实现物质资本价值的最大程度的转化。人才具有能动性，具有创造性。物质资本能否发挥其效用，要依靠人才资本对物质资本和财务资本的组合与优化。

（三）人才资本与物质资本价值融合过程

经过两者的结合，最终融合形成社会生产的产品（在这个意义上来讲，服务也是一种产品），人才资本价值和物质资本价值都转移到产品新的价值中去，成为产品内在价值的决定因素。人才的使用价值也在此得以体现。

（四）人才资本与物质资本剥离过程

人才资本与物质资本在融合为产品后，物质资本价值一次性全部转移到商品中，产品可以对外销售，其价值总额转移到待销售的商品中去。而人才资本完成其一次生产循环的使命，人才资本在最大限度地被消耗的同时，又迅速重生，以新的人才资本进入下一轮的人才使用循环。

经过产品的生产过程，原来的物质资本耗费了只能补充，不能再生，而人才资本则完全不同，虽经耗费但可以再生。人才资本中的体力资本经过补充、休息和调整能够得到恢复，而智力资本经过实践的磨炼在获得经验的基础上不降反升。这就是人才资本具有的可再生性，人才资本的价值在人才使用过程中不但没有被消费殆尽，反而会得到提升。这决定了人才资源在价值创造中的潜力是无限的。因此，在人才使用中要尊重人才、爱护人才，注意人才资源使用的可持续性，使人才使用进入良性循环。

三、人才产出

这里的人才产出是指宏观人才产出，是对群体人才使用效果的衡量。

（一）人才产出的影响因素

人才的产出与人才的投入并不一定呈正比例关系，这是因为宏观人才产出的数量和质量受到人才资本总体价值的含量、群体人才使用效率、人才资本与物质资本的结合程度以及使用环境等多因素的影响。

一是人才资本总体价值含量。人才资本总体价值的含量是决定人才产出的最直接因素。尽管前者并不是后者的充分必要条件，但在环境保障的条件下，人才资本总体价值含量越大，人才产出总量就会越大。因此，人才选拔要有科学完善的评价机制，以科学的人才观指导，以人才使用效益最大化、人才使用用途最佳化为原则，拔擢唯贤。

二是群体人才使用效率。群体人才使用效率与人才产出呈正相关关系，群体人才使用效率越高，人才产出的数量就越多，质量也越高。人才在使用过程中，如果能够与其他生产要素很好结合，发挥人才资本的能动性和创造性，创造更多的价值增值，那么人才使用过程所产生的物质产品和精神产品的价值就会越大。

三是人才资本与物质资本的结合程度。人才资本效用的发挥离不开与物质资本的结合。物质资本的条件越好，人才资本越能运用物质资本，越能改变物质资本，亦即两者的结合程度越高，人才的产出就会越多越好。

四是使用环境。除了人才本身的主观能动性与外界物质资本的结合程度外，人才的使用环境也是重要的影响因素。使用环境宽松舒适，能够给予人才各种精神支持和物质支持，人才没有后顾之忧，使用效率就会大幅度提高。同时，良好的工作团队，也会使人才资本在效率的发挥上产生一加一大于二的功效。

（二）人才产出的表现形式

通过宏观人才运行系统图（图2—1）我们也可以看出，人才使用过程的输入端是岗位人才资源，输出端是社会产品。人才使用的产出不是直接的，而是凝结于这些社会产品之中。在会计中，以人工成本表示人才产出，即用人才的薪酬回报作为其为产品所作出贡献的对等给予。事实上，参与产品生产的生产要素中，物质资本的价值转移是等值的，只是物质资本占用了财务资本，就应该考虑财务资本的机会成本，即资金成本。只有人才资本是具有创造性的，从这个意义上来讲，真正为产品价值增值作出贡献的应该只有人才资本。给予人才的薪酬回报只是人才产出的一个部分。产品价值增值的总额扣除资金成本后的差额，应该都是人才的产出。

四、人才产出的形态

人才产出的形态既有实物形态，也有非实物形态，前者主要是物质产品，而后者则主要是知识产品。人才产出的形态与人才使用的形式特点及其所依赖的物质资本形态有关。如果人才参与的是实物产品的生产，则其产出的形式往往是通过人才的体力和智力劳动来完成的，最终表现为实物形态。如果人才参与的是知识等非实物产品的生产，人才提供的更多的是智力创新劳动，最终产出主要表现为非实物的知识形态。由于人才具有创造性，因此，无论人才产出的是实物形态，还是非实物形态，其本质都含有知识形态的成分。

（一）物质产品

在现代社会，物质产品虽然是物质形态的，但不可否认，也含有程度不同的知识形态。也就是说，大凡物质产品，都是知识产品的载体，是人才产出的附着形式。通过人才使用过程，人才资本的价值转移到其参与生产的物质产品中去。物质产品的形态、功能、效用等要素，都是人才参与劳动生产的结果。

（二）知识产品

知识产品是人才产出形态的核心，既可以负载在物质产品上，也可以以单独的形态存在。前者如凝结于物质产品中的技术、专利、发明、设计思想和工艺等，后者如思想、理念、定理、公式等。各地区纷纷招才引智，就是因为人才具有创造性，是解放思想、解放科技生产力的驱动力，是创新的主体。尤其是高端人才，在产业引领、知识产品的创新上，具有不可估量的重大作用。人才产出的这些知识产品，推动了整个社会经济的发展和科技的进步。

第五节　人才总供给与总需求

经过人才生产过程，具有内在价值的人才成为社会的人才供给方，人才生产的总体数量和质量形成了人才的总供给。而人才使用领域里的用人单位则构成了社会的人才需求方，其需求的人才总体数量和质量则形成了人才的总需求。人才流通作为人才运行系统的中枢，其流通效率和效果受到人才供给和人才需求的影响。人才总供给大于人才总需求，则人才过剩，会造成人才的浪费。人才总供给小于人才总需求，则人才资源不足，不仅会引起人才使用方争夺人才，而且还影响到经济社会的发展。

一、人才总供给

人才供给指的是人才价格与人才供给量之间的关系，而人才总供给则指的是在一定时期内，在一定人才市场中，按照某种人才价格水平，人才资源愿意提供的人才资本的总和。这里的人才总供给是广义的，既包含了人才供给的数量，也包含了人才供给的结构和质量。人才供给取决于人才生产能力，而人才生产能力又与社会发展水平紧密相关。

（一）人才总供给的影响因素

人才资源总量并不等于人才总供给。人才总供给还受到人才生产能力、个人偏好、人才价格、人才投资成本、人才市场的发育程度以及人才市场的竞争程度的影响。

一是人才生产能力。人才生产能力直接决定了人才总供给的规模和质量，是人才总供给最关键的影响因素。人才资本的层次结构、知识结构、专业结构和能力结构，决定了人才总供给的质量。人才生产成本上升，会挫伤人们接受教育的积极性，导致人才数量上的短缺，人才总供给的规模就会缩减。人才投资的不同方向和途径，会影响人才质量和结构，人才总供给的质量和结构就会发生变化。

二是个人偏好。个人偏好主要体现在个人在闲暇与工作之间和工作与工作之间的选择。有的人才虽然人才资本存量很高，但是个人偏好于闲暇，不愿意参与社会劳动，这就会造成人才资源的闲置和浪费，缩减了人才供给的总量。有的人才偏好于一种工作，不愿意从事其他工作，这就会影响人才资源供给的构成。当一种工作供大于求时，由于工作的偏好，甚至也会造成人才资源的闲置和浪费，缩减了人才供给的总量。

三是人才价格。人才价格与人才总供给成正比。在人才市场通畅的情况下，人才价格越高，就越能吸引更多的人才资源选择工作，提供更多的人才资本，人才总供给就越大。反之，则人才总供给量就越少。

四是人才投资成本。人才投资成本会影响人才投资的规模，进而影响人才资本的存量，影响人才总供给的规模和质量。人才投资成本低，将激发人才生产的投资主体积极参与人才投资，使更多的人接受高层次的教育和高层次的培训，培养更多的通用人才和专业人才。而人才投资成本高，则会挫伤人才投资主体的积极性，导致人才资本总量下降，尽管对人才供给的数量影响不大，但是会导致人才供给总体能力结构下降。

五是人才市场的发育程度和人才市场的竞争程度。人才市场越完善，信息越畅通，各种功能越健全，交易效率越高，人才就越容易被吸引。否则，人才市场发育不完善，如严格的户籍制度限制或某类人才的人才价格明显低于正常水平，都会妨碍人才的流动和供给。

人才市场的竞争程度也是影响人才供给的因素之一。经济越发达的地区，人才竞争越激烈，人才市场供不应求，尽管人才供给总量较高，但是仍会导致人才供给相对不足。在经济不发达地区，人才缺乏竞争，人才浪费时而发生，人才供给相对过剩。

（二）人才总供给的指标系统

描述人才总供给的指标系统通常包括五个方面的内容，即人才总供给的规模、人才总供给的年龄结构、人才总供给的专业结构、人才总供给的学历层次结构和人才总供给的能力结构。人才总供给的专业结构、人才总供给的学历层次结构和人才总供给的能力结构，表示了人才总供给的质量。

人才总供给的规模，表示的是可供给人才的总数量。人才总供给的规模可以用人才总供给的绝对量来表示，也可以用人才总供给的当量来表示。前者以实际的人数来计算。后者则将实际人数分成若干层次，定义其中某一层次为当量计算层次，再将各个层次的人数按规定的比例折算成当量计算层次，最后将各层次折算的当量值相加得出人才总供给的当量规模。现实当中，一般采用学历层次进行当量计算，也有采用能力层次进行当量计算的。很多的学者在研究中都用人才总供给的当量来表示人才资本总量。也就是说，人才资本可以用人才当量来表示。

人才供给的年龄结构，表示可供给人才的年龄分布状况，一般用各个年龄段的人才占人才总供给数的比例来表示。

人才供给的专业结构，表示可供给人才的专业分布状况。人才的专业可以是其教育阶段所学习的专业，也可以是人才本身所擅长或实际从事的专业。人才供给的专业结构常用各种专业的人才占人才总供给的比例来表示。

人才供给的学历层次结构，表示可供给人才的学历层次构成状况。一般以各学历层次的人才占人才总供给数的比例来表示。

人才供给的能力结构，表示可供给人才的能力构成状况。能力是决定人才使用效率和效果的关键因素，能力结构也是衡量人才供给质量的关键指标。在现实当中，能力是没有办法统计的，因此通常采用人才受教育年限或实际工作年限来替代。一般认为，人才受教育年限越长或是实际工作年限越长，其能力也就越强。常以某层次人才的平均学历和平均工作年限占总人才供给学历层次和工作年限的比例来表示。还有一种情况，那就是国有企事业单位往往采用职务职称来表示能力，这就出现了人才供给的职务职称结构。20 世纪 80 年代乃至 90 年代，很多地方、行业、单位在进行人才规划预测的时候都曾经进行过人才的职务职称结构的分析。

除了以上五个方面的指标之外，有的学者为了分析方便，有时还会采用其他的一些指标，特别是增加一些变动指标或与经济、人口相关的相对指标，也都很能说明问题。

（三）人才供给曲线

人才供给往往用人才供给曲线来表示。影响人才供给的诸多要素中，人才价格是影响人才供给的关键因素。当工资率上升时，人才供给就会增加；当价格下降时，人才供给就会减少。人才供给与人才价格之间呈现出的函数关系如图 2—5 所示。

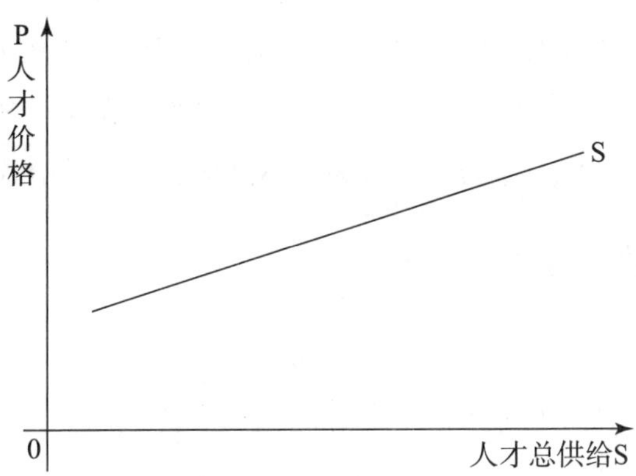

图 2—5　人才供给直线

图 2—5 以纵坐标表示人才价格 P，横坐标表示人才供给量 S。则人才总供给与人才价格呈现出同向变化趋势。人才价格越高，则人才总供给就越大。

其实在现实人才市场中，人才总供给与人才价格的关系并不总像图2—5所表示的那样。S曲线在随着人才价格上升了一段时间之后，会变成回头的折弯曲线（如图2—6所示）。

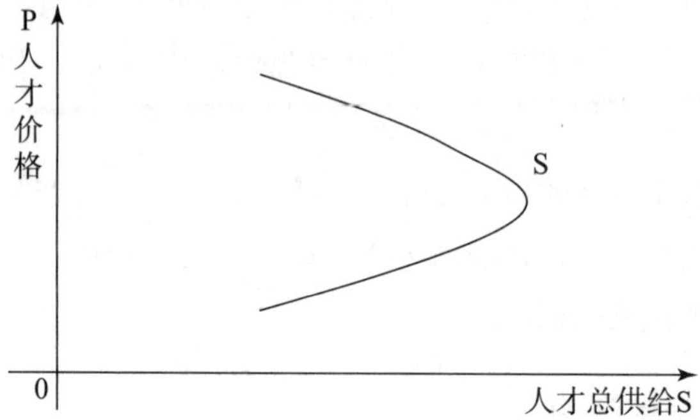

图2—6 人才供给曲线

在一定区间内，人才供给与人才价格成同方向变动，但当人才价格增加到一定程度时，工资率继续增加，反而会引起人才供给的下降。分析其原因主要有二：一是价格虽然提高了，但难度大幅度增加，使得很多人才退出供给；二是随着人才价格的进一步提高，需要人才放弃更多的闲暇时间，来换取更高的工资率，这时候人才反而会作出降低工资率而增加闲暇的决定。因此，提高人才的人才价格并不是增加人才供给的唯一途径。

二、人才总需求

人才需求是宏观人才运行的根本动力，没有人才需求，人才供给就失去了意义。人才总需求是指在一定时期和一定范围内，在一定的市场价格条件下，社会上的所有用人单位对人才市场提出人才需求的总和。当然，这个人才需求指的是有支付能力的需求，而不是虚假的需求。人才需求包括人才数量需求、人才结构需求和人才质量需求三个方面的内容。人才总需求取决于人才使用的规模、结构和质量，而人才使用的规模、结构和质量毫无例外地要受到经济社会发展的影响。在经济萧条和社会动荡时期，人才需求就会缩小；而在经济发展和社会繁荣时期，人才需求就会膨胀。

（一）影响人才需求的因素

人才需求受到人才价格、用人单位的总数量和规模、经济周期和人才的可替代程度等因素的影响。

1. 人才价格与人才需求

人才价格是影响人才需求的关键因素。在人才市场上，人才价格与人才需求成反比。人才价格越高，用人单位使用人才的支出越多，人工成本越高，用人单位的人才需求量就会降低。

2. 用人单位总数量和规模与人才需求

用人单位是人才使用的社会组织，是人才价值发挥的场所。从宏观角度来看，用人单位的总体规模决定了人才需求的总量。同时，用人单位的规模与技术含量也是影响人才需求的因素。用人单位规模越大，人才需求量就越大；用人单位的技术含量越高，对高层次人才的需求量就越大，而对一般人才的需求量则会相应减少。

3. 经济周期与人才需求

前面讲过，经济繁荣时期，一般的用人单位生产经营都会旺盛，人才需求随之上升。而经济衰退或经济萧条时期，市场疲软，产品积压，人才需求也会随之衰退。

4. 人才的可替代程度与人才需求

当用人单位觉得人才价格过高时，会选择其他类型的人才资源作为替代。但是高层次人才资源稀缺，难以找到可替代的人才资源。因此，越是高层次人才，越会长期处于一种供不应求的状态。而低层次的一般人才资源，由于其生产周期相对较短，人才供给总量大，可替代程度高，人才需求就容易造成相对过剩。

（二）人才总需求的指标系统

描述人才总需求的指标系统与人才总供给的指标系统相对应，包括人才总需求的规模、人才总需求的年龄结构、人才总需求的专业结构、人才总需求的学历层次结构和人才总需求的能力结构五个方面。人才总需求的规模往往以人才需求的数量来描述，通常用绝对数表示。人才总需求的专业结构、学历层次结构和能力结构体现了人才总需求的质量。

（三）人才总需求曲线

人才需求关系往往用人才需求曲线来表示。人才需求主要受人才价格的影响。人才需求量大时，人才价格会上升，而人才价格上涨时，又会导致人才需求量的下降。这种情况如图 2—7 所示。

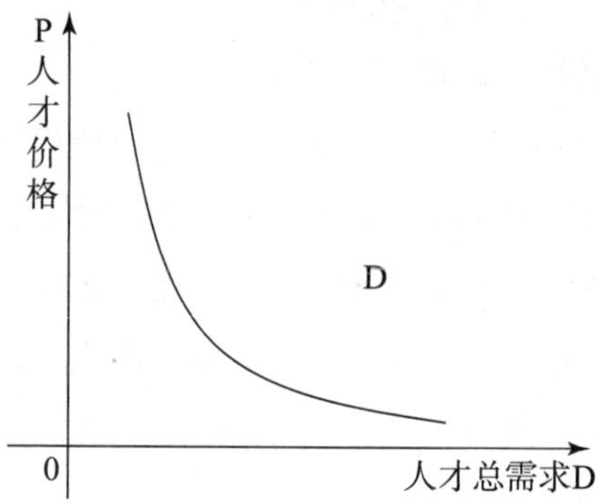

图 2—7　人才需求曲线

在图 2—7 中，横坐标表示人才需求量，纵坐标表示人才价格。人才需求曲线 D 是一条向右下方倾斜的曲线。人才越多，用人单位愿意支付的价格就越低，人才需求量就越大。

三、人才总供给与人才总需求的关系

从理论上来讲，社会的人才生产能力决定了人才总供给，而社会的人才使用需要又形成了人才总需求，人才生产的目标即为了保证人才使用的需求，使人才总供给应与人才总需求相匹配，培养出社会生产中所需要的人才。但现实当中有时也并不完全是这样，例如高等教育的大众化就不完全与社会上的人才需求有关。但高等教育大众化从整体上提高了国民的质量，就会促使整个社会的人才需求升级换代，推动经济发展方式加快转变。

（一）人才总供给为人才总需求提供保障

人才供给是为了满足人才需求的需要，为人才需求提供保障。人才供给受到整个社会的政治、经济、科技、文化和教育等多方面发展情况的影响，是人才资本长期投资的结果。人才生产和人才引进的数量和质量构成了人才供给的数量和质量，而人才供给的总量和质量必须限定一个范围，即无论人才总需求有多大，都必须在人才供给的总量范围内，寻求合适质量的人才进行合理的配置。当人才供给能力小于人才需求总量时，人才供给就无法保障人才需求。反之，当人才供给能力大于人才总需求时，则会造成人才资源过剩，也没有起到保障作用。所以，只有人才总供给对应于人才总需求，才能起到保障作用。

（二）人才总供给以人才总需求为导向

如果培养出来的人才与经济社会发展需要相脱节，一方面会造成人才资源的相对过剩，而另一方面用人单位的用人需求无法得到满足。这时就会形成在人才过剩的同时出现人才短缺。人才供给与需求的结构性失衡，是当前人才工作亟待解决的问题。高校如果不从社会发展和需求出发培养人才，诸如专业设置不合理、某些社会需求非常少的专业招生规模过大、课程设置与现实脱节、实践能力培养不足等，都会造成所培养的人才的素质、能力与用人单位的需求不相符。因此，人才总供给要以人才总需求为导向，无论是人才总供给的规模、结构，还是质量，都要以当前以及今后一段时期内对人才的需求规模、结构和质量为依据，培养社会需要的人才。人才总供给既要以人才总需求为导向，又要注意到人才总供给应该在时间上具有一定的超前性，根据经济发展的态势和产业调整的走向，预测人才需求的专业方向、数量以及层次，设计更加合理的人才投资方向和途径，满足未来的人才需求。

第三章
人才市场体系

【导读】

人才市场是社会主义市场体系的有机组成部分。加快建立和完善人才市场体系，有助于社会主义市场经济体制的确立，对我国合理配置人才资源，促进人才合理流动，进行人才结构战略性调整，实施人才强国战略具有重大的现实意义和深远的历史意义。本章共分四节，在概述人才市场概念的基础上，着重剖析了构成人才市场体系的运营元素——主客体和三大运行机制，并对我国的人才流动和人才服务业进行了分析。

第一节　人才市场及其主客体

我国人才市场是社会主义市场体系的有机组成部分。人才市场通过其自身独特的运行机制，将人才资源配置到效益较好的环节中去，推动社会生产有序进行，体现了其在社会主义市场体系中不可替代的重要作用。

一、人才市场概述

（一）人才市场的概念

人才市场和市场经济中其他要素市场一样，都是以市场作为资源配置的手段，从而实现流通领域主体之间的交换。作为人才市场，指的是在人才流通领域里市场供需主体交换关系的总和。也就是说，人才市场以市场方式配置人才资源，调整人才劳动力的供需关系。这里所说的人才市场概念，有别于人们所说的“人才市场”，后者指的是为人才交换提供场所或为人才流动提供服务的人才中介机构。

说起人才市场，听起来好像就是买卖人才的市场，其实这是一种误解。人才市场不是一般的商品市场，而是一种要素市场。其实在人才市场流通的并不是人才，人才只不过是流通于人才市场上的要素的载体而已。那么，这种要素又是什么呢?

现今人才学界对人才市场流通要素的界定，概括起来有两种理论见解：一种理论认为是人才劳动力，另一种理论认为是人才资本。两种理论不仅都很有道理，而且在一定程度上是相通的。因为人才确确实实也是劳动力，但不是一般的劳动力，而是拥有一定人才资本的高层次劳动力。人才资本与人才劳动力之间的关系非常微妙，要想说透还真不容易。赵永乐在2005年曾经这样说过：“我们不能简单地说，人才资本就是人才劳动力，因为人才资本和人才劳动力不能画等号；也不能简单地说，人才资本不是人才劳动力，因为人才资本和人才劳动力的概念确实在某种情况下可以互换使用。起码我们可以这样认为，人才劳动力的层次越高，其所拥有的人才资本就越多；人才劳动力的层次越低，其所具有的人才资本就越少。”① 因此，将人才市场称为人才劳动力市场是可以的，将人才市场称为人才资本市场也是可以的。前者人们容易理解，因为社会上本身就有劳动力市场；后者人们理解起来就有一定的难度，必须要有一定的经济学素养才可以。但是使用人才劳动力这个概念确实面临着一定的局限，这就是我们可以说“用人才资本来投资”，但要说“用人才劳动力来投资”，人们就不一定认同。人才资本不是一般的生产性要素，而是一种能够满足未来收入的知识性（或称智力性）的投资要素，以人才资本投资可以取得远高于其他形态资本要素投资所带来的收益。但要说“以人才劳动力投资可以取得很高的收益”，就会令人感到很勉强，因为人才劳动力一般只说“投入”，而很少说成“投资”。

为使本章略微显得通俗一点，本章所讲的人才市场采用人才劳动力市

① 赵永乐，等. 人才市场新论［M］. 北京：蓝天出版社，2005：86.

场的概念。也就说，在人才市场里流通的是人才劳动力。当然，这样做并不排斥和贬低人才资本市场的概念。

人才劳动力经过流通，进入社会生产领域，与其他生产要素相结合，形成有机配置，产生绩效，实现价值。由于人才劳动力载在人才身上，与人才须臾不可分离，因而看起来好像是人才在人才市场上进行交换。然而，从本质上来讲，人才市场是人才劳动力的市场，确切地说，应该称为人才劳动力市场。

通过对人才资源进行市场化配置，人才市场实现了市场主体之间的交换，使人才劳动力成为现实的生产力要素，满足了供需主体的需求，促进了人才的就业和流动，推动了人才资源的开发，调整了人才队伍结构和布局。社会主义市场经济的发展要求人才市场对人才资源的配置要起到这种基础性作用。因此，如何运用人才市场对人才资源进行合理配置，进而充分发挥人才的作用是我国科学发展面临的一项重大课题。

（二）我国人才市场发展现状

改革开放以来，我国的人才市场得到了较快的发展，已经成为社会主义市场经济体制下一个重要的要素市场，取得了令人瞩目的成绩。

1. 多层次的人才市场体系框架已经形成

目前，人才市场已初步形成以政府人力资源和社会保障部门（以下简称人社部门）所属人才中介服务机构为主体、行业所属、民营和中外合资人才服务机构并存的多层次的人才市场体系框架。截至 2007 年底，全国共有各类人才服务机构 6833 家，从业人员 59008 人，全国各类人才服务机构共设立固定人才交流场所 2620 个。从构成类别上看，各级政府人事行政部门所属人才服务机构 3417 家（其中省属 106 家，地属 507 家，县属 2804 家），从业人员 21879 人；行业主管部门所属人才服务机构 607 家，从业人员 4423 人；民营人才服务机构 2730 家，从业人员 28996 人；中外合资人才服务机构 79 家，从业人员 3710 人。① 多层次的人才市场体系满足了不

① 数据来源于人力资源和社会保障部《关于 2007 年人才流动与人才市场基本情况的通报》。

同服务对象的差异化需求。

2. 人才市场法律法规不断完善

原人事部（现人力资源和社会保障部）单独或联合相关部门先后制定了《加快培育和发展我国人才市场的意见》《流动人员人事档案管理暂行规定》《人事争议处理暂行规定》《人才市场管理规定》《中外合资人才中介机构管理暂行规定》。2005 年，根据行政许可法，对《人才市场管理规定》《中外合资人才中介机构管理暂行规定》进行了修订。而在地方，目前全国绝大部分省（区、市）都制定了人才市场管理的地方法规。

3. 人才市场的管理不断加强

人才市场的执法检查愈来愈规范，一些地方还将人才市场的监管纳入政府综合执法检查。行业协会的自律机制愈来愈健全。截至 2007 年底，全国共建立人才市场执法机构 383 个。其中，省级 14 个，地级 117 个，县级 252 个；人事部门单独执法机构 77 个，与其他部门联合执法机构 306 个。①

4. 人才市场中介机构的服务功能日益提升，市场配置人才资源的基础性作用已经确立

2007 年，全国各类人才服务机构共为 40 万家用人单位提供了人事档案管理、人才招聘、社会保险缴纳等方面的代理服务，代理各类人才 643 万人。举办各类人才交流会 3.9 万场，各类参会求职人才 6467 万人次，参会单位 259 万家次，达成流动意向 1609 万人次。管理流动人员人事档案 1206 万份，提供档案工资调整、档案查阅、开具相关证明等以人事档案为基础的相关服务 1076 万人次。为 28.3 万人提供了专业技术职称评定申报工作。举办各类培训班 3.9 万次，培训各类人才 247 万人。为 8 万家用人单位提供了人才派遣服务，派遣各类人才 120 万人，并登记要求派遣人员 99 万人。组织各类人才测评 6.6 万次，为 74 万人提供了人才测评服务。为 14.3 万家用人单位提供各类人力资源管理咨询服务，服务各类人才 174 万人。为 8 万家用人单位提供了猎头服务，选聘各类高级人才 23 万人。进

① 数据来源于人力资源和社会保障部《关于 2007 年人才流动与人才市场基本情况的通报》。

一步促进人才与科技的结合，组织8611项技术项目进行了交流，达成交流协议3320项。①

（三）人才市场建设存在的问题

我国人才市场的建设虽然取得了显著成绩，但由于各方面的原因，仍存在着许多问题。

一是人才市场运行机制还不完善。主要表现是人才供需主体还未完全到位，特别是中高级人才的流动还受到身份、户籍、社保等制度性障碍的影响。人才市场还存在政策壁垒，全国统一、开放的人才市场体系尚待形成；政府部门所属人才中介服务机构职能定位还比较模糊，有待进行体制改革。人才市场运行机制的不畅直接影响着人才市场各种功能的发挥。

二是人才市场的发展不平衡。政府中介服务机构中经营性服务不足，市场竞争力弱。各地人才市场受经济社会发展水平的制约，在发展水平上具有很大差异。在欠发达地区的基层区县，由于投入严重不足，人才市场的公共基础设施明显落后，人才服务能力远远不能满足市场主体的需求。

三是人才市场的立法和执法相对滞后。目前，全国性的人才市场管理规定仅为部门规章，尚缺乏一部全国性的人才市场法律或法规。人才立法存在层级较低、适用范围不广、效力不足的问题。这种立法现状落后于人才市场发展的现实，也导致了人才市场执法效力不足、力度不强等问题，人才市场中扰乱市场秩序的行为也难以得到杜绝。

四是人才市场的服务功能有待完善。在人才市场的公共服务方面，由于公共投入的不足，各地政府所属人才中介服务机构的公共服务项目基础设施建设相对滞后，服务意识欠缺，服务产品单一，服务能力低下，服务质量有待提高。在市场化服务方面，与国外人才服务机构相比，我国人才中介服务机构规模小、层次低、服务内容单调、信息化水平不高，整体服

① 数据来源于人力资源和社会保障部《关于2007年人才流动与人才市场基本情况的通报》。

务水平很难满足市场主体的个性化需求。

由于以上种种原因，我国人才市场配置资源的机制有待进一步完善，统一的人才市场体系尚待健全。

二、人才市场主体

所谓的人才市场主体，就是构成人才市场供求力量和促使供求双方能够达到目标的运营元素。人才市场有三个主体，分别是供方主体人才、需方主体用人单位和服务主体人才市场服务机构。

（一）人才市场供方主体

由于人才是人才市场中人才劳动力的提供者，因而人才是人才市场的供方主体。作为人才市场的供方主体的人才，必须满足以下三个方面条件。

第一，人才具有实际的劳动能力，并能向社会提供劳动力。作为人才市场中供方主体的人才，必须是生产力中首要的、能动的要素，即其脑力和体力能转化为现实工作能力。人才的劳动服务于社会，为人才的使用单位所消费，使人才自身的劳动能力与其他生产要素相结合，形成现实的生产力。如果一个人才具有实际的劳动能力，但是不能向社会提供（例如自我消费了），那么他就不具备这个条件。

第二，人才自主支配自己的劳动力。在计划经济体制下，人才没有择业自主权，具体表现为每个人都是单位身份，人才的投资配置均由单位包下来，其住房、养老、医疗等福利或保障也由用人单位承担。这样，用人单位对人才拥有所有权（即人才单位所有），而人才对单位形成行政性的附属关系。因此，人才一旦流动，用人单位就要追回投资和住房，从而阻碍人才流动。因而，若要使人才成为人才市场主体，必须使人才拥有择业自主权。人才是市场活动中的主体，自主决策、自主支配自己的劳动力也应当是市场主体的内在规定性。人才根据自己的喜好和追求，自主选择职业、单位，从而使人才的劳动力能与其他生产要素自由组合，实现自然优化。

第三，人才有偿让渡自身劳动力。市场主体投身市场经济活动，旨在追求自身利益最大化。人才在市场活动中，对其劳动力的转让是有偿的，并且确信自己的这种转让的综合利益一定是最大化。人才通过有偿转让，将自身的劳动力让渡给用人单位，自己则从用人单位获取合法收入，以维持和发展自己的劳动力再生产。

（二）人才市场需方主体

由于用人单位是人才市场中人才劳动力的需求者，因而用人单位是人才市场的需方主体。作为人才市场需方主体的用人单位，必须满足以下三个条件。

第一，具有用人的资格。在计划经济体制下，所有的用人单位都没有自主用人的资格，国家包揽了人才的生产、配置，用人单位用人只能接受国家行政计划，没有任何选人、用人权利，人才的需求主体和用人主体其实都是国家。现代企业制度的建立，使企业成为自主经营、自负盈亏的商品经济活动独立实体，既具有追求利益的内在动力，又具有市场竞争的外在压力，能够依法承担用人的义务和责任。这样，企业就会产生对人才的需求，从而使人才市场的需求主体到位。

第二，能参与市场竞争，自主择人。作为市场需求主体的用人单位，不管其规模、性质、地域和隶属关系如何，必须能够自由地进出人才市场，平等参与人才竞争，根据自己的需要选择人才。

第三，具有用人的权利和能力。用人单位的用人权利表现为有权自主面向社会招聘各类人才，有权自主解聘各类不胜任、不需要的员工，有与各类人才商定工资和其他社会保障、安排各类人才岗位等权利。用人单位的用人能力既包括支付人才的报酬能力，也包括能够有效留住人才、使用人才，调动人才积极性，充分发挥人才效用的制度和文化力量。

（三）人才市场服务主体

人才市场服务主体指的是在人才市场交换过程中起媒介作用和服务作

用的组织和机构，既包括人才中介机构，也包括作为现代服务业组成部分的人才服务企业。2001 年，当时的人事部和国家工商行政管理总局颁布了《人才市场管理规定》，其中明确指出，人才中介机构是为用人单位和人才提供中介服务及其他相关服务的专营或兼营的组织。人才服务业包括的范围更广，指的是为人才资源配置和开发提供服务的生产性服务行业，是现代服务业中新兴的重要门类和最具活力的行业之一。人才服务业企业也是人才市场的服务主体。

作为人才市场的服务主体，客观上起着使市场交换专业化和简单化，并最终提高交换效率，节省交易费用的作用。不管是人才中介机构，还是人才服务业企业，在四个层次上承担着调节人才供需、优化人才配置、开发人才素质和推动生产力发展的功能。第一，人才服务业承担着人才结构战略性调整的功能，能够促进经济发展方式转变，推动人才合理流动，从而满足国家产业结构调整的需求。第二，人才服务业能够在人才与用人单位之间起到中介作用，不仅能够推动人才就业和满足企业发展需求，将人才配置到效益较好的环节中去，而且还通过人才市场的双选竞争和工资杠杆作用，优化人才结构，提高人才产出效益。第三，推动人才外包业的发展，促进人才管理与开发专业化和现代化。第四，繁荣社会培训业，促进广大人才不断提升自身素质，增加竞争活力。

三、人才市场客体

在人才市场上，流通对象人才劳动力是被运营于供需主体之间的元素。这个被运营元素就是人才市场的客体，或称人才市场的交换客体。当然，也可以把人才资本作为人才市场的客体。

（一）人才劳动力的概念和特点

劳动力通常指的是人的劳动能力，宏观地说就是人们改造社会和自然的能力的总和，具体地说就是蕴藏在人体中的脑力和体力的总和，是生产力系统中最活跃、最能动的要素。由于不同劳动者的经历、智力、受教育程度、生理等方面千差万别，其劳动力也存在着种类和质量上的差别，既有一般劳动力（也称为普通劳动力或基础劳动力），也有高级劳动力（也称为专业劳动力或人才劳动力）。

人才是人力资源中能力和素质较高的劳动者，人才劳动力是高层次劳动力。作为高层次的劳动力，人才劳动力富有智力性、复杂性、创造性和自由性，而且与一般劳动力相比，人才劳动力的体力和智力总和不仅明显超过一般劳动力，而且在构造上以智力为主要标志，在性质和作用上也与一般劳动力之间存在明显的差别。这些差别具体表现为“四高”。

第一，生产力系统中地位高。生产力是人们认识自然和改造自然的能力，它包含劳动者、劳动对象和劳动工具等诸要素。劳动者是生产力中最活跃的、最能动的要素，劳动工具是生产力水平的标志。正是人才运用自身的才智，在充分总结劳动者的经验基础上，发明创造新的生产工具，推出新的管理方法，传承和革新文化，从而推动了生产力的发展和社会的进步。所以说，人才是劳动者认识自然和改造自然活动中的引领者，人才劳动力是生产力系统中具有创造作用和组织作用的决定性因素。

第二，劳动消耗对象层次高。一般劳动力在生产过程中，消耗的主要是体力，他们的劳动一般只能称为“简单劳动”。而人才劳动力在形成现实生产力的过程中，消耗的则主要是知识和智力，这种劳动通常被人们称为“复杂劳动”，是一种高级的创造性劳动。

第三，投入产出比高。虽然人才劳动力在形成过程中相比一般劳动力要消耗更多的社会财富，但人才劳动力在使用过程中往往要比一般劳动力能创造出更多的社会财富，产生更高的经济和社会效益，为社会的进步和发展作出更大的贡献。所以说人才劳动力相比一般劳动力投入产出比要更高。

第四，配置难度高。一般劳动力资源相对丰富，经常会出现供大于求的情形，从而导致一般劳动力之间的竞争更加激烈，使得用人单位招募成本降低，招募过程简单，所以说一般劳动力配置相对简单容易。而人才劳动力社会价值高，紧缺程度也高，经常会出现供不应求的情形，因而越是高层次的人才选择工作单位的机会就越多。人才在选择工作单位时，往往不仅要考虑专业、待遇，而且还要考虑环境、人际关系、发展前景以及自我价值的实现，因而人才配置的周期长、风险大、成本高而且过程复杂。

相对而言，人才劳动力配置的难度要比一般劳动力大得多。

（二）人才劳动力的价值

从理论的角度看，人才劳动力在人才市场上是一种要素商品，它和其他商品一样也具有价值和使用价值。人才劳动力这种要素商品的价值（其实是人才劳动力的生产价值）是由生产和再生产人才劳动力商品的社会必要劳动时间决定的，生产和再生产人才劳动力的社会必要劳动时间可还原为生产出这种人才劳动力所消费的生活资料所需要的社会必要劳动时间。人才劳动力的使用价值在于它能够给用人单位提供高级的创造性劳动，从而产出产品和服务等绩效，创造出远远高于自身价值的价值。人才使用的本质其实就是人才使用单位通过市场购买、使用人才劳动力的使用价值，并加以消费。

但是在人才市场上，人才劳动力在交换过程中所表现出来的价值（可以把它称为交换价值），既不是完全由人才劳动力价值（生产价值）决定的，也不完全是由人才劳动力使用价值决定的，而是在很大程度上由供需关系决定的。说得简单点，人才劳动力价值（生产价值）决定于人才劳动力的生产成本，人才劳动力使用价值决定于人才劳动力的产出绩效，而人才劳动力交换价值则决定于在该种人才劳动力的生产成本和预期产出绩效双因素综合基础上的供需之比。所以，人才劳动力的价格以人才劳动力的价值和预期使用价值为基础，并受人才市场的供需关系影响和调节。

从人才的生产和再生产全过程综合来看，人才劳动力价值具有六个方面的特性。

一是高投入性。人才劳动力价值的高投入性主要表现在三个方面。一是人才劳动力在生产过程中需要接受长期的专业教育和培训，消耗更多的社会财富。二是不管在交换过程中还是在使用过程中为了补偿人才劳动力的损耗（包括自然损耗和工作损耗），保证人才劳动力的发展，都必须有充分的资金投入。三是在使用过程中为了保证人才劳动力能够获得很高的使用效能，就必须与其他生产要素高标准结合形成现实生产力，而且必须在人、财、物等方面实现系统、及时的高投资。因而，人才劳动力价值具有的高投入性，要求我们在人才优先发展的过程中做到人才投资优先保证。

二是高产出性。与其他的各种生产要素（包括普通劳动力）相比，人才劳动力的使用能创造出更高的价值。不仅人才的创新创业活动能产出新的发明、技术、产品、服务、思想、组织、制度和文化，而且能创造出其他的生产要素，并产生更大的绩效和效益。

三是高资本性。对人才劳动力投资的结果形成人才资本，越是高级的人才劳动力，拥有的人才资本就越多。人才资本相对于普通人力资本或物质资本而言，不仅形成的成本高，而且具有更高的回报率。另外，由于知识集聚效应，人才劳动力的使用具有更加明显的边际收益递增效应。

四是专用性。在现代社会，人才往往接受过专业的教育或专业的训练，所以人才劳动力又可以称为专业劳动力。人才劳动力不是万能的，其所具有的专业知识、专门技能或专门信息只有在特定的组织或行业中才有价值，这种专用性越是在高级人才身上表现得越突出。因此，人才的使用要用其所长、用其所专。

五是创新性和能动性。人才劳动力比一般劳动力具有更强的创新性和能动性。通过人才劳动力的劳动消费，能产生新知识、新技术、新产品，对组织内各种生产要素（包括一般劳动力）进行组合、优化和放大，从而创造出更高的生产力。

六是高风险性。不论是从人才生产特点来看，还是从人才职业特点来看，或是从人才创造特点来看，人才的价值都具有高风险性。也就是说，人才劳动力的价值能否实现，具有很高的风险性。首先，各种投资所形成的人才资本最终要凝结并存在人才体内，而能否凝结在人才体内，不仅取决于外在的条件环境，更取决于人才个人接受投资的意愿和能力。其次，人才职业本身就是高风险职业，越是高层次的人才其职业的发展轨迹越是不会一帆风顺，成功的概率越是难以预料。最后，用人本身也充满了高风险，不仅与用人领导的水平有关，而且还与用人的环境条件有关，更为重要的是还与被用人才的态度和努力程度有关。在现实当中，用人失察、用人不当以及工作失职等现象比比皆是。至于人才的创造活动，更是风险难料了。

为了促进人才劳动力价值的生成和实现，一是要坚持人才优先发展是科学发展的有效路径，做到人才资源优先开发、人才结构优先调整、人才投资优先保证、人才制度优先创新。二是要根据供需关系按市场导向确定人才的交换价值。三是要改变人才评价中“重学历，轻能力”、“重知识，轻技能”的倾向，建立以能力和业绩为导向的科学、客观、公正的社会化的人才价值评价体系。四是要改变传统分配方式，确立按照劳动、资本、技术和管理等生产要素参与分配的机制。五是要改变人才培养和市场需求脱节现象，按照市场需要的专业、能力和素质培养人才。

四、人才市场交换关系

在人才市场上，作为供方主体的人才，需要让渡自身的劳动力以实现自身的价值、维持和发展自身与家庭的再生产；而作为需方主体的用人单位，则需要引进人才劳动力以扩大再生产。这种供方和需方对人才劳动力的交换关系就是人才市场的交易关系。在这个交易过程中，双方主体的交易对象是人才劳动力。

（一）人才市场交换关系的作用

人才市场交换关系的作用主要表现在三个方面。

第一，人才市场的交换关系满足用人单位的人才需求，促进社会再生产的发展。通过人才市场的交换，用人单位拥有了人才劳动力的使用权。人才劳动力与用人单位的其他生产要素相结合形成现实的生产力，为用人单位提供智力、技术或经验等方面的消费，这样就能使用人单位不断提高技术水平和管理水平，不断推出新的产品或服务形态，从而推动用人单位不断扩大再生产。

第二，人才市场的交换关系促进了人才的开发。在一定条件下，人才市场供需主体对人才劳动力的交换，对人才再生产有着决定性影响。如金融专业的人才在人才市场上供不应求，意味着该专业人才生产要扩大规模；历史专业的人才在人才市场上供大于求，意味着该专业人才生产要缩小规模。另外，人才市场的交换关系还决定着人才的劳动消费。人才只有通过交换，才能进入用人单位，被用人单位进行消费。因此，人才劳动力的交换是人才劳动消费的基础，没有人才劳动力的交换，就没有人才的劳动消费。因此，人才劳动力的交换促进了人才的开发。

第三，人才市场的交换关系使人才劳动力实现自身价值。通过交换，人才劳动力被用人单位使用，在和其他生产要素相结合后，转化为现实的生产力，从而实现了人才劳动力的价值。没有交换，人才劳动力就不可能被用人单位消费，也就不可能实现其自身的价值。

（二）人才市场交换关系的特殊性

人才市场的交换关系看起来好像与其他商品市场或要素市场的交换关系大致相似，但仔细观察就会发现，人才市场的交换关系有其自己的特殊性。人才市场交换关系的特殊性主要表现在两个方面。

一是人才市场交换关系具有连带性。在人才市场上交换的虽然是人才劳动力，但由于人才劳动力须臾不能脱离人才载体而单独存在，因此在交换过程中供给方人才也要连带参与交换。也就是说，交换之后，人才也要跟随自身劳动力一起进入用人单位。也正是由于这个特点，人才对用人单位的选择和用人单位对人才的选择，都比较看重人才自身与用人单位是否匹配的问题，即人才的各种素质能力以及个性特征等是否能够满足用人单位的需要，而用人单位的宗旨、目标、战略、环境、条件以及文化等是否能够让人才接受和满意。因此，在人才市场交换时一定要考虑到连带性这一特殊性。

二是人才市场交换关系具有能动性。人才市场交换关系的能动性与人才市场交换关系的连带性密切相关。由于人才是人才劳动力的载体，因而人才劳动力是一种能动的生产要素，所以在人才市场上人才劳动力的交换不是简单、被动地买和卖，而是主动的选择和主动的匹配。人才市场交换关系的能动性不仅决定了人才市场自身运作的特点，而且还决定了人才市场在整个市场体系中的能动地位。各种市场的发展最终都取决于该种人才市场的发展。

第二节　人才市场运行机制

人才市场运行机制指的是市场经济条件下人才流通过程所运用的原理和采用的方式，主要包括三大机制：人才市场供求机制、人才市场价格机制和人才市场竞争机制。

人才市场运行机制，直接决定着人才资源的市场配置程度，并进一步影响社会经济的发展。《人才规划纲要》明确提出：根据完善社会主义市场经济体制的要求，推进人才市场体系建设，完善市场服务功能，畅通人才流动渠道，建立政府部门宏观调控、市场主体公平竞争、中介组织提供服务、人才自主择业的人才流动配置机制。健全人才市场供求、价格、竞争机制，进一步促进人才供求主体到位。

一、人才市场供求机制

人才市场的供求机制即人才市场供求关系与价格变动之间的互相联系和互相作用。供求机制是人才市场的动力机制，反映了人才市场上人才劳动力供给与需求之间所具有的内在联系和趋于平衡的客观必然性。

（一）人才市场供求机制的机理

人才市场供求机制功能的发挥，以供求关系的建立为前提。在人才市场上，供给是供方主体人才提供人才劳动力，需求则是需方主体用人单位对人才劳动力有使用能力和支付能力的需求。通过交换，人才获得薪酬（货币），用人单位则获得人才劳动力的使用权。人才市场的运行从本质上来讲就是由这种供求关系驱动的。正是由于这种供求关系的变化，引起人才劳动力价格的变化，进而又引起人才劳动力的竞争，最终导致人才市场供求关系趋于平衡，人才劳动力的价值与价格趋于一致。

（二）人才市场供求机制的作用

人才市场供求机制的作用主要表现在三个方面。

首先，对人才市场的供求关系从总体上发挥宏观调控作用。由于供求关系会导致市场价格的涨落，因此可以运用供求机制的手段来对人才市场进行宏观调控。就某一类人才来看，供大于求则会导致价格跌落，供不应求则会导致价格上涨。而市场价格的涨落，又会刺激供求的消长变化。根据供求机制的上述原理，以供求机制作为调控手段，可以采取增加或减少供给，扩大或抑制需求等措施，实现人才劳动力的配置从总体上趋于平衡。

其次，对人才劳动力的生产和消费发挥指导作用。供求机制对人才劳动力的生产和消费的指导，是通过人才劳动力供求弹性的大小或强弱制定相应价格来实现的。也就是说，对弹性较大的人才劳动力，如低层次或一般性的人才，可制定较低的价格；对弹性较小或没有弹性的人才劳动力，如对高层次人才或特殊性人才，可确定较高的价格。由此来指导人才不断提升知识层次，提高自我价值；指导用人单位根据需要选择合适的人才，而不是最优秀的人才。

第三，实现人才市场的供求平衡作用。通过供求与价格的相互作用，实现供求矛盾的相互转化，达成供求的新的平衡。现实生活中，供求平衡是偶然的相对的，不平衡则是经常的绝对的，人才市场的供求关系也是如此。正是由于供求不一致，才引起人才市场的供求与价格的相互作用、相互联系的反复作用过程。而供求不平衡彼此接连不断，才使它们相互转化，从不平衡到平衡，从平衡到不平衡，再到新的平衡。

（三）人才市场供求机制运行的条件

市场是交易关系，无论是有形市场，还是无形市场，都必须有供求双方。人才市场以非物质要素商品人才劳动力为交易对象，尽管这种劳动力主要体现为人才的智力因素，但它依然以供求关系为存在前提。只有确立供需双方的市场主体地位，供需双方主体到位，主体双方形成并完成供求交易，才能建立并形成人才市场供求机制。

首先，要确立人才与用人单位在人才市场的主体地位。作为人才市场交换行为的供方，人才将自己所拥有的知识、技能、经验、熟练程度凝结成劳动力，使其成为一种有思想、有意识的智力要素商品。这种要素商品的特性决定了人才劳动力是一种具有自主性的人格化商品，为追求最大的利益，人才完全可以自主决定自己的行为。所以，具有劳动力所有权并具有择业愿望的人才，作为人才市场的供应者，其主体地位应该确立。而具有独立法人地位的用人单位根据效益最大化的要求选配人才，其用人标准、数量、用时长短、薪酬福利，都以自身需要为第一依据。所以，作为人才市场的需求方，用人单位的这种需求者主体地位也是应该确立的。只有供需主体地位确立，市场交易的完成才会有起点和基础，供求机制才能运行。

其次，确保人才与用人单位在人才市场的供需主体到位。在确立人才与用人单位的人才市场主体地位基础上，要形成人才市场的供求关系，还必须保证人才与用人单位作为交易主体进入市场。在计划经济时代，人才为部门所有，劳动力所有权缺失或残缺，有择业愿望而不能择业。用人单位产权不清晰，没有独立法人地位，只能按国家的行政计划调配来使用人才。随着市场经济的建立，人才和用人单位的所有权地位虽然逐步得以确立，但由于历史惯性的影响、现实条件限制等因素，使得人才市场供需主体不能及时到位或到位不够，严重地影响了人才市场的发育。而目前，市场配置人才资源的观念深入人心，人才市场供需两旺，人才市场体系逐步完善。所以说，供需双方主体到位是人才市场赖以形成的前提，也是供求机制运行的基本保证。

第三，形成并完成人才与用人单位的供求交易。供求主体到位，是完成市场交易的必备条件，但交易能否完成，还要视供方的价值实现和需方使用价值的获得情况。在人才市场，人才作为供方，只有将自身蕴含智力因素的劳动力的使用价值让渡给需方，才能实现其价值；用人单位作为需方，只有使人才劳动力的价值得以实现，才能获得人才劳动力的使用价值。这就需要供方主体对自身劳动力价值有一个准确定位，需方主体对供方主体提供的人才劳动力的使用价值也要有一个准确定位，只有当双方认定合适时，交易才会完成，即人才与用人单位才能最终形成人才市场的供求关系，人才市场的供求机制的作用才能最终得以实现。

二、人才市场价格机制

人才市场价格机制，即人才市场劳动力价格变动与人才市场劳动力供求关系变动之间相互制约的联系和作用。它反映人才市场上人才劳动力供给与用人单位需求之间关系的变动，是人才市场运行机制体系不可或缺的组成部分。

（一）人才市场价格机制的机理

人才市场价格，是指人才市场中人才劳动力交换的价格，而人才劳动力的价格则是指人才劳动力价值的货币表现，最终表现为人才使用的报酬。人才市场价格由于受到人才劳动力供求关系的影响，会经常围绕着人才劳动力价值而自发地上下波动，波动的结果又会带来人才劳动力供求关系的相应变动。一般来讲，当某种人才劳动力供大于求时，该种人才劳动力的价格就会低于其价值，随即就会导致该种人才劳动力的供给萎缩，而其需求则有可能增加。反之，当某种人才劳动力供不应求时，该种人才劳动力的价格就会高于其价值，随即导致该种人才劳动力供给扩大，而其需求则反而下降。供求关系的变化，引起人才市场价格的变化；市场价格的变化，又引起供求变化，循环往复，连续运动。在这个运动中，人才劳动力的供求趋于平衡，人才市场价格与价值趋于一致，价值规律的作用与要求得到贯彻和实现。

（二）人才市场价格机制的作用

作为价值规律的作用形式，人才市场的价格机制具有以下三个方面的作用。

第一，使人才劳动力价格的平均值与价值一致。由于供求关系的影响以及信息不对称等因素，人才劳动力的价格往往背离人才劳动力的价值，出现围绕价值上下波动的状况。但总体上来看，高于价值的部分和低于价值的部分往往相互冲抵，即人才劳动力价格总和的平均值与人才劳动力的价值是基本保持一致的。

第二，使人才劳动力价格总体趋近价值。在供求关系的影响下，人才市场的人才劳动力价格围绕其价值上下波动。当某种人才劳动力供不应求时，该种人才劳动力的价格随之上升，一般会高于其价值；当某种人才劳动力供大于求时，该种人才劳动力的价格随之下降，一般会低于其价值。然而，在这样的循环往复运动中，人才劳动力价格虽然会围绕其价值波动，但是不会永远波动下去，因为这个波动呈现出的是阻尼振动曲线，振动衰减的结果逐渐趋近于人才劳动力的价值。

第三，引导和调节人才市场供求关系。正是价格机制的上述作用，使得人才劳动力的价格成为人才市场供求关系变动的重要信号。对于人才而言，一方面促进同类型、同层次人才通过自我更新知识提升价值，提升档次，形成质量差异竞争优势；另一方面引导人才在知识、能力的提升之间适度转移，优化不同类型、层次人才的比例结构。对于用人单位而言，能为其及时调整人才需求和使用策略提供决策依据。而对于政府而言，则可以依此作出宏观决策，对人才市场加以合理调节。

（三）人才市场价格机制运行条件

人才市场价格机制的建立和发挥作用，以一定条件作支撑。发育良好的人才市场、完善而合理的价格体系、健全的宏观调控体系以及供需主体到位都是人才市场价格机制的运行条件。

第一，发育良好的人才市场。在发育成熟的人才市场，人才劳动力价格机制能够正常运行，人才劳动力价格能够真实体现人才劳动力价值，并随着市场人才劳动力供需变化而发生变化，体现着人才劳动力的供求关系。而发育不完善的人才市场，人才劳动力价格机制体现的则可能是扭曲的价格和错误的供求关系。

第二，完善而合理的人才市场价格体系。所谓的完善而合理的价格体系首先表现为人才劳动力价格要真正体现人才价值，这就要求在市场价格定位时要从人才劳动力的质的方面把握，从高、从优、从活确定。其次，要在市场公开、信息透明的基础上准确反映市场需求的人才劳动力价格。再次，人才市场价格的内在结构应具有多重共一性。所谓多重，是指人才劳动力价格应有多重结构；所谓共一，是指准确反映人才劳动力的价值和市场需求。人才市场中人才劳动力价格不能仅仅以薪酬的形式来兑现，而应该有更多的表现形式，如辅之以鼓励劳动和创造为根本目的的产权激励等。

第三，健全的人才市场宏观调控体系。要明确政府的人才市场宏观调控主体身份，通过完善宏观调控体系，加强对人才市场的宏观调控，克服市场机制的缺陷，从而让价格机制正常发挥作用，保持人才市场正常运行。

第四，人才市场供需主体到位。如前所述，用人单位有独立法人地位，拥有用人自主权；人才个人享有劳动力所有权，能自主支配个人劳动力，这是市场得以建立的基础。此外，用人单位和人才个人还应习惯于运用市场关系交易人才劳动力，这是市场运行的保证。在此基础上，价格机制才能发挥信号功能，引导用人单位和人才调整人才劳动力需求和供给。

三、人才市场竞争机制

竞争是市场经济的一条铁的法则。人才资源的市场配置，必须建立和完善竞争机制。因为只有在竞争机制条件下，才能实现资源的优化配置。因而竞争机制是人才市场能否实现运行目标的重要机制。

（一）人才市场竞争机制的机理

在人才市场，竞争机制是同供求机制、价格机制紧密结合共同发生作用的。人才市场竞争的实质就是参与竞争的各方为了实现自身利益或保护已经取得的利益而进行的活动，具体包括三个方面的竞争。第一，在人才市场上，具有智力和体力的人才之间为了实现自身价值、获得理想的职业和报酬而自主择业，会导致人才与人才之间的竞争。第二，具有独立法人地位的用人单位为实现效益最大化，择优选人，从而导致用人单位之间的竞争。第三，单位择优选人，人才自主择业，人才与用人单位之间的双向选择也是一种竞争，而且是完成市场交易的重要竞争。以上三个方面的竞争呈现出同时存在并相互联系、不断发展的状态。通过人才市场的竞争，不仅能够完成市场交易，而且能够对市场进行疏导，使其健康、持续发展。

（二）人才市场竞争机制的作用

人才市场竞争机制的作用主要表现为以下四个方面。

第一，竞争机制是价格机制和供求机制发挥作用的前提。没有竞争，人才劳动力价格不会升降、人才薪酬不会调高调低，价格机制无法发挥作用来影响和调节人才资源的配置，供求机制也无法发挥作用有效调整人才劳动力的供求关系。

第二，竞争使价格趋向于价值。人才劳动力之所以在价格机制的作用下能够使价格围绕着其价值上下波动并最终趋于价值，其实也是竞争机制发挥作用的结果。在人才市场上，供方与供方之间竞争激烈将使得人才劳动力的价格处于下降的状态，而需方与需方之间竞争激烈则将使得人才劳动力的价格处于上升状态。人才劳动力价格的这种循环往复运动，使得价格逐渐趋于其价值。如果没有竞争，就很难实现价格趋于价值的走向。

第三，竞争使人才市场的供需关系不断趋于平衡，同时使人才流向经济效率高的部门、企业和地区，从而实现人才资源的优化配置。

第四，竞争促使人才不断提高自身素质，提升价值，从而推动人才不断创新。竞争也促使用人单位不断改善人才工作条件和发展环境，创新人才激励方式，从而能吸引更多更优秀的人才。

（三）人才市场竞争机制运行的条件

人才市场环境的好坏，直接关系到竞争机制能否正常发挥作用。衡量人才市场环境的好坏，主要看人才市场是否有一个公平、公正、公开的市场环境。所以，公平、公正、公开的市场环境是人才市场竞争机制运行的重要条件。

第一，公平的市场环境。所谓公平，主要指人才市场供需主体地位平等和机会平等。在人才市场，所有的人才之间、用人单位之间、人才和用人单位之间，不论自然条件差异如何，地位都是平等的。只有地位平等，主体之间才会有同一的竞争起跑线。同时，对所有主体的竞争规则也是一视同仁的，即主体之间竞争机会平等。只有地位和机会平等，才能确保人才市场环境公平，竞争机制才能有效运行。

第二，公正的市场环境。所谓公正，就是任何参加竞争的人才和用人单位，都要按照统一的质量评判标准、价值标准和统一的规则进行竞争。不仅要求所有的人才不分性别、年龄、种族、政治信仰等均按同样的标准和规则进行竞争，而且要求所有的用人单位不分地域、规模大小和经济性质也都按统一的规则和要求进行竞争，人才和用人单位之间也同样需要遵守共同的规则，进行竞争选择。这就要求人才市场有统一、完善的运行规则，并按规则办事。

第三，公开的市场环境。所谓公开，就是在市场竞争中增加透明度和开放度，做到规则公开、程序公开和结果公开。公开，是杜绝不正当竞争的最有力武器。只有公开的市场环境，才能保证人才市场竞争机制的正确和正常运转。

人才资源的市场配置虽然是社会主义市场经济体制的必然要求，但要真正实现人才资源的市场配置，防止人才市场盲目发展出现重大失衡，还要重视并发挥政府在人才市场体系中的市场培育者、规则塑造者、市场监管者和公共服务者的职能。具体来讲，首先要发挥政府人才市场培育者的职能，推动多层次、多类型的人才市场建设，协调不同层次、不同类型的市场发展。其次要发挥政府人才市场规则塑造者的职能，通过制定法律、法规或选择政策工具来明确人才市场的准入标准，赋予人才市场主体以权利和义务，调整人才市场主体之间的各种关系，保障人才市场秩序的公平竞争。第三要发挥政府人才市场监管者的职能，通过建立人才行政执法队伍，对人才市场中的违法乱纪、不正当竞争等现象等进行管理规范，保持人才市场健康运行。第四要发挥政府人才市场公共服务者的职能，通过加大人才市场基础平台系统设施的建设力度，培育现代人才市场体系，完善人才的社会保障体系，搭建人才市场公共信息交流平台，保证人才市场运行机制顺利运转。唯有政府在人才市场体系中职能得到充分发挥，市场的供求机制、价格机制和竞争机制的各自功能才能充分体现，才能共同协调发挥作用，真正实现人才资源有序、高效配置。

第三节　人才流动

从宏观角度讲，人才流动既是适应经济结构、产业结构调整，促进经济社会全面、协调、可持续发展的内在要求，也是充分发挥人才的积极性和创造性，实现人尽其才、才尽其用的重要途径。从微观角度讲，人才流动则是人才个人追求自身价值最大化的必然行为表现。改革开放以来，我国不断深化人才体制改革，落实单位的用人自主权和个人的择业自主权，优化人才流动环境，培养和发展人才市场，有效促进了人才的合理流动和优化配置。

一、人才流动及其社会因素和个人动因

（一）人才流动的概念

人才流动既包含人才在空间位置上的迁移，也包含人才在职业地位或状态上的变动。诸如人才从一个地区到另一个地区，从一个行业到另一个行业，从一个部门到另一个部门，从一个单位到另一个单位，从一个岗位到另一个岗位，凡此种种都可以称之为人才流动。人才流动，从社会层面可以看作是人才资源的配置和再配置问题，而从个人层面则可以看作是人才为了满足自己的工作、生活和发展的需要所作出的职业抉择行为。

人才流动和液体流动有着根本性的区别。液体没有思维，其流动一般由地球重力作用而引起，因此水总会往低处流。而人是有思维的，其流动一般由个人意志或价值观的选择所决定，因此人总会往“高”处走。要改变水往低处流的自然规律，就要或修渠筑坝或增减压差改变水的流向。而要改变人往“高”处走的社会规律，则要靠出台政策或改变环境吸引人才流动。

（二）人才流动的社会因素

导致人才流动的社会因素很多，从宏观的角度看，主要有发展的差

异、国家的政策、流动的环境和企业的需求等。

一是差异引导。经济的快速和差别化发展导致了地区、产业、行业甚至单位之间发展的差异。对于人才来说，经济发达地区相对于经济落后地区，第三产业相对于一二产业，高技术、高附加值的新兴产业相对于技术含量较低的传统产业，效益较好的企业相对于效益较差的企业，不仅意味着个人与以前相比会有更多的经济收入、更好的生活条件和更佳的发展机会，而且能够使其拥有更丰富的知识、技术和经验，使其使用价值得到更大程度的实现。可以这么说，经济发展的差异为人才流动提供了动力压差。

二是政策影响。国家或地方的政策常常十分具体地影响着人才的流动。比如，改革开放以来我国实行的引进外资、发展乡镇企业、开发西部的政策都曾经起到了吸引人才的作用，特别是2008年开始实施的“千人计划”，成功地吸引了大批海外留学人员回国创新创业。再比如，国家社会保险政策的逐步完善解除了人才流动的后顾之忧，国企改革在很大程度上解除了企业对人才个人的人身束缚。各项有关人才流动政策的不断完善，对人才流动都起到了很好的促进作用。

三是环境推动。人才市场环境的改善也从客观上推动了人才的流动。人才中介组织的出现和发展、干部人事制度的深化改革、人才市场交易秩序的规范，不但消除或缩小了人才流动中城乡、区域、部门、行业、身份和所有制的差别，而且还疏通了各类人才之间的流通渠道，推动人才市场和其他要素市场相衔接，造成了人才流动大势。

四是企业渴求。社会主义市场经济体制的建立，确立了企业产权明晰、自主经营、自负盈亏的法人地位，不仅使企业拥有了用人自主权，而且激发了企业追求发展的本性。人才成为企业生产要素中最活跃、最能创造价值的第一资源。为此，很多企业都不惜一切手段重金揽人才。企业对人才的渴求，促进了人才的流动。

（三）人才流动的个人动因

引起人才流动的个人动因也有很多，主要有利益的吸引、价值的追求、个性的偏好和环境的吸引等。

一是利益吸引。这是引起人才流动的最经常、最普遍也是最重要的一个动因，其典型的表现是个人追求高薪和高待遇。按照马斯洛的需求层次理论，生理需求虽然是最低层次的，但始终也是最基本的需求，追求更高的个人收入水平往往是众多人才的最原始冲动。在实际生活中，许多人才如果觉得一个企业能够提供更加诱人的工资待遇，他们就会义无反顾地“跳槽”而去。

二是价值实现。人才追求的高端是成就感和自我价值的实现。如果企业发展前景不明朗，企业提供的平台有限，或是领导不重视人才、个人得不到应有的待遇、单位工作条件不利于专心工作、个人发展目标和组织发展目标差别太大等，这些都会影响人才积极性和创造性的充分发挥，使得人才的目标和价值很难得到体现，从而成为人才流动的重要诱因。

三是个性偏好。每个人才都有自己的个性、情感、爱好等，而个性、情感、爱好的差异，有可能会导致流动。比如，有的人才喜欢快节奏、强压力，追求紧张、刺激的工作内容，就千方百计地到珠三角去找工作。有的人才有感于少数民族地区发展落后，缺师少教，就志愿来到边疆，默默奉献，将青春献给边远山区的孩子们。

四是生活追求。生活条件和居住环境的好坏，常常也是导致人才流动的重要原因。如夫妻长期分居、老人需要照顾、生活艰苦、居住条件差、邻里（同事）关系紧张，造成精神压力大，就会必然导致流动。良好的生活氛围往往能够吸引人才，很多的大学生毕业后愿意到大城市工作，就是看中大城市的生活高质量、文化高品位。毫无疑问，舒适、优质、宜居的生活环境也是决定人才流动的重要因素。

二、人才流动的基本趋势

在纷繁复杂的人才流动现象背后，分析人才流动背后的社会因素和个人动因，可以发现我国人才流动的一些基本趋势。

（一）人才流动进入活跃期

改革开放以来，我国人才流动日趋活跃，流动频率加快，流动总量逐年增加。1993—2006年我国人才流动总量不断增加。政府人才服务机构登记流动人员从174万人次上升到2015万人次，增长了10.58倍；实现的流动人员由56万人上升到860万人，增长14.36倍。14年间通过政府人才服务机构实现流动人员累计达到4048万人。据不完全统计，目前我国人才流动率已超过了16%。[①] 造成人才流动规模增大的主要原因有三点：一是我国的经济体制从计划经济转变为市场经济，人才长期不能流动所造成的人才积压状态通过人才市场得以缓解。二是随着市场经济体制的日益完善，人才市场取得长足进展，人才就业观念发生了根本变化，人们已经习惯到人才市场寻求新的发展机会。三是经济结构的战略性调整要求人才结构要先行优化，人才流动成为大势所趋。

（二）人才流动回流加强

改革开放以来相当长的一段时间内，我国的人才流动呈现出两个动向：一是人才外流严重，大批优秀人才流向美国等发达国家，出国留学的学生学成回归率很低；二是孔雀东南飞，人才从西部地区流向东南沿海，西部的中青年人才骨干大量流失。新世纪以来，特别是党的十六大以来，上述动向有了很大的改变。一是在"千人计划"的感召下，大批留学国外的学子纷纷回国创新创业，为我国的经济社会发展尤其是战略性新兴产业的发展作出了巨大贡献。二是在西部大开发战略的带动下，西部经济社会的发展出现了新的势头，一大批人才回到了西部省区，特别是技能人才的回流一度给东南沿海地区造成了严重的技工荒。当前，虽不能说在人才问题上西部已经能与东部分庭抗礼了，但起码西部地区很多省区都已经初步形成了自己的人才竞争优势。

（三）创新创业人才流动强势

人类社会正处于从工业社会向信息社会和知识型社会转变，以创新创业为目的的人才活动表现为强势的人才流动。高新技术人才需求量剧增，

---

① 唐志敏．人才配置与人才市场［M］．北京：党建读物出版社，2008：33－34.

人才流动率居高不下。美国硅谷的人才裂变现象在我国时有发生，一方面催生了大批知识型产业，另一方面摧垮了相当数量的高新技术企业。创新创业人才作为知识性员工，考虑的不仅是经济收入，更为重要的是追求个人的发展和实现成就需求，因此他们表现出的是与其他员工根本不同的精神特质和价值观——自主创新和自主创业。一旦所在企业不能满足其需求，他们就会另外去寻找可以尽情施展自己才华的空间和舞台，用流动去实现自己的价值和人生抱负。

（四）年轻流动群体活力十足

根据前程无忧网 2010 年 12 月对求职者的调查提供的数据可以得出，工作经验为五年内的求职者占到所有求职者的 87.36%，30 岁以下的求职者所占比例高达 74.66%。[①] 之所以如此，主要是由两个方面原因造成的：一是由于相当多的年轻人对自己的职业生涯没有准确定位，处于职业探索和尝试阶段，自我认识能力以及职业发展认识能力有限，对职业和初次进入的企业的认同或喜好是情景性的，缺乏稳定性，往往需要通过不断尝试、探索才能确定适合自己的职业和企业。二是由于年轻人通常掌握着先进的科学知识，精力充沛，家庭负担比较轻，并且不易受传统思想的束缚，具有较强的创新意识和可塑性，有着巨大的发展潜力，因此成为人才流动的主力军。

三、人才流动的宏观调控

虽然说发挥人才市场配置人才资源的作用是社会主义市场经济的必然要求，但有序的市场经济并不排斥政府的宏观调控。为了弥补人才市场本身的弱点，政府需要采用强有力的调控手段规范市场行为，引导人才合理有序流动。

（一）人才流动要加强宏观调控

加强人才流动宏观调控是由以下四个方面的需要决定的。

① 参见 http：//wenku. baidu. com/view/9cff6a1f650e52ea551898c4. html。

首先是社会主义现代化建设的需要。当前，我国人才实力从总体上看还是比较薄弱的，各项事业都需要大批的专门人才。这就要求我们必须努力开发人才资源，增强人才的活力，合理使用人才，把大批使用不当的人才配置到适当的岗位上去。通过人才的合理流动，调动他们的积极性，发挥他们的作用，使他们各得其所、各尽其才，从而推动我国社会主义现代化建设快速发展。

其次是确保国家核心人才安全的需要。高层次人才严重告急已成为世界各国共同关注的问题。为此，世界各国都把争夺人才，尤其是争夺高端人才置于重要的战略地位。目前，我国的高层次人才已成为发达国家的重点争夺对象，人才安全已经成为刻不容缓的重大问题摆在我们的面前。如加入世界贸易组织（WTO）后，国有银行中掌握政府间资源和客户资源的人才，特别是位于重要岗位、有一定职务者，已经成为境外机构挖掘的重点对象。严重的是，其中一些重要人才已被挖走。承担我国高技术武器装备科研试验任务的国防科研试验机构，高级人才流失严重已经威胁到国家的安全。所以，规范高级人才合理流动是确保国家人才安全的重要举措。

再次是迎接新技术革命挑战的需要。从20世纪中叶以来，在世界范围内兴起了以信息科学、生命科学和材料科学三大学科为前沿，以电子计算机、生物工程、光纤通信、激光技术、宇宙工程、海洋开发等八大新技术的广泛研究利用为特征的新技术革命。新技术革命涉及的领域不仅广泛，而且深入，不仅具有高度分化的特点，而且还有高度综合的特征。任何一个专门人才或是某一类人才在新技术革命的面前都显得无能为力，必须综合各有关方面的人才来应对新技术革命的挑战。只有不同专业人才不断组合，在统一规划下，既分工，又密切配合，才能实现新技术革命提出的伟大使命。而各种专业人才的不断组合，则既要求允许人才流动，又要求能够引导人才有序流动。

最后是经济结构战略性调整的需要。目前我国经济正处于转型升级阶段，经济结构战略性调整是加快转变经济发展方式的主攻方向。人才结构是经济结构的重要组成方面，经济结构要进行战略性调整，要求人才结构也要进行战略性调整，而且要做到优先调整。人才结构优先调整对于确立国家人才竞争比较优势具有战略意义，对于推进经济战略性调整具有基础作用。要调整人才结构，就必须加快人才流动，而且需要出台强有力的政策，引导人才流动，促进经济结构进行战略性调整。

（二）宏观政策引导人才流动

早在1994年8月，中央组织部、人事部就下发了《加快培育和发展我国人才市场的意见》。这份文件的出台，在政策上确认了国家对市场经济体制下人才制度的认可。1995年1月1日生效的劳动法，又从法律的层面上确认了人才流动的合法性——对包括国有企业在内的所有不同性质的企业实行劳动合同制，确立了合同双方主体地位和劳动关系，使得双向选择有了法律根据。1996年1月国家又出台了《人才市场管理暂行规定》，从政策角度上确认了非公人才服务机构的合法性。同年，人事部又下发了《流动人员人事档案管理暂行规定》，解决了计划体制向市场体制转变过程中的档案和人事关系问题。在一系列政策法律的保驾护航下，人才流动虽然高潮迭起，但人才流动秩序井然。

随着2003年12月中共中央、国务院作出《人才工作决定》，提出科学人才观，实施人才强国战略，从中央到地方到各个企事业单位都把人才工作摆到前所未有的高度，从而引发了全国性的新一轮人才流动高潮。新一轮人才流动高潮彰显出流动面宽、流动频率加快、人才竞争加剧和国际化程度高等特点。为应对新一轮人才流动高潮的挑战，我国出台了各种相应政策，从宏观上引导和规范人才流动，使人才流动有序进行，为我所用，取得了比较好的效果。这些政策主要表现在三个方面。

一是大力吸引海外人才政策。为了深入实施科教兴国战略和人才强国战略，积极引进海外高层次留学人才回国工作或以多种形式为国服务，我国政府采取了一系列政策措施。如教育部相继设立了“留学回国人员科研启动基金”、“跨世纪优秀人才计划”、“春晖计划”等项目工程，人事部、教育部等联合发布了《关于在留学人才引进工作中界定海外高层次留学人才的指导意见》，人事部制定并公布了《留学人员回国工作“十一五”规划》，国务院发布《国家中长期科学和技术发展规划纲要（2006—2020

年)》，中央人才工作协调小组出台了《关于实施海外高层次人才引进计划的意见》等。各地方也纷纷出台吸引海外高层次人才政策，如北京市制定了《鼓励留学人员来京创业工作的若干规定》和《关于进一步鼓励海外高层次留学人才来京创业工作的意见》，江苏省实施了“高层次创业创新人才引进计划”，无锡市实施了“530”计划等。

二是引导人才向农村基层和艰苦边远地区流动政策。2006 年，中央组织部、人事部等八部门下发《关于组织开展高校毕业生到农村基层从事支教、支农、支医和扶贫工作的通知》，以公开招募、自愿报名、组织选拔、统一派遣的方式，从 2006 年开始连续 5 年，每年招募 2 万名高校毕业生，主要安排到乡镇从事支教、支农、支医和扶贫工作。2003 年，共青团中央、教育部、财政部等共同组织实施“西部计划”，从 2003 年开始，每年招募一定数量的普通高校应届毕业生，到西部贫困县的乡镇从事为期 1—3 年的教育、卫生、农技、扶贫以及青年中心建设和管理等方面的志愿服务工作。截至 2011 年底，“西部计划”全国和地方项目共选派 15 万多名大学生到西部基层乡镇一级从事 1—3 年志愿服务。2006 年，教育部、财政部、人事部、中央编办下发《关于实施农村义务教育阶段学校教师特设岗位计划的通知》，联合启动实施“特岗计划”，公开招聘高校毕业生到“两基”攻坚县农村义务教育阶段学校任教。2009 年起，“特岗计划”从原来每年 2 万—3 万名扩大到每年 5 万名。① 此外，2008 年以来，相关部门还制定了利用政府购买岗位、报考公职人员优先录用等措施，鼓励和引导高校毕业生到农村和中小企业就业。2009 年以来，相关部门还出台措施，逐步提高省级以上党政机关从基层招录公务员比例，实施公职人员到基层服务和锻炼的派遣和轮调，完善科技特派员到农村和企业服务的政策。

三是实施推进党政人才、企业经营管理人才、专业技术人才合理流动政策。2009 年以来，中央组织部已下发一系列意见和通知，完善党政人才、企业经营管理人才、专业技术人才交流和挂职锻炼制度，着力打破人

① 参见 http://www.hnctcm-zsjy.com/News_View.asp?NewsID=391。

才身份、单位、部门和所有制限制，营造开放的用人环境。同时扩大党政机关和国有企事业单位领导人员跨地区跨部门交流任职范围。在完善从企事业单位和社会组织选拔党政人才制度方面，2008 年以来中央组织部已下发一系列纲要、规定、意见，并已制定党政机关人才向企事业单位流动的社会保险关系转移接续办法。

第四节　人才服务业

人才服务业作为现代服务业的重要组成部分，在人才资源的合理流动和优化配置以及为经济社会发展提供有力的人才保障方面起着不可替代的重要作用，正因为如此，人才服务业越来越受到政府和社会的高度重视。2007 年 3 月，国务院发布《关于加快发展服务业的若干意见》中明确提出要“发展人才服务业，完善人才资源配置体系”。在《人才规划纲要》中也明确提出“大力发展人才服务业”。促进人才服务业发展已经成为政府和社会的共识。

一、人才服务业的概念和特征

服务业是国民经济的重要组成部分，其发展水平是衡量现代社会经济发达程度的重要标志。人才服务业是服务业中以经济和社会发展产生的人才需求为导向，为人才和用人单位提供相关服务，促进人才资源有效开发与优化配置的现代服务行业。目前，就人才服务业的构成而言，大致可以分成人才公共服务事业和人才服务产业两个大方面。人才公共服务事业主要指能够对社会提供公共服务的各级政府人事部门所属的人才服务机构和行业主管部门所属的人才服务机构。人才服务产业则指能够向社会提供市场化服务的各种性质（含民营和中外合资）的人才服务机构。人才服务业的业务范围主要包括人事代理、人才测评、人才派遣、人才招聘、社会保险缴纳、人才网站、人才培训、学历认证、人力资源管理咨询、国际人才交流以及人才猎头、人才服务外包、人才信息服务、创新创业辅导、创业孵化、人才风险投资等内容。

作为现代服务业的重要组成部分，人才服务业具有以下五个方面的特点。

一是中介性。人才服务业的中介性是由人才服务业的地位和性质所决定的。人才服务业由人才中介机构组成，它们既介于政府和市场之间，也介于人才和用人单位之间，信息灵敏、专业性强，具有很高的权威性。正因为此，人才中介机构作为人才市场供求双方交换的媒介，能为政府和行业所接受，能为人才市场的供求主体服务。

二是服务性。人才服务业的服务性是由人才服务业主体——人才中介机构的根本宗旨和基本功能所决定的。一方面，人才中介机构在人才市场上向人才供求双方提供的不是人才劳动力，也不是一般商品，而是服务。另一方面，人才中介机构凭借其热情、周到、专业、细致的服务，能够满足人才市场供求双方主体的需求，既降低了人才市场供求双方主体交易的成本，又提高了市场配置的质量和效率。

三是独立性。人才服务业的独立性是由人才服务业主体人才中介机构的性质决定的。在人才市场上，政府是市场的监管者和调控者，而人才中介机构则是具有法人地位的独立实体。为了更好发挥人才中介机构的中介性服务作用，必须要理顺政府行政机构、公共服务机构、经营性服务机构三者之间的关系，将人才公共服务机构明确为公益服务事业单位，原承担的行政职能剥离划归行政机构，从事的经营性服务项目剥离转由下属企业实施或社会化经营，形成政府调控监管有序、公共服务彰显公益、经营性服务产业化的人才服务体系，体现人才服务业的独立性。

四是市场性。在人才市场上，存在着一个人才服务市场。人才服务市场的供给主体就是人才中介机构等人才服务企业，其需求主体是需要服务的人才或用人单位。流通于人才服务市场的客体就是人才服务。人才中介机构为人才服务市场提供人才服务，需要服务的人才或用人单位接受人才服务。左右人才服务市场的也是供需机制、价格机制和竞争机制。因此，人才服务业具有市场性，必须立足于市场，并依照市场规律运行，在市场条件下发展壮大；人才中介机构也必须按照市场规则办事，为市场主体提供服务；人才或用人单位也必须遵循市场规律，按照市价价格消费人才服务。

五是国际性。人才服务业的国际化是由人才竞争国际化决定的。随着经济全球化发展，国内人才服务业首先面临着市场主体国际化，其次面临着和国际上人才服务业的合作与竞争。因此，人才服务业必须遵循国际惯例，进入国际人才市场，在国际竞争的大潮流中成长壮大。

二、人才服务业的发展过程与现状

从20世纪80年代初到现在，我国人才服务业大致经历了三个发展阶段。

第一阶段为起步阶段（20世纪80年代初到90年代初），我国处于改革开放初期，大多数企业处于传统的劳动人事管理阶段，人才流动规模比较小，人才服务机构数量很少且大多是政府的办事机构，主要是围绕为国有企事业单位流动人员托管人事关系，开展人事档案管理。

第二阶段为发展阶段（20世纪90年代初到21世纪初），党的十四大提出建立社会主义市场经济体制，人才流动空前活跃，全国大范围地建立起公共人才服务机构，人才市场发展迅速，服务水平不断提高。到21世纪初，随着《人才市场管理规定》（1号令）、《中外合资人才中介机构管理规定》（2号令）等文件的相继出台，政府人事部门大力推动所属人才机构体制改革，不断推进人才资源市场化配置和切实加强政府所属人才服务机构的公共服务职能，人才服务进一步专业化、规范化和信息化。

第三阶段为产业化阶段（2003年至今），以《人才工作决定》的出台为标志，人才服务业发展到体制外，大量的企业加入到人才服务业行列，并逐渐成为人才服务业的主体，形成人才服务产业。一些地方政府纷纷出台措施，培育扶持人才服务企业，加快人才服务业产业化发展。如在2012年4月江苏省出台《关于加快人力资源服务业发展的意见》，提出了通过创新行业服务产品、提高行业服务能力、建立行业标准体系，提高人力资源服务业专业化水平；通过促进人力资源服务管理信息化、商务信息化，强化人力资源服务业信息化建设；通过推进人力资源服务产业品牌化、规模化、集约化，推动人力资源服务业产业化发展。

20 多年的历程表明，我国人才服务业实现了跨越式发展，人才服务规模日益扩大，人才服务内容多元化、人才服务方式信息化、服务区域一体化、服务手段规范化。

一是人才服务规模日益扩大。2007 年，全国各类人才服务机构共接待流动人员 8280 万人次，登记要求流动人员 3012 万人次，帮助 1345 万人找到了工作或转换了工作岗位，为 1251 万家次用人单位提供了各类人才服务。①

二是人才服务产品线不断延伸。我国人才服务业服务产品从最初的流动人员档案管理、现场招聘不断向两端延伸，人才代理、人才测评、人才网站、人才培训、猎头、国际人才交流等业务相继出现。目前，人事外包、人才派遣、人力资源管理咨询等高端服务成为热点，多层次、多元化人才资源配置体系已经形成，服务功能逐渐完善。

三是人才服务基本实现信息化。各种人才服务机构以人才公共服务组织的信息网络为基础，搭建统一的人才服务业信息平台，人才网站和人才服务数据库建设初具规模，面向社会、辐射全国的人才信息服务网络基本建成。截至 2007 年底，全国共建各类人才市场网站 3298 个，建立各类人才数据库 5479 个，入库各类人才需求信息 3556 万条，求职信息 11421 万条。② 信息化水平的提高为人才服务业发挥自身优势，拓展产业领域，加快产业化进程提供了基础。

四是人才服务日益规范化。人才服务标准化建设取得进展。政府人社部门和人才服务机构已逐渐认识到标准化对人才服务业发展的重要性，正在努力推进人才服务的标准化建设。中央和地方制定出台了一系列有关流动人员档案管理、人才市场管理、人才就业服务等方面的法律法规，确定了有关人才服务的标准，有效地规范了人才服务工作的开展。人才市场管

① 数据来源于人力资源和社会保障部《关于 2007 年人才流动与人才市场基本情况的通报》。

② 数据来源于人力资源和社会保障部《关于 2007 年人才流动与人才市场基本情况的通报》。

理的法规体系基本形成。迄今为止，全国共出台有关政策、法规近千件，各省、直辖市、自治区都出台了人才市场管理的地方法规，建立了人才市场管理执法队伍，人才服务业发展日益规范化。

三、人才服务业的产业化发展

（一）人才服务业产业化发展的概念

中共中央、国务院颁布的《关于加快发展第三产业的决定》提出："以产业化为方向，建立充满活力的第三产业自我发展机制。大多数第三产业机构应办成经济实体或实行企业化经营，做到自主经营、自负盈亏。现有的大部分福利型、公益型和事业型第三产业单位要逐步向经营型转变，实行企业化管理。"

2010 年底，人力资源服务业正式列入国家发改委的鼓励类产业目录，意味着人力（人才）资源服务业就此纳入国家服务经济体系，成为国家重点发展的现代服务业的重要组成部分。这是国家对人力（人才）资源优先开发和大力发展人力（人才）资源服务业的更为明确、积极的战略信号和落实部署。这一明确的政策导向，对于人力（人才）资源服务业产业的发展具有重要意义。而 2010 年我国人力资源服务业规模近 800 亿元，上海外服、中智公司、北京外企三家企业从 2009 年起就跻身中国企业 500 强行列，① 这也是中国人力资源服务形成新兴产业的重要标志。因此，作为人力资源服务业重要组成部分的人才服务业，实现产业化发展既是国家的要求，也是行业发展的要求。2012 年 4 月江苏省出台的《关于加快人力资源服务业发展的意见》，是全国第一部由省级党委、政府出台的有关人力资源服务业发展的规范性文件，有着重要的开创和启示意义。

人才服务业产业化发展就是要把各级政府部门所属、性质为非营利性的人才中介机构转变为政府部门只负责监督、投资主体多元化的经营性组

① 冷默. 2010 年中国人力资源服务业规模近 800 亿元[J/OL]. [2011－08－25]. http://www.51labour.com/show/172796.html.

织，逐步实现由政府推动到自主运营的转化，真正实现企业化经营。

人才服务业产业化发展要注意不能搞一刀切。根据经济学的分类，市场产品分为三类，即公共产品、准公共产品和私人产品。政府提供公共产品，企业提供私人产品，准公共产品介于两者之间。在人才服务业提供的产品中，有些属于公共产品，需要政府直接生产或实行外包；有些属于私人产品，需要企业通过市场提供，相对应的这一部分的人才服务机构就应该产业化；有些属于准公共产品，应由政府和市场共同提供。所以，走产业化道路应依据人才服务业不同部分的性质和特点，分别不同情况逐步实行，对于不需要和不应该产业化的不急于勉强产业化。

（二）人才服务业产业化发展路径

发展人才服务产业，要培育服务主体日益多元、产业进一步整合、市场化逐步深入、专业化进一步发展、行业进一步细分、竞争逐步国际化的人才服务产业，使之成为现代服务业的重要增长极，不断提高人才服务产业对经济社会发展的贡献度。

第一，发展多元化投资主体。在完善的竞争环境中，所有人才服务竞争参与者都应当是独立、平等的，都有权平等参与市场竞争。要充分发挥国有人才中介机构在人才配置和人才服务中的优势，加快和政府行政部门脱钩，吸引多元投资主体，培育发展按照现代企业制度运营的产权清晰、专业化、法人化人才服务企业。鼓励和扶持民营中小人才服务企业发展，进一步放宽外资投资人才服务业的规定，吸引外资人才服务企业进入我国，引进先进的人才服务理念、技术和经营管理方法，逐步形成多元投资主体共同竞争、发展的良好局面。

第二，进一步整合人才服务产业。人才服务要走产业化运作之路，必须引进产业化理念，选择大市场经营方式，整合力量，强强联合，发展集团，着力培育一批实力雄厚的大型人才服务机构。按照政企分开、政事分开、政府与中介组织分开的原则，加快推进经营性人才服务机构的产业化进程。充分发挥市场机制的作用，鼓励通过各种办法支持上市、收购和兼并，促进人才服务规模化、品牌化、集团化经营。尤其是要积极鼓励和大力扶持非政府办的市场化运营的人才创新创业服务园区或孵化企业。

第三，深入推进市场化。一个成熟的人才市场，应该有发达的人才服务产业，以此来提高市场主体交易效率，降低交易成本，提供更加深入、细致、高档的服务。随着我国经济快速发展和世界经济一体化进程的不断深入，人才服务业市场化和规模化不断深化发展。具体表现为在东部沿海地区，人才服务业已经基本完成市场化，外资、国企和民营人才服务企业三足鼎立，市场竞争十分激烈。但在中西部地区，大部分政府所属经营性人才服务机构还没有实行改制，民营企业力量弱小，外资基本没有进入，市场竞争不充分，服务质量也不高，这就为东部发达地区人才服务企业抢占市场提供了契机，也必将加速中西部地区人才服务的市场化进程。

第四，专业化进一步发展。专业化是指一些人才服务业企业在服务范围的某些方面非常擅长，处于行业的前沿和领先水平，具备专业的知识、团队，能够为人才提供专业的解决方案。目前，我国人才服务业普遍专业化程度不高，各地水平参差不齐，不能满足人才和用人单位的需求。为此，人才服务业首先要以客户需求为导向，加强研究，完善专业化服务功能，针对不同群体、不同层次客户需求，提供个性化、多元化服务。其次要健全专业人才服务市场，加强专业化服务队伍建设，提供专业人才服务。

第五，行业进一步细分。专业化发展推动行业进一步细分。人才服务的行业化细分能够针对客户独特的行业化要求，给客户带来更加贴近自身特点的服务，从而提升了客户对人才服务的满意度。而对人才服务企业而言，则有助于提升针对行业的专业性服务，并通过客户的集聚降低成本。

第六，加大国际竞争力度。几年来，外资或者风险资金频频收购、入股、投资中国本土人才服务企业，意味着中国市场人才服务业竞争日益国际化。面对国际竞争，我国人才服务业要从六个方面加强国际竞争力。一是将国际上的先进人才服务产品引入国内，进行适应本土化改造后推向市场。二是通过资本收购快速打造多元化的人才服务能力，然后进行标准化复制，迅速推向区域或全国市场。三是积极推进人才服务标准化建设，进行质量体系认证，树立企业形象和服务品牌。四是利用服务贸易全球发展的机遇，鼓励国内人才服务企业承接国外人才外包业务。五是鼓励国内人才服务企业与外国同行形成战略联盟，互利合作，实现共同发展。六是通过市场手段迅速扩大企业规模，塑造国际品牌，组建人才服务业的巨型航母，提高国际竞争能力，进入国际市场。

第四章
人才宏观管理

【导读】

人才宏观管理是提升人才工作科学化水平、推动人才优先发展的关键环节和重要抓手。面对日趋迫切的人才需求和日益激烈的国际人才竞争，亟待深刻理解什么是人才宏观管理以及如何进行人才宏观管理。本章共分四节，在概述人才宏观管理的内涵特点、主要内容和职能转变趋势的基础上，着重分析加强党管人才工作、改进政府的人才宏观管理和加强人才工作法制建设等重要举措，推动我国由人才大国向人才强国的转变。

第一节　人才宏观管理概述

人才宏观管理既是一项全新的工作，也是一项复杂的系统工程。为了进一步加强和优化人才宏观管理，摆在我们面前的急迫任务是要深入研究并准确把握人才宏观管理的内涵特点、主要内容和目标，明确人才宏观管理职能的转变趋势和现实要求，夯实人才宏观管理的理论基础和思想基础，以适应人才事业科学发展的需要。

一、人才宏观管理的内涵特点

人才宏观管理是经济社会发展宏观管理的一个有机组成部分。从内涵来看，人才宏观管理是根据经济社会发展的需要，综合运用经济、法律、行政和信息等调控手段，对人才开发活动进行引导、调节和控制，推动人才优先发展、实现人才供求总量和结构均衡、引导带动经济社会科学发展的管理过程。人才宏观管理具有以下三个主要特点。

（一）战略性

人才宏观管理具有战略性的特点，这种战略性具体表现为人才管理的全局性、长远性和前瞻性。首先，人才宏观管理是一种着眼于经济社会发展大局、人才工作大局的全局性工作，是按照经济社会发展阶段对人力资源的配置要求，确定人才战略，制定人才政策，实施人才工程，是对人才引进、培养、使用等工作的系统思考和整体安排。其次，与用人单位层面的微观人力资源管理与开发相比，人才宏观管理是一种着眼于人才发展和人才工作的长期发展与长期利益的长远性工作，更加注重人才整体的长期发展，更加注重对中长期人才供求关系、人才结构调整作出分析和预测，更加注重对人才开发作出战略层面规划。同时，人才宏观管理是一种前瞻性工作，也就是说人才宏观管理是对人才发展和人才工作进行的自觉性、事前化的调节，是建立在对区域经济社会发展和人才整体发展调查研究、分析预测基础上的系统安排。

（二）特殊性

与一般的宏观管理相比，人才宏观管理具有一定的特殊性，这种特殊性具体地表现在调控对象和调控目标的特殊上。首先，人才宏观管理对象是一种特殊的“活”的资源，具有能动性、动态性、智力性、再生性和社会性等独特的内在属性，这样的资源特点决定了人才资源的开发、使用、流动、配置等都有着不同于一般资源的特殊要求。比如人才的发展，既要注意“以用为本”，让人才充分施展才华、体现价值，同时又不能犯“工具主义”的错误，仅仅把人才当作实现某个目的的工具，而要注重人才本体的发展和成长。其次，人才宏观管理的目标要求具有一定的特殊性：一方面，既要始终把服务科学发展作为人才宏观管理工作的根本出发点和落脚点，围绕科学发展目标确定人才宏观管理任务，根据科学发展需要制定人才政策措施，用科学发展成果检验人才宏观管理工作成效；另一方面，又要确立在经济社会发展中人才优先发展的战略布局，充分发挥人才的基础性、战略性作用，做到人才资源优先开发、人才结构优先调整、人才投资优先保证、人才制度优先创新，促进经济发展方式向主要依靠科技进步、劳动者素质提高、管理创新转变。

（三）复杂性

人才宏观管理的复杂性主要表现在管理过程、管理手段和管理主体的复杂性上。首先，人才宏观管理涉及引进培养、教育开发、流动配置、使用分配和激励保障等多个环节，需要综合运用行政、经济、法律多种宏观管理工具和手段，既要依靠战略指导、规划引导，又要依靠重大人才政策、人才工程推动实施。其次，人才宏观管理涉及党委政府、市场、用人单位、中介机构、人才等多个主体，而科学的人才宏观管理体系的建立，既取决于人才市场机制的建立健全和社会化市场化人才服务机构的培育发展，又取决于用人单位、人才自主权的实现，还取决于党委政府宏观管理目标、载体、工具和手段的构建、完善及有效运用。

二、人才宏观管理的主要内容

在社会主义市场经济条件下，人才宏观管理应按照服务科学发展、推动人才优先发展、搞好整体性人才资源开发工作的内在要求，主要做好以下几个方面的内容。

（一）制定战略规划

第一，人才统计分析。统计分析是进行人才宏观管理的前提和基础。人才统计分析是通过建立健全人才发展的宏观监测和预警系统，摸清人才资源开发的现状，了解人才队伍规模、结构、素质和效能，掌握产业发展、经济转型、社会建设对人才的需求总量及要求，特别是本地区支柱产业、重点项目急需高层次人才的需求情况，为搞好人才资源开发提供信息引导。

第二，人才发展规划。战略规划是人才资源开发的龙头。人才战略规划应在充分调研和摸清人才资源现状的基础上，通过坚持综合性、动态性、前瞻性和可操作性原则，对人才资源开发进行科学的预测与规划，制定人才发展战略，明确当前及今后一个时期人才发展的指导思想、目标任务、工作重点和政策措施，将人才工作自觉纳入本地区经济社会发展规划，做到相互促进、协调发展。

例如，《人才规划纲要》是我国第一个中长期人才发展规划，是当前和今后一个时期全国人才工作的指导性文件。制定并实施《人才规划纲要》，是贯彻落实科学发展观、更好实施人才强国战略的重大举措，是在激烈的国际竞争中赢得主动的战略选择，对于加快我国经济发展方式转变、全面建成小康社会，具有重大意义。

（二）完善人才市场体系

第一，发展人才市场。人才市场是配置人才资源的基础平台。发展人才市场首先要形成统一规范、竞争有序、更加开放的人才资源市场，其次要加强更高层面的政府协调和政策指导，实现人才市场的协调发展。

第二，培育人才服务主体。人才服务主体是人才市场体系的重要组成部分。培育人才服务主体应引进培育一批品牌性的科技中介、人才猎头、金融风投、管理咨询机构，为各类创新创业主体提供专业服务，建立健全专业化、信息化、市场化、国际化的人才服务体系。

第三，加强人才市场监管。人才市场监管是推动人才市场规范化、制度化的重要保障。加强人才市场监管应完善劳动合同、人事争议仲裁、人才竞业避止、人才中介机构管理等制度法规，维护各类人才和用人单位的合法权益，并构建人才行政执法队伍，对人才市场配置中的不正当竞争、违法乱纪现象等进行规范管理，保证人才市场健康有序运转。

（三）提供人才公共服务

关于人才公共服务有多种不同的分类视角，从人才资源开发全链条的视角来看，人才公共服务主要包括以下几个方面。

第一，人才信息公共服务。主要包括人才重大理论、重大政策研究，政策法律咨询；法律、法规、政策发布与指导；人才公共信息收集与发布等。

第二，人才培训公共服务。主要包括提供针对公务员、专业技术人员等人才群体的知识更新培训；针对经济社会发展急需的高层次技术研发、经营管理人才的专题培训；针对军转干部、失业下岗工人、农民工、失地农民等特殊群体的技能性培训；针对高校毕业生就业创业的指导性培训等。

第三，人才配置公共服务。主要包括举办针对毕业生就业、下岗工人就业的公益性人才交流会；搭建校企合作、企业组团招聘等公共服务平台；提供签证居留、户籍管理、档案管理等政务性公共服务。

第四，人才评价公共服务。主要包括公务员、事业单位招聘考试管理，各类专业技术职称、职业资格考试评审，学历、资格认定、水平能力评价等。

（四）保障国家人才安全

人才安全是国之大计。从国家安全的角度看，人才安全是指因工作在国家机密岗位、掌握国家核心技术的人才“流失”而引发的国家安全。

第一，建立人才安全监测系统。对国家核心部门的人才安全情况进行跟踪监测，掌握人才安全的总体状况，为制定政策法规提供充分的依据。

第二，保护国家高端核心人才。对关键岗位和尖端人才，以及军事领域、高科技领域的人才，制定严格的用人标准、严密的制度防范体系和特殊的待遇规定加以保护。

（五）营造优质人才环境

人才环境是与人才宏观管理密切相关的外部系统，主要是指社会环境和政策法规环境而言。故此，营造优质人才环境主要是营造优质的社会环境和政策法规环境。

第一，营造优质的社会环境。大力营造尊重劳动、尊重知识、尊重人才、尊重创造，以人为本、鼓励创新、宽容失败的人文环境；创造开放包容、自由发展、公平竞争、有利于优秀人才脱颖而出健康成长的创新环境；造就舞台领域宽、载体层次高、有利于各类高素质人才才华充分施展的事业环境。

第二，营造优质的政策法规环境。建立健全涵盖人才安全保障、人才权益保护、人才市场管理和人才培养、吸引、使用等人才开发管理各个环节的人才政策法规体系，营造有利于人才创新创业的政策法制环境。

三、人才宏观管理的目标

人才宏观管理的目标指的是人才宏观管理活动所期望达到的结果。有了目标，人才宏观管理就有了方向，人才宏观管理活动就能有序进行。人才宏观管理的目标也是检验人才宏观管理成效的主要标准。

（一）人才宏观管理的总体目标

人才宏观管理的总体目标主要包括两个方面内容：一是人才宏观管理能够破除束缚人才发展的思想观念和制度障碍，为各类人才干事创业和实现价值提供机会和条件，最大限度地激发人才的创造活力。二是人才宏观管理取得最大的使用价值，用科学方法使人与人、人与事进行适当的配合，根据科学发展需要制定人才政策措施，用科学发展成果检验人才工作成效。我国近期人才宏观管理的总体目标是：培养和造就规模宏大、结构优化、布局合理、素质优良的人才队伍，确立国家人才竞争比较优势，进入世界人才强国行列，为在21世纪中叶基本实现社会主义现代化奠定人才基础①。

（二）人才宏观管理的具体目标

近期我国人才宏观管理的具体目标主要包括四个方面内容：一是人才资源总量稳步增长，队伍规模不断壮大，基本满足经济社会发展需要。二是人才素质大幅度提高，结构进一步优化，人才的分布和层次、类型、性

① 参见《国家中长期人才发展规划纲要（2010—2020年）》。

别等结构趋于合理。三是人才竞争比较优势明显增强，竞争力不断提升，人才规模效益显著提高，建成一批人才高地。四是人才使用效能明显提高，人才发展体制机制创新取得突破性进展，人才辈出、人尽其才的环境基本形成①。

四、人才宏观管理职能转变的趋势要求

人才宏观管理职能转变，是指在一定时期内根据经济社会发展和人才发展的需要，对政府的职责和发挥功能的范围、内容、方式和手段等进行调整和优化。当前，我国正处于全面建设小康社会新的历史起点，改革开放进入关键时期，加强和优化人才宏观管理职能呈现出新的趋势特征和任务要求。

（一）人才宏观管理职能转变的趋势

市场体制与计划体制有着截然不同的运行逻辑和规则。社会主义市场经济条件下，经济社会组织和人才逐渐成长为独立的市场主体，人才宏观管理的范围、内容、方式和手段等都将发生重大变革：一是人才宏观管理范围进一步转变，由“体制内”转向覆盖到“体制外”，从主要针对“体制内”的机关事业单位、国有（集体）企业人才，扩大到民营企业人才、社会组织人才、自由从业人才等，并且更加突出企业人才的优先开发地位。二是管理内容进一步转变，由具体管微观转向主要管宏观、管政策、管协调、管服务转变，从管理引进培养、评价发现、选拔任用、流动配置、激励保障等人才开发具体事务向提供优质人才公共服务、营造良好人才发展环境转变。三是管理手段方式进一步转变，由直接干预转向间接调控，从封闭运行向规范有序、公开透明、便捷高效转变，从主要依靠行政管制转向主要依靠法律和经济手段。

（二）人才宏观管理职能转变的要求

根据上述人才宏观管理的发展趋势，人才工作职能部门进一步加强和

① 参见《国家中长期人才发展规划纲要（2010—2020 年）》。

优化人才宏观管理，应各司其职、通力合作，突出抓好以下三项工作重点。

一是转变理念，从“管理人才”转向“服务人才”。转变管理理念，首先要明确树立“服务型政府”的管理理念，坚持政企分开、政资分开、政事分开、政府与中介机构分开，简政放权，加强服务，充分发挥市场配置人才资源的基础性作用。凡是市场不能解决或不能有效解决的，政府就必须到位，没有到位的应该逐步到位。凡属于可以通过市场机制解决的，政府不介入，已经介入的要逐步退出。其次要强化政府制定规划和抓大事的职责，充分发挥人才规划、人才政策法规、重大人才工程在人才发展中的导向作用，引导人才资源合理配置和有效利用。最后要建立和完善人才工作新格局，在组织部门牵头抓总下，突出政府各管理部门履行的职责重点，明确职责权限，形成全面衔接、分工合理、有序高效的政府管理职能体系。

二是转变方式，推动人才从计划配置走向市场基础性配置。转变管理方式，首先要完善有关政策，建立健全人才市场运行机制，加快建设形成统一规范的人才市场体系和人才市场服务标准。其次要积极培育专业化、信息化、产业化、国际化的人才市场服务体系，为各类、各层次人才的就业创业、创新创造提供信息和服务平台。再次要按照政事分开、管办分离的原则，通过授权和委托管理等方式，推进政府人才服务机构管理体制改革。最后要强化对人才市场的监管，加大人才市场行政执法力度，规范市场秩序，保证人才市场健康有序发展，减少人才教育培训、评价、流动等各个环节中的社会成本，保护人才的合法权益。

三是转换机制，发挥用人单位在人才培养、吸引和使用中的主体作用。转换用人机制，首先要完善国有企业领导人员管理体制，健全符合现代企业制度要求的企业人事制度，完善各类人才特别是高层次管理人才、科研人才和高技能人才的评价、选拔和激励机制。其次要按照深化事业单位改革的总体要求，分类推进事业单位人事制度改革，特别是要遵循教育、科技、医疗卫生等事业的发展规律，建立与现代科研院所制度、现代大学制度和公共医疗卫生制度相适应的人才管理制度，改革单位负责人的选拔任用制度和人员管理制度。再次要遵循创新人才成长规律，减少人才聘用、选拔、评价、激励等过程中的行政干预，逐步扩大和落实高等学校、科研院所等单位的用人自主权。最后要引导推动民营企业人才开发转型升级，促进民营企业人力资源开发从经验管理向科学管理转变、从家族管理模式向现代企业转变。

第二节　加强党管人才工作

党管人才是人才工作的重要原则，是对党管干部原则的继承和发展，是党根据执政规律和人才发展规律作出的重大战略部署。当期，我国正处于改革发展的关键时期，党管人才面临着新的形势和任务，准确把握党管人才的内涵要求，充分认识党管人才的背景意义，进一步明确党管人才工作的指导思想，坚持完善党管人才工作的领导体制和工作格局，不断健全党管人才工作的运行机制，对于加强和改进党管人才工作具有重要的理论价值和实践意义。

一、党管人才的提出与意义

人才是发展之基，竞争之本，转型之要，活力之源。培养和造就大批人才，并做到人尽其才、才尽其用，是加快发展方式转变，实现科学发展的内在要求。党和国家历来高度重视人才工作。进入新世纪新阶段，中央作出了党管人才的重大决策，人才工作不断解放思想，政策体系进一步完善，初步探索形成了中国特色的党管人才模式。

（一）党管人才的提出

从历程来看，中国特色党管人才模式的提出与形成经历了以下两个发展阶段。

第一，从党管干部转变为党管人才原则。长期以来，中国共产党始终以“党管干部”的方式掌握着各类人才，党的干部政策成为实际上的人才政策。在特定的历史条件下，这种干部管理式的人才工作模式对党和国家事业的发展曾经发挥了重要作用。但随着社会主义市场经济体制的初步建立，社会经济生活发生了深刻而复杂的变化，利益主体、社会组织结构、生活方式、就业形式等日益多样化。新的形势、新的背景下，我国的干部队伍结构发生了重大变化，支撑党和国家各项事业的人才的内涵也得到了极大丰富，各级各类人才随着社会经济的发展不断涌现并且流动性不断增强，人才的范围从过去党内干部扩展到代表不同经济成分、处于国民经济各个领域、不同层次的价值创造者与贡献者。因此，在传统体制（公共部门、国有集体组织）以外，聚集着越来越多的人才，在某些非公有制经济比较发达的地区，甚至出现了“体制外”人才超过“体制内”人才的现象。这些“体制外”人才，同样需要党和国家给予必要的关心、培养和管理，不能使之在政治上边缘化，增加社会不安定因素。同时，适应社会主义市场经济的需要，政府职能日益转变，“体制内”人才队伍中有相当部分在体制改革中干部身份逐渐淡化，越来越向专业化的方向发展。对这类人才群体的管理也不能简单套用传统的党政干部管理模式，而需要采取新的途径和方法，以达到人才效益最大化的目的。因此，“一刀切”式的干部管理模式已经难以满足新的历史条件下经济社会发展对各类人才的需要，难以承担对人才进行有效管理的职能。① 在这样的形势背景下，2002年12月召开的全国组织工作会议首次明确提出了党管人才原则。2003年5月23日，中央政治局会议研究和部署进一步加强人才工作，明确提出人才强国战略和党管人才原则。

第二，从党管人才原则深化为党管人才工作。自2003年以来，经过10年多的努力，党管人才的内涵逐步清晰，党管人才的战略、思想、政策和工作体系逐步形成，中央确立的人才工作基本思路和宏观布局初步实现，党管人才的原则逐步深化为党管人才工作。第一，党的十七大把人才强国战略写入党代会报告和党章，标志着人才工作提升到了国家最高战略层面；围绕更好实施人才强国战略，中央颁布了《人才规划纲要》，党和国家完成了我国人才发展的顶层设计和战略规划。第二，在继承和发展马

① 马贵舫．党管人才理论分析［D］．北京：中共中央党校，2005：1－2.

克思主义关于人的全面发展的思想基础上，汲取我国传统人才思想和西方人力资本理论精华，提出了“人才是第一资源”、“人才优先发展”等一系列富有时代特征的人才工作新思想、新理念。第三，在实践中进一步完善了人才发展政策体系，根据各类人才队伍特点和规律，分门别类地制定党政人才、企业经营管理人才、专业技术人才、高技能人才和农村实用人才的政策性文件。第四，还加强了党管人才工作体系建设，从中央到省、市、县都建立人才工作领导协调机构和工作机构，党委统一领导，组织部门牵头抓总，有关部门各司其职、密切配合，社会力量广泛参与的人才工作格局基本形成。

从党管干部工作到党管人才原则，再到党管人才工作，党的人才工作对象逐渐从干部扩大到包括干部在内的所有人才，同时也把党的人才工作从原则理念细化到领导体制、运行机制和方式方法，管理对象更加广泛，管理工作更加具体。2012 年中央印发了《关于进一步加强党管人才工作的意见》，对党管人才工作的背景意义、指导思想、总体要求、领导体制、工作格局、运行机制等作了进一步明确和深化，标志着党管人才工作进入到一个新的发展阶段。

（二）党管人才工作的重要意义

党管人才集中反映了党对人才资源重要价值的科学判断和高度重视，是党的组织制度的重要组成部分，是人才工作沿着正确方向前进的根本保证，进一步加强和改进党管人才工作意义重大。

第一，有利于巩固和扩大党的执政基础，提高党的执政能力。作为执政党的中国共产党，要想巩固和扩大执政基础、提高执政能力，就必须把各方面优秀人才集聚到党和国家事业中来。随着改革开放的深入发展，我国社会经济成分、组织形式、就业方式、利益关系和分配方式日益多样化，这对人才队伍的社会构成产生了深刻影响。我国人才分布较为广泛，人才内涵极大丰富，工作内容涉及诸多方面，而现行的人才工作模式又难以把所有人才纳入管理范围。只有坚持党管人才原则，切实加强党对人才工作的领导，发挥党委牵头抓总作用，强化人才资源整合，统揽人才工作全局，形成人才工作合力，才能巩固和扩大党的执政基础，提高党的执政能力。

第二，有利于大力实施人才强国战略，为全面建成小康社会提供人才支撑。人才支撑发展，发展孕育人才。世界多极化和经济全球化的深入发展，使人才在综合国力竞争中的地位和作用更加凸显。从国内来看，当前我国正处于全面建设小康社会的关键时期和深化改革开放、加快转变经济发展方式的攻坚时期，人才越来越成为推动科学发展的关键因素。要完成全面建成小康社会的重要任务，急需一大批优秀的党政领导人才、企业经营管理人才、专业技术人才等的支撑引领。从国际来看，经济社会发展的竞争日益表现为人才竞争，世界范围内的人才争夺日趋激烈，我国面临的人才竞争压力日益增大，人才安全问题日益突出。只有坚持党管人才原则，加强对人才工作的领导，加大人才队伍建设的力度，把人才资源的开发和利用放在更加重要的位置，充分发挥人才资源开发在经济社会发展中的基础性、战略性、决定性作用，才能更好地推进人才强国战略的实施，为实现全面建成小康社会的任务提供坚强的人才保证。

第三，有利于加强人才队伍建设，不断提高人才工作水平。随着我国人才队伍规模不断扩大、构成趋于多样、流动显著加快，对各类人才服务、支持和管理的力度需要进一步加大。近年来，各级党委和政府认真贯彻党管人才原则，人才工作取得新成绩、积累了新经验，为经济社会发展提供了有力的人才支撑。但与加快发展方式转变、推动科学发展的要求相比，我国的人才队伍建设、人才工作还存在诸多不相适应的地方。新形势新任务要求进一步加强党管人才工作，改进党对人才工作的领导，把各类优秀人才团结凝聚在党的事业周围，提高人才工作水平。

二、党管人才工作的内涵与要求

党管人才既是一个政治概念，也是一个理论概念，准确把握党管人才的内涵本质，是加强和改进党管人才工作的重要前提。

（一）党管人才工作的概念内涵

党管人才是指加强党对人才工作的集中统一领导，统筹、搞活、用好社会各类人才资源，为全面建成小康社会提供智力支持和人才保证。党管人才，主要是管宏观、管政策、管协调、管服务，包括规划人才发展战略，制定并落实人才发展重大政策，协调各方面力量形成共同参与和推动人才工作的整体合力，为各类人才干事创业、实现价值提供良好服务等。

一是管宏观。主要是要管好人才发展的大政方针、中心工作和重要事项。一要牢牢把握人才工作为实现中心任务服务、为实施重大发展战略服务、为促进人的全面发展服务的大方针。二要通过研究制定人才工作的重大方针政策和中长期发展规划来引导人才工作的运行。

二是管政策。主要是抓好人才工作重大政策的研究、制定、统筹和落实。一要统筹考虑对制定政策的统筹和指导，制定出台人才工作方面的总体规划和政策措施。二要加快推动人才工作的法制化建设，逐步形成一套具有中国特色、符合各类人才成长规律及特点的人才法规体系。

三是管协调。主要是要协调各方面力量形成共同参与和推动人才工作的整体合力。一要加强党对人才工作的统筹协调和规范管理，注重整合力量，充分调动一切积极因素。二要充分发挥各级党委人才工作领导小组的作用，形成人才工作的合力。三要注意把握协调的方式、方法，创新协调方式、协调手段。

四是管服务。就是要按照以人为本的原则提供促进人才优先发展的系统服务。一要创新体制机制和平台载体，不断健全优化人才发展的政务服务。二要大力培育发展专业化、国际化、高端化的人才发展社会服务和市场服务。

（二）加强党管人才工作的指导思想和总体要求

新形势下加强和改进党管人才工作，必须高举中国特色社会主义伟大旗帜，以邓小平理论和“三个代表”重要思想为指导，深入贯彻落实科学发展观，紧紧围绕党和国家工作大局，创新党管人才领导体制机制，改进党管人才方式方法，不断提高人才工作科学化水平，为更好地实施人才强国战略提供坚强的政治和组织保证。

根据上述指导思想，新形势下党管人才工作，应着眼于培养造就宏大的高素质人才队伍，统筹兼顾，突出重点，改革创新，分类指导，强化服务，注重实效，正确处理党管人才与尊重人才成长规律、发挥市场在人才资源配置中基础性作用的关系，充分调动社会各方面力量参与人才工作的积极性。通过进一步加强党管人才工作，使党对人才工作的领导更加有力，全社会重视人才工作、支持人才发展的氛围更加浓厚，努力形成人才辈出、人尽其才、才尽其用的生动局面。为此，必须从四个方面创新党管人才的方式方法。

一是统筹兼顾，推动人才资源整体开发。各级党委要根据经济社会发展需要，统筹经济社会发展和人才发展，围绕中心工作制定人才工作目标和措施。以高层次和高技能人才为重点，统筹推进各类人才队伍建设。统筹城乡、区域人才资源开发，大力支持农村基层和革命老区、民族地区、边疆地区、贫困地区人才培养开发，积极引导人才向农村基层和艰苦边远地区流动。统筹国内国际两种资源，坚持自主培养开发人才与引进海外人才和智力并举。

二是把握和遵循人才成长规律，加强人才工作分类指导。根据不同类型人才特点，有针对性地制定培养措施、评价标准和激励办法，促进人岗相适、才尽其用。指导机关、企事业单位和社会组织根据各自特点开展人才工作。

三是充分发挥市场作用，把党管人才与市场配置人才资源有机结合起来。发挥党的思想政治优势、组织优势和密切联系群众优势，加强对人才工作的宏观管理和综合协调。尊重社会主义市场经济规律，健全人才市场体系，充分发挥市场在人才资源配置中的基础性作用，实现人才资源高效配置。

四是大力改革创新，增强人才工作生机与活力。引导各类用人主体在总结运用人才工作传统经验的同时，不断推进人才工作实践创新、理论创新和制度创新。及时总结推广人才工作的新鲜经验。鼓励各地探索建立人才管理改革试验区。探索运用现代科技手段特别是网络信息技术开展人才工作。

三、完善党管人才领导体制和工作格局

党管人才的领导体制是党管人才的关键环节，必须健全党管人才的领导体制，加强党委的统一领导，发挥组织部门牵头抓总作用，促进职能部门各司其职、密切配合，切实发挥用人单位主体作用、调动社会各方面力量参与人才工作的积极性。

（一）加强党委统一领导

当前，我国党委领导人才工作的机制还没有真正建立起来，同时，各人才工作部门自身人才工作机构设置和力量配备相对薄弱。这就要求发挥党委（党组）在人才工作中的统一领导作用，保证党的人才工作方针政策全面贯彻落实，确立人才优先发展战略布局，坚持人才资源优先开发、人才结构优先调整、人才投资优先保证、人才制度优先创新。党委（党组）应及时研究部署人才工作，谋划大局，把握方向，解决问题，整合力量。党委（党组）书记应带头抓好人才工作，党委常委（党组成员）按照分工抓好分管领域或系统的人才工作。领导小组成员由党委、政府人才工作职能部门的主要负责同志担任。党委、政府所属系统内人才资源规模比较大的职能部门，应根据实际需要建立人才工作领导小组。

（二）发挥组织部门牵头抓总作用

各级党委组织部门应在党委领导下，切实担负起人才工作牵头抓总的责任，坚持牵头不包办，抓总不包揽，统筹不代替，积极支持配合其他部门在职责范围内开展工作。中央和省级组织部门应重点抓好战略思想研究、总体规划制定、重要政策统筹、创新工程策划、重点人才培养、重大典型宣传等工作。

（三）促进职能部门各司其职、密切配合

党管人才工作是新时期的一项重要工作，要求有关人才工作部门进一步提高对自身职责的认识，因此必须按照统一领导、分类管理的原则，根

据部门职能，科学划分有关部门在人才工作和人才队伍建设中的职责。人社部门要在制定人才政策法规、构建人才服务体系、培育和发展人才资源市场等方面积极发挥作用。承担党政人才、企业经营管理人才、专业技术人才、高技能人才、农村实用人才和社会工作人才队伍建设的主要责任部门要明确职责，各司其职。各级党委政府职能部门和企事业单位要齐抓共管、通力合作，共同推动人才工作各项任务的落实。

（四）切实发挥用人单位主体作用

各类企事业和社会组织等用人单位是人才使用开发的主体。各级党委应注重发挥用人单位在人才使用开发中的主体作用，提出目标要求，明确工作任务，引导和督促各用人单位认真贯彻执行党的人才工作方针政策，自觉做好本单位人才培养、引进和使用工作。不断深化干部选拔任用制度改革，扩大干部工作民主，拓宽选人用人渠道，促进优秀人才脱颖而出。深化国有企业和事业单位人事制度改革，创新管理体制，完善用人机制，尊重和落实单位用人自主权。鼓励和引导非公有制经济组织和新社会组织认真落实所在地方党委、政府人才发展规划，以灵活机制做好人才服务和管理工作。

（五）调动社会各方面力量参与人才工作的积极性

随着改革开放的深入推进，目前我国的人才已经遍布于众多行业企业，这就要求加强党管人才工作，必须引导和支持工会、共青团、妇联、科协、文联、作协等人民团体和各民主党派、工商联、无党派人士等各方面力量积极参与人才工作。鼓励和支持各类人才培训机构、中介机构以及从事国际人才交流的民间机构创新服务方式和内容，为人才提供专业的多样化、个性化服务。

四、健全党管人才工作运行机制

党管人才工作的运行涵盖科学决策、分工协作、沟通交流和督促落实四个环节，在内在逻辑上体现出很强的科学性和系统性。科学决策是党管人才工作运行的初始环节，主要是决策部署人才工作的重大事项，起到立项和设定目标的作用。分工协作是党管人才工作运行的第二环节，主要是对人才工作部署进行分解计划、明确责任，起到分工和推进作用。沟通交流是党管人才工作运行的第三环节，主要是人才工作领导小组内部的工作网络建设，起到工作沟通和信息交流的作用。督促落实是党管人才工作运行的终结环节，主要是对人才工作落实情况进行检查，起到跟踪指导和专项督查的作用。四个环节环环相扣，缺一不可。要提高党管人才的科学化水平，必须在这四个环节上构建形成系统科学的运行机制。

（一）建立科学决策机制

凡涉及人才工作的重要政策文件、重要工作安排等，都要提交人才工作领导小组审议，重大事项要报同级党委（党组）审定。提请人才工作领导小组审议的文件和事项，要事先征求相关部门意见。聘请各类优秀专家组成人才工作重大决策专家咨询委员会，当人才工作领导机构对涉及经济社会发展全局的重大事项进行决策时，要面向社会广泛征求意见，特别是要听取咨询委员会的专家意见和建议。研究制定人才工作重大决策和部署，要注意上下衔接和政策配套。

（二）完善分工协作机制

分工协作是推动党管人才工作顺利开展的重要保障，人才工作领导小组按照同级党委（党组）人才工作部署，及时将年度人才工作要点、重点工作任务分解到各有关部门，明确工作质量和进度要求。有关部门要细化任务分工，提出具体落实措施，部门之间要加强协作配合。

（三）建立沟通交流机制

建立人才工作领导小组例会制度，人才工作领导机构成员单位和有关人才部门定期把人才工作决策部署情况、本部门开展重要活动情况、制定的重要政策及各方面对人才工作的意见建议等内容进行交流，或通报人才工作的新政策、新部署、新动态等情况，交流工作进展情况，研究解决重点难点问题。人才工作领导小组各成员单位要确定联络员，加强同领导小组和其他成员单位的工作联系。加强人才工作信息交流，多形式、多途径广泛收集各部门人才工作情况和意见建议，及时或定期予以通报。

（四）健全督促落实机制

督促落实机制的建立与完善有利于促进党管人才工作的顺利开展，人才工作领导小组采取年度检查与日常督查相结合的方式，人才工作领导机构办公室负责有关具体工作，对本地区本部门人才工作落实情况进行检查，检查结果以适当形式通报。加强重点工作跟踪指导和专项督查，探索建立通过第三方对人才发展情况进行监测、分析和评估的有效办法。改进和完善领导干部人才工作落实责任制考核办法，把人才工作落实情况纳入主要领导干部年度目标考核内容，考核结果作为领导班子和党政主要领导评选先优、提拔使用的重要依据。

第三节　改进政府的人才宏观管理

政府在党委的统一领导下，实施人才宏观管理时，还必然要面对市场监管、收入分配、社会保障、公共服务和人才安全等人才领域的许多新问题和新矛盾，需要切实改进管理。

一、加强人才市场监管

人才市场监管主要是对用人单位、人才、中介组织和培训机构等涉及人才市场主体的行为进行规范等，保障人才市场的有序运行。

（一）人才市场监管存在的问题

改革开放以来，我国人才市场已经成为社会主义市场经济体制下一个极其重要的要素市场，市场体系日趋完善、市场门类逐步齐全、市场管理日趋规范，初步形成了政府引导、市场导向、规范管理、服务为本的基本格局，人才市场的作用日益明显。人才市场在人才资源配置中已经发挥着基础性作用，但是政府对人才市场的监管仍然存在一些问题。

一是统一规范的人才市场体系尚未形成。人才市场发育不成熟，人才服务机构存在部门分割、地方保护、少数业务垄断等问题，市场化程度不高，行政手段干预市场和服务活动现象较为普遍，人才市场中介组织结构不够合理，没有形成合理的分类体系。

二是市场化的人才运行机制不够完善。人才供需主体没有完全到位，占主导地位的国有企业的用人机制尚需从根本上转变，单位用人自主权和个人择业自主权还需全面落实，人才市场运行中的定价管理、档案管理、社会保障等还没有完全建立或理顺，人才流动中的地域、户籍、身份、档案、人事关系等限制性因素有待于进一步消除，市场化水平尚需进一步提高。

三是人才市场服务水平不高、标准不一。人才服务水平缺乏竞争力，运用市场机制配置人才以及为企业提供人才服务水平低，传统的人事管理方式还依然存在，人才至上的服务理念不强，部分从业人员素质不高，服务手段落后，服务行为和服务标准不够规范。

（二）完善人才市场监管体制

当前，政府完善人才市场监管体制的重点是统一规范人才市场，培育人才中介组织，转变人才市场监管方式。

一是明确责任，转变政府对人才市场的监管方式。一是要实行政事分开，分清责任，明确事权。二是要改革行政审批制度，减少程序，简化手续，规范政府行为。三是要增强市场服务意识，做好行业规划和宏观调控方面的工作。四是要坚持依法管理、严格规范，快速有效地查处各类违法行为，维护人才市场的正常秩序。

二是规范管理，形成人才中介组织的培育机制。首先要鼓励有条件的人才中介机构向规模化、集团化发展，建立大型人才咨询服务公司。其次要规范人才中介组织的行为，明确进入人才市场的准入条件和行为规范，逐步实行中介机构资质与从业人员执业资格制度。第三要组织开展人才服务机构年度审验和新设立人才服务机构审批工作。

三是理顺体制，建立全国统一规范的人才大市场。一是要将政府人社部门授权或委托（包括职能延伸）的业务与市场中介的业务分离开来，促进其尽快向市场竞争主体转变。二是要打破目前人才市场的区域壁垒和政策壁垒等，推动市场资源的有机整合。三是要加快人才市场信息网络建设，探索建设与其他要素市场相贯通的人才市场的有效形式。四是要建立健全人才市场供求信息发布制度，充分发挥人才供求信息的市场调节作用。

二、改革人才收入分配制度

人才是能力和素质较高的劳动者，以一定的专业知识或专门技能、进行创造性劳动对社会作出贡献参与社会收入分配，参与收入分配的标准与普通劳动者明显不同，具有一定的特殊性。我国人才收入分配制度虽然发生很大的变化，但仍然存在着一系列问题，还需要加强改革力度，进一步健全人才收入分配制度。

（一）人才收入分配制度改革不断深化

改革开放以来，我国的经济体制发生了根本性的变革，市场机制已基本取代了传统的计划分配方式，技术和管理等生产要素按贡献参与分配的原则逐步确立，按劳分配为主体、多种分配方式并存的人才收入分配制度逐步形成。

（二）人才收入分配制度市场化程度低

虽然我国人才领域的收入分配制度一直在不断完善，但是必须看到，自 20 世纪 90 年代中期以来，我国地区、城乡、行业、群体间的收入差距有所加大，分配格局失衡。

一是收入分配体系不健全。收入分配体制对国家、企业、人才个人三者之间的分配比例关系缺少合理的规定，人才报酬的正常增长机制缺失，也没有明确劳动报酬占 GDP 的比重。一方面人才的劳动报酬在初次分配中的占比偏低，另一方面人才凭借贡献参与社会分配的比例在逐渐缩小。

二是分配不公。少数行业、部门和群体依靠资源垄断和特殊身份获取不公平、不合理的利益。当前的人才收入分配更多的是取决于地位的高低、行业垄断与否和占有社会资源的多少。

三是监管不力。收入差距监管机制缺失，个人所得税制度不健全，限制了政府发挥收入再分配的调节职能，导致大量的“灰色收入”和非法收入等腐败问题。

（三）健全人才收入分配制度

改革人才收入分配制度的根本和着力点是提高人才的技术和管理在收入分配中的比重，深化垄断行业收入分配制度改革，理顺生产要素价格，缩小部门之间、行业之间的收入差距，形成健全的收入分配监管体系。

一是提高人才的技术和管理在收入分配中的比重。首先是建立产权激励制度，制定知识、技术、管理、技能等生产要素按贡献参与分配的办法。其次是完善科技经费管理办法和国家科技计划管理办法。第三是建立公平合理的激励约束机制。第四是探索高层次人才、高技能人才协议工资制和项目工资制等多种分配形式。第五是整合各类人才奖项，表彰在经济社会发展中作出杰出贡献的机构和人才。

二是深化收入分配制度改革。采取有力措施，有效调整垄断行业的收入分配，理顺生产要素价格，缩小部门之间、行业之间的收入差距。首先，降低垄断领域门槛、引入竞争，规范国有企业的投资领域。其次，理顺资源性产品的分配格局，改变少数企业享受资源红利的状况。第三，完善国有资本收益收取政策，适当提高国企上缴的收益收取比例，并将其纳入公共财政，用于社会公共福利性支出。

三是形成健全的收入分配监管机制。首先，设计更加合理的税制结构。其次，从根本上确立公平合理的分配制度。再次，全面推行同工同酬和阳光工资制度。最后，进一步建立法律手段、经济手段、信息手段和行政手段等一揽子的调控体系。

三、优化人才社会保障制度

随着我国市场经济的快速发展，人才在城乡、地区、行业间的流动性日益增强，导致跨地区调度资金和转接社保关系困难，出现了社会保险衔接等一系列因人才流动而呈现出的特殊的社会保障问题。

（一）人才社会保障运行机制逐步规范

20 世纪 80 年代，国家开始对社会保障制度进行重大改革，目前已经逐渐形成了国家立法主导、政府组织实施、权利义务对应、既能体现社会公平又能体现效率的具有现代意义的社会保障制度。社会保障的覆盖范围不断扩大，人才社会保障筹资渠道逐步拓宽，人才社会保障制度改革不断深化，人才社会保障法制建设步伐加快。

（二）人才社会保障运行机制难以适应人才流动

但我国目前实施的社会保障制度以稳定就业群体为对象、以用人单位为依托，受财政“分灶吃饭”体制制约、地域分割、分散管理、资金结存不均，导致跨地区调度资金和转接社保关系困难。

第一，区域工资水平差异较大。不同地区的基本养老金缴纳基数比较悬殊，难以平衡转入地和转出地未来养老保险待遇的支付责任。

第二，地方规定制约人才流动。人才流动时也应相应地转移养老保险关系，但不少地方规定，人才能带走的只是不多的“个人账户”内的资金，单位缴的统筹部分带不走。

第三，不同行业退休后待遇差别较大。机关、事业单位和企业退休后的养老金待遇之间相差悬殊，不利于人才在机关、事业和企业之间的跨行业流动。

第四，就医结算规定不利于人才的柔性流动。不少地方规定，人才柔性流动到异地之前，必须先予办理异地就医许可，才能在本地办理就医报销。

第五，具有人才职业特点的社会保障缺失。创造性人才的最大特点是职业风险高、对社会的贡献也高。目前尚未有针对这一特点的相应保障制度，不利于解决广大人才创新创业的后顾之忧。

（三）形成健全的人才社会保障体系

人才的流动性不断增强是我国经济社会发展过程中产生的必然现象，必须优化人才社会保障制度，形成促进人才流动的良好环境。

第一，提高统筹层次，形成全国统一的社会保障政策体系。养老保险应尽快实现全国统筹，实现社会保险在全国范围内的无障碍转续和累积计算。制定全国统一的政策，养老保险主要解决关系转移接续问题，医疗保险主要解决异地就医费用结算问题。在此基础上，实施基础养老金全国统筹，形成基础养老金由中央负责、基本养老保险个人账户可以全国流转的格局。

第二，规范政策文件，推动不同制度类别的社会保障相互衔接。首先注重制度的整体性设计，以人为本，适应人才的现实需要。其次是基本医疗保险制度要逐步打通城乡医疗保险制度的转换路径，保证各类人才在城乡流动时的医疗保障权益。第三是鼓励各地根据实际情况，建立统一的城乡居民医疗保障制度。

第三，打破区域壁垒，形成全国统一的社会保障信息管理系统。通过信息化手段，及时、准确记录参保人才的缴费和权益，尽早实现全国社保“一卡通”，实现转移就业可以持卡接续，异地就医可以持卡结算。

第四，发展补充性保障，建立多层次的人才社会保障体系。一是在推进事业单位养老保险制度改革的同时，建立企业人才的职业年金。二是通过税收优惠政策，鼓励企业为人才建立补充保险。三是扩大对农村、非公有制经济组织、新社会组织人才的社会保障覆盖面。四是根据各类人才的特点和需要，采用多种形式，逐步建立重要人才国家投保制度。①

四、完善人才公共服务系统

人才公共服务是政府公共服务的重要组成部分，贯穿于人才公共服务

---

① 何平．加快推进我国社会保障体系建设［J］．红旗文稿，2009（12）．

体系的每一个环节，从满足社会公共需求出发，运用公共权力和公共资源，为社会所有人才平等地提供公益性的公共产品和服务。

（一）人才公共服务体系不断得以健全

自2003年以来，我国人才公共服务框架基本确立，人才公共服务体系内容不断拓展，人才公共服务体系设施和人员素质不断提高，人才公共服务的方式和手段不断创新，人才公共服务业发展迅速，多层次、多元化的市场服务体系已基本形成。

（二）人才公共服务水平难以满足人才需求

我国人才公共服务体系建设虽然已经取得了明显成效，但是相对于我国市场经济不断发展和人才就业形势与环境变化的要求而言，还存在许多问题，亟待解决。

第一，人才公共服务质量需要进一步提高。我国人才公共服务主要由政府人才服务机构承担，大多数服务机构缺乏明确规范，服务的种类、质量和效率都还难以满足社会的需求，人才流动的中介服务不够完善，人才服务结果与需求期望之间存在很大差距。

第二，人才公共服务方式和手段亟须改善。一是信息的收集和分析不够，就业信息提供不够完全和准确。二是各地区信息系统分散建设，多种服务网络并存，不能联网贯通。三是信息服务基础设施陈旧，手段比较落后，信息化水平较低，服务不够方便快捷。

第三，人才就业公共服务区域均等化水平有待提高。经济发展水平较低，经济欠发达地区和边远基层地区在人才市场基础建设的投入能力十分有限，人才公共服务难以得到财政的大力支持，均等化水平难以提高。

（三）优化人才公共服务运行机制

人才公共服务是政府公共服务的重要组成部分。完善人才公共服务运行机制应从满足社会公共需求出发，运用公共权力和公共资源，为各类人才提供满意周到的公共服务。

第一，拓展服务内容和服务项目。以原有的人才公共服务为基础，进一步拓展人才公共服务的内容和项目，增强服务的针对性和有效性，满足各类人才多样化的服务需求。

第二，创新政府提供公共服务方式。创新政府购买服务的理念，建立政府购买公共服务制度，不断创新政府提供公共服务的方式。

第三，推进人才服务项目标准化建设。开展标准化建设研究，建立、完善人才公共服务标准，规范人才公共服务秩序。

第四，建立人才公共服务的投入机制。一是增加对人才服务工作的投入，把完善人才发展公共服务体系建设经费列入同级财政预算予以保障。二是建立人才开发专项资金。三是加大政府购买公共服务的力度。

五、保障国家人才安全

当今世界国与国的竞争，归根到底都是人才的竞争，而大凡人才的竞争，都涉及到国家利益和安全。我国目前正处于重要的战略机遇期，要保证各项战略任务的完成，人才安全具有非常重要的作用，将直接影响我国战略目标的实现。

（一）国家人才安全形势严峻

我国人才安全形势不容乐观，主要表现为以下两点。

第一，人才总量相对不足，从根本上制约了我国经济社会的发展。人才资源在人力资源中的总量中所占比例不高，结构也不尽合理。2009 年，我国每万人拥有科学家和工程师人数只相当于日本的 9.3%、美国的 11.2%、法国的 17.1%、德国的 16% 和英国的 17.1%[①]。

第二，人才管理机制不健全，高层次人才大量流失。由于我国的人才管理机制尚待健全，人才法制观念淡薄，在涉及国家安全的人才流动和人才流失问题上缺乏必要和充分的监督与约束机制，进入我国市场的国外人

① 戴长征，乔旋．人才安全问题与中国人才安全战略的构建［J］．当代世界与社会主义，2010（2）．

才中介机构采取不规范的运作方式，加剧了我国的人才流失，再加上大批留学生学成不归，巨大的人力资本流失海外，增加了人才安全问题的严重性，对国家安全带来潜在的巨大风险。

（二）多管齐下保障我国人才安全

中国人才安全战略从属于国家人才战略，并服务于国家的发展战略。保障我国人才安全的重点任务主要包括以下四个方面。

第一，强化人才安全观念。创新思维意识，树立人才强国和人才资源是第一资源的观念，充分认识人才和人才工作的极端重要性，把人才安全问题纳入到经济社会发展的规划中。

第二，制定人才安全策略。利用世界贸易组织的规则与协议，制定适合中国国情，既保护人才自主权利，又能涵盖有效防范人事风险政策体系的人才安全战略，保护国家权益和民族利益。

第三，完善人才管理机制。建立科学的人才评价机制，拓展人才评价内涵，严格人才评价标准，丰富人才评价方式，探索多样化的人才评价手段。建立合理的人才激励机制，提高重要人才待遇，保障重要人才权益，吸引、留住、培养、使用人才，充分应对人才安全冲击。

第四，强化猎头公司监管。提高市场准入的门槛，加强对猎头公司监督管理，坚决取缔已引发人才安全问题的猎头公司及其他人才中介机构①。

第四节　加强人才工作法制建设

人才工作法制建设在实施人才强国战略中发挥重要作用，为人才强国战略提供系统全面的法律依据，使人才强国战略的各项实施工作有法可依，推动并保障人才强国战略顺利实施。

---

① 江苏省人事厅课题组．新时期政府人事职能转变研究报告［R］，2003：24.

一、我国人才工作法制建设的背景意义及总体评价

在我国实施人才强国战略和人才事业发展的过程中，加强人才工作法制化建设，明确我国人才工作法制化建设的背景意义，并进行适当评价，在推进我国人才工作法制化进程中具有积极重要的作用。

（一）背景意义

法律具有系统性、强制性、稳定性和公开性等特点，在国家人才发展机制中居于重要地位，并且随着人才事业的发展和社会管理方式的转变而愈加重要。加强人才工作法制建设，是人才工作法制化的一项重要内容，具有四个方面的重要意义。

第一，为人才发展营造良好的法制环境。加强人才工作法制建设，使人才工作的各个环节制度规范，为实施人才强国战略提供有力的法制保障，有利于推进依法治国方略的贯彻实施。

第二，规范政府的人才管理工作。加强人才工作法制建设，使人才管理工作做到有法可依、有法必依、执法必严、违法必究，有利于深入推进我国人才管理工作的制度化和规范化。

第三，促进党和政府自身的建设。加强人才工作法制建设，有利于建设服务政府、责任政府、法治政府和廉洁政府。

第四，保障党管人才工作的落实。加强人才工作法制建设，使党管人才和人才法制能够实现有机结合，有利于加强和改善党的领导。①

（二）总体评价

尽管我国人才工作法制建设取得了重大成绩，但是无论是在人才法律法规的体系结构方面，还是在人才立法的体制机制方面，现行的人才立法机制与立法结果都存在缺陷，还不能充分满足实现人才强国战略目标与任

---

① 潘晨光，王力．中国人才发展报告［M］．北京：社会科学文献出版社，2009：93.

务的客观需要。

第一，人才法律法规的内容体系不健全。从人才类型的法律法规看，有关各类人才的立法数量偏少、内容较为粗疏。从人才工作的环节来看，有关人才工作环节的法律法规较少，特别是目前缺乏一部规定人才工作基本原则和基本制度、能够对人才法律法规体系建设起统领作用的综合性人才法律。

第二，人才法律法规的立法层次较低。多数人才立法属于规范性政策文件或者相关主管部门发布的立法层次较低的部门规章，层次较低，法律约束力不强，实践中难以获得应有的实施效果，权威性、稳定性和公开性不够强，也不适应贯彻落实“依法治国、建设社会主义法治国家”的要求。

第三，人才法律法规的质量不高。我国人才工作的法律法规主要按照人才类型进行立法，容易造成不同人才制度之间的封闭和冲突，不利于人才的全面发展和有序流动，也不利于统一的人才市场和人才制度的建立。同时，我国人才争议处理制度较为分散，各项制度之间的差异过大。

第四，人才法律法规滞后于形势发展的要求。目前部分人才法律法规没有做到及时立、改、废，不能适应经济社会发展的需要，损害了人才市场的公平竞争原则，缺乏系统合理的法律规范，不能适应目前各类单位职称制度改革的要求。

第五，人才法律法规未能充分体现以人为本的价值取向。目前的人才立法中，权利本位、平等待遇、公平竞争、自由流动等价值取向，尚未得到充分有效的体现，阻碍了人才市场的统一性、开放性和有效性，妨碍了市场机制对人才的配置作用，违反了平等原则和公平竞争原则，不利于人才的使用与发展。①

二、借鉴国外人才法制建设的有益经验

健全和完善中国特色的人才法规体系，是推进人才强国战略的重大举

① 潘晨光，王力．中国人才发展报告［M］．北京：社会科学文献出版社，2009：93－96.

措。在不断健全和完善我国人才法规体系的过程中，借鉴国外人才法制建设的经验，将大有裨益。

（一）借鉴国外人才法制建设经验的注意要点

借鉴国外人才法制建设的经验，主要应注意以下三点。

第一，倡导“适合的才是正确的”。西方许多国家在制度安排和立法内容上带有明显的国家特色，所以我国在借鉴国外人才法规时，切忌照搬照抄，而应依照国情，有选择地借鉴，尤其要注意与党和国家的大政方针相吻合。此外，也要关注国内外形势的变化，主动调整应对之策，体现阶段性特征。

第二，力求法律法规的规范统一。我国的国体和政体虽与发达国家不同，但依法治国的方略已定，任何部门与人员都必须依法行事，切忌违法制法、违法执法，避免政出多门或出现法律条文间的冲突。

第三，把握差别，分解职能。我国地域辽阔，区域发展极不平衡，加上历史原因，各级各类人员的人事关系等错综复杂，因此要恰当地进行职能分解。首先，要通过正确指导，调动中央和地方两个积极性。其次，要结合政府职能转变，以法律的形式明确政府与市场、政府与社会在人才资源问题上的各自作用与职责，让市场做主导，培育社会中介组织的功能①。

（二）国外人才法制建设的启示

第一，进一步扩大开放，深化改革。要加强国外人力资源开发与管理的理论研究，借鉴国外人才法制建设的有益经验，把握新时期人才工作的特点和规律，以改革促进人才法制建设，提高我国人才法制的总体水平。在法制建设的过程中，既要注重国内人才培养使用的法制建设，又要注重吸引和利用国外优秀人才的法制建设。要继续深化人才培养、选拔、流动、使用、评价、激励和保障等方面的制度改革，全面提高我国各类人才

---

① 沈荣华．人才立法与规范管理［M］．北京：党建读物出版社，2008：23－25.

和劳动者素质，使我国成为真正意义上的人力资本强国。

第二，进一步加大投入，加强培养。近半个多世纪以来，世界各发达国家竞相加大人才培养投资的力度，以确保和提升本国人才竞争实力。因此，我们要树立人才投入是效益最大的投入的理念，确立人才资源积累优先战略，从基本国情出发，优先大规模投资人才开发，并予以计划和法律保证。要运用税收优惠等手段，引导各类企事业单位和社会组织加强对人才资源开发投入。充分利用国际、国内资源，调动整个社会对人才资源开发资金投入的积极性，形成多元化的人才资源开发投入机制。

第三，进一步完善立法，强化执法。人才工作应从过去以行政手段为主向政策引导和法规规范为主转变，不断建立和完善包括人才培养、引进、流动、使用、评价、激励、保障等方面的法规体系，并及时将实践证明正确、成熟的人才政策转化为国家法律法规，以法律法规的形式规范人才工作并保障人才事业的发展。同时，要强化执法，加强对人才工作的督促和检查，强化人才法规的贯彻落实，逐步形成重视和加强人才工作的长效机制。

第四，进一步完善体制，提升我国人才管理机构的专业化水平。在人才的管理上，应更多地应用符合现代人力资源管理要求的技术和方法。尽快提升各有关人才管理部门的专业化水平①。

三、加强我国人才工作法制建设的目标、原则和任务

（一）人才工作法制建设的目标

充分发挥社会主义的制度优越性，紧扣人才强国战略主题，整合有关人才工作的法律法规和规章制度，将人才强国战略的政策目标、实施机制与具体措施，通过立法形式加以制度化，建立体系完整、结构协调、内容充分、形式丰富的人才法律法规体系，实现人才分类立法和人才工作环节

① 沈荣华．人才立法与规范管理［M］．北京：党建读物出版社，2008：25－26.

立法的协调性与有效性，依法保障各类人才的合理选拔、积极培育、有效使用和充分发展，实现人才工作的制度化和规范化，使人才强国战略沿着法制化的轨道顺利实施。

（二）把握人才工作法制建设的基本原则

我国人才工作法制建设要遵循以下五项基本原则。

第一，促进发展原则。促进发展原则是人才工作法制建设的第一原则。坚持用法制保障人才，建立健全符合人才发展需要的法律制度体系，不断增强人才工作的科学性和规范性，使各类人才创业有机会、干事有舞台、发展有空间，从而形成有利于人才发展的法制环境。

第二，依法管理原则。依法管理原则是人才立法的基本原则。使人才工作各个方面都能够依法进行，做到井然有序，保障政府依法有效行使人才工作领域的管理职权。

第三，政府责任原则。政府在人才强国战略的实施过程负主导责任，对人才工作应当担负的法律规范加以严格规定，依靠强大的国家机器和自身所掌握的公权力有效地组织和推进人才工作。在人才工作过程中要依法投人必要的人力、物力和财力，主导人才工作法制建设健康有序开展。

第四，权利保障原则。通过法律的形式，赋予各类人才应拥有的各项法律权利，为人才维护自己的合法权益提供法律上的必要和有效的保障。

第五，社会参与原则。人才工作法制建设不仅仅是政府的事，应促进社会公众积极主动地参与人才强国战略的实施，使人才强国战略建立在广泛的社会性和群众性基础之上，形成激发人才创造活力、具有国际竞争力的人才制度优势，开创人人皆可成才、人人尽展其才的生动局面。

（三）建立健全人才法律法规体系

人才工作法制化的前提和基础是建立健全人才工作法律法规体系，因此建立健全人才法律法规体系是人才工作法制化的重点任务。只有建立健全人才工作法律法规体系，人才工作才有法可依。

人才法律法规体系建设是一项系统工程。当前我国人才资源的开发和利用面临难得的发展机遇，需要根据科学发展观和人才强国战略、依法治国方略的要求，将人才法律法规体系建设作为人才建设和国家法制建设的重要组成部分。

第一，构建不同类型人才的法律法规体系。根据各类人才的特点，对党政人才、专业技术人才、企业经营管理人才、高技能人才、社会工作人才和农村实用人才进行立法，建立起针对性强、能够促进不同类型人才发展的法律法规体系。同时，注重完善各类人才法律法规的合理性和有序衔接。

第二，构建人才工作环节的法律法规体系。鉴于人才工作的复杂性，应着手制定关于人事测评、人才引进、人才培养、人才代理、人才选拔任用、人才考评、人才激励、人才保障和人才流动等人才工作环节的法律法规体系，推动人才工作的顺利开展。

第三，构建不同层级类别的人才法律法规体系。人才立法可以分为四个层次进行。最高层次是全国人民代表大会或人大常委会，这一层次制定的人才法律法规主要针对国家人才发展和涉及各类人才的重大人才问题，或是某类具体的人才群体，但其所从事的活动涉及国家的发展或人民的切身利益等重大问题。第二层次是国务院，这一层次主要发布的行政法规主要针对人才发展或人才工作中碰到的急需解决的新情况和新问题。第三层次是中央各大部委或国务院所属各部门，这一层次主要是这些部门根据某一系统或某一方面人才工作的具体情况和要求单独或联合出台的条例和规定。第四层次是省区市或具有立法权的地方人大及其常委会、地方人民政府，这一层次主要针对本地人才工作中的一些重点和难点或特殊问题制定地方性的法规。每一层次的立法结果都不得与上位法相抵触。

（四）对近期人才立法重点的建议

当前我国人才工作法制化的一个紧迫任务，就是根据当前我国人才发展的根本趋势和现实状况，确定国家近期人才的立法重点。

第一，建议制定《人才发展促进法》。从国家的层面上制定促进人才发展的根本大法，确立人才强国战略的法律地位，规定国家人才发展的目标、任务、实现路径和人才体制的基本框架，明确政府及其部门在人才工作中的权限与职责，确保国家人才安全，营造和维护有利于人才发展的法制环境。

第二，建议制定《技术移民法》。随着人才跨国界流动的频繁加剧，应对国际人才竞争的挑战、吸引大批海外人才为我国服务，成为我国人才工作的一项重要内容。为此，应及时制定《技术移民法》，以立法的形式强化和规范海外人才的引进工作，确立国家人才竞争比较优势。

第三，建议制定各类人才法或出台各类人才开发条例。我国人才种类众多，不同人才有不同人才的成长规律，需要分门别类地制定相关人才（人员）的法律法规。目前我国已经制定了公务员法、法官法、检察官法、人民警察法、教师法、执业医师法、律师法、注册会计师法等法律，但还有更多的人才种类没有得到立法，即使已经立了法的，随着时间的推移有些需要进一步修订。现在急需制定的有《科学技术人员法》《国有企业经营管理人员法》《高技能人才法》《社会工作人才法》等法规。有条件的可以直接立法，目前暂时不具备条件的，可以先出台该类人才的开发条例。

第四，建议出台《人才市场管理条例》。人才市场在人才配置中发挥着基础性的重要作用，必须立法加以规范。尽管 2001 年 9 月人事部和工商总局发布了《人才市场管理规定》，但这一规定与后来颁布的劳动合同法、就业促进法等法规有一些内容相抵触，还有不少规定与《人才规划纲要》的精神和当前人才发展的态势要求相违背，尤其是对营利性人才中介机构和人才服务产业未能全面覆盖。因此，有待于修改《人才市场管理规定》，或是制定《人才市场管理条例》。

第五章
人才强国战略

【导读】

党的十八大强调，要造就规模宏大、素质优良的人才队伍，推动我国由人才大国迈向人才强国。加快实施人才强国战略，确立国家人才竞争比较优势，充分发挥人才对经济社会发展的重要支撑作用，是我们党根据新世纪国际国内形势的深刻变化，继科教兴国战略和可持续发展战略之后作出的又一项重大战略决策。本章共分四节，从人才强国的战略背景、指导思想和基本要求、战略目标和战略任务、重大举措等方面，对人才强国战略体系作了深入剖析。

第一节　人才强国的战略背景

2010年5月25日，胡锦涛在全国人才工作会议上的讲话中指出："综合国力竞争说到底就是人才竞争。要想在日益激烈的综合国力竞争中掌握主动，必须具有能够实施正确战略策略、胜任参与各领域国际竞争的高素质人才。"人才强国战略是我国实现现代化的核心战略。分析未来十几年国际、国内经济社会发展趋势，客观把握我国经济社会发展面临的机遇和挑战，积极满足经济社会发展对人才的需求，不断加快人才发展体制机制改革和政策创新，既是实施人才强国战略的需要，也是实现人的全面发展的需要。

一、国际背景

当今世界正处在大发展大变革大调整时期，世界多极化和经济全球化深入发展，科技进步日新月异，知识经济方兴未艾，国际竞争日益激烈。特别是国际金融危机爆发以来，世界各国为谋取长期发展优势，都在抢占人才这一未来发展的战略制高点。

（一）国际政治发展趋势

进入新世纪新阶段，国际局势风云变幻，世界多极化趋势不可逆转，但发展道路仍然曲折。近年来，欧盟、俄罗斯力量在加强，包括中国在内的一些发展中大国正在兴起，发展中国家整体力量上升，各种区域性、洲际性组织空前活跃，世界政治力量的对比有利于国际形势的总体稳定。但由于世界力量失衡的局面在短期内难以根本改变，多极化格局的形成还将经过一个长期曲折的历史过程。总之，国际形势正在向各国关系日益紧密、互动日益增强的方向发展，只有将国际国内两个大局统筹考虑，才能从世界发展大势中赢得更多机遇，获得更广的空间，取得更大的优势。

在这样的国际背景下，国际政党人才和行政人才的发展趋势是：规模数量趋于稳定，素质要求大幅提高。数量稳定是指随着办公自动化和政府公共服务外包的发展，政党人才和行政人才的规模逐步向稳中趋少方向发展。素质提高是指对政党人才和行政人才的综合素质提出了更高的要求，既要统筹不同利益群体的诉求，又要能够积极应对开放的网络信息媒体；既要善于解决国内矛盾，又要能够协调国际冲突；既要善于谋划经济发展，又要善于增进社会和谐。

（二）国际经济发展趋势

经济全球化深入发展的双刃剑特性愈益明显，其带来的机遇和挑战同时上升。根据相关研究，未来十几年，经济全球化将出现一些新的趋势和特点：一是全球经济将继续增长。世界银行专家认为，近年来，金融危机最严重的阶段已经过去，全球经济复苏已经上路。二是随着高新技术产业的迅速发展和经济全球化的不断深入，世界产业结构正在向高科技化、服务化的方向发展。世界产业结构的重心正在向信息产业和知识产业转移，产业结构的高科技化趋势日益突出。制造业的国际生产网络快速扩张，国际产业转移由产业结构的梯度转移逐步演变为增值环节的梯度转移。三是世界人口增长加快。据联合国发布的《世界人口展望》(2010 年修订版)报告称，如果生育保持目前的预期水平，全球人口将从目前的将近 70 亿，在 2050 年增长到 93 亿，并于 2100 年最终达到 101 亿。① 四是环境资源、气候变化、粮食和能源危机、恐怖主义等影响世界和平与稳定的重大全球性问题突出，世界发展将呈现更加纷繁复杂的态势。五是以信息科学、生命科学、能源科学、环境科学、材料科学等为重点的科学技术突飞猛进，促使科技投入和创新力度加大；人才跨国流动的驱动力不断增强，人才发展将从单方面的“人才引进”或“人才流失”概念转化为“人才循环”的概念，人才竞争特别是高端人才竞争将愈演愈烈。

经济全球化使得全球劳动力市场迅速整合，人才流动频率加快。在世界产业升级过程中，依靠资源要素（如资本和劳动力数量等）大规模投入的产业时代已经终结，人力资本为产业带来了越来越高的附加值，人才在生产要素中的地位迅速提高，使各国争夺人才的竞争日益激烈。国际人才流动的规模和范围日趋扩大，人才流动的方向整体上是从发展中国家向发达国家流动，从低附加值行业向高附加值行业流动，从依靠资源、能源的传统产业领域向高技术、高科技产业以及服务业流动。全球化对人才素质也提出了更高的要求，不仅要求人才要有全球视野，善于全球性地思考问题，还要求人才具有创新思维、创新能力以及国际化的交流能力。

（三）国际文化社会发展趋势

全球化还体现在文化和社会问题上。在文化上，高科技所孕育的先进的交通、通信手段，使得世界不同文明、民族、宗教和发展模式交流广泛；同时，各国软实力竞争日益激烈，碰撞和冲突不断发生。在社会问题上，世界范围内的局部冲突和热点问题此起彼伏，传统安全威胁和非传统安全威胁相互交织，恐怖主义、能源紧张、环境污染、生态恶化、毒品走

① 联合国经济和社会事务部. 世界人口展望：2010 修订版［R］. 2011－05－03.

私等跨国性问题日益突出。这些问题涉及所有国家和地区的利益，威胁制约着整个人类的生存与发展，解决它们需要所有国家的共同努力。

对于国际文化和社会问题的解决，一方面需要世界经济和政治力量的通力合作，另一方面需要大量社会组织和社会工作人才的参加和协作。目前，全球非政府组织的发展方兴未艾，社会管理人才、社会组织人才以及社会工作人才队伍日益壮大。作为政府管理的有效补充，国际社会发展对于社会组织以及社会工作者的数量的要求在与日俱增，对各类社会工作者的素质也提出了更高要求。我们必须吸收和借鉴国际上最新的社会工作思路和方法，为本国的社会建设所用。

二、国内背景

我国经济持续快速发展，人民生活明显改善，经济建设、政治建设、文化建设、社会建设以及生态文明建设和党的建设取得了重大进展。但在发展中仍然存在不平衡、不协调、不可持续的问题，许多领域、许多方面还缺乏竞争优势。要想在综合国力竞争中争取主动，促进我国经济社会全面协调可持续发展，走科学发展之路，关键是要把数量巨大的人口资源变成巨大的人力资源，要把巨大的人力资源转化成巨大的人才资源，加快从人才大国向人才强国迈进。通过加快实施人才强国战略促进经济社会的成功转型，这是我们必须认真对待的战略性问题。

（一）“五大建设”要求加快人才发展

1. 经济建设要求加快人才发展

以经济建设为中心是兴国之要，发展仍是解决我国所有问题的关键。必须坚持发展是硬道理的战略思想，决不能有丝毫动摇。在当代中国，坚持发展是硬道理的本质要求是要坚持科学发展。这就要求我们必须以科学发展为主题，以加快转变经济增长方式为主线。近年来，适应国内外经济形势新变化，我国积极转变经济发展方式，把推动发展的立足点转到提高质量和效益上来，转换国有企业经营管理机制，培育和发展市场体系，建立健全宏观经济调控体系，建立合理的个人收入分配和社会保障制度，深化农村经济体制改革，逐步形成以制度创新和体制创新提升经济发展效率的机制。同时，我国积极调整产业结构，加大对现有企业进行技术改造的力度，逐步形成以产业结构的优化升级拉动经济发展效率的机制。此外，积极推进科教兴国战略和人才强国战略，逐步形成以科技创新提升经济发展效率的机制。

经济结构的战略性调整和经济发展方式的转变，使我国的人才建设也站在新的历史起点上，面临的要求更高、任务更艰巨。正如著名经济学家吴敬琏2010年在一篇文章中说的，经济转型说了27年，什么时候能够真正转变？他认为，转不过去的原因是两个：一是我们没有人才，二是我们吸引人才和发现人才的环境有问题。目前，针对我国产业结构调整步伐不断加快的现实，我们必须积极推进科教兴国战略和人才强国战略，培育和造就一大批企业经营管理人才、专业技术人才和高技能人才，以人才结构的优化支撑产业结构的优化升级，促进国民经济又好又快发展。

2. 政治建设要求加快人才发展

人民民主是社会主义的生命，是我们党始终高扬的光辉旗帜，发展社会主义民主政治是我们党始终不渝的奋斗目标。改革开放以来，我们党不断推进政治体制改革，我国社会主义民主政治展现出更加旺盛的生命力。我国逐步形成了涵盖宪法及相关法、民法商法、行政法、经济法、社会法、刑法、诉讼法与非诉讼程序法等七个法律部门的具有中国特色的社会主义法律体系。我国还加大了行政管理体制改革的力度，依法行政的观念不断增强。随着法制宣传教育的不断深入开展，人民群众自觉学法守法用法的社会氛围正在形成。党和国家始终坚持和不断完善人民代表大会制度、中国共产党领导的多党合作和政治协商制度、民族区域自治制度以及基层群众自治制度，以民主和法制促进全国各族人民大团结的机制基本形成。

政治建设需要培养造就一大批高素质、专业化的党政人才队伍。目前，我国党政人才队伍的文化素质和专业素质仍然有待提高，党政人才队伍的年龄结构和地区分布仍然不太合理，国际化、复合型的党政人才仍然十分短缺，特别是胡锦涛在庆祝中国共产党成立90周年讲话中提出的

“精神懈怠的危险，能力不足的危险，脱离群众的危险，消极腐败的危险”的情况还不同程度地存在。因此，加强党政人才队伍建设，提高执政能力和领导水平，建设一支政治坚定、能力过硬、作风优良、奋发有为的执政骨干队伍，这是我国政治建设中亟待解决的重要问题。

3. 文化建设要求加快人才发展

文化是民族的血脉，是人民的精神家园。改革开放以来，我们党始终把文化建设放在党和国家全局工作重要战略地位，坚持物质文明和精神文明两手抓，实行依法治国和以德治国相结合，促进文化事业和文化产业同发展，推动文化建设不断取得新成就。我国不断深化文化体制改革，逐步形成了具有实践特色、民族特色和时代特色的文化事业和文化产业，社会主义核心价值体系得到加强。特别是党的十七届六中全会，中共中央作出了《关于深化文化体制改革推动社会主义文化大发展大繁荣若干重大问题的决定》，提出了要不断提高文化建设科学化水平，把我国建设成为社会主义文化强国的战略目标，这为我国文化建设进一步指明了方向。

推动社会主义文化大发展大繁荣，队伍是基础，人才是关键。要营造有利于高素质文化人才大量涌现、健康成长的良好环境，造就一批名家大师和民族文化代表人物，继续实施“四个一批”人才培养工程和文化名家工程，建立重大文化项目首席专家制度。要加强基层文化人才队伍建设，制定实施基层文化人才队伍建设规划，完善机构编制、学习培训、待遇保障等方面的政策措施，吸引优秀文化人才服务基层。要加强职业道德建设和作风建设，引导广大文化工作者特别是名家名人自觉践行社会主义核心价值体系，增强社会责任感，弘扬科学精神和职业道德，努力追求德艺双馨，坚决抵制学术不端、情趣低俗等不良风气。加快培养造就德才兼备、锐意创新、结构合理、规模宏大的文化人才队伍。

4. 社会建设要求加快人才发展

当前，我国正处于从传统社会向现代社会、从农业社会向工业社会、从传统计划经济向社会主义市场经济的转型期，社会结构、社会组织形式、社会价值理念等都已经和正在发生深刻变化，原有的权力高度集中、政府统管一切的社会管理方式已经不能适应新的现实要求。这也是大量社会矛盾易发多发的一个重要原因。因此，如何加快社会建设转型，创新社会管理体制，构建与发展社会主义市场经济相适应的社会管理新格局，实现社会和谐稳定，是人们关心的重大现实问题。我国社会发展滞后主要体现在以下几个方面：首先，社会结构发育滞后现代化发展需要，城乡二元结构依然存在，阶层结构不合理，就业结构落后；其次，以社会事业为主体的公共服务体系不仅供给不足，而且发展不平衡；再次，政社不分的现象依然严重，社会管理体制改革相对滞后，社会管理资源整合不足。针对这些问题，必须不断加快社会事业的发展，加强覆盖城乡居民的基本公共服务体系和制度建设，不断推进社会管理体制改革，加快推进以改善民生为重点的社会建设。

加快社会建设，最根本的是要建设一支宏大的社会工作人才队伍。社会工作人才，是以助人为宗旨，运用专业知识和方法，进行困难救助、矛盾调处、权益维护、心理辅导、行为矫治等社会服务工作的专门人才。我国社会管理任务繁重，社会工作人才队伍建设的基础仍然非常薄弱，专业人才严重缺乏，结构布局不合理，岗位不明确，队伍不稳定，与构建社会主义和谐社会的要求尚有很大差距。主要原因是社会工作人才的培养、评价、使用、激励、流动等政策措施不够完善，社会工作及其人才队伍建设尚未得到公共财政的稳定、持续的支持，社会工作的社会知晓度和认可度较低，相关的体制机制环境不完善，等等，这就要求我们进一步增强责任感和紧迫感，采取切实措施加快推进我国社会工作人才队伍建设。

5. 生态文明建设要求加快人才发展

建设生态文明，是关系人民福祉、关乎民族未来的长远大计。生态文明的理念在党的十七大报告中提出，十八大报告更系统化、完整化、理论化地提出了生态文明建设的战略任务，把生态文明建设放在更加突出地位，纳入社会主义现代化建设总体布局，展现了我们党加强生态文明建设的意志和决心。今后一个时期推进生态文明建设的重点任务是，优化国土空间开发格局，全面促进资源节约，加大自然生态系统和环境保护力度，加强生态文明制度建设。

生态文明建设的关键在人才。人才发展是生态文明建设的重要支撑，是生态文明建设的重要“软实力”。党的十七大以来，我国的生态文明建设取得了长足进步，但与生态文明建设的要求和目标相比，现行资源、环境、生态、制度和人才有诸多问题和缺陷。为此，我们除了抓好生态环境质量这一代表生态文明的“硬件”以外，迫切需要实现人的素质提高，迫切需要培养造就大量生态文明建设急需的人才，迫切需要加大制度创新的力度，以保障生态文明建设持续、有序、健康有效地推进。

（二）我国经济社会发展对人才发展提出新要求

从现在起到2020年，是我国全面建成小康社会、建设创新型国家的重要战略机遇期，我国经济社会将进入统筹发展、深化改革、创新主导、全面发展的新时代。未来国家经济社会发展的新形势对人才工作提出了新的要求。

一是经济社会的快速持续发展需要大量高素质的人才供给。在未来5—10年内，我国仍将保持7%—8%的高速经济增长率，这就决定了人才需求量将持续增长，人才缺口有可能进一步扩大。据《人才规划纲要》预测，到2020年，我国国民经济和社会发展重点领域急需紧缺专门人才缺口就达到1300万，其中，国民经济重点领域急需紧缺专门人才缺口达到500万，社会发展重点领域急需紧缺专门人才缺口达到800万。未来一段时期，在人才供给数量进一步提高的同时，可能会出现总量短缺与结构性短缺并存的局面。

二是经济发展方式的转变对人才素质提出新的要求。转变经济发展方式是保证我国经济快速、稳定、可持续发展的内在要求。转变经济发展方式的关键在于提高我国的自主创新能力、提高劳动生产率，由主要依靠增加物质资源消耗向主要依靠科技进步、劳动者素质提高和管理创新转变。这就要求我国的人才素质有一个大幅度的提高。

三是产业结构优化升级需要与之相匹配的人才结构。人才结构变化是产业结构优化升级的前提条件。党的十八大进一步对产业结构优化升级的内容和关键领域进行了界定，提出“推动战略性新兴产业、先进制造业健康发展，加快传统产业转型升级，推动服务业特别是现代服务业发展壮大，合理布局建设基础设施和基础产业”。产业结构的优化升级要求人才在行业、产业、所有制、地域等方面的分布作出相应的调整。目前我国的人才布局和产业结构之间存在不相适应的情况，与发达国家相比差距较大。

四是非公有制经济的迅速发展为人才成长提供了重要空间。据国家工商部门2011年统计，我国非公有制企业已达900多万家，增加值占国内生产总值的60%，非公有制企业职工在我国工人阶级队伍中占大多数。预计未来十几年非公有制经济组织人才数量将有一个较大幅度的增长。因此，人才配置需要进一步在不同所有制单位之间进行竞争、流动和交流，以适应所有制结构多元化的要求。

五是加快人才发展体制机制改革和政策创新需要进一步强化市场在人才资源配置中的基础性作用。未来人才工作，要进一步促进政府宏观调控和市场配置的有机结合，明确政府和市场在人才培养、评价、使用、流动、激励、保障等方面的地位和作用，根据服务对象的不同，采取不同的管理和服务方式。

三、人才发展背景

（一）我国人才发展的主要成效

一是适应科学发展的人才观初步确立。近年来，党中央、国务院高度重视人才工作。从当代世界和中国深刻变化着的实际出发，根据党和国家事业发展的迫切需要，解放思想、实事求是、与时俱进，着重提出了“人才资源是第一资源”、“人人都可以成才”和“以人为本”等科学人才理念。这些崭新理念，为人才赋予了新的科学的时代内涵，为加强和改进人才工作，促进各类人才的不断涌现和充分发挥作用，奠定了坚实的基础，标志着我们党的人才思想已趋于成熟。

二是人才队伍建设取得新的进展。坚持以高层次人才和高技能人才队伍建设为重点，紧紧抓住人才培养、吸引、使用三个环节，采取积极有效的政策措施，统筹推进各类人才队伍建设的协调发展。据2011年度人力资源和社会保障事业发展统计公报数据显示，截至2010年底，我国各类人才总量已达1.2亿，居世界第一。

三是人才政策体系得到逐步完善。全面推进了干部人事制度改革和组织制度创新。党政领导干部公开选拔、竞争上岗等政策制度逐步完善并得到有效落实，公开、平等、竞争、择优的选人用人机制初步建立。公务员法的颁布实施，为建设高素质专业化公务员队伍提供了法律保障。围绕统筹推进各类人才队伍建设，中央先后出台了一系列政策文件。目前，人才培养、吸引、使用等方面的政策法规日趋完善，初步形成了有中国特色的、较为完备的人才政策法规体系。

四是人才促进经济社会发展成效明显提高。紧密围绕科教兴国、可持续发展、西部大开发、振兴东北地区等老工业基地等国家重大发展战略的实施，开发和配置人才资源。各类人才在国家重大发展战略、重点建设项目、重要攻关课题中发挥了重要作用。特别是围绕建设创新型国家，制定了有关方面高科技人才队伍建设的意见，实施了系列的计划，人才对经济发展的促进作用日益突出。

五是人才工作新格局基本形成。坚持党管人才原则，制定实施进一步加强党管人才工作意见，不断加强对人才工作的领导。中央专门成立了人才工作协调小组，协调和整合各部门的工作力量，研究和解决人才工作中的重大问题；中组部成立了人才工作局，履行人才工作的战略规划、政策研究、宏观指导、工作协调等方面职责；各级党委按照“管宏观、管政策、管协调、管服务”的要求，积极探索实现党管人才的有效途径，有力地推进了人才工作和人才队伍建设。目前，全国31个省区市全部成立了人才工作领导协调机构及其办事机构。中央人才工作协调小组各成员单位，都设立了专门的人才工作领导（协调）机构。一个党委统一领导，组织部门牵头抓总，有关部门各司其职、密切配合，社会力量广泛参与的人才工作新格局已经形成。

（二）我国人才发展的主要问题

在肯定成绩的同时，也要清醒地看到，当前我国人才发展的总体水平同世界先进水平相比仍有较大差距，与我国经济社会发展的要求和各类人才的期望还有许多不适应的地方，突出的是：

一是“人才资源是第一资源”等观念未能很好落实。人才资源是第一资源的观念，虽然在思想认识上有很大提高，但在不少地区和部门还只是停留在口头或文件上；“人人都能成才”，特别是不拘一格选人才，目前仍然缺乏操作办法，相反，在不少地区和单位，唯学历、唯职称、唯资历、唯身份的现象仍普遍存在；“以人为本”，对个人价值的认同和尊重，促进人的全面发展，还没有得到充分体现。

二是高层次创新型科技人才匮乏。据科技部统计，我国现有高层次创新型科技人才仅1万人左右，尤其缺乏具有世界一流水平的顶尖科学家和领军人才。据2006年统计，在158个国际一级科学组织及包含的1566个主要二级组织中，我国参与领导层的科学家仅占总数的2.26%，其中在一级科学组织担任主席的仅1名，在二级组织担任主席的仅占1%。与我国13亿人口相比，高层次创新型科技人才的数量、结构和素质均不能满足建设创新型国家的需要，与我国应有的地位极不相称。

三是人才创新创业能力不强。新中国成立60多年，我国没有出一名诺贝尔自然科学奖的世界级大师，主要原因是国外大学是以学术为本，而中国大学是以“官位”为本。基础教育体系和教学模式陈旧单一，几十年没有摆脱“应试教育”的基本模式。高等教育培养的人才，不适应经济社会发展的需求，不适应国家发展对人才的需要。教师队伍的素质、结构和数量也不能适应新形势要求，特别是教师队伍的国际化任重道远（详见表5—1）。

表5—1　世界各国诺贝尔自然科学奖获得者人数统计（2010年）

国家	人数	比例	国家	人数	比例	国家	人数	比例
美国	251	46.1%	荷兰	9	1.7%	芬兰	1	0.2%
英国	80	14.7%	丹麦	8	1.5%	挪威	1	0.2%
德国	64	11.7%	奥地利	8	1.5%	以色列	1	0.2%
法国	33	6.1%	加拿大	7	1.3%	西班牙	1	0.2%
瑞士	23	4.2%	澳洲	6	1.1%	葡萄牙	1	0.2%
瑞典	16	2.9%	意大利	4	0.7%	匈牙利	1	0.2%
俄罗斯	12	2.2%	比利时	3	0.6%	印度	1	0.2%
日本	11	2.0%	阿根廷	2	0.4%	捷克	1	0.2%

资料来源：陈其荣．诺贝尔自然科学奖与创新型国家［J］．上海大学学报：自然科学版，2011（6）．

四是人才的结构布局不够合理。从专业构成看，自然科学类人才多，社会科学类人才少；从产业构成看，专业技术人才大部分集中在教育、卫生等领域，而在高新技术产业、先进制造业和现代服务业领域人才少；从区域构成看，人才大部分集中在东部沿海等发达地区，经济相对落后地区和边远地区人才不仅匮乏，而且还在不断流失。这种现象造成人才难以适应产业结构优化升级和东中西部均衡发展的需求。

五是人才工作体制机制改革没有大的突破。人才单位和部门所有的管理体制尚未根本改变，市场配置人才的基础性作用没有充分发挥；以品德、知识、能力和业绩为核心的各类人才的科学评价标准和评价机制未能很好建立；有利于优秀人才成长的选人用人机制还不够完善；人才激励和保障机制尚未健全；事业单位分类改革还缺乏总体设计；人文环境还不宽松，人才的工作生活环境有待进一步改善。

六是人才资源开发投入不足。尽管近年来对人才工作的投入不断增加，但与国际上一些发达国家相比，我国的人才发展投入仍然不足。我国的公共教育经费占 GDP 的比例明显低于世界平均水平。我国研究与试验发展（R&D）经费支出占国内生产总值的比重明显低于发达国家甚至世界平均水平。

第二节 人才强国战略的指导思想和基本要求

我国在新世纪新阶段的根本任务是实施人才强国战略，加快建设人才强国，既是党和国家事业发展的重要内容，又是党和国家事业发展的重要保证。

一、指导思想

当前和今后一个时期，必须高举中国特色社会主义伟大旗帜，以邓小平理论、“三个代表”重要思想、科学发展观为指导，尊重劳动、尊重知识、尊重人才、尊重创造，更好实施人才强国战略，坚持党管人才原则，加快确立人才优先发展的战略布局。以高层次人才、高技能人才为重点，统筹推进各类人才队伍建设，实施重大人才工程，加大创新创业人才培养支持力度，重视实用人才培养，引导人才向科研生产一线流动。遵循社会主义市场经济规律和人才成长规律，加快人才发展体制机制改革和政策创新，发挥人才第一资源作用，形成具有国际竞争力的人才制度优势。扩大对外开放，充分开发利用国内国际人才资源，积极引进和用好海外人才，把各方面优秀人才集聚到党和国家事业中来，为建设创新型国家和全面建设小康社会提供坚强的人才保证和广泛的智力支持。

二、基本要求

（一）坚持以邓小平理论、“三个代表”重要思想、科学发展观为指导

邓小平理论、“三个代表”重要思想和科学发展观，是推进我国社会主义制度自我完善和发展的强大思想武器，是我们党和国家必须长期坚持的指导思想，也是新形势下做好人才工作的指导思想。新形势下人才工作出现了许多新特点，比如，人才队伍不断壮大，人才素质不断提高，人才分布越来越广泛，人才流动越来越频繁，人才价值越来越得到尊重，人才管理越来越灵活，人才竞争越来越激烈，人才配置日益市场化，人才竞争日趋国际化，等等。这些都要求我们以邓小平理论、“三个代表”重要思想、科学发展观为指导，积极运用这一强大思想武器，研究新情况，解决新问题，总结新经验，不断探索人才发展的新路子。

（二）注意把握“两个坚持”的重要原则

《人才工作决定》指出，要坚持党管人才原则，坚持以人为本。这“两个坚持”是做好新形势下人才工作的两个重要原则。党管人才是人才工作的根本原则。坚持党管人才原则，是我们党作为执政党实施人才强国战略的政治安排。具体讲，就是要充分发挥我们党的领导核心作用，加强

党对人才工作的领导，把各类优秀人才集聚到党和国家的各项事业中来，不断提高人才工作的科学化水平。以人为本是科学发展观的核心。坚持以人为本，就是要确立人才工作首先是做人的工作的理念，把充分发挥各类人才的作用作为人才工作的根本任务。要把握好“两个坚持”的重点，坚持以用为本，着眼于充分调动各类人才的积极性、主动性和创造性，切实抓好人才的培养、引进和使用，实现人的全面发展。要在“两个坚持”中注意尊重人才成长规律，既要坚信人民群众是推动历史前进的根本力量，又要高度重视人才在促进历史发展中的重要作用，充分尊重人才的特殊禀赋和个性，努力营造鼓励人才干事业、帮助人才干好事业的社会环境，放手让一切劳动、知识、技术、管理和资本的活力竞相迸发，让一切创造社会财富的源泉充分涌流，以造福于人民。要处理好“两个坚持”的关系，坚持党管人才，要以坚持以人为本为前提，努力把人才管好管活；坚持以人为本，要通过党管人才原则来实现。

（三）充分开发利用国内国际两种人才资源

适应经济全球化的新形势，实行更加开放的人才政策，在更大范围、更广领域和更高层次参与国际经济技术人才的合作与竞争，加快推进人才国际化进程。要充分开发利用国内国际两种人才资源，拓展人才工作空间，把我们过去用13亿人中的人才转向用全球70亿人中的人才，真正做到“天下人才天下用，天下人才为我用”，让各类人才为我国社会主义现代化服务。当前，要抓住难得时机，加大引才力度，精心组织实施“千人计划”及其子项目，探索技术移民，进一步吸引和用好海外高层次人才。要坚持“以用为本”，充分发挥引进海外高层次人才的作用，不断完善创业融资、税收减免、股权激励、创业服务和生活保障等相关政策。还要积极建设海外高层次人才创新创业基地，充分发挥在人才引进、政策和体制机制创新方面的示范带动作用。此外，还要把发挥现有1.2亿人才作用提上重要日程，大力推进本土人才国际化。实施“国家特支计划”（“万人计划”），正确处理好国内人才与引进人才的关系，加大国内人才的开发力度，造就一支强大的国家创新队伍。

（四）实施培养、吸引、使用“三个环节”一起抓

培养、吸引、使用三个环节，是加强人才队伍建设的重要途径，也是实施人才强国战略的重要抓手。培养是基础，吸引是补充，使用是根本。培养要以提高思想道德素质和创新能力为核心，立足培养全面发展人才，突出培养创新型人才，注重培养应用型人才，重视培养杰出人才。吸引要深入实施“千人计划”，稳定规模、确保质量、优化结构，大力引进战略性新兴产业、先进制造业、现代服务业等急需人才，重点引进世界顶尖人才，加大引进国外智力工作力度。使用要把用好人才作为人才工作的永恒主题，着力解决人才不适用、不够用、不能充分使用的问题，让各类人才各得其所、用当其时。三个环节是相互联系、各有侧重的有机整体。必须坚持三个环节一起抓，真正做到培养好、引得进、留得住、用得活，让各类人才充分施展聪明才智，实现人尽其才、才尽其用。

（五）以建设“六支人才队伍”为主体

人才队伍数量大，分布广，种类多。2003 年第一次中央人才工作会议，提出以三支人才队伍为主体（党政人才队伍、企业经营管理人才队伍、专业技术人才队伍）；2003 年后又增加了两支队伍（高技能人才队伍、农村实用人才队伍）；第二次中央人才工作会议又把社会工作人才“单列”为一支队伍，从而形成了“六支人才队伍”。胡锦涛指出，这说明人才队伍也在不断发展壮大。党政人才、企业经营管理人才、专业技术人才、高技能人才、农村实用人才和社会工作人才六支人才大军，是我国人才队伍的主体，是增强国家综合竞争力的主导力量，必须坚持以六支人才队伍为主体，统筹抓好整个人才队伍的建设。在六支人才队伍建设中，根据建设创新型国家和全面建成小康社会的要求，突出培养造就创新型科技人才，大力开发经济社会发展重点领域急需紧缺人才。按照党的十七届六中全会要求，还要加强文化人才队伍建设。此外，从年龄层面上来讲，还要加强青年人才队伍建设。

（六）要为坚定不移沿着中国特色社会主义道路前进、全面建成小康社会提供人才保证

事业呼唤人才，人才推进事业。坚定不移沿着中国特色社会主义道路前进，全面建成小康社会的伟大实践为人人竞相成才、各类人才脱颖而出、大显身手提供了宽广舞台。做好新形势下的人才工作和人才资源开发，必须为党和国家的中心任务服务，为国家重大发展战略服务，同时也为促进人的全面发展服务。坚持这“三个服务”，就是坚持科学发展观和科学人才观的有机统一，就是统筹好发展这个“第一要务”与人才这个“第一资源”。一个国家、一个民族，人才资源全面开发的过程，既是推进经济社会协调发展的过程，也是推进人的全面发展的过程。正因为这样，必须把服务科学发展作为人才工作的根本出发点和落脚点，围绕科学发展目标确定人才队伍建设任务，根据科学发展需要制定人才政策措施，用科学发展成果检验人才工作成效。

三、指导方针

中央对实施人才强国战略提出了六条指导方针，即服务发展，人才优先，以用为本，创新机制，高端引领，整体开发。这六条要求，确立了新形势下人才工作的重大方针原则。

（一）服务发展

就是要把服务科学发展作为人才工作的根本出发点和落脚点，围绕科学发展目标确定人才队伍建设任务，根据科学发展需要制定人才政策措施，用科学发展成果检验人才工作成效。

按照《人才规划纲要》，在服务发展方面，根据到2020年建设创新型国家和全面建成小康社会的要求，特别强调要突出培养造就创新型科技人才、大力开发经济社会发展重点领域急需紧缺专门人才。具体是：一要围绕国家重大发展战略的实施来开发和配置人才资源；二要注意发挥社会主义和市场经济的优势，集中力量攻克和解决经济社会发展中的关键性课

题；三要紧紧围绕科教兴国、可持续发展、西部大开发、振兴东北地区等老工业基地等战略实施，吸引、调配和补充紧缺急需人才，以保证重大发展战略的顺利实施；四要进一步完善有关政策和法律法规，盘活现有人才资源；五要突出培养造就高层次创新型科技人才，努力造就一批世界水平的科学家、科技领军人才、工程师和高水平创新团队，注重培养一线创新人才和青年科技人才，建设宏大的创新型科技人才队伍。到2020年，中国研发人员总量达到380万人年，高层次创新型科技人才总量达到4万人左右。

（二）人才优先

就是要确立在经济社会发展中人才优先发展的战略布局，充分发挥人才的基础性、战略性作用，做到人才资源优先开发、人才结构优先调整、人才投资优先保证、人才制度优先创新。促进经济发展方式向主要依靠科技进步、劳动者素质提高、管理创新转变。

推动科学发展、创新发展、转型发展，必须优先发展人才。要把人才列为各类资源开发之首，谋划发展优先谋划人才发展，推动工作优先推动人才工作，使人才优先发展具体化、政策化、项目化。人才优先是一个时代性的人才战略思想，它与毛泽东1956年讲的“为了实现这个伟大的目标，决定一切的是要有干部，要有数量充足的、优秀的科学技术专家”，邓小平1977年讲的“尊重知识，尊重人才”，江泽民2001年讲的“人才资源是第一资源”，具有同样的价值和意义。同时，人才优先也是后发国家实现现代化追赶的成功经验，1900年美国对英国的赶超，1950年日本对美国的追赶，1960年韩国对欧洲的追赶，这三个国家都采取了“人才优先”的战略决策①。

实施人才优先的方针，目的是推动经济社会科学发展，最大限度地激发各类人才的创新激情和创造活力，为全面建成小康社会提供有力人才

① 中共中央组织部人才工作局．科学人才观理论读本［M］．北京：人民出版社，党建读物出版社，2012.

支撑。

（三）以用为本

就是要把充分发挥各类人才的作用作为人才工作的根本任务，围绕用好用活人才来培养人才、引进人才，积极为各类人才干事创业和实现价值提供机会和条件。

科学发展、以人为本，人才发展、以用为本；作为个体的人才会越用越聪明，作为群体的人才会越用越多；要着力解决人才不够用、不适用、不被用的问题。“以用为本”是人才理论的重大创新。这是总结国内外人才资源开发经验，对我国当前人才发展实际情况的规律性认识，是今后我国人才工作必须遵循的重要指导方针之一。坚持“以用为本”，是人才工作贯彻落实科学发展观的必然要求；是做好人才发展各个环节工作的内在要求；是解决当前我国人才工作突出问题的紧迫需要。

坚持人才以用为本，主要包括五个方面：（1）“用”要提供施展平台，保障“才有所施”；（2）“用”要强化开发力度，保证“才有所长”；（3）“用”要激活人才效能，激发“才有所创”；（4）“用”要优化激励机制，兑现“才有所值”；（5）“用”要树立“大人才观”，实现“才智融通”。航天人才队伍，是我国以用为本的杰出典型，他们依托国家的重点工程和重大项目，培养了一批40岁左右的项目设计师。俄罗斯航天工业部专家说，你们中国很了不起，我们10年做的事，你们3年就做成了。

（四）创新机制

就是要把深化改革作为推动人才发展的强大动力，坚持破除束缚人才发展的思想观念和制度障碍，加快人才发展体制机制改革和政策创新，最大限度地激发人才的创造活力。

人才发展的关键在体制机制，体制机制的活力来自改革创新。近几年来，我们坚持以改革创新精神推进人才工作，通过建立人才改革试验区、人才创新创业基地，积极探索建立充满活力的人才工作体制机制。北京生命科学研究所探索与国际接轨的科研管理机制，收到了很好的效果。但是随着改革的深入，制约人才发展的体制机制的问题越来越突出，人才体制机制不活，不能人尽其才、才尽其用；人才培养与使用脱节；人才评价中问题突出；户籍制度、社会保障等对人才流动配置阻碍较大；人才激励不足，收入分配格局有待调整。这里特别要指出的是，当前的科研院所、学校、医院实际都存在行政级别，这使得行政权力凌驾于科研、学术、医疗权力之上，使创新人才难以脱颖而出，限制了科研、高校、医院的发展等。

针对人才工作体制机制中存在的这些倾向，要对人才工作体制机制进行整体设计，发挥制度优势，要进一步解放思想，以极大的勇气和智慧，创新人才制度，整体设计重点有两个方面：(1) 改革完善人才工作管理体制。要完善党管人才的领导体制，要更加重视发挥市场机制的作用，善于运用市场手段配置人才资源，大力发展人才服务业，促进人才科学有序流动。(2) 创新人才工作机制。要更加重视拓宽人才评价发现的途径，研究建立各类人才能力素质标准体系，通过业绩和贡献评价人才，依靠实践和群众发现人才。更加重视人才的激励保障，研究建立国家荣誉制度，加强知识产权保护，制定鼓励知识、技术、管理、技能等生产要素参与分配办法，完善高技能人才津贴和奖励制度。更加重视人才政策创新，抓好人才政策制定，加快形成激励人才创造活力、具有国际竞争力的人才制度优势。

（五）高端引领

就是要培养造就一批善于治国理政的政治家，一批经营管理水平高、市场开拓能力强的优秀企业家，一批世界一流的科学家和科技领军人才与高水平的理论家、文学家、艺术家、教育家，一批技艺精湛的高技能人才，一批社会主义新农村建设带头人。充分发挥高端人才在人才队伍建设和经济社会发展中的引领作用，以高端人才带动整个人才队伍建设。

加强高层次人才开发。高层次人才是人才队伍的骨干和核心，是推动各项事业创新发展的领军人物，是推动经济社会发展特别重要的战略资源。加强高层次人才开发，要实施国家高层次人才培养工程，要不断推进制度创新，要加大吸引留学和海外高层次人才工作力度，要加强和改进国家重要人才安全工作。

加强高技能人才队伍建设。要更好提高高技能人才的社会地位，使他们真正享受高层次人才的同等待遇。要进一步改善高技能人才的经济待遇，较大幅度地提高高技能人才的工资待遇。20 世纪五六十年代，我国实行 8 级工资制，8 级的工资是 114 元，7 级是 94 元，而当时的月人均最低消费是 8 元，这些高级技工工资甚至超过分厂厂长。现在的情况则是完全相反。因此，要大力提高职业教育的地位，加大对职业教育的投资力度，构筑“学校世界”通往“职业世界”的桥梁。

（六）整体开发

就是要加强人才培养，注重理想信念教育和职业道德建设，培养拼搏奉献、艰苦创业、诚实守信、团结协作精神，促进人的全面发展。鼓励和支持人人都作贡献、人人都能成才，“行行出状元”。统筹国内国际两个市场，推进城乡、区域产业、行业和不同所有制人才资源开发，实现各类人才队伍协调发展。

人才整体性开发，根据中央领导要求，人才规划在各支人才队伍的摆位上，把创新型科技人才摆在第一位，经济社会发展重点领域急需紧缺人才摆在第二位，然后再讲统筹推进各类人才队伍建设。提出突出培养造就创新型科技人才、大力开发经济社会发展重点领域急需紧缺人才、统筹推进各类人才队伍建设。同时，根据每支队伍的性质、特点、地位和作用，提出了队伍建设的发展目标和主要举措。

第三节　人才强国的战略目标和战略任务

人才强国战略目标，必须以全面建成小康社会和实现中华民族伟大复兴为总纲，以创新驱动、转型发展为契机，把握世界科技进步和国际产业结构调整的历史机遇，紧扣人才强国战略，高度重视人才在中国特色社会主义伟大事业发展中的关键作用，大力加强人才队伍建设，加快人才发展体制机制改革和政策创新，把我国由人才大国建设成为人才强国，以推动经济社会协调、可持续发展。

一、战略目标

围绕建设创新型国家和全面建成小康社会的总体目标，服务于中国特色社会主义经济建设、政治建设、文化建设、社会建设和生态文明建设的发展，到2020年我国人才发展的总体目标是，培养和造就规模宏大、结构优先、布局合理、素质优良的人才队伍，确立国家人才竞争比较优势，进入世界人才强国行列，为在21世纪中叶基本实现社会主义现代化奠定人才基础。

规模宏大：人才总量稳步增长。人才资源总量占人力资源总量的比重达到发达国家水平，2020年人才总量达到1.8亿，基本满足经济社会发展的需要。

结构优化：人才结构战略调整。人才结构与经济社会发展的需要相适应，人才的产业结构、地区结构、城乡结构、专业结构、年龄结构和技术结构更为合理，人才结构性矛盾得到极大缓解。到2020年三次产业的人才结构更加优化；中西部地区的人才数量和人才比例显著上升，实现东、中、西部人才结构的协调发展；基础人才队伍从根本上得到加强。

素质优良：比较优势显著增强。为了解决“能力不足的危险”，2020年高层次、高技能的综合性人才所占比例达到30%以上，在此基础上，国际化、复合型人才的比例迅速提高，并带动人才队伍的整体发展。

优势明显：人才效能明显提高。人才发展体制机制改革取得突破性进展，人才辈出、人尽其才的环境基本形成。人力资本投资占国内生产总值比例达到15%，人力资本对经济增长贡献率达到33%，人才贡献率达到35%（详见表5—2）。

表 5—2　国家人才发展主要指标

指标	单位	2008 年	2015 年	2020 年
人才资源总量	万人	11385	15625	18025
每万劳动力中研发人员	人年/万人	24. 8	33	43
高技能人才占技能劳动者比例	%	24. 4	27	28
主要劳动年龄人口受过高等教育比例	%	9. 2	15	20
人力资本投资占国内生产总值比例	%	10. 75	13	15
人才贡献率	%	18. 9	32	35

注：人才贡献率数据为区间平均值，其中 2008 年数据为 1978—2008 年的平均值，2015 年数据为 2008—2015 年的平均值，2020 年数据为 2008—2020 年的平均值。

资料来源：中共中央组织部．国家中长期人才发展规划纲要（2010—2020 年）[M]．北京：党建读物出版社，2010.

二、战略任务

（一）加强人才队伍建设

造就规模宏大、素质优良的人才队伍是人才工作的中心任务。人才发展规划分别对党政人才、企业经营管理人才、专业技术人才、高技能人才、农村实用人才和社会工作人才等人才队伍建设，提出了具体目标和措施，特别强调要突出培养造就创新型科技人才、大力开发经济社会发展重点领域急需紧缺专门人才。这是为更好推动科学发展、促进社会和谐而提出的重大任务，也是为加快培养经济社会最急需的人才而采取的重大措施。我们要以高层次创新型科技人才为重点，努力造就一批世界水平的科学家、科技领军人才、工程师和高水平创新团队，注重培养一线创新人才和青年科技人才，建设宏大的创新型科技人才队伍。我们要加大重点领域急需紧缺专门人才开发力度，下大力气加快战略性新兴产业、先进装备制造业、金融财会、国际商务、生态环境保护、能源资源、现代交通运输、农业科技等经济重点领域人才培养，下大力气加快教育、政法、宣传思想文化、医药卫生、防灾减灾等社会发展重点领域人才培养，大规模开展重点领域专门人才知识更新。要根据我国对外开放不断扩大的需要，抓紧培养造就一批复合型、高层次、通晓国际规则的适应对外开放的人才。

要统筹推进各类人才队伍建设。要以提高执政能力和领导水平为核心，以中高级领导干部为重点，建设善于推动科学发展、促进社会和谐的高素质党政人才队伍。以提高现代经营管理水平和市场竞争力为核心，以战略企业家和职业经理人为重点，建设高素质企业家和经营管理人才队伍。以提高专业水平和创新能力为核心，以高层次人才和紧缺人才为重点，建设规模合理、素质优良的专业技术人才队伍。以提高职业素质和职业能力为核心，以技师和高级技师为重点，建设门类齐全、技艺精湛的高技能人才队伍。以提高科技素质和致富能力为核心，以农村实用人才带头人和农村生产经营性人才为重点，建设农村实用人才队伍。以增强服务意识、提高服务能力为核心，以中高级社会工作人才为重点，大力培养职业化、专业化的社会工作人才队伍。

还要特别强调一个问题，就是要抓紧培养造就青年人才特别是青年英才。青年是祖国的未来、事业的希望。要把培养造就青年人才作为人才工作队伍建设的一项重要战略任务，加大工作力度，完善工作制度，采取有效措施，不拘一格选人才。要关注青年，关心青年，关爱青年，倾听青年心声，鼓励青年成长，支持青年创业。要教育引导青年人才自觉把实现个人人生价值同实现全面建成小康社会和中华民族伟大复兴的奋斗目标紧密结合起来，牢固树立为祖国、为人民、为民族真诚奉献的人生理想，在投身党和人民伟大事业中建功立业。

（二）创新人才体制机制

创新人才体制机制是我国人才发展的根本保证。好的体制机制，有助于培养吸引人才，真正做到人尽其才。没有好的体制机制，育才、聚才和用才就没有制度保证。要加强改革顶层设计和统筹谋划，增强系统性、整体性、协调性。要坚持改革创新，充分激发各类人才的创新活力，保证人才强国战略的顺利实施。

关键是深化人才工作管理体制改革。人才工作管理体制和工作机制，体制为先，极其重要。要深化人才工作管理体制改革，突破一切阻碍人才成长和发挥作用的体制性障碍，遵循人才资源开发规律，坚持市场配置人才资源的改革取向，加强和改善宏观调控，提高人才资源配置效率，保持人才队伍旺盛的活力。

核心是创新人才工作机制。实践证明，中国不缺人才，中国缺制度。有效的工作机制是充分发挥人才主观能动作用的核心要素。要建立以能力建设为核心的人才培养机制，建立以品德、能力和业绩为导向的人才评价机制，建立以公开、平等、竞争、择优为导向的选人用人机制，建立完善有利于人才合理流动的人才资源配置机制，建立以鼓励劳动和创造为根本目的的激励保障机制。

重点是优化人才环境。良好的人才环境是激发人才活力产生和迸发的重要条件。要建立健全人才政策法规体系，着力营造良好的政策环境；要搭建人才干事创业的平台，着力营造良好的工作环境；要倡导自由探索与百家争鸣，着力营造良好的学术环境；要鼓励合作与理解，着力营造良好的人文环境。

（三）完善重大人才政策

人才体制机制是推动人才工作向纵深发展的基础，而体制机制创新要依靠政策创新推动。体制机制涉及人才工作全局，改革体制机制既要积极又要稳妥。一下子改变现行体制，实现体制突变，阻力大，难度大，风险也大。必须以政策创新带动体制机制创新，即从一项具体政策改起，由点到面、逐步推进。遵循这个思路，针对我国人才发展中亟待解决的重大问题，人才发展规划提出了实施促进人才投资优先保证的财税金融政策，产学研合作培养创新人才政策，引导人才向农村基层和艰苦边远地区流动政策，人才创业扶持政策，有利于科技人员潜心研究和创新政策，推进党政人才、企业经营管理人才、专业技术人才合理流动政策，更加开放的人才政策，鼓励非公有制经济组织、新社会组织人才发展政策，促进人才发展的公共服务政策，知识产权保护政策等 10 大政策创新任务。中央和国家机关有关部门围绕规划确定的 10 大政策，已出台具体政策 168 项，各省区市出台配套政策 378 项。中央组织部等 15 个部委与北京市共同印发了《关于中关村国家自主创新示范区建设人才特区的若干意见》，给予13项创新人才政策支持，要求在中关村这个特定区域，实行“特殊政策、特殊机制、特事特办”，率先确立人才优先发展战略布局，构建与国际接轨、与社会主义市场经济体制相适应、有利于人才科学发展的体制机制。之后，上海浦东、天津滨海新区、重庆两江新区、江苏无锡、武汉东湖、深圳前海、吉林长春、福建平潭、贵州贵阳、宁夏银川等地也积极开展了人才特区建设，在签证居留、技术移民、金融支持、财税优惠、股权激励、社会保障方面采取一系列特殊措施，创造“类海外”创新创业环境，形成一套有利于人才成长和发挥作用的体制机制，有效激发了各类人才创新创业活力。

（四）实施重大人才工程

第一，实施重大人才工程服务发展的战略定位。要把实施重大人才工程作为人才工作深入贯彻落实科学发展观的战略抓手，着眼于服务科学发展大局，围绕转变经济发展方式、促进产业结构调整、提高自主创新能力、实施国家重大发展战略，明确各项人才重大工程的战略定位和工作重点，找准切入点和着力点，充分发挥人才对经济社会发展的引领和支撑作用，使人才重大工程的实施更加有效地服务科学发展大局。

第二，实施重大人才工程形成人才工作合力。重大人才工程包括规划设计、组织实施、管理服务等多个方面，涉及人才培养、引进、使用等各个环节，不可能靠哪一个部门单独完成，必须充分整合各方面资源，形成合力，共同推进。既要充分发挥人才工作领导（协调）小组的统筹协调作用，又要注重发挥人才工作部门的职能作用，更要发挥用人单位的主体作用，形成密切配合、协调高效的工作机制，整合各方面力量，齐心协力推动重大人才工程的实施。

第三，实施重大人才工程体现人才工作的整体效益。树立和落实“以用为本”的人才工作理念，把培养、引进、使用融为一体，把发展人才、实现人才价值贯穿工程实施全过程，努力提高人才工作整体效益。坚持使用与培养相结合，强化培养功能，实行“大师＋团队”的组织模式，做到以才带才、以才育才。推动引进与使用一体化，把重大人才工程作为吸引、凝聚海内外领军人才的高端平台，通过强有力的经费支持和系统的政策扶持，为他们发挥作用创造良好条件。

第四，实施重大人才工程引领人才队伍建设整体上水平。重大人才工程要基本涵盖主要领域人才队伍建设，在实施过程中要通盘考虑，精心设计，充分考虑各级人才队伍建设的整体性、层次性和差异性，体现重大人才工程的示范带动作用，使之成为“龙头”工程、“样板”工程，引领带动各级各类人才队伍建设。同时，通过示范引导，带动各地各部门实施一大批特色鲜明、影响带动力强的人才工程，形成点面结合、整体推进的人才资源开发格局。对于适合同步推进的人才工程，坚持配套联动、一体化推进，形成上下贯通的工作体系。

第五，实施重大人才工程推进人才工作体制机制创新。重大人才工程不仅是人才队伍建设的重要抓手，而且是人才发展体制机制改革和政策创新的重要载体。例如，国家在实施“千人计划”这个重大人才工程中，对海外人才吸引实行了一系列的制度创新，包括出入境、人才签证，绿卡，国家科学基金重大课题第一申请人资格许可等。在组织实施重大人才工程过程中，要结合开展人才管理改革试验区试点，探索创新人才培养开发机制、评价发现机制、选拔使用机制、流动配置机制、激励保障机制和人才管理体制的有效途径，重大创新成果率先在人才工程实施中推行、试验，积累经验，总结推广，发挥人才重大工程在人才工作体制机制创新中的引领示范作用（详见表5—3）。

表5—3　12项人才工程的主要内容

序号	名称	牵头部门	主要内容
1	创新人才推进计划	科技部	设立100个科学家工作室，重点培养和支持3000名中青年科技创新人才，重点扶持1000名优秀创业人才，建设500个重点领域创新团队，建设300个创新人才培养示范基地。
2	青年英才开发计划	中组部	重点培养扶持2000名35周岁以下的青年拔尖人才，每年在高水平研究型大学和科研院所选拔培养1200名拔尖大学生，遴选2000名优秀应届高中、大学毕业生到国外一流大学深造和定向培养。

续表

序号	名称	牵头部门	主要内容
3	企业经营管理人才素质提升工程	国资委	培养500名具有世界眼光、战略思维、创新精神和经营能力的企业家，培养1万名精通战略规划、资本运作、人力资源管理、财会、法律等专业知识的企业经营管理人才。
4	高素质教育人才培养工程	教育部	每年重点培养和支持2万名各级各类学校教育教学骨干、“双师型”教师、学术带头人和校长，在中小学（含幼儿园）、职业学校、高等学校培养造就一批教育家、教学名师和学科领军人才。
5	文化名家工程	中宣部	重点资助扶持2000名哲学社会科学、新闻出版、广播影视、文化艺术和文物保护、文化经营管理、文化科技等方面的名家，承担重大课题、重点项目、重要演出，开展创作研究、展演交流、出版专著等活动。
6	全民健康卫生人才保障工程	卫生部	培养造就一批医学杰出骨干人才，给予科研专项经费支持；开展住院医师规范化培训工作，支持培养5万名专科方向的住院医师；通过多种途径培训30万名全科医师。
7	海外高层次人才引进工程	中组部	在中央层面实施“千人计划”，通过创新长期项目、短期项目，人文社科项目，“青年千人计划”项目，“外专千人计划”项目，创业项目等，用5—10年时间引进一批海外高层次人才回国（来华）创新创业。
8	专业技术人才知识更新工程	人社部	在装备制造、信息、生物技术、新材料等12个重点领域，开展大规模知识更新继续教育，每年培训100万名高层次、急需紧缺和骨干专业技术人才，建设一批国家级专业技术人员继续教育基地。
9	国家高技能人才振兴计划	人社部	新培养350万名技师、100万名高级技师，使技师和高级技师达到1000万人，建设1200个高技能人才培训基地。
10	现代农业人才支撑计划	农业部	选拔300名农业科技杰出人才给予科研经费专项支持，扶持培养1万名有突出贡献的农业技术推广人才。

续表

序号	名称	牵头部门	主要内容
11	边远贫困地区、边疆民族地区和革命老区人才支持计划	中组部	每年引导10万名优秀教师、医生、科技人员、社会工作者、文化工作者到边远贫困地区、边疆民族地区和革命老区工作或提供服务，每年重点扶持培养1万名“三区”急需紧缺人才。
12	高校毕业生基层培养计划	中组部	分为大学生村官工作，农村学校教师特设岗位计划、免费师范生培养计划、免费医学生培养计划，高校毕业生“三支一扶”计划，大学生志愿服务西部计划等内容。

资料来源：国家人才发展规划12项重大工程全面启动实施［N］. 中国组织人事报，2011－11－10.

第四节 实施人才强国战略的重大举措

邓小平曾经指出：“目前的问题是，现行的组织制度和为数不多的干部的思想方法，不利于选拔和使用四个现代化所急需的人才。希望各级党委和组织部门在这个问题上来个大转变，坚决解放思想，克服重重障碍，打破老框框，勇于改革不合时宜的组织制度、人事制度，大力培养、发现和破格使用优秀人才，坚决同一切压制和摧残人才的现象作斗争。”①

建设人才强国，是中央基于对国内外形势的深刻认识和我国人才发展现状的清醒估计作出的重大战略决策，体现了我们党和国家在人才领域进一步发挥社会主义制度优越性、更好地实现各项事业科学发展的决心和信心。必须紧紧围绕建设人才强国的战略目标，从以下七个方面，在制度上来个大转变，努力使人才工作的各项措施真正落到实处。

一、坚持人才资本投资优先，大幅度提高人才投入

世界各国的研究都证明，包括教育在内的人才投资是战略性投资，是

① 邓小平. 邓小平文选：第2卷［M］. 北京：人民出版社，1994：326.

发展效益最大的投入。温家宝在全国人才工作会议上强调，人才投入是赢得未来的战略性投入，是效益最大的投入，在这方面要舍得花钱。必须树立新的人才资源开发投入观，建立人才投入随经济增长而增长的投入机制，加大人才资源开发投资力度，提高发展性投入中用于人才资源开发的比例，大幅度提高国家人力资本投资占物力投资的比重。

1. 研究建立保障教育优先发展的投入机制

经济社会发展规划要优先安排教育发展，财政资金要优先保证教育投入，社会公共资源要优先满足教育和人力资源开发需要，财政性教育经费增长幅度要明显高于财政经常性收入增长幅度。

2. 充分发挥企业在技术创新中的主体作用

探索建立企业创新人才资金，实行优惠的财税、金融等政策，引导企业不断增加引进人才和研发投入。加大国有企业人才培训教育经费投入，企业管理经费中的职工教育经费计提比例不得少于工资总额的2.5%。

3. 加大政府投入力度

设立人才专项资金，建立重要人才国家投保制度；发挥财税政策导向作用，构建多渠道、社会化人才投入新机制。在加大政府投入的同时，鼓励和引导社会、用人单位、个人投资人才资源开发，建立起多元化的人才发展投入机制。江苏政府人才投入不低于本级财政一般预算收入的3%。江苏省中长期人才发展规划纲要提出，人才投入优先保障，增加人才发展投入，提高人才投入占财政支出比例。县（市、区）财政设立人才发展专项资金，纳入财政预算，不低于本级财政一般预算收入的3%，用于人才引进、培养、使用和奖励①。

二、坚持优先发展教育，整体提高人才创新创业水平

优化教育结构，普及九年义务教育，大力发展职业教育，提升高等教

① 本书编写组．第一资源——科学人才观简明读本［M］．南京：江苏人民出版社，2012.

育质量，完善现代国民教育体系和终身教育体系。

1. 全面推进素质教育

将素质教育贯穿于基础教育、职业教育、高等教育等各级各类教育，贯穿于学校教育、家庭教育和社会教育各个方面，面向全体学生，以培养学生的创新精神、实践能力为重点，促进学生德智体美全面发展。深化基础教育课程、教学方式、评价体系和思想政治教育改革，切实把中小学生从沉重的课业负担下解放出来，从应试教育转到素质教育，激发学生的好奇心和探究精神。

2. 大力发展职业教育

深化职业教育培养模式改革，面向市场适时调整课程设置，开发职业培训项目，积极开展订单培养；改变以课堂为中心的培养模式，改革教学内容和方法，大力推行校企合作、工学结合、半工半读，加强实践环节，提高学生实际工作技能。加强职业教育投资，提高职业教育教师和毕业学生待遇。

3. 切实改革高等教育

加快推进高等教育体制改革，积极探索现代大学制度。建立人才培养结构与经济社会发展需求相适应的动态调控机制，优化教育学科专业、类型、层次结构和区域布局。适应建设创新型国家和经济社会发展需要，注重创新型人才与国民经济和社会发展重点领域紧缺急需专业人才培养。加强关系我国科技发展重点领域及其优先主题的学科专业建设，超前部署关系国家未来发展的前沿学科建设。深化高等教育教学改革，创新人才培养模式、全面推进素质教育，注重培养学生的基础知识和基本技能，鼓励学生自主学习，重视实训和社会实践，不断提高学生的科学素质、人文素质以及实践能力、创新能力、就业能力、创业能力。启动“科教结合协同育人行动计划”，大力推进科技与教育协同育人，促进科研与教学互动、科研与人才培养结合，努力培养造就高素质人才和拔尖创新人才。

4. 深入推进学校招生考试制度改革

坚持义务教育公办学校实行就近免试入学制度，全面实施初中毕业生学习考试与综合素质评价相结合的高中招生制度。改革高等学校招生考试制度，建立健全多元招生录用制度。进一步完善高等学校研究生和中等职业学校招生选拔方式，形成有利于高素质创新人才脱颖而出的制度环境。

5. 启动新一轮教育行政体制改革

加强教育行政部门在规划统筹、监督评价、信息咨询等方面的职能，加大省级政府统筹各级各类教育发展的权力和责任。完善不同类型学校领导体制，建立保证教育家办学的体制机制，改革校长遴选机制，改革高等学校内部管理体制。

三、围绕经济发展方式转变和产业结构优化升级，实行人才结构战略性调整

坚持走中国特色新型工业化道路，建立人才结构调整与经济结构调整相协调的良性循环机制，根据经济结构战略性调整，大力调整和优化人才结构，采取有力措施，促进人才在城乡、区域、产业、行业和不同所有制之间的合理分布。

1. 根据经济社会和产业发展需求调整人才培养模式

坚持以用为本，按照经济结构战略性调整对人才的要求，加强高等教育、专业技术培训、职业技术教育等各类教育培训与经济社会的紧密结合，调整学科和专业结构，增强教育培训的针对性，调整人才培养模式，使教育培养适应人才需求结构。在人才结构调整优化过程中，尤其重视发展职业技术教育培训，改变目前因高技能人才不足而影响企业生产能力提高和科技成果转化的问题。建立和完善全国人才统计指标体系，定期发布行业、产业、区域人才需求预测，进一步优化人才分布结构，促进人才向装备制造业、高新技术产业、现代服务业、基础产业、现代农业等集聚。

2. 发挥企业在技术创新中的主体作用，引导各类人才向企业流动

针对我国目前人才大部分集中在机关事业单位的现状，坚持需求与调控相结合，合理配置人才资源，积极引导优秀青年人才特别是创新型科技人才向企业流动，让他们到企业去施展才华和建功立业。制定政策，鼓励

引导高等院校、科研院所的科技人才到企业兼职进行技术开发。鼓励企业聘用高层次科技人才和培养优秀科技人才，并给予政策支持。引导高等院校毕业生到企业就业。鼓励企业与高等院校和科研院所共同培养技术人才。注重培养一线创新人才，支持传统产业、高新技术产业以及现代服务业大力培养和吸引高技能人才。

3. 适应推动区域协调发展，引导以人才为核心的生产要素跨区域合理流动

进一步完善区域人才开发政策与协调机制，为区域协调发展提供人才支持和智力服务。继续抓好对东北地区等老工业基地和西部地区人才开发政策措施的落实。加强对中部、东部地区人才资源开发的宏观指导和政策引导，研究提出新的人才政策。适应国家主体功能区建设需要，研究制定人才配套政策。总结长三角、珠三角、环渤海等地区探索建立人力资源合作组织、建立现代化人力资源信息系统、完善区域人才市场建设、开展区域人才合作的经验和做法，探索建立完善区域性人才合作机制和制度，畅通区域人才合作的渠道，打破各类人才流动壁垒，尽快实现区域性人才市场一体化，真正做到人才优势互补，人才资源合理配置。

4. 实行有利于非公有制经济和社会组织人才发展的政策

将非公有制经济和社会组织人才发展纳入统一的人才规划，建立非公有制经济和社会组织人才调查统计、教育培训、职称评定、推荐选拔、表彰奖励等各项人才管理服务制度。建立非公有制经济和社会组织人才工作机制，克服体制和工作障碍，打破体制身份界限，在政治待遇上一视同仁，在人才政策上统一安排，在公共资源使用上平等开放。

5. 围绕推进社会主义新农村建设，加大农村实用人才培养力度

加强农村科技、教育、文化、卫生、经营管理等多方面的实用人才开发，重点培养大批生产能手、能工巧匠、经营能人和乡村科技人员，培育数以亿计有文化、懂技术、会经营的新型农民。

四、提高人才国际化素质，推进我国人才国际化进程

随着经济全球化的加快推进和我国对外开放水平的不断提高，我们必须站在新的起点上，充分开发利用国内国际人才资源，坚持自主培养和开发与引进海外人才并举，积极引进和用好海外人才，完善留学人员回国政策和引才机制，鼓励留学人员回国工作、创业和为祖国服务。大力吸引海外高层次人才和急需紧缺专门人才，完善出国（境）培训管理制度。

1. 大力吸引和用好海外高层次人才和急需紧缺专门人才

引进海外高层次人才和急需紧缺专门人才目前仍面临着难得机遇。要抓住时机，加大引才力度，用好引进人才。要精心组织实施“千人计划”及其子项目，加大“千人计划”顶尖人才和创新团队、青年“千人计划”项目的实施力度，全面启动“国家特聘科学家”全球招募计划。改进和完善评审标准和程序，突出国家需求导向，大力引进能够突破关键技术、发展高新技术产业、带动新兴学科的战略科学家和创新创业领军人才。要围绕充分发挥引进海外人才作用，不断完善相关政策，制定出台“国家特聘专家”服务与管理办法，发挥国家“千人计划”创业投资引导基金和创投中心的作用，加大对“千人计划”创业人才的支持力度。要创造条件帮助引进人才加快融入国内科技创新创业环境，加强与国内人才和团队的合作，形成协同创新、共同发展的创新局面。要依托海外高层次人才创新创业基地，充分发挥其在人才引进、体制机制改革和政策创新方面的示范带头作用。要围绕构建现代文化产业体系、推进文化科技创新，大力引进国（境）外文化领域高层次人才和急需紧缺人才。

2. 加大引进国外智力工作力度

坚持以我为主、按需引进、突出重点、讲求实效的方针，要抓好“外专千人计划”及重大引智工程的落实。严格把握评审标准和程序，大力引进能够突破关键技术、发展高新技术、带动新兴学科、推进文化科技创新、推进生态文明建设的高层次人才。要提升出国（境）培训质量和效益。加强出国（境）培训管理，充分利用国（境）外优质教育培训资源，

加大文化、改善民生和创新社会管理、生态文明建设、实体经济等领域人才出国（境）培训力度。完善中国“绿卡”制度，吸引国际高层次人才和急需紧缺人才在华居留和工作，放宽高科技人才及家属申办永久性居留条件。尽快研究制定投资移民、技术移民法，加大海外专家引进力度。借鉴发达国家利用国外人才的经验和做法，使在华工作的华裔和外籍高层次人才享有国民待遇，为他们创造良好的工作和生活条件。

3. 深化国际人才交流与合作

拓展高层次引智渠道，提高引智资源配置能力，探索灵活多样、便捷高效的引智方式，推动引资、引技和引智有机结合。围绕我国企业集团海外投资、并购、生产、经营等活动，制定提供人才支持办法，为国内企业和人才“走出去”战略提供政策保障，同时推进海外企业的人才本土化。完善国际职员制度，积极培养选拔和推荐我国优秀人才到各类国际组织工作。鼓励和支持企事业单位根据项目、技术发展需求，与国外签订人才合作协议，鼓励和支持国内专家参加高水平国际学术技术交流活动，争取在国际学术技术组织中承担工作任务，担任相应职务，不断提高我国人才队伍的国际竞争力。大力推进引智信息化建设，加快推进国际人才市场体系建设。

五、加快人才发展体制机制改革和政策创新，充分激发各类人才的创新活力

体制机制决定人才队伍的生命力、创造力和竞争力，人才发展的体制机制改革的核心是用好人才。坚持“以用为本”，改革人才发展体制机制，创新人才政策，是我国各类人才作用得到充分发挥、人才队伍由小变强的关键所在。

1. 加快推进事业单位人事制度改革

一是加快推进事业单位人事管理立法进程。推动出台事业单位人事管理条例，贯彻实施事业单位工作人员处分暂行规定，加快出台事业单位工作人员申诉、奖励、考核等单项配套规定。

二是完善聘用合同制度。规范合同管理，探索完善聘后管理机制，研

究制定聘用合同规定。落实和规范公开招聘制度。加强政策指导和监督检查，推动分类分业实施，提高公开招聘组织实施规范化水平。

三是完善岗位设置管理制度。探索建立岗位设置动态管理机制，开展管理岗位职员制试点。研究制定专业技术一级岗位实施方案，做好首批实施准备工作。

2. 制定符合中国国情、与国际接轨、以岗位职责为基础的职业评价标准，建立社会化评价机构，加快人才评价体系建设

建立健全党政干部考核评价体系，开发先进的党政人才评价技术，完善体现科学发展观要求的党政领导班子和领导干部综合考核评价办法。制定实施以任期目标为依据，体现科学发展观要求的企业领导人员综合考核评价办法。统筹规范职业经理人评价市场，推进职业经理人社会化评价。研究制定深化职称制度改革的总体意见，全面推开深化中小学教师职称制度改革，启动工程技术人员职称制度改革试点。逐步实现专业技术人才职业准入、职业水平认证和专业技术职务任职评价制度。健全技能人才评价体系，推行生产现场能力考核和工作成果业绩评定相结合的技师评价办法。建立农村实用人才评价专业委员会，分地分级进行评价。

3. 发挥市场配置人才资源的基础性作用

按照统一、开放、竞争、有序的要求，整合人才市场和劳动力市场，大力发展高新技术产业人才市场、企业经营管理人才市场、海外人才市场、各类专业性和行业性人才市场。加快户籍、保险、档案管理等相关制度改革，制定人才依法自由流动的管理服务政策，突破人才流动中的地区、部门、所有制、身份、城乡等制度性障碍。推行人才居住证制度，促进人才柔性流动。大力发展人才服务业，加强职业服务机构管理和市场运行监督预测，建立市场诚信体系，推进人才服务业标准化、规范化建设。支持国内与国际人力资源市场的交流与合作，推动国内外人才市场业务对接。

4. 改革完善分配激励机制

一是完善公务员工资制度。研究建立工资调查比较制度，继续做好公务员和企业相当人员工资水平试调查，健全完善公务员工资水平正常调整机制。

二是完善事业单位工资制度。巩固义务教育学校和公共卫生与医疗卫生事业单位实施绩效工资成果，继续做好其他事业单位实施绩效工资制度。

三是完善企业工资制度。完善人力资源市场工资指导价位和行业人工成本信息指导制度，加快建立企业薪酬调查和信息发布制度，探索发布重点行业工资指导线。积极扩大工资集体协商覆盖范围，推动建立工资正常增长机制。探索建立最低工资标准评估机制，稳慎调整最低工资标准。改革国有企业工资总额管理办法，严格规范国有企业特别是中央企业负责人薪酬管理。健全工资支付保障制度，全面治理农民工工资拖欠问题。

鼓励有条件的企业对作出突出贡献的经营管理人才、专业技术人才实施期权、股权激励。加大对科技人员的创新激励，积极鼓励企业成为人才投入和研发投入的主体，健全人才资本按贡献参与分配的激励制度和管理办法。充分发挥经济利益和社会荣誉双重激励作用，建立国家荣誉制度，实施更加规范有效的人才奖励制度。

六、弘扬人才文化，培育人才的核心价值观

文化是民族凝聚力和创造力的重要源泉，文化传承和发展对科技进步和创新有着直接的重大影响。

1. 坚持用以爱国主义为核心的民族精神和以改革创新为核心的时代精神鼓舞斗志

大力弘扬爱国主义、集体主义、社会主义精神，增强改革创新意识，引导人才自觉把个人价值追求融入民族振兴、国家发展的伟大实践，把个人理想、抱负化作励志图强、创造崭新业绩的实际行动。

2. 加强创新文化建设

提倡敢为人先、敢冒风险、勇于实践、不屈不挠的精神，倡导敢于创新、勇于竞争、诚信合作、宽容失败的精神，最大限度地鼓励和支持创

新，充分激发人才的创新激情和活力，不断推进理论创新、制度创新、文化创新。

3. 营造鼓励创业社会环境

大力提倡改革创新、敢为人先的创业精神，鼓励人才干事业、支持人才干成事业、帮助人才干好事业，特别是要为年轻人施展才干提供更多机会和更大舞台。

4. 加强职业道德建设

大力倡导以干一行、爱一行，钻一行、精一行为核心的创优精神，支持和鼓励人才爱岗敬业、拼搏奉献、创造一流业绩。

七、加强组织领导，进一步完善党管人才工作的领导体制和运行机制

实施人才强国战略，最根本的是要加强组织领导，进一步完善党管人才工作的领导体制和运行机制。

1. 健全党管人才体制机制

要充分发挥人才工作领导（协调）机构宏观指导、统筹协调职能，完善议事规则和决策程序，实现科学决策、民主决策。要健全督促落实机制，完善监测评估办法，加强人才工作重大决策落实情况检查。要推进实施人才工作目标责任制，健全党委联系专家制度，研究制定人才工作条例，促进人才工作规范化制度化。

2. 形成人才工作整体合力

履行管规划、管政策、管改革、管统筹的职责。党委在人才工作中统筹全局、协调各方；组织部门做人才工作是牵头抓总、统筹协调；政府及其所属部门各司其职、密切配合，全面履行职能；充分发挥各类用人育人单位的主体作用；调动发挥社会各方面参与人才工作的积极性。充分调动一切积极因素，形成人才工作合力。

3. 建设高素质人才工作队伍

中央有关部门和地方党委组织部门要健全人才工作机制，明确专职工作人员。加强人才工作队伍素质和能力建设，举办人才工作专题培训班，

提高知全局、懂人才、干实事的能力。各地各部门要把德才兼备的优秀干部充实到人才工作队伍中来，加强教育培训，提高能力素质，严格管理监督，真诚关心爱护。

4. 加强人才工作理论研究

提高人才工作科学化水平，必须深化对人才发展规律认识，不断丰富和发展中国特色人才理论。建立国家人才发展研究中心，集聚和培养人才理论研究骨干力量。各地各部门要认真总结人才工作实践，围绕人才优先发展、培养支持创新创业人才等，加强理论思考和对策研究，在把握人才发展规律中推进人才工作。

第六章
人才发展指标与水平

【导读】

国以才立，政以才治，业以才兴，人才是强国富民的关键，但仅仅拥有人才是不够的，最重要的是要用好这些人才，那么就需要一个规范的体系和标准来对人才（特别是对人才资源的群体）的使用状况进行衡量和评价，从而充分开发并有效利用他们的聪明才智，为社会发展和人类进步作出最大的贡献。本章共分三节，系统阐述人才效能、人才使用效益等的内涵意义，着重讨论人才发展指标体系构建与水平评价的相关问题。

第一节　人才效能

一、各种人才效能评价模型述评

所谓“人才效能”，即在适宜的外在环境和条件下，人才个体或群体在社会经济活动中发挥作用的效果，是对人才才能发挥程度的度量。

关于人才效能评价，在现有的文论中有三种方法：

（一）以“人才经济系数”为评价指标

$$人才经济系数=\frac{工业产值人口密度}{工程技术人员人口密度}=\frac{工业总产值}{工程技术人员}$$

这一评价模型中，采用“人口密度”因子（尽管与后面的计算结果无关）是不适宜的。因为人口中含有非从业人口，不参与经济活动，此其一；其二，以人才（此处界定在工程技术人员范畴）人均产值（此处界定在工业总产值范畴）作为“人才经济系数”指标，没有考虑人才以外的其他从业人员在经济活动中的作用，也是不适宜的；其三，人才指标和经济指标的对应关系不够准确，工程技术人员存在于所有产业之中（当然以第二产业为主），而工业总产值仅包括第二产业中“采掘业、制造业和电力、煤气及水的生产供应业”的产值，不包括第二产业中的其他行业（如建筑业）和第一、第三产业的产值。

（二）以“人才经济效益系数”为评价指标

$$人才经济效益系数=\frac{地方工农业总产值}{全国工农业总产值}\Big/\frac{地方自然科学人才数}{全国自然科学人才数}$$

$$\xrightarrow{（变换）}=\frac{地方工农业总产值}{地方自然科学人才数}\Big/\frac{全国工农业总产值}{全国自然科学人才数}$$

这一评价模型的缺陷与上述模型中的其二、其三相同，以人才（此处界定在自然科学人才范畴）人均产值（此处界定在工农业总产值范畴）作为“人才经济效益系数”指标，也没有考虑人才以外的其他从业人员在经济活动中的作用；其三，人才指标和经济指标的对应关系也不够准确，自然科学人才存在于所有产业之中，而工农业总产值仅是第一、第二产业的一部分。

（三）以“人才贡献率”为评价指标

作为国家制定人才工作政策的决策者，作为人才资源开发与管理的工作者，更为关注的是人力资源中的高层次部分——人才资源在经济增长中的作用。具体地说，人才对经济发展作出了多大贡献？在每年的 GDP 中人才的贡献占了多大份额？更通俗地讲：每年的“人才 GDP”是多少？由此导出“人才对经济产出的贡献”问题。

“人才对经济产出的贡献”在理论上讲，即“人才资本增长对经济增长的贡献率”。关于人才资本对经济增长贡献率的测算，是与人力资本对经济增长贡献率测算同时进行的。国内外许多学者都是运用生产函数法进行人力资本对经济增长贡献率的测算。许多经济学家经过研究证明，我国自改革开放以来，产出变量与投入要素（物质资本和从业人员或人力资本存量）符合柯布—道格拉斯（Cobb—Douglas）生产函数（以下简称 C—D 生产函数）的基本假设条件，它们具有柯布—道格拉斯生产函数关系。具体测算步骤为：首先采用受教育年限法来测度总人力资本存量，进而将总人力资本分解为基础人力资本和专业人力资本（即人才资本）两个部分；并基于专业人力资本与基础人力资本的质的差异性（异质性），使用 C—D 生产函数的人力资本分类模型，分离出人才资本对经济增长的贡献率。

使用改进的 C—D 生产函数模型测算人才效能，将人才资本要素从一般人力资本中分离出来，不仅充分考虑到体现在人才本身和社会经济效益上，以人才的数量、质量和知识水平、创新能力特别是创造性的劳动成果所表现出来的、高于一般人力资本的价值，而且充分体现了杰出人才由于所拥有的隐性资本而产生的对人类的较大贡献：创造性劳动成果——重大科技成果、发明创造、技术革新等的价值，不仅远远超过人才自身因教育、卫生等投资而形成的显性人力资本，而且，创造性劳动成果的价值体现在社会效益上是十分巨大的。因此，运用此模型评价人才效能，具有较高的针对性和科学性。

二、人才贡献率概述

（一）人才资本

1. 人才资本的概念

人才资本（Talent Capital）是“体现在人才本身和社会经济效益上，以人才的数量、质量和知识水平、创新能力特别是创造性的劳动成果及对人类的较大贡献所表现出来的价值”①。

在这里，“人才资本”的概念是既继承了舒尔茨、贝克尔等人创立的

① 桂昭明．人才资本论纲［J］．中国人才，2003（9）：4－10.

人力资本概念的基本内涵，也吸收了罗默、卢卡斯等人的“特殊的知识和专业化的人力资本”概念的核心要素，在此基础上又融合中国特有的“人才”概念而建立起来的。

2. 人才资本的特征

人才资本具有以下八个方面的特征。

（1）人才资本与其承载者不可分离，这是人才资本区别于除人力资本外的其他任何形式资本的最本质的区别。人才资本的许多其他特点均是由此派生出来的。

（2）在全社会成员都拥有人身自由的社会中，人才资本只能被出租，或转让人才资本的使用权，人才资本不能够像物质资本那样直接转让、继承或买卖。

（3）人才资本的形成与效能的发挥都与人的生命周期紧密地联系在一起，因此，人才的年龄、健康状况及其变化对人才资本具有决定性的影响。

（4）从理论上讲，一个人才所能拥有的人才资本是无限的，这是由增值无限性的创新资本所决定的，这一特点显著区别于人力资本的“有限拥有”特征。

（5）人才资本的形成与效能的发挥受其承载者个人偏好的影响。人才资本的承载者所追求的可能是收入的最大化，也可能是施展才能、成就事业的满足感，还可能是注重社会声望、人际关系、工作环境等因素。人才资本的这一特征对市场经济条件下制定人才资源开发的政策导向具有重要参考作用。

（6）人才资本是以各种不同的形式存在于人体之中的。在人才工作过程中，不同形式的人才资本有时可以协同使用，有时则部分使用、部分闲置。这一特征启示我们，要了解不同人才所拥有的不同形式的资本，用其所长，置其所短。

（7）人才资本效能发挥的最大化在很大程度上受制于存量水平最低的某种人才资本形式，即“木桶理论”中的“短边”人才资本存量水平。如，一个具有较高知识资本与能力资本存量水平的人才，如果其健康资本存量很低，那么，其作用发挥的程度必然会受到较大影响。

（8）人才资本不仅是一种经济资本，而且还是一种社会资本。牛顿、爱因斯坦、钱学森、李四光等不仅以其优秀成果为人类进步和社会发展作出了杰出的贡献，而且还以其科学创新的精神激励着同时代及后辈人才勇攀科学高峰。

3. 人才资本的计量

人才资本的计量是在人力资本计量的基础上进行的。现有人力资本存量的测度方法有从产出角度的度量方法和从投入角度的度量方法两种。

从产出角度度量人力资本，最常用的方法是劳动报酬法，即用劳动者的平均劳动所得来体现劳动者身上所蕴涵的人力资本。从理论上说，由于劳动者报酬直接是产出的一部分，用它来体现劳动者的人力资本成本，不仅精确，且计算简单，而且将投入与产出紧密联系，关系清晰、简明。然而在实际应用中，这种方法却存在相当大的误差。

大多数的人力资本度量方法都是从投入角度进行人力资本度量。其中，受教育年限法是估算人力资本存量的有代表性的方法，该方法具有与其他方法不同的特点和明显的优点。

为了度量不同从业人员之间所含人力资本的差异性，最一般方法是将从业人员分类，然后按照不同从业人员的人力资本特质对其进行加权求和，即得到总的人力资本存量：

$$H_{it} = \sum_{i=1}^{8} HE_{it} h_i$$

其中，H_{it}为t年人力资本总存量，HE_{it}为t年第i学历层次从业人员的人数，h_i为第i学历水平的受教育年限（学制）。

i分为8级：文盲或半文盲、小学、初中、高中或中专、大专、学士（本科）、硕士（硕研）、博士（博研）。

用从业人员受教育程度或年限代表从业人员的人力资本存量不仅简明扼要，数据具有可得性和精确性，而且，受教育年限与接受教育或培训的从业人员人力资本投资成本成较强的正相关性，它排除了用货币计算人力资本投资成本的价格因素的影响。从业人员受教育程度或年限与从业人员在“干中学”的人力资本积累成正相关，受教育程度越高（年限越长），从业人员在劳动中积累经验的能力越高和接受新技术、新知识越容易。不仅如此，人的受教育年限越长，越注意保持自身的健康；受教育年限越长，用于选择合适职业的信息收集和迁移的成本越高。另外，该方法可以排除“学历指数法”的人为主观因素的影响，可以排除“劳动报酬法”中工资等分配政策和制度的影响。由此可以看出，受教育年限对人力资本存量的度量最具有代表性。

为了充分反映不同教育阶段的时间价值存在的巨大差异，同时将基础教育与专业教育区分开来，以克服传统的受教育年限法的不足，本文采用麦迪森的“初等教育等量年”概念，对低初等、中等、高等教育受教育年分别给予1.0、1.4、2.0的赋值系数，以体现不同层次人力资本的“异质性”。

采用受教育年限法来测度人力资本存量的另一个重要目的，是运用此方法便于将总人力资本分解为基础人力资本和专业化人力资本两个部分，而专业化人力资本即为“人才资本”。

在我国，通过人力资本投资的积累并达到人才资本的阈值（临界值），一般界定从中专（高中）开始。在中专（高中）阶段，受教育者开始进行专业基础知识的学习，并逐步形成自学自研（即卢卡斯的“干中学”）的能力。为此，本文将受教育程度为初中及以下的从业人员群体所积累的人力资本存量划分为“基础人力资本”，而将受教育程度为中专（高中）及以上的从业人员群体所积累的人力资本存量划分为“专业化人力资本”，即“人才资本”。在人事部门进行专门人才统计时，也是以具备中专学历为起点，将其及以上的人员纳入统计的范围，这也是将总人力资本作如此划分的实践依据。

（二）人才贡献率及其模型

人才贡献率，即人才资本增长对经济增长贡献率，表征了人才资本作为经济运行中的核心投入要素，通过其自身形成的递增收益和产生的外部溢出效应，从而对经济增长所作出的贡献份额。在无须严谨的学术环境里，人才资本增长对经济增长贡献率可以简称“人才资本贡献率”或“人才贡献率”。

20 世纪 80 年代以来，以罗默（P. M. Romer）、卢卡斯为代表的新经济增长理论开始逐渐成为经济增长理论的主流。罗默建立“收益递增型的增长模式”，将特殊的知识和专业化的人力资本（相当于本文使用的“人才资本”概念）作为经济增长的主要因素，它们不仅能形成递增的收益，而且能使资本和劳动等要素投入也产生递增收益，从而使整个经济的规模收益递增，递增的收益保证着长期经济增长。卢卡斯（R. Lucas）的“专业化人力资本积累增长”模式运用了更加微观化的变量分析方法，将舒尔茨的人力资本引入索洛模型，视其为索洛模型中技术进步的另一增长的动力形式，并具体化为每个人的“专业化的人力资本”。卢卡斯认为专业化的人力资本是促进经济增长的真正动力。

测算“人才贡献率”的数学模型为如下的 C—D 生产函数型的人力资本分类模型：

$$Y = AK^{\alpha}{H_R}^{\beta}{H_C}^{\gamma}e^{u}$$

其中，Y 为产出变量，K、H_R（基础人力资本）、H_C（人才资本）为投入要素，A 为综合效率常数，α、β、γ 分别为 K、H_R、H_C的产出弹性，A、α、β、γ 均为待估计参数，μ 为误差变量。

该模型中的人才资本要素 H_C充分考虑到人才资本对其他一般人力资本的“乘数效应”和对非人力资本要素的外部性作用（特别是对物质资本的有效运行作用和对技术进步的促进作用），它更本质地反映了产出与诸要素投入的函数关系以及诸要素之间的相互作用，为判断人才资本在经济增长中的作用、估计人才资本对经济增长的贡献率提供了可供运用、操作的分析方法。

人才资本对经济增长的贡献率是人才工作对国家经济社会发展最有意义、关联度最为紧密的一组可测度的指标。研究人才资本对经济增长的贡献率及其影响因素，既是为了把握、了解我国人才资源开发的效能，从其影响因素的角度谋划战略、制定政策，以充分发挥我国人才资本对经济增长的作用；同时也是为了科学评价、考察我国及各地区目前人才资源开发的成效，以及未来十几年我国人才资源开发的效能。还可以运用国际可比指标，对中国与世界有关国家在人才资本对经济增长贡献率方面进行比较研究，获得我国人才资本对经济增长贡献率方面在世界上的水平定位。

三、人才贡献率的测算

人才贡献率的测算，可以用“一个模型、两类资本、三项要素、四列数据、五个步骤、六个关键”来概括。

（一）一个模型

一个模型，即使用C—D生产函数的人力资本分类模型：

$$Y = AK^{\alpha}{H_R}^{\beta}{H_C}^{\gamma}e^{u}$$

其中，Y为产出变量，K为资本投入，H_R为基础人力资本投入，H_C为专业人力资本（人才资本）投入，A为全要素生产率（TFP），α、β、γ分别为K、H_R、H_C的产出弹性，u为随机误差。

（二）两类资本

20世纪90年代开始在全球迅速兴起的知识经济，更使人们清醒地认识到，处在人力资本最高层次的人才资本，是能够在更高数量级上创造利润的最可宝贵的资本。美国钢铁大王卡内基世家靠产业资本成为百万富翁，用了近百年；美国石油大王洛克菲勒家族靠资源资本成为千万富翁，用了50年；而电脑奇才比尔·盖茨靠人才资本成为百亿富翁，只用了十几年。为什么人才资本比资源资本、产业资本能产生更为巨大的增值？这就是人才资本的特殊价值所在！

世界许多国家走向现代化的过程，基本上有两条可供选择的路径，一条是人力资本积累优先战略，一条是物质资本积累优先战略。相比较而言，前者既能缩短时间，又能实现可持续发展，应该是我们的理性选择。

一般来说，发达国家往往比较注重人力资本投资，同时兼顾物质资本投资。相对而言，发展中国家往往比较注重物质资本投资，忽视人力资本投资，而这恰恰容易构成经济发展的“瓶颈”。突破发展“瓶颈”的根本途径就是提高人力资本投资在整个国家财政支出中的比重。

（三）三项要素

三项要素即现代经济增长的三项投入要素，包括人力资本（包含基础人力资本和人才资本）要素、物质资本要素和科技进步、政策制度等综合要素。

（四）四列数据

四列数据指现代经济增长的三项投入要素（物质资本存量、基础人力资本存量、人才资本存量）数据，加上经济产出的数据（通常以 GDP 为代表）。

GDP 数据来源于国家及各省市区统计年鉴，通常要通过 GDP 指数将当年价处理为可比价。

物质资本数据一般采用“固定资本存量”数据，它由上年资本总量加上当年新增资本数量积累而成（扣除折旧）。数据来源于国家及各省市区统计年鉴，通常要通过固定资产投资指数将当年价处理为可比价。

用从业人员受教育程度或年限代表从业人员的基础人力资本和人才资本存量具有简明扼要的优点，数据可得且精确，也最具有代表性。数据来源于国家及各省市区劳动统计年鉴；2000 年以前通过历次人口普查数据及每年 1‰人口抽查数据推算。为了充分反映不同教育阶段的时间价值存在的巨大差异，同时将基础教育与专业教育区分开来，以克服传统的受教育年限法的不足，采用麦迪森（Maddison）的“初等教育等量年”概念，对低初等、中等、高等教育受教育年分别给予 1.0、1.4、2.0 的赋值系数，以体现不同层次人力资本的“异质性”。

四个时间系列数据的时间跨度最好在 20—50 年之间，小于 20 年跨度的数据得不到准确的回归结果。

（五）五个步骤

人才贡献率的测算按下列五步法进行。

1. 时间系列数据表的构建（第一步）

（1）从地区统计年鉴查找 GDP 及固定资本存量数据并作可比价处理。

（2）从地区劳动统计年鉴查找或从人口普查、抽查资料推算从业人员受教育程度构成数据，由此测度总人力资本存量，并分解为基础人力资本和专业人力资本（即人才资本）两个部分。

（3）形成四个时间系列数据的测算表。

2. 运用经济计量软件回归分析（第二步）

运用经济计量软件（EViews 或 SPSS）对四个系列的测算数据进行回归分析，得到三项投入要素 K、H_R、H_C的产出弹性 α、β 及 γ。此步是关键的一步、难度最大的一步，需要懂得数理统计的专业人员参与。

3. 计算四个时间系列指标的增长率（第三步）

在含有四个时间系列数据的测算表中，计算：GDP 增长率（△Yt/Yt）、物质资本存量增长率（△Kt/Kt）、基础人力资本存量增长率（△Hrt/Hrt）、人才资本存量增长率（△Hct/Hct）。

4. 计算三个投入要素的贡献份额（第四步）

物质资本的贡献份额 = α（△Kt/Kt）

基础人力资本的贡献份额 = β（△Hrt/Hrt）

人才资本的贡献份额 = γ（△Hct/Hct）

5. 计算三个投入要素对经济增长的贡献率（第五步）

物质资本贡献率 = α（△Kt/Kt）/（△Yt/Yt）

基础人力资本贡献率 = β（△Hrt/Hrt）/（△Yt/Yt）

人才资本贡献率 = γ（△Hct/Hct）/（△Yt/Yt）

（六）六个关键

第一，固定资本存量数据的查找及确定；

第二，2000 年及以前从业人员受教育程度构成数据的查找及确定；

第三，运用经济计量软件（EViews 或 SSPS）进行回归分析的技巧掌握；

第四，基础人力资本存量增长率出现负增长的情况处理；

第五，物质资本贡献率与人才贡献率的比例关系处理；

第六，三个投入要素对经济增长的贡献率与全要素生产率贡献率的比例关系处理。

四、人才贡献率对人才事业发展的导向作用

人才贡献率在《人才规划纲要》六大核心指标中，是基于前五个指标的再生指标、结果指标，同时也是一个创新指标，反映了国家人才开发使用的效能和人才工作的成效。人才效能特别是人才贡献率等指标对人才事业的发展起着导向作用。

导向之一：要提升我国人才资本对经济增长的贡献率，必须提升人才资本存量的增长幅度。这就要求我国及各地区在社会经济建设的财政投入中必须实施人力资本优先投入的政策，大力发展教育事业，持之以恒地开展在职培训，提升从业人员人均受教育年限，使得人力资本存量得到较快的增长。

导向之二：要提升我国人力及人才资本对经济增长的贡献率，就必须使总人力资本存量中专业人力资本（即人才资本）的比例越来越大。这就要求国家及各地区要重视人力资源的整体开发，大力发展高等教育，加大高端人才的培养和吸引力度，并对之予以合理的使用以充分发挥其使用效益，促进人才资源向人才资本的转变，以增加社会人才资本特别是高端人才资本的存量。

导向之三：要实现我国社会经济的科学发展，充分发挥人才资本对经济增长的贡献作用，必须使得物质资本增长和人才资本增长之间保持一个科学合理的比例。这就要求我国及各地区在社会经济建设的财政投入中必须进行理性投资，加大人才资本的优先投资和积累，抑制物质资本的过大过快投入，以促进我国经济社会发展方式的转变，形成由注重物质资本驱动向物质资本和人力人才资本双向驱动的经济社会发展格局。

第二节　人才使用效益及其评价

一、人才使用效益概述

从党的十五届五中全会开始，我党把人才资源的开发提到了重大战略的位置上，把全社会“尊重知识、尊重人才”的氛围推向了极致。在这样的形势下，“人才”这一“稀缺”资源对于我国来说就显得更为宝贵。

然而，一个地方、一个单位、一个组织，仅拥有人才是不够的，最重要的是用好这些人才，充分发挥他们的聪明才智，为社会发展和人类进步作出最大的贡献。《中共中央关于制定国民经济和社会发展第十个五年计划的建议》明确指出，“要把培养、吸引和用好人才作为一项重大的战略任务切实抓好”；党的十六大、十七大在提出人才强国战略时，再次强调把“用好人才”作为战略任务之一。

乍看起来，这个问题是毋庸置疑的，其实不然。不少地方和单位的领导人，对自己拥有多少人才如数家珍，但对人才的作用发挥如何则心中无数。这个问题的存在，并非全是这些领导人不重视人才的使用，而是没有一个规范的体系和标准来对人才（特别是对人才资源的群体）的使用效益进行衡量和评价。

人才资源是一个整体的、宏观的、集合的概念。所谓“人才资源的使用效益”，是指一个地方、一个单位、一个组织所拥有的人才群体作用发挥的大小、程度。“作用发挥的大小”是衡量使用效益的绝对量，它是人才个体所发挥作用（绩效、贡献）的量的集合和整体效应；“作用发挥的程度”是衡量使用效益的相对量，它是人才群体所发挥作用量与在大环境下同一人才群体应发挥作用量的相对比值。

人才资源的使用效益，应有社会效益和经济效益之分。社会效益主要指人才个体及群体的绩效、贡献在社会上的影响度和对社会发展的推进力；经济效益主要指人才个体及群体的绩效、贡献在人才资源所在范围内的经济增长中所占的份额，以及在更大范围内的经济发展中所起的作用。

一般而言，对于人才资源使用效益的评价，着重于人才资源在经济发展中作用发挥程度的评价。

二、区域人才使用效益评价模型

（一）构建使用效益评价模型的思路

构建合理的人才资源使用的经济效益评价模型，应考虑以下因素：

(1) 模型中一定要包含“从业人员人均经济效益”（如，从业人员人均国民生产总值、从业人员人均国民收入等）这个因子。因为经济效益是由所有参加经济活动的从业人员创造的，人才只是其中的一小部分，人才不能抛开大多数从业人员来“独享”共同创造的经济效益。另外，“从业人员人均经济效益”是某个范围内的相对经济指标，故与其他范围具有可比性。所以，人才资源使用的经济效益一定要在“从业人员人均经济效益”的基础上进行评价。

(2) 模型中一定要包含“从业人员人才指标”（如，从业人员人才密度、从业人员人均人才资本等）这个因子。与上述理由类似，“从业人员人才指标”既可反映人才资源的数量，又可反映人力资源的质量，故与“从业人员人均经济效益”和“人才资源使用的经济效益”均具有较强的相关性，且这一相对人才指标具有可比性。

(3) 模型中的人才指标和经济指标在范畴上要具备对应性，而在类型上则尽可能考虑对应关系。要完美地做到后一点是比较困难的。因为在人才资源中有一部分管理人才和社会科学人才，他们并不直接参与经济活动，不直接产生经济效益。但是，他们也是“生产要素”的一部分，他们的工作毫无疑问地促进了社会经济的发展，间接地产生了经济效益。因此，在宏观研究（地域、产业、行业）人才资源使用的经济效益时，不能将他们排除在外。而在中观研究（大中型企业组织）时，可以将对应关系考虑得更准确一些。

可供考虑的人才指标、经济指标及有关范围的变换分列如下：

人才指标变换：人才资源总量（人才数量，人才资本量）、自然科学人才、工程技术人才、农业技术人才、科学家与工程师、国有经济单位专业技术人才……

经济指标变换：国民生产总值（GNP）、国内生产总值（GDP）、国民收入、工业总产值、农业总产值……

范围变换：地域（全国/省市/地市）、产业、行业、企业、其他社会经济组织……

（二）区域人才资源使用的经济效益评价模型

基于以上思考，提出四个地域人才资源使用的经济效益评价模型：

1. 绝对离散指数（G—M）模型

即从业人员人才密度与从业人员人均 GDP 绝对离散指数（G—M）模型（简称绝对离散指数 G—M 模型）：

$$\text{绝对离散指数（G—M）} = Gj/Gq - Mj/Mq$$

其中，

Gj = 局域从业人员人均国内生产总值

Gq = 全域从业人员人均国内生产总值

Mj = 局域从业人员人才密度

Mq = 全域从业人员人才密度

评价结果判别：

若（G - M）>0，则表明该局域人才资源使用的经济效益比较好；

若（G - M）≈0，则表明该局域人才资源使用的经济效益一般；

若（G - M）<0，则表明该局域人才资源使用的经济效益比较差。

2. 绝对离散指数（G—Z）模型

即从业人员人均人才资本与从业人员人均 GDP 绝对离散指数（G—Z）模型（简称绝对离散指数 G—Z 模型）：

$$\text{绝对离散指数（G—Z）} = Gj/Gq - Zj/Zq$$

其中，

Gj = 局域从业人员人均国内生产总值

Gq = 全域从业人员人均国内生产总值

Zj = 局域从业人员人均人才资本

Zq = 全域从业人员人均人才资本

评价结果判别：

若（G - Z）>0，则表明该局域人才资源使用的经济效益比较好；

若（G - Z）≈0，则表明该局域人才资源使用的经济效益一般；

若（G - Z）<0，则表明该局域人才资源使用的经济效益比较差。

3. 相对离散指数（G/M）模型

从业人员人才密度与从业人员人均 GDP 相对离散指数（G/M）模型（简称相对离散指数 G/M 模型）：

相对离散指数（G/M）=（Gj/Gq）/（Mj/Mq）

其中，

Gj = 局域从业人员人均国内生产总值

Gq = 全域从业人员人均国内生产总值

Mj = 局域从业人员人才密度

Mq = 全域从业人员人才密度

评价结果判别：

若（G/M）>1，则表明该局域人才资源使用的经济效益比较好；

若（G/M）≈1，则表明该局域人才资源使用的经济效益一般；

若（G/M）<1，则表明该局域人才资源使用的经济效益比较差。

4. 相对离散指数（G/Z）模型

即从业人员人均人才资本与从业人员人均 GDP 相对离散指数（G/Z）模型（简称相对离散指数 G/Z 模型）：

相对离散指数（G/Z）=（Gj/Gq）/（Zj/Zq）

其中，

Gj = 局域从业人员人均国内生产总值

Gq = 全域从业人员人均国内生产总值

Zj = 局域从业人员人均人才资本

Zq = 全域从业人员人均人才资本

评价结果判别：

若（G/Z）>1，则表明该局域人才资源使用的经济效益比较好；

若（G/Z）≈1，则表明该局域人才资源使用的经济效益一般；

若（G/Z）<1，则表明该局域人才资源使用的经济效益比较差。

三、区域人才使用效益比较

现运用上述四个模型对我国各省市区人才资源使用的经济效益情况进行评价。

（一）全国各省市区人才资源使用

按照绝对离散指数 G—M、绝对离散指数 G—Z、相对离散指数 G/M、相对离散指数 G/Z 四个模型中各因子的意义，计算出 2010 年全国各省市区人才资源使用效益的“G—M”、“G—Z”、“G/M”、“G/Z” 列表如下：

表 6—1　全国人才资源使用效益

	G—M	G—Z	G/M	G/Z
北京	-0.1	-0.55	0.91	0.64
天津	0.5	0.52	1.57	1.61
河北	0.08	0.19	1.07	1.17
山西	-0.19	-0.12	0.81	0.86
内蒙古	0.01	0.06	1.01	1.06
辽宁	0.11	-0.08	1.11	0.93
吉林	-0.27	-0.4	0.76	0.68
黑龙江	-0.09	-0.17	0.89	0.8
上海	1.2	1.02	2.61	2.11
江苏	0.82	0.92	1.79	1.98
浙江	0.69	0.84	1.83	2.23
安徽	-0.12	-0.03	0.89	0.97
福建	0.14	0.33	1.17	1.51
江西	-0.23	-0.1	0.79	0.9

续表

	G—M	G—Z	G/M	G/Z
山东	0.47	0.57	1.5	1.69
河南	-0.11	-0.05	0.9	0.95
湖北	-0.28	-0.25	0.73	0.76
湖南	-0.15	-0.09	0.86	0.91
广东	0.75	0.81	1.87	2.01
广西	-0.39	-0.33	0.68	0.72
海南	-0.29	-0.36	0.67	0.62
重庆	-0.14	-0.1	0.87	0.9
四川	-0.26	-0.23	0.76	0.79
贵州	-0.57	-0.45	0.5	0.56
云南	-0.46	-0.27	0.63	0.74
西藏	0.01	0.06	1.01	1.09
陕西	-0.39	-0.34	0.66	0.69
甘肃	-0.4	-0.35	0.61	0.64
青海	-0.34	-0.3	0.71	0.74
宁夏	-0.46	-0.44	0.6	0.61
新疆	-0.39	-0.46	0.62	0.58

资料来源：《中国统计年鉴》（2011）。

1. 绝对离散指数 G—M 模型评价

运用 G—M 模型对全国各省市区的人才资源使用效益进行评价。

根据全国人才资源使用效益表做图如下：

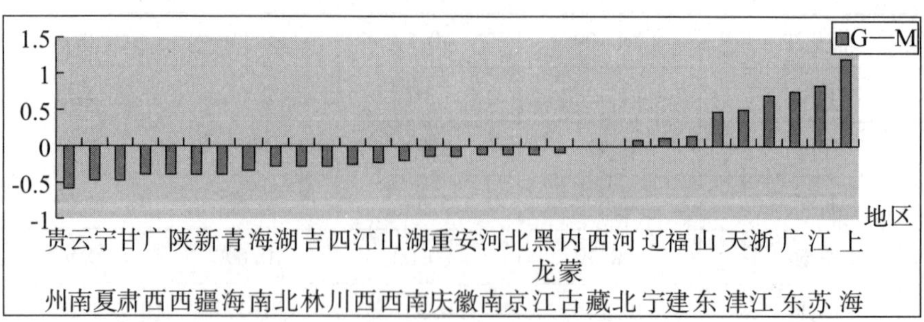

图 6—1　全国各省市区人才资源使用效益 G—M 模型评价图

0数轴上方各地区的人才资源使用经济效益属较好的或好的，其中上海最好，且在各省市区中遥遥领先；

0数轴下方各地区的人才资源使用经济效益属较差的或差的，其中贵州最差。

如果我们把绝对离散指数G—M的值介乎-0.5与0.5之间的界定为效益一般（有25个省市区），其中上海、江苏、广东、浙江和天津相对较高，比较低的地区是贵州、云南、宁夏、甘肃。

“绝对离散指数G—M”从局域从业人员人才密度与从业人员人均GDP等指标同全域的相关性来评价局域人才资源使用的经济效益，其主要因子“人才密度”较多地反映了该局域人才资源的数量特征，未能反映其质量特征，因而可能具有一定的局限性。尽管如此，其所得结果与实际情况仍然甚为相符。

2. 绝对离散指数G—Z模型评价

运用G—Z模型对全国各省市区的人才资源效益进行评价。

同上，0数轴上方各地区的人才资源使用经济效益属较好的或好的，其中仍然是上海最好，且在各省市区中遥遥领先；

0数轴下方各地区的人才资源使用经济效益属较差的或差的，其中北京最差。

同上，如果我们把绝对离散指数G—Z的值介乎-0.5与0.5之间的界定为效益一般（有24个省市区），其中上海、江苏、浙江、广东、山东和天津相对较高，比较低的地区是北京、新疆、贵州、宁夏。

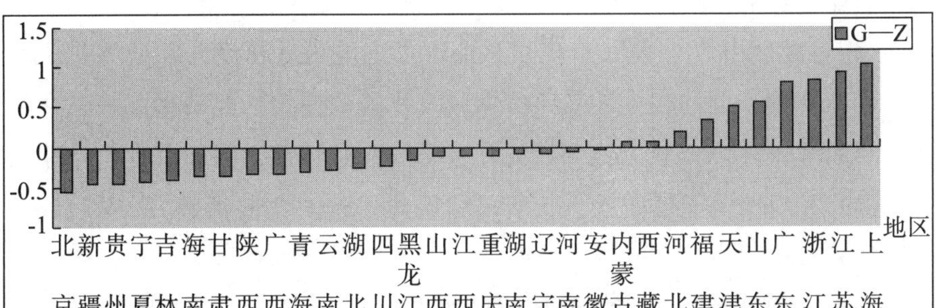

图6—2　全国各省市区人才资源使用效益G—Z模型评价图

"绝对离散指数 G—Z"从局域从业人员人均人才资本与从业人员人均GDP等指标同全域的相关性来评价局域人才资源使用的经济效益，其主要因子"人均人才资本"既反映了该局域人才资源的质量特征，也在一定程度上反映了人才资源的数量特征，因而其评价结果具有较强的客观性。不仅如此，其所得结果与"绝对离散指数 G—M"评价模型甚为一致。

3. 相对离散指数 G/M 模型评价

运用 G/M 模型对全国各省市区的人才资源使用效益进行评价。

根据全国人才资源使用效益表做图如下：

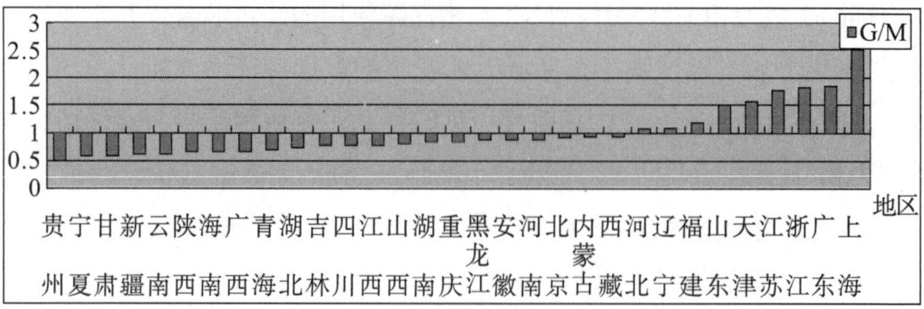

图 6—3　全国各省市区人才资源使用效益 G/M 模型评价图

1 数轴上方各地区的人才资源使用经济效益属较好的或好的，其中上海最好，且在各省市区中遥遥领先；

1 数轴下方各地区的人才资源使用经济效益属较差的或差的，其中贵州最差。

优劣的范围集中于两极：上海、广东、浙江、江苏和天津为优，贵州、宁夏、甘肃、新疆等较差。

"相对离散指数 G/M"从局域从业人员人均人才密度与从业人员人均GDP等指标同全域的相关性来评价局域人才资源使用的经济效益，其主要因子"人才密度"反映了该局域人才资源的数量特征，因而其评价结果具有较强的客观性。不仅如此，其所得结果与"绝对离散指数 G—M"评价模型甚为一致。

4. 相对离散指数 G/Z 模型评价

运用 G/Z 模型对全国各省市区的人才资源使用效益进行评价。

根据全国人才资源使用效益表可以制作成图 6—4。

同上，1 数轴上方各地区的人才资源使用经济效益属较好的或好的，其中浙江最好，且在各省市区中遥遥领先。

1 数轴下方各地区的人才资源使用经济效益属较差的或差的，其中贵州最差。

优劣的范围集中于两极：浙江、上海、广东、江苏和山东等为优，贵州、新疆、宁夏等较差。

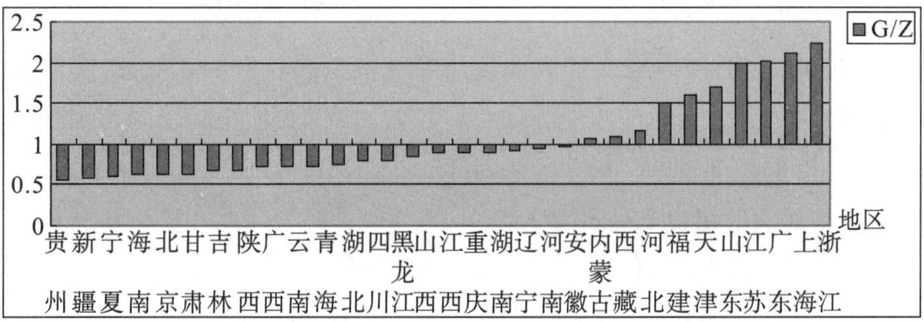

图 6—4 全国各省市区人才资源使用效益 G/Z 模型评价图

“相对离散指数 G/Z” 从局域从业人员人均人才资本与从业人员人均 GDP 等指标同全域的相关性来评价局域人才资源使用的经济效益，其主要因子“人均人才资本”既反映了该局域人才资源的质量特征，也在一定程度上反映了人才资源的数量特征，因而其评价结果具有很强的客观性。不仅如此，其所得结果与“绝对离散指数 G—Z” 和“相对离散指数 G/M” 的模型评价均甚为一致，且与我国区域人才使用效益的定性研究结果极为相符。

（二）东中西部人才资源使用效益评价实证

表 6—2 东中西部人才资源使用效益比较

	G—M	G—Z	G/M	G/Z
东部	0.47	0.49	1.51	1.52
中部	-0.17	-0.14	0.83	0.86
西部	-0.33	-0.27	0.71	0.75

1. 绝对离散指数 G—M 模型评价

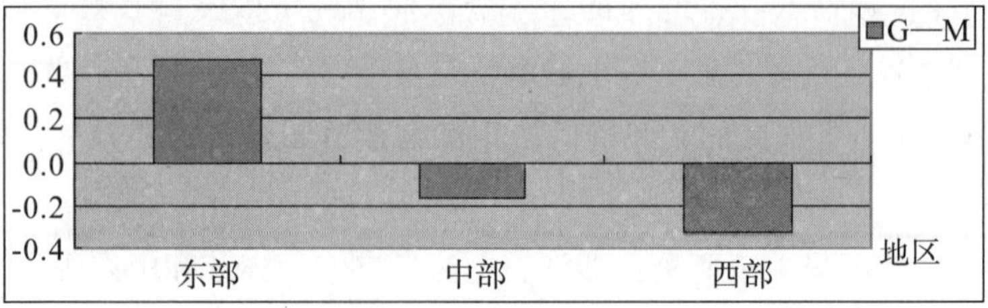

图 6—5 东中西部人才使用效益 G—M 模型评价图

0 数轴上方各地区的人才资源使用经济效益属较好的或好的，0 数轴下方各地区的人才资源使用经济效益属较差的或差的。东部人才使用效益最好，中部和西部较差，最差的是西部。

2. 绝对离散指数 G—Z 模型评价

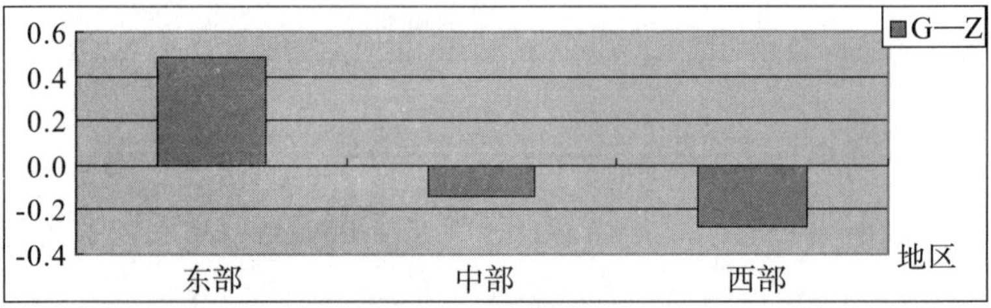

图 6—6 东中西部人才使用效益 G—Z 模型评价图

0 数轴上方各地区的人才资源使用经济效益属较好的或好的，0 数轴下方各地区的人才资源使用经济效益属较差的或差的。东部人才使用效益最好，中部和西部较差，最差的是西部。

3. 相对离散指数 G/M 模型评价

1 数轴上方各地区的人才资源使用经济效益属较好的或好的，1 数轴下方各地区的人才资源使用经济效益属较差的或差的。东部人才使用效益最好，中部和西部较差，最差的是西部。

4. 相对离散指数 G/Z 模型评价

1 数轴上方各地区的人才资源使用经济效益属较好的或好的，1 数轴下方各地区的人才资源使用经济效益属较差的或差的。东部人才使用效益

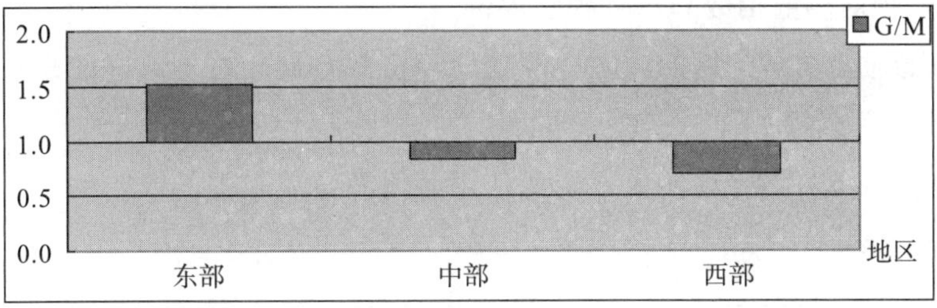

图 6—7　东中西部人才使用效益 G/M 模型评价图

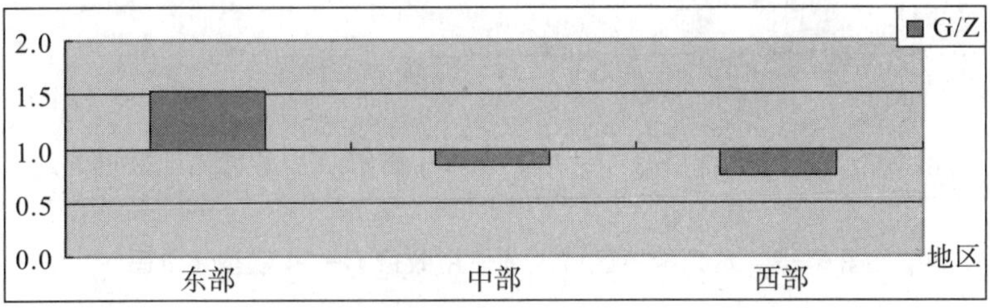

图 6—8　东中西部人才使用效益 G/Z 模型评价图

最好，中部和西部较差，最差的是西部。

使用四个评价模型对东中西部人才使用效益进行评价，所得结果完全一致。

（三）八大经济区域人才资源使用效益评价实证

表 6—3　八大经济区域人才资源使用效益比较

	G—M	G—Z	G/M	G/Z
南部沿海	0.52	0.61	1.60	1.79
东部沿海	0.85	0.91	1.94	2.09
北部沿海	0.24	0.20	1.24	1.19
东北地区	-0.05	-0.18	0.95	0.83
长江中游	-0.20	-0.13	0.81	0.87
黄河中游	-0.16	-0.11	0.84	0.89
西南地区	-0.35	-0.27	0.70	0.75
西北地区	-0.38	-0.39	0.63	0.63

1. 绝对离散指数 G—M 模型评价

0 数轴上方各地区的人才资源使用经济效益属较好的或好的，其中东部沿海地区最好；

0 数轴下方各地区的人才资源使用经济效益属较差的或差的，其中西北地区最差。

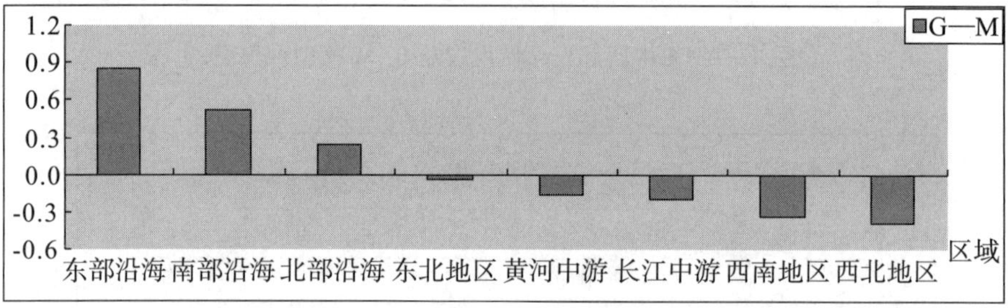

图 6—9　八大经济区域人才使用效益 G—M 模型评价图

如果我们把绝对离散指数 G—M 的值介乎 -0.5 与 0.5 之间的界定为效益一般，则比较优的地区是东部沿海和南部沿海地区，西北地区、西南地区相对最差，其他则属于一般。

2. 绝对离散指数 G—Z 模型评价

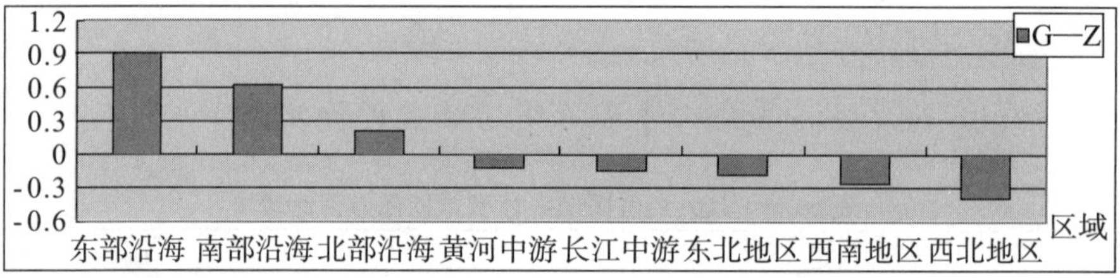

图 6—10　八大经济区域人才使用效益 G—Z 模型评价图

0 数轴上方各地区的人才资源使用经济效益属较好的或好的，其中东部沿海地区最好；

0 数轴下方各地区的人才资源使用经济效益属较差的或差的，其中西北地区最差。

如果我们把绝对离散指数 G—Z 的值介乎 -0.5 与 0.5 之间的界定为效益一般，则比较优的地区是东部沿海和南部沿海地区，西北地区、西南地区相对最差，其他则属于一般。

3. 相对离散指数 G/M 模型评价

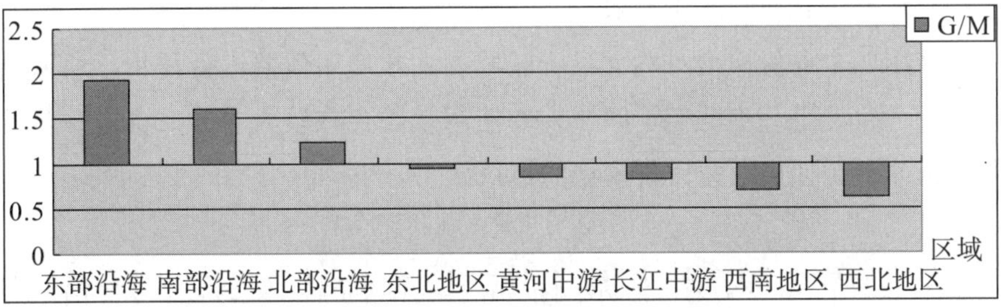

图 6—11　八大经济区域人才使用效益 G/M 模型评价图

1 数轴上方各地区的人才资源使用经济效益属较好的或好的，其中东部沿海地区最好；

1 数轴下方各地区的人才资源使用经济效益属较差的或差的，其中西北地区最差。

如果我们把相对离散指数 G/M 的值介乎 -0.5 与 0.5 之间的界定为效益一般，则比较优的地区是东部沿海和南部沿海地区，西北地区、西南地区相对最差，其他则属于一般。

4. 相对离散指数 G/Z 模型评价

1 数轴上方各地区的人才资源使用经济效益属较好的或好的，其中东部沿海地区最好；

1 数轴下方各地区的人才资源使用经济效益属较差的或差的，其中西北地区最差。

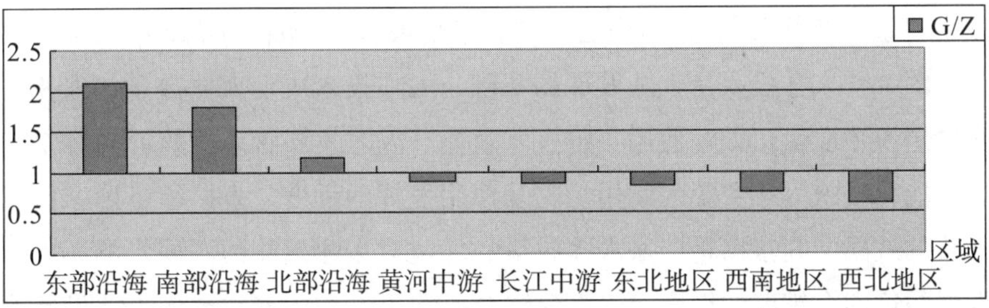

图 6—12　八大经济区域人才使用效益 G/Z 模型评价图

如果我们把相对离散指数 G/Z 的值介乎 -0.5 与 0.5 之间的界定为效益一般，则比较优的地区是东部沿海和南部沿海地区，西北地区、西南地区相对最差，其他则属于一般。

使用四个评价模型对八大经济区域的人才使用效益进行评价，所得结果几乎一致。进一步证实了区域人才使用效益存在较大差异，也进一步验证了人才资源使用效益评价模型的可行性。

第三节　人才发展指标体系构建及水平评价

一、人才发展概述

人才发展是一个动态的、渐进的变化过程。从微观上讲，人才发展是指人才个体在一定的环境和条件下不断发掘自身的潜能、不断进行创新创造的过程，不断充实自我、完善自我的过程。从宏观上讲，人才发展是指人才群体在一定的体制、机制、政策、制度环境中，不断得以开发、不断展现才智、不断进行创新创造、不断为人类社会作出贡献的过程。本书所讲的人才发展指的是宏观人才的发展，其人才概念一般不是个体的概念，而是人才整体，也可以是宏观的某支人才队伍或是某类人才群体。

二、人才发展模型

对人才发展状态的描述一般使用人才发展的四维描述（从人才投入、人才数量、人才质量、人才效能四个主维度进行综合考察），发展状态一般呈“金字塔状态”，故可命名为“金字塔模型”（见图 6—13）。

图中，人才投入是人才发展的基础，人才投入决定人才数量；人才开发决定人才质量，人才使用决定人才效能。人才发展状态的核心指标是人才效能，反映人才资源的使用状况及作用发挥的程度，直接衡量国家使用人才的效果，间接衡量国家人才政策、环境对人才效能的不同影响。人才发展的这四个维度的组合，基本上综合反映了一个国家或地区人才发展的状态和总体水平层次。

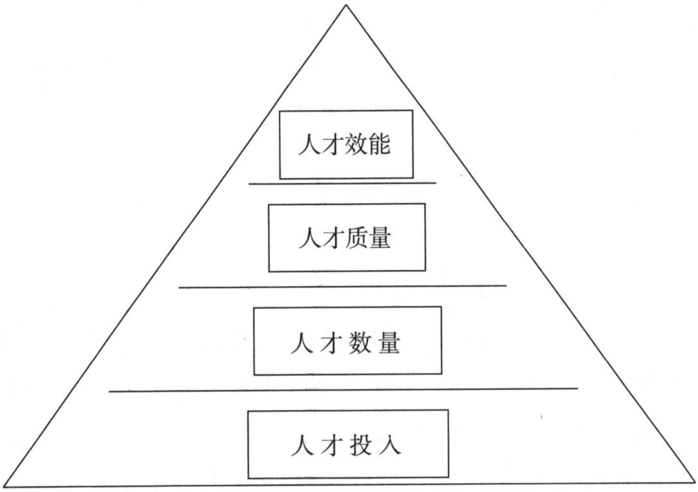

图 6—13　群体人才发展状态的“金字塔模型”

人才发展四个主维度的内涵见下表：

表 6—4　人才发展四个主维度内涵表

维　度	意　义	主要指标
人才数量	反映各种类型人才资源的绝对数量	人才资源总量； 三支队伍六类人才
人才质量	反映不同类型、不同层次人才资源的相对数量和素质	每万劳动力中研发人员数； 高技能人才占技能劳动者比例； 主要劳动年龄人口受过高等教育的比例
人才投入	反映国家为提高国民整体素质、培养潜在人才资源、提升人才自主创新能力等所进行财政投入的力度和水平，衡量国家在人才资源发展方面的战略高度和财政支撑力度	人力资本投资综合指标（含投资规模要素及占国内生产总值比例要素等）
人才效能	反映人才资源的使用状况及作用发挥的程度，直接衡量国家使用人才的效果，间接衡量国家人才政策、环境对人才效能的不同影响	人才贡献率

三、人才发展指标体系设计

人才发展指标体系是以区域（国家或地区）人才发展的四个主维度为基础，扩展其各维度的相关指标而形成。上表中的主要指标即为《人才规划纲要》中的“国家人才发展主要指标”（六大指标）。

人才发展指标体系涵盖了人才规模、素质、投入和效能四个方面（一级指标），包括18项二级指标。

人才规模是衡量不同国家不同层次人才资源在数量方面的状况、显示数量差距的主要指标，反映不同类型、层次人才资源的绝对数量，体现了人才的规模效应。在人才规模方面，包括“受过高等教育的劳动力总量”（以下简称“人才”）、“研究与试验发展（R&D）人员总数”和“世界500强CEO及其团队成员人数”在全球总量中的占比3项二级指标。

人才素质是衡量不同国家不同层次人才资源在质量方面的优劣、显示相对数量差距的主要指标。在人才素质方面，包括“每百万经济活动人口中的人才数”和“每万经济活动人口中研究与试验发展（R&D）人员数”及“经济活动人口人均受教育年限”3项二级指标。

人才投入是衡量不同国家在人才保障、人才潜能方面的优劣、显示人才发展后劲的主要指标。在人才投入方面，包括反映、衡量不同国家为提高国民整体素质、培养潜在人才资源所进行财政性教育经费支出的力度和水平、显示国家在人才资源发展方面的战略高度和政策支撑力度的指标“公共教育经费支出总额全球占比”、“公共教育经费支出占国内生产总值比重”，反映、衡量不同国家为建设创新型国家、提升人才自主创新能力所进行财政性研发经费支出的力度和水平、显示国家在人才科技创新与发展方面的战略高度和政策支撑力度的指标“研究与开发经费支出总额全球占比”、“研究与开发经费支出占国内生产总值比重”，以及为提升国民体能素质、为人才队伍提供良好的医疗卫生服务和健康保健的医疗卫生投入指标“医疗卫生支出总额全球占比”及“医疗卫生支出占本国国内生产总值的比重”6项二级指标。

人才效能是衡量不同国家在人才使用、人才产出方面的优劣、显示人才发展成效的主要指标。在人才效能方面，包括反映人力与人才资本由本身产生的递增收益以及对物质资本和其他要素产生外溢效应的产出状况、衡量不同国家人力资本及人才对经济增长贡献作用的指标“人力资本贡献率”，反映人才在科技创新方面的成效、衡量不同国家人才科技创新实力和水平的指标“居民专利申请量全球占比”、“每万人才的专利申请量”和“国际科技论文收录量全球占比”、“每万人才的国际科技论文收录量”，以及反映人才资源的使用状况和作用发挥的程度、直接衡量不同国家使用人才的效果、间接衡量该国人才政策和环境对人才不同影响的指标“高级人力资本使用效益”6 项二级指标。

对由此构建的人才发展指标体系，采用层次分析法（AHP）确定了各二级指标的权数（见表 6—5）。

表 6—5　人才发展指标体系表

一级指标	一级指标权重	二级指标	代码	二级指标权重
人才规模指标	0. 25	人才（受过高等教育人员）总量全球占比（%）	GM1	0. 6
		R&D 人员总数在全球总量中的占比（%）	GM2	0. 3
		世界企业 500 强 CEO 及其团队成员人数在全球总量中的占比（%）	GM3	0. 1
人才素质指标	0. 35	经济活动人口中受过高等教育人员的比例（人/百万）	SZ1	0. 3
		每万经济活动人口中 R&D 人员数（人年/万人）	SZ2	0. 2
		经济活动人口人均受教育年限（年/人）	SZ3	0. 5

续表

一级指标	一级指标权重	二级指标	代码	二级指标权重
人才投入指标	0.10	公共教育经费支出总额在全球总量中的占比（%）	TR1-1	0.48
		公共教育经费支出占国内生产总值比重（%）	TR1-2	0.12
		研究与开发经费支出总额在全球总量中的占比（%）	TR2-1	0.24
		研究与开发经费支出占国内生产总值比重（%）	TR2-2	0.06
		医疗卫生支出总额在全球总量中的占比（%）	TR3-1	0.08
		医疗卫生支出占本国国内生产总值的比重（%）	TR3-2	0.02
人才效能指标	0.30	人力资本贡献率（%）	XN1	0.3
		居民专利申请量在全球总量中的占比（%）	XN2-1	0.24
		高级人力资源专利申请量（件/万人）	XN2-2	0.06
		国际科技论文收录量在全球总量中的占比（%）	XN3-1	0.16
		高级人力资源国际科技论文收录量（篇/万人）	XN3-2	0.04
		高级人力资本使用效益（%）	XN4	0.2

四、人才发展水平国际比较

选择包括中国在内的世界上49个国家和地区（包括世界7个主要工业国、大部分经济合作与发展组织（OECD）国家以及部分发展中国家；基本上是人口超过5000万或人均GDP超过5000美元且人口超过500万的国家和地区；49个国家和地区2009年的人口和GDP分别占全球的90%以上和85%以上）。依据《世界银行数据库（2010）》的相关数据进行测算，得到2009年我国在人才规模、素质、投入和效能四个方面（一级指标）的国际比较结果和人才发展总体水平的国际定位。

（一）人才规模

在人才规模方面，2009年，我国“受过高等教育的劳动力总量”在全球总量中的占比为16.12%，仅次于美国（21.97%），远远超过名列第三、第四、第五的俄罗斯（8.9%）、印度（6.62%）和日本（6.23%），是其余5个工业大国（英、法、德、意、加）之和（9.3%）的近2倍；我国“R&D人员总数”在全球总量中的占比为15.21%，也仅次于美国（18.95%），高于日本（10.56%）、俄罗斯（7.25%）、印度（5.09%），接近其余5个工业大国（英、法、德、意、加）之和（16.4%）。我国在人才总体规模上具有明显的竞争优势。一级指标见图6—14。

（二）人才素质

在人才素质方面，2009年，我国的这3项指标与发达国家之间存在较大的差距，仅为美国的1/4左右。我国在人才素质上显示了暂时的弱势。一级指标见图6—15。

（三）人才投入

在人才投入方面，2009年，我国三项投入总额的全球占比除了与美国相比有较大差距（仅为美国的1/10—1/15）外，与其他发达国家的差距不大，而在发展中国家中则是遥遥领先。我国在人才投入总额上显示了后发

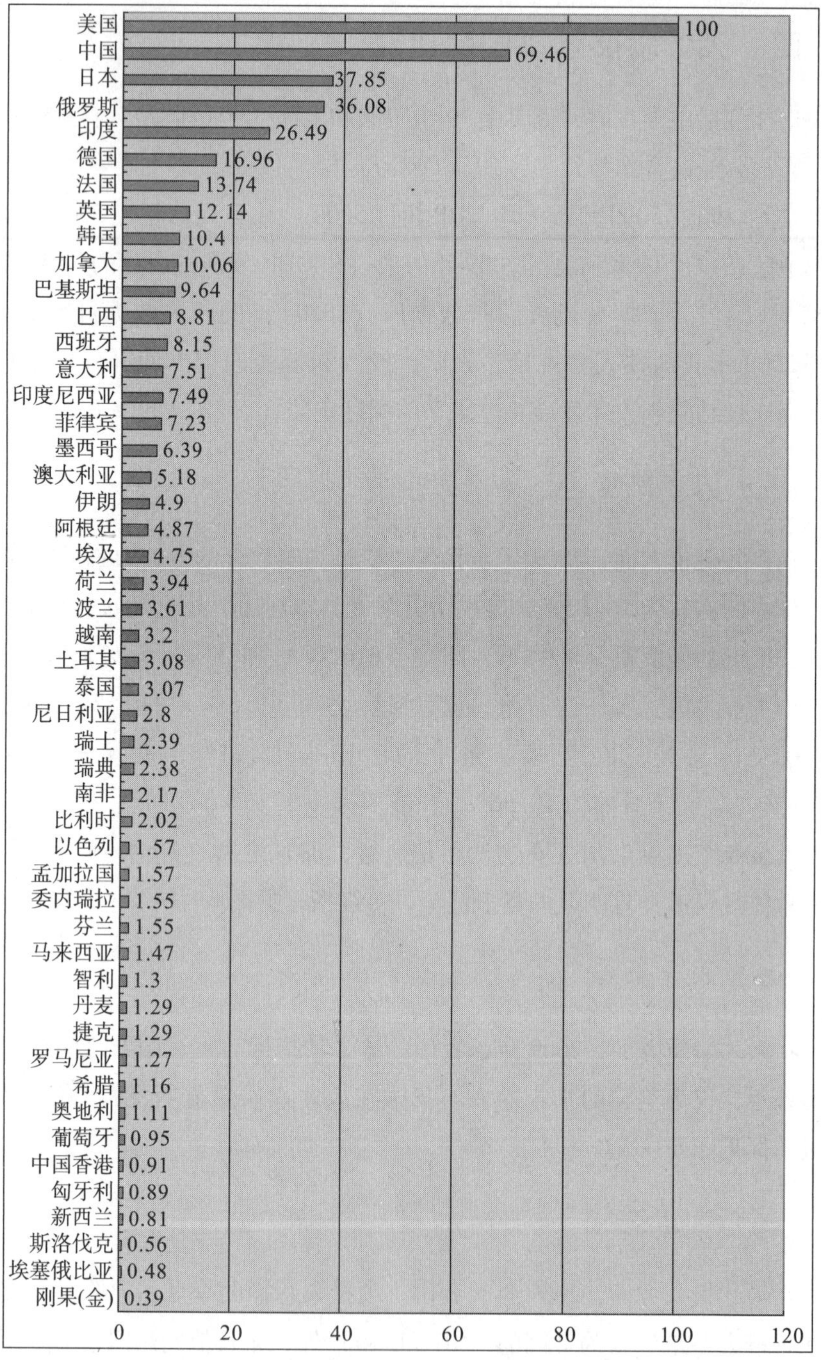

图 6—14　49 个国家和地区人才规模比较图

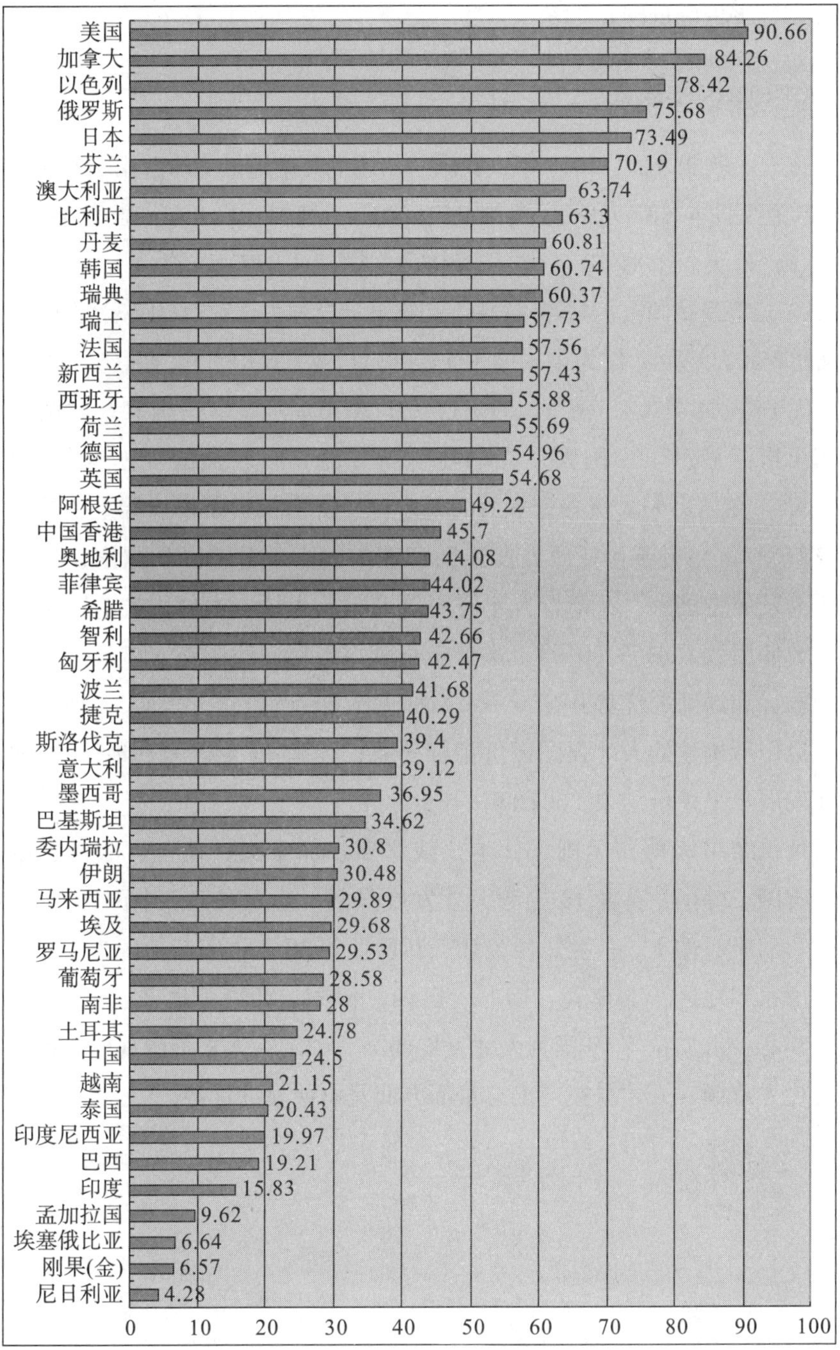

图 6—15 49 个国家和地区人才素质比较图

优势。一级指标见图 6—16。

（四）人才效能

在人才效能方面，2009 年，我国“居民专利申请量全球占比”（9.78%）的位次逊于日本（37.73%）、美国（21.29%）、韩国（12.8%）居第四位，但大大高于英（1.84%）、法（1.51%）、德（4.99%）、意（1.03%）、加（0.41%）等发达国家；“国际科技论文收录量全球占比”（6.06%）除了与美国相比有较大差距（仅为美国的 1/5）外，与英（6.63%）、德（6.43%）相近，优于法（4.41%）、意（3.59%）、加（3.76%）等发达国家。此两项科技产出指标显示了中国人才在科技创新方面具有较强的规模竞争优势。2009 年，在显示人才核心竞争力的人才对经济增长贡献率指标上，我国人才（21.32%）逊于包括西方发达国家在内的大部分 OECD 国家，但领先于所有发展中国家；在衡量人才使用效果的“人才资本使用效益”上，我国人才使用效益水平（0.98）类似于贡献率指标。我国在人才效能方面整体的弱势和局部的优势并存。一级指标见图 6—17。

运用所构建的人才强国评价指标体系，得到 49 个国家和地区 2009 年人才发展水平评价结果，见图 6—18。

评价结果表明，美国、日本、俄罗斯、加拿大、德国、法国、以色列、英国、韩国、芬兰 10 国为人才发展强国，澳大利亚、中国、意大利、丹麦、瑞典、瑞士、荷兰、西班牙、新西兰等 20 个国家和地区为人才发展中等国家和地区，菲律宾、南非、巴西、伊朗、印度、埃及、巴基斯坦、尼日利亚、孟加拉等 19 国为人才发展弱国。中国在人才资源规模、教育与研发投入总额、人才科技产出总量等方面具有明显的优势。

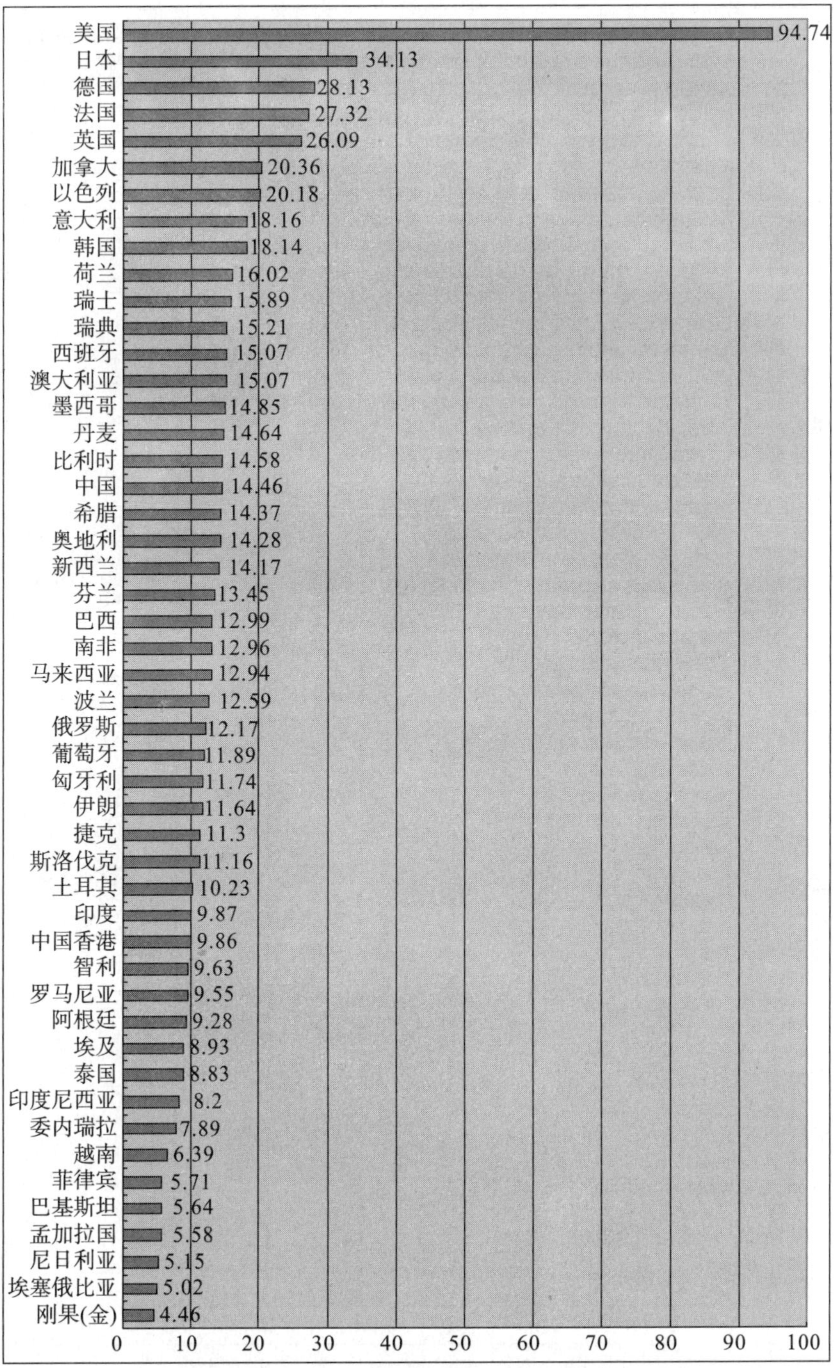

图 6—16　49 个国家和地区人才投入比较图

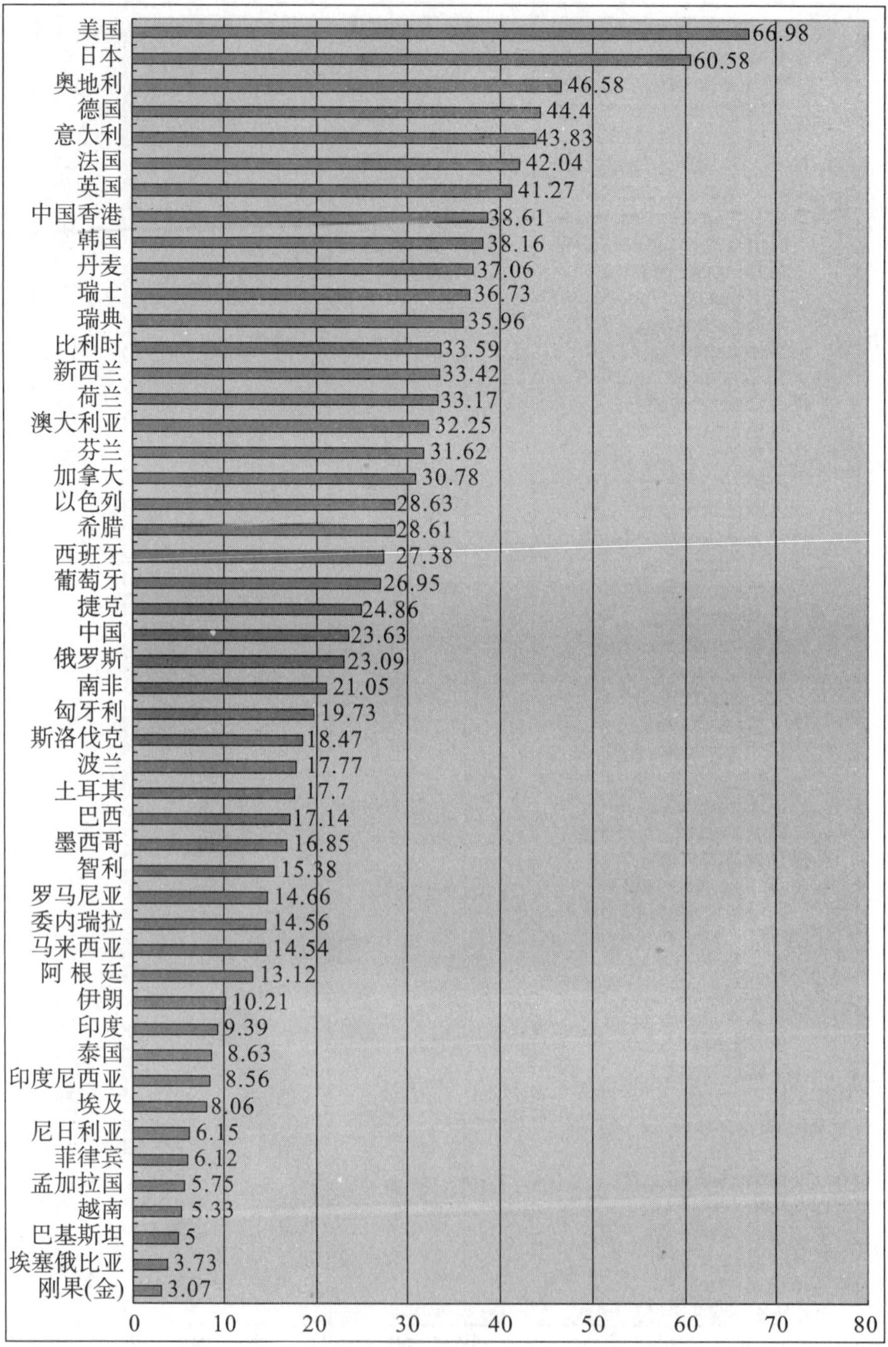

图 6—17 49 个国家和地区人才效能比较图

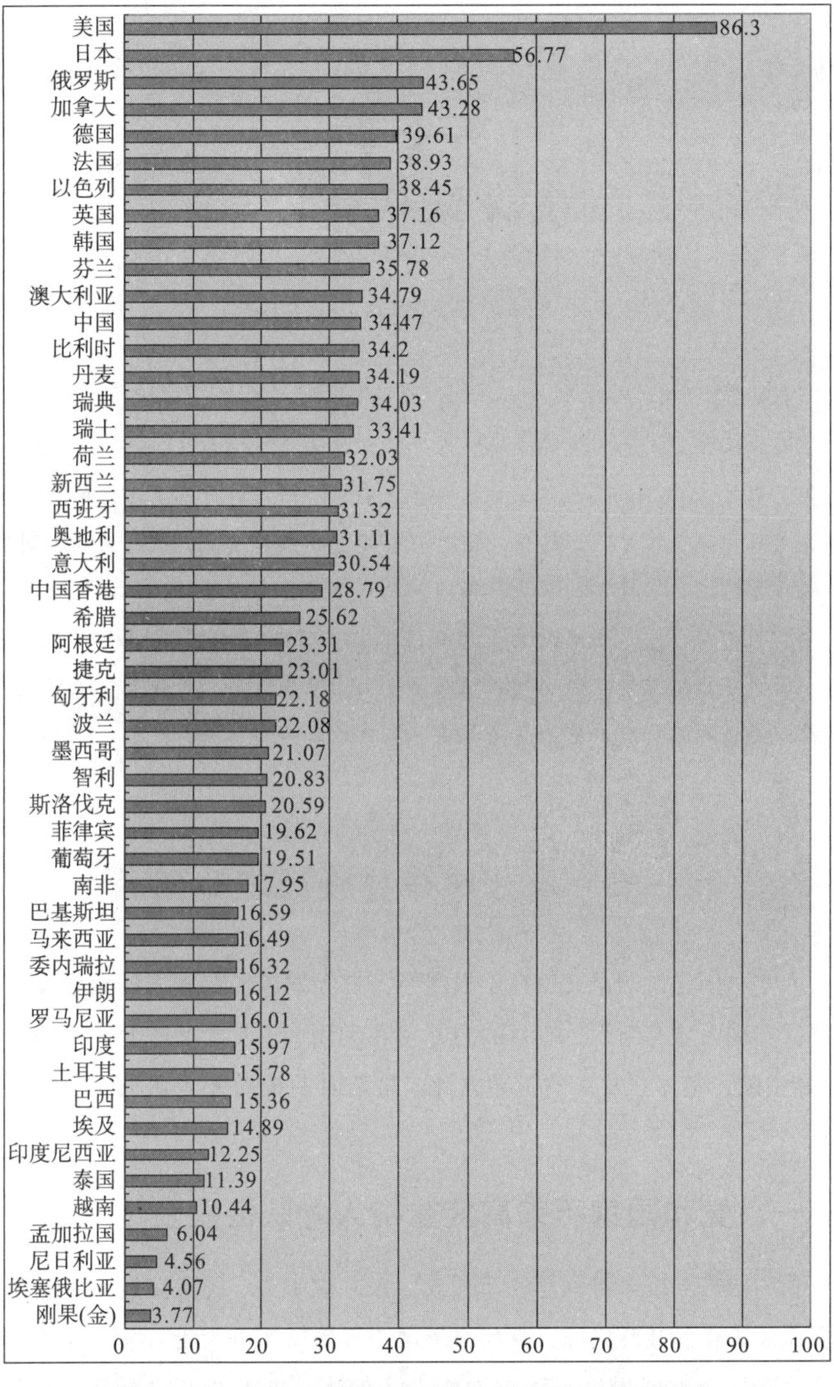

图 6—18　49 个国家和地区 2009 年人才发展水平比较图

第七章
人才队伍建设

【导读】

人才队伍是人才发展的主体，人才队伍建设是一项系统工程。要做好新形势下人才工作，推动人才工作的科学发展，就必须遵循各类人才的成长规律，着眼于整个人才队伍建设，同时又必须突出工作重点，统筹兼顾不同类型的人才需求，实现不同层次、不同职业、不同年龄人才的协调发展。本章共分四节，从人才队伍建设的逻辑起点出发，根据《人才规划纲要》的内容，围绕突出培养造就创新型科技人才、大力开发经济社会发展重点领域急需紧缺专门人才和统筹推进各类人才队伍建设三个方面展开。

第一节　人才队伍建设的理论阐释

人才队伍建设的意义就在于根据经济社会发展需要和人的全面发展的需要，实现人才有组织、有目的的开发和利用。《人才规划纲要》确立的“高端引领、整体开发”的指导方针，是新时期推动人才队伍建设的基本方针。

一、党和国家历来高度重视人才队伍建设

新中国成立以来特别是改革开放以来，党中央、国务院制定了一系列加强人才工作的政策措施，在各个领域培养造就了的大批人才，为推进经济建设和社会发展提供了强有力的人才保障。进入新世纪新阶段，党中

央、国务院作出了实施人才强国战略的重大决策，出台了《人才工作决定》，提出以培养造就高层次人才带动整个人才队伍建设，促进各级各类人才协调发展。党的十七大报告提出，要“统筹抓好以高层次人才和高技能人才为重点的各类人才队伍建设”。2010 年 3 月 5 日，温家宝在十一届全国人大三次会议上所作的政府工作报告中也指出：“人才是第一资源。要统筹推进各类人才队伍建设，突出培养创新型科技人才、经济社会发展重点领域专门人才和高技能人才，积极引进海外高层次人才。建立健全政府、社会、用人单位和个人等多元化的人才培养投入机制，充分发挥市场配置人才资源的基础性作用，努力营造人才辈出、人尽其才的制度环境，建设人力资源强国。”2010 年 5 月 25 日，胡锦涛在全国人才工作会议上指出：“要坚持突出工作重点，统筹抓好各类人才队伍建设，突出培养创新型科技人才、大力开发经济社会发展重点领域急需紧缺专门人才，统筹抓好党政人才、企业经营管理人才、专业技术人才、高技能人才、农村实用人才、社会工作人才等人才队伍建设，抓紧培养一批复合型、高层次、通晓国际规则的适应对外开放的人才。”2010 年 6 月 7 日，胡锦涛在中国科学院第十五次院士大会、中国工程院第十次院士大会上进一步指出：“要坚持尊重知识、尊重人才、尊重劳动、尊重创造的重大方针，深入实施人才强国战略，确立人才优先发展战略布局，以高层次人才、高技能人才为重点，统筹推进各类人才队伍建设，培养造就规模宏大、结构优化、布局合理、素质优良的人才队伍。要创新人才培养体系，用科学合理的方法评价人才，加强全球范围拔尖人才引进工作，大力培养造就具有世界科研前沿水平的高级专家、高层次科技领军人才，注重培养一线创新人才和青年科技人才。”2011 年 5 月 27 日，习近平在中国科协第八次全国代表大会上也指出：“科技创新，人才为本，人才资源是最可宝贵的战略资源。培养造就规模宏大、结构优化、布局合理、素质优良的人才队伍，是建设创新型国家的战略选择。要坚决贯彻尊重劳动、尊重知识、尊重人才、尊重创造的重大方针，深入实施科教兴国、人才强国战略，以高层次人才、高技能人才为重点，统筹推进各类人才队伍建设。”

二、人才队伍建设的基本方针

《人才规划纲要》确立的“高端引领、整体开发”的指导方针与“协同推进”，是新时期推动人才队伍建设的基本方针。高端引领、整体开发，就是突出高端人才的引领带动作用，以高层次人才和高技能人才为重点，统筹推进各类人才队伍建设。协同推进，就是系统设计、整体谋划、协同推进人才队伍建设，实现各区域、各行业、各部门、各类型人才工作的有效配合。

（一）高端引领

高端引领，就是要充分发挥各类高层次人才在经济社会发展和人才队伍建设中的引领作用。实践证明，高端人才对事业发展有关键支撑作用，对人才队伍建设有引领带动作用。高端人才是人才团队的“晶核”、“舵手”，决定着人才团队的整体素质和能力，进而决定着人才队伍的功效、发展与兴衰，因而高端人才培养造就及其引领，是人才队伍建设的重中之重。高端人才在人才队伍建设中的引领带动作用，具体表现为培植科研精神、把握方向、师承效应、晶核凝聚作用。①

突出高端人才的引领带动作用，要以高层次人才和高技能人才为重点。高层次人才和高技能人才是人才队伍的重点，是整个人才队伍建设的战略抓手。抓住这两支领军人才，有利于整体推动整个人才队伍不断发展壮大。一批学术造诣精深、敬业精神突出的高层次领军人才，能够带起一大批创新团队，带动一大批创新产业的发展；一批有着高超技能和精湛技艺的高技能人才，能够带出一大批高水平操作能手和高效班组，推动技术创新和科技成果的转化。近年来，我国以“两高”人才为重点，通过深入开发、培养“两高人才”，推动整个高中初级人才队伍实现梯次发展。

在人才队伍建设过程中，高端引领就是要培养造就一批善于治国理政

① 叶忠海．高端引领是人才队伍建设的战略重点［N］．中国组织人事报，2012－06－18.

的领导人才，一批经营管理水平高、市场开拓能力强的优秀企业家，一批世界一流的科学家、科技领军人才、工程师和高水平的哲学社会科学专家、文学家、艺术家、教育家，一大批技艺精湛的高技能人才，一大批社会主义新农村建设带头人，一大批职业化、专业化的高级社会工作人才，充分发挥高层次人才在经济社会发展和人才队伍建设中的引领作用。中央组织部有关领导在全国人才工作座谈会上曾特别指出，“高端引领是人才队伍建设的战略重点”。

（二）整体开发

整体开发，就是要加强人才能力培养，注重理想信念教育和职业道德教育，培育拼搏奉献、艰苦创业、诚实守信、团结协作精神，促进人的全面发展。关心人才成长，鼓励和支持人人都作贡献、人人都能成才、行行出状元。统筹国内国际两个市场，推进城乡、区域、产业、行业和不同所有制人才资源开发，实现各类人才队伍协调发展，形成人才开发整体优势，建设规模宏大、布局合理、结构优化、素质优良的人才队伍。

（三）协同推进

协同推进，就是充分遵循不同类型人才队伍的自身特点和发展规律，在突出重点的基础上，统筹高层次与基础性人才、研究型与实用性人才、自然科学与哲学社会科学人才、存量和增量人才开发，统筹推进不同区域、不同产业、不同行业、不同层次、不同所有制单位人才工作的发展，分类推进党政人才、企业经营管理人才、专业技术人才、高技能人才、农村实用人才、社会工作人才等各类人才队伍建设，不断扩大人才工作覆盖面，形成上下贯通、衔接配套，集中各方力量、汇聚社会资源，协同推进人才优先发展，各类人才持续成长、协调发展的局面。

三、人才队伍建设的推进战略

人才资源是第一资源，人才问题是关系党和国家事业发展的关键问题，人才工作在党和国家工作全局中占有十分重要的地位。我们必须清醒地看到，当前我国人才发展的总体水平同世界先进国家相比仍存在较大差距，与我国经济社会发展需要相比还有许多不适应的地方，主要是：高层次创新型人才匮乏，人才创新创业能力不强，人才结构和布局不尽合理，人才发展体制机制障碍尚未消除，人才资源开发投入不足，等等①。在新时期、新形势下，面对新任务、新挑战，建设一支高素质的人才队伍显得更加重要和紧迫。人才队伍建设是一项系统工程，要遵循各类人才成长和发展的规律，结合经济社会发展的不同阶段，坚持“高端引领、整体开发”的基本方针，按照“分层次、分类别、分阶段”的战略逐步开展。

（一）分层次

人才层次是指人才才能在能级上的差别，每个专业、每种类型的人才都处于不同的能级状态，通常可以分为高、中、初三个人才层次。人才的能级是动态的，可以相互转化。初级人才作出成绩可以进入中高级人才，中高级人才长期没有成绩可以降为初级人才。对人才队伍建设来说，既要有统揽全局、运筹帷幄、具有创新精神、远见卓识的高端人才，又要有处于中间层次承上启下的职能型人才，还要有把决策化为具体行动的基层一线人才。各层次的人才，应有不同的职能和合理的比例。不同层次的人才适用的人才政策也不尽相同。所以在推进人才队伍建设的过程中，要考虑不同层次的人才特点，分层次推进。高层次创新创业人才是国家发展的核心竞争力，但当前我国面临高层次创新型人才严重匮乏的现状，制约了经济社会的发展。因此，高层次创新型人才的培养成为人才队伍建设的首要任务。

（二）分类别

人才类别是根据人才类型的不同进行的类别划分。社会分工的必然结果是不同行业和职业的诞生，并且随着社会进步和科学技术的日益发展，新的行业和职业也将不断产生并日趋走向成熟和完善，而在此基础上的行

① 参见《国家中长期人才发展规划纲要（2010—2020 年）》。

业分工及行业所必需的知识和技能就成为人才分类的重要标准之一。不同类别的人才队伍，遵循不同的成长、开发和管理规律。在推进各类人才队伍建设时，要结合各类人才队伍的特点，进行人才资源的开发和利用。据此，在《人才规划纲要》中，人才被划分为六大类：党政人才、企业经营管理人才、专业技术人才、高技能人才、农村实用人才以及社会工作人才。根据不同的人才类别，人才队伍建设的着眼点也各有差异。党政人才队伍，着眼于加强党的执政能力建设和先进性建设；企业经营管理人才队伍，着眼于增强国家经济实力和企业国际竞争力；专业技术人才队伍，着眼于适应社会主义现代化建设的需要；高技能人才队伍，着眼于适应走新型工业化道路和产业结构优化升级的要求；农村实用人才，着眼于服务社会主义新农村建设；社会工作人才队伍，着眼于适应构建社会主义和谐社会的需要。

（三）分阶段

2011 年 12 月 17 日全国人才工作座谈会指出："人才工作要为经济社会发展中心任务服务。"围绕中心、服务大局是人才工作的根本出发点和落脚点，只有紧紧围绕经济社会发展中心任务培养、吸引、用好人才，人才工作才能有为有位。人才队伍建设要根据经济社会发展的不同阶段推进。随着科技进步和经济社会发展，创新型、创业型科技人才的培养，重点领域急需紧缺人才的开发被提上了日程；随着城市化进程的加快，社会管理加强，社会工作人才也作为一支重要的人才队伍被提出来。不难看出，人才队伍建设的推进与经济社会发展状况密不可分。

第二节　突出培养造就创新型科技人才

创新是民族进步的灵魂和国家兴旺发达的不竭动力。建设创新型国家，关键在人才，尤其在创新型科技人才。提出突出培养造就创新型科技人才，是由这些人才在国家经济社会发展中的地位和作用决定的。创新型科技人才是新知识的创造者、新技术的发明者、新学科的创建者、新产业的开拓者，是国家竞争力的决定性因素。突出培养造就创新型科技人才，对于提高我国自主创新能力、建设创新型国家以及加快转变经济发展方式都具有重大意义。

改革开放特别是进入新世纪以来，随着科教兴国战略和人才强国战略的深入实施，我国科技人才队伍建设取得重要进展，科技人力资源日益丰富，科技人才创新创业环境不断改善，高层次创新型科技人才队伍快速发展，中青年科技人才已经成为我国科技活动的主力军，科技人员在企业、研究机构和高等院校中的分布逐步趋于合理，留学人员回国创新创业已渐成新潮。按照《人才规划纲要》的目标，围绕提高自主创新能力、建设创新型国家，以高层次创新型科技人才为重点，努力造就一批世界水平的科学家、科技领军人才、工程师和高水平创新团队，注重培养一线创新人才和青年科技人才，建设宏大的创新型科技人才队伍。到 2020 年，研发人员总量达到 380 万人年，高层次创新型科技人才总量达到 4 万人左右。①

一、创新人才培养模式和教育方式方法

（一）创新人才培养模式

2005 年，温家宝在看望著名物理学家钱学森时，钱老曾发出这样的感慨：回过头来看，这么多年培养的学生，还没有哪一个的学术成就，能跟民国时期培养的大师相比！钱学森认为：“现在中国没有完全发展起来，一个重要原因是没有一所大学能够按照培养科学技术发明创造人才的模式去办学，没有自己独特的创新的东西，老是‘冒’不出杰出人才。”自此，在很长一段时间内，“钱学森之问”成为社会各界关注的焦点。

培养造就创新型科技人才，要深入推进科技教育结合，创新人才培养模式。推行创新型教育方式方法，把创新教育环节融入国民教育、职业教育和继续教育体系，建立学校教育和实践锻炼相结合、国内培养和国际交流合作相衔接的开放式培养体系。把提升科学研究能力作为创新型人才培

① 参见《国家中长期人才发展规划纲要（2010—2020 年）》。

养的关键环节，支持研究生参与承担科研项目，为本科生参加科研活动创造条件，突出培养各级在校学生的科学精神、创造性思维和创新能力。根据国家科技和经济发展需要，及时引导高等学校调整优化学科专业，充分发挥高等学校的人才优势和创新潜力，加强交叉学科、新兴学科领域专业人才培养。加强高等学校工程技术类专业的实践教育，推行产学研合作教育模式和“双导师”制，促进高等学校与科研院所、企业联合培养科技人才。以国家重大科研项目和重大工程、重点学科和重点科研基地、国际学术交流合作项目等为依托带动人才培养。鼓励高新区、大学生创业园等机构开展高等学校毕业生技能培训和创业培训。进一步弘扬科技工作者求真务实、勇于创新的科学精神。

（二）探索并推行创新型教育方式方法

创新型人才应具有高尚的人生理想、追求真理的志向和勇气，具有严谨的科学思维能力、扎实的专业基础、广阔的国际视野和敏锐的专业洞察力，具有强烈的团结协作精神和踏实认真的工作作风。培养创新型科技人才要从教育的源头抓起，我们必须从经济社会发展特别是科学技术事业发展的需求出发，进一步深化教育改革，加强素质教育，努力建设有利于创新型人才成长的教育培养体系。要以系统的观点统筹小学、中学、大学直到就业等各个环节，形成培养创新型科技人才的有效机制，突出培养学生的科学精神、创造性思维和创新能力。

培养创新型人才，必须以培养学生的创新能力为重点，全面提高学生的综合素质。要改变单纯灌输式的教育方法，探索创新型教育的方式方法，在尊重教师主导作用的同时，更加注重培育学生的主动精神，鼓励学生的创造性思维。要努力把中小学生从课业负担下解放出来，激发他们的好奇心和探究精神，使广大青少年在发掘兴趣和潜能的基础上全面发展。要改革和完善高等学校的课程设置，更新教学内容，重视理论与实践相结合，培养学生的创新精神和能力。要高度重视技术科学的发展和工程实践能力的培养，提高把科技成果转化为工程应用的能力。根据人才成长规律，处于创新活跃期的高层次创新人才一般年龄在35—45岁之间。着眼未来，目前35岁以下的青年科技人才是我国高层次创新人才的主要后备力量，应采取更加有力的政策措施，强化35岁以下人才的培养，营造良好环境使他们脱颖而出。

二、加强实践培养

一切真知都来源于社会实践，实践是创新的源泉，是创新型科技人才脱颖而出的最主要条件，在创新实践中培养创新型人才是人才成长最有效的途径。在我国航天科技领域涌现出一大批优秀青年科技领军人才，其根本经验就在于给人才提供了锻炼的舞台。从我国这些年的经验看，国家重大工程项目往往是产生创新型科技人才的基地，完成一个重大项目就会培养一批创新人才。

目前我国创新型科技人才大量地集中在高校科研院所，而企业中的创新型科技人才所占比例不高，企业尚未成为培养创新型科技人才的主体。要加快建立以企业为主体、市场为导向、产学研相结合的技术创新体系，引导和支持创新要素向企业集聚，促进科技成果向现实生产力转化。我国开展的农村科技特派员创业活动和“科技人员服务企业行动”，引导科技人才到基层一线，有效地推动了科技人才流动，增强了科技人才服务经济社会的意识。加强实践培养，要依托国家重大科研项目和重大工程、重点学科和重点科研基地、国际学术交流合作项目，建设一批高层次创新型科技人才培养基地。加强领军人才、核心技术研发人才培养和创新团队建设，形成科研人才和科研辅助人才衔接有序、梯次配备的合理结构，提高自主创新能力。深化科技体制改革，完善权责明确、评价科学、创新引导的科技管理制度，健全有利于科技人才创新创业的评价、使用、激励措施。

三、进一步解放科技生产力

马克思主义唯物史观认为，科学技术是经济社会发展最活跃的生产力，人是生产力中最活跃的因素。科技人才是人力资源中的先进部分，是科技创新的主要承担者，其对经济社会发展的创造性贡献，决定了他们是最活跃的先进生产力。邓小平提出，科学技术是第一生产力，并由此提出，一定要在党内和全社会造成一种空气，尊重知识、尊重人才。

改革开放以来，我国科技工作取得显著进展，科技投入不断增加，科技实力、创新能力大幅提升，科技对经济社会发展的支撑引领作用明显增强。但是也要看到，我国科技体制还不能很好地适应经济社会发展和国际竞争的需要。科技和经济存在“两张皮”的问题，科技资源配置过度行政化与分散重复并存，科研评价机制不够合理。进一步解放科技生产力，就是要让一切有利于加快发展的科技成果充分活跃起来，使科技成果转化为发展成效，使潜在的科技和人才资源转化为现实生产力。深化科技体制改革，着力解决制约科技创新的突出问题，建立健全科学合理、富有活力、更有效率的科技体制机制，对于加快转变经济发展方式，建设创新型国家，具有重大而深远的意义。

（一）改革科技管理体制

切实转变政府职能，加强科技工作的统筹协调，进一步完善科技管理体制机制，加强科技管理的基础性工作，提高科技工作的科学化水平。建立适应市场经济条件和自主创新要求的科技管理体制，解决部门利益分割、多头管理、职能错位等问题，在投融资、技术标准、对外贸易、政府采购、财政资助和消费政策等方面形成协同一致的创新激励政策，提高公共服务水平。推进重大科技和创新决策的民主化、科学化，提高政府科技政策的透明度和执行力。

（二）加快建立以企业为主体的技术创新体系建设

推进产业技术创新联盟建设，促进产学研用结合。要从技术创新的全过程入手，从完善创新链的角度来营造创新生态。技术创新活动是一根完整的链条，这一“创新链”包括：孵化器、企业研发机构、公共研发平台、风险投资、产学研合作、技术产权交易、知识产权服务、各类科技中介，以及围绕创新活动形成的产业链等。政府的科技投入和政策设计，应围绕整个创新链的薄弱环节来有选择地布置力量，让整个创新链更加紧密、完整和活跃，应积极构建围绕企业技术创新的产业链，防止产业链出现断裂，不断拉长产业链。培育技术咨询、技术转让、无形资产评估、知识产权代理等科技服务中介机构和行业协会，发展金融、会计、法律、资产评估、技术服务、信息咨询等现代服务业，为创新型企业提供良好服务和支撑。

（三）完善科技资源开放共享制度

加强统筹整合，使科技基础能力产生倍增效应。努力建设跨部门、跨区域、多层次的资源整合共享体系，为科学研究和技术创新活动以及国家重大工程建设，提供有价值的基础数据支持和基础条件资源保障。按照“分层建设、分级管理”的平台建设整体部署，鼓励各部门和地方开展各具特色的平台建设工作，为行业科技进步和区域创新提供基础支撑。深化科研事业单位改革，通过机构整合和功能整合，建立起职责明确、评价科学、管理规范的现代科研院所体系，形成支撑区域发展的科技基础能力。

要以解放科技生产力、发展科技生产力为出发点和落脚点，建立健全有利于解放人才、解放科技生产力的有效机制，为人才搭建干事创业的舞台和平台，提供科技创业的条件，鼓励和支持改革创新的探索，在全社会进一步形成尊重知识、尊重人才，鼓励创新、鼓励创业的良好氛围，为实现经济社会发展提供有力人才支撑。

四、组织实施人才项目

实施人才项目是许多国家打造人才优势、参与国际竞争的成功经验。20 世纪 90 年代以来，美国明确把科技人才战略作为国家发展战略，提出了“面向 21 世纪的人才竞争力计划”，1994 年发布的《符合国家利益的科学》报告提出的五大战略目标之一就是要“造就 21 世纪最优秀的科学家和工程师”；2000 年，加拿大联邦政府拨款 9 亿加元启动“首席研究员计划”（CRC），面向全球吸引顶尖研究学者。① 我国从 20 世纪 90 年代开始

---

① 盛若蔚．为了更好实施人才强国战略——专家热议国家中长期人才发展规划纲要征求意见稿［N］．人民日报，2009－10－13.

也实施了一批人才工程，比如“长江学者奖励计划”、“百千万人才工程”、“高技能人才振兴工程”等，使得我国人才规模迅速扩大，人才素质不断提高。

要突出培养造就创新型人才，就要组织实施创新人才推进计划、海外高层次人才引进计划，推进“百人计划”、“长江学者奖励计划”、“国家杰出青年科学基金”等人才项目。注重复合型人才培养，破除论资排辈、求全责备观念，加大对优秀青年科技人才的发现、培养、使用和资助力度。加强产学研合作，重视企业工程技术与管理人才的培养，推动科技人才向企业集聚。发展创新文化，倡导追求真理、勇攀高峰、宽容失败、团结协作的创新精神，营造科学民主、学术自由、严谨求实、开放包容的创新氛围。建立健全科研诚信体系，从严治理学术不端行为。

五、培养大批创业型科技人才

高层次创新创业人才是国家发展的核心竞争力。加强高层次创新创业人才队伍建设，是应对日益激烈的国际人才竞争的迫切需要，是提高国家自主创新能力的迫切需要。要重点依托高新区、大学科技园、科技企业孵化器、行业协会等，扶持和鼓励科技人员的创新创业活动。加强对科技型中小企业创新创业和发展的政策支持，积极为创业人才提供服务，培养杰出的创新型企业家和高级管理人才，充分发挥企业家和科技创业者在科技创新中的重要作用。支持重点产业领域中以企业为主体的产学研联盟、研发组织、技术平台等创新团队，为其共性技术研发、公益服务等活动提供支持。

第三节　大力开发经济社会发展重点领域急需紧缺专门人才

围绕中心、服务大局是人才工作的根本出发点和落脚点，只有紧紧围绕经济社会发展中心任务培养、吸引、用好人才，人才工作才能有为有位。胡锦涛在2010年全国人才工作会议上强调，“要大力开发经济社会发展重点领域急需紧缺专门人才”。

专门人才是指系统接受过某一领域至少一个专业的专门教育或专门训练，具有一定专业素养并从事该专业工作的人员。专门人才对于提高专业工作效率、改进专业工作方法具有明显作用，是推动专业领域创新的重要力量。我国已经实现了从高度集中的计划经济体制到充满活力的社会主义市场经济体制的历史性转变，实现了从封闭半封闭到全方位开放的历史性转变。我国经济建设、政治建设、文化建设、社会建设和生态文明建设全面推进，工业化、信息化、城镇化、市场化、国际化深入发展，我国正处在进一步发展的重要战略机遇期，在新的历史起点上向前迈进。加快经济结构调整、产业结构优化升级、打造人才竞争优势、促进和谐社会建设，对我国人才提出了许多新的要求。

一、加大经济重点领域急需紧缺专门人才的开发力度

（一）重要性

重点领域，是指在国民经济中重点发展、亟待人才提供支撑的产业和行业。加大经济重点领域急需紧缺专门人才的开发力度，是发展现代产业体系、加快产业结构优化升级的需要，是我国建设创新型国家和加快转变经济发展方式的迫切需要。目前我国人才队伍现状还不适应发展现代产业体系的需要，必须加大重大产业领域急需紧缺专门人才开发力度，提升一、二产业人才质量，大力培养现代服务业急需的应用型人才，为推动产业结构优化升级提供人才保障。

（二）主要举措

围绕发展现代产业体系的需要，提高产业核心竞争力，《人才规划纲要》指出，到 2020 年，在装备制造、信息、生物技术、新材料、航空航天、海洋、金融财会、国际商务、生态环境保护、能源资源、现代交通运输、农业科技等经济重点领域培养开发急需紧缺专门人才 500 多万人。主

要举措包括以下五个方面。

一是加强产业、行业人才发展统筹规划和分类指导，围绕重点领域发展，开展人才需求预测，定期发布急需紧缺人才目录。科学预测预报既是宏观调控的手段、方式和途径之一，又为其他宏观管理调控手段的正确适时适度运用提供科学依据。通过人才科学预测预报，尤其是通过加强中长期预测预报，有利于克服市场短期信号的局限性和误导，为制定人才发展、教育科技发展、社会就业等规划和政策提供科学依据，为社会各方面提供信息支持与资讯帮助，对于解决目前总体上人才结构性矛盾比较突出的问题及人才资源分布不合理的问题具有指导作用。

二是调整优化高等学校学科专业设置，加大急需研发人才和紧缺技术、管理人才的培养力度。教育行政部门和高等学校要坚持以服务为宗旨，主动适应经济社会的发展需要，加大专业结构调整力度。根据相关产业和行业对专门人才的实际需求，在拓宽专业口径的基础上，在高年级灵活设置专业方向，努力扩大紧缺专业的人才培养规模，优化人才培养结构，为产业部门提供人才和智力支持。

三是大规模开展重点领域专门人才知识更新培训。行业主管部门要积极开展本行业国家重点领域的紧缺人才继续教育，参加继续教育的情况应作为考核评价和岗位聘用的重要依据。对承担继续教育任务的高等学校和社会培训机构给予必要支持。国家鼓励企业联合高等学校和社会培训机构开展国家重点领域紧缺人才的继续教育，企业按照国家规定提取的教育和培训经费，应安排一定比例用于支持相关领域紧缺人才的继续教育。

四是建设一批工程创新训练基地，建立和完善与国际接轨的工程师认证认可制度，提高工程技术人才职业化、国际化水平。鼓励高等学校与企业开展合作办学，联合建设重点领域学科和专业，按照企业对人才的要求实行“订单式”培养。

五是根据国家规划，制定人才特别是产业领军人才、工程技术人才向重点产业集聚的倾斜政策。

二、加大社会发展重点领域急需紧缺专门人才的开发力度

（一）重要性

大力开发社会发展重点领域急需紧缺专门人才，是构建社会主义和谐社会的需要。面对新形势新任务，我国现有人才队伍还不能满足社会发展的需要。在我国社会结构、社会组织形式、社会利益格局深刻变化的关键时期，推进以改善民生为重点的社会建设，改革社会体系，扩大公共服务，完善社会管理，都迫切需要培养造就一批有专业素养的专门人才。

（二）主要举措

围绕构建社会主义和谐社会的需要，在教育、政法、宣传思想文化、医药卫生、防灾减灾等社会发展重点领域培养开发急需紧缺专门人才800多万人。经济社会发展重点领域各类专业人才数量充足，整体素质和创新能力显著提升，人才结构趋于合理。主要举措包括以下七个方面。

一是继续实施“四个一批”① 人才培养工程，加强哲学社会科学、新闻、出版、文艺等领域高层次人才队伍建设。作为国家级专项计划，“四个一批”人才培养工程实施以来，根据中央部署和要求，宣传文化系统会同有关方面做了大量工作，取得了重要进展和明显成效，对于建设宏大文化人才队伍、为社会主义文化大发展大繁荣提供有力人才支撑，具有十分重要的现实意义。

---

① “四个一批”人才培养工程，即培养一批全面掌握中国特色社会主义理论体系、学贯中西、联系实际的理论家；一批坚持正确导向、深入反映生活、受到人民群众喜爱的名记者、名编辑、名评论员、名主持人；一批熟悉党和国家方针政策、社会责任感强、精通业务知识的出版家；一批紧跟时代步伐、热爱祖国和人民、艺术水平精湛的作家、艺术家。之后，将宣传文化经营管理人才和专门技术人才也纳入。整个工程拟用5到10年时间，选拔培养1300名高层次人才，其中理论界200名，新闻界300名，出版界100名，文艺界400名，经营管理和专门技术人才300名。

二是注重培养造就一批马克思主义理论家特别是中青年理论家。2005年11月26日，胡锦涛在十六届中共中央政治局第26次集体学习时指出，要搞好马克思主义理论研究，很关键的一个问题是要建设一支政治强、业务精、作风正的马克思主义理论队伍。要加强对马克思主义理论拔尖人才的重点扶持，造就一批学贯中西、在国内外有广泛影响的马克思主义理论大家；加强对崭露头角的学术新秀的重点培养，造就一批各学科各专业的领军人物；加强对高校马克思主义专业人才的重点培养，造就一批具有较高素质、有志于从事马克思主义理论研究的后备人才。

三是依托重大哲学社会科学研究项目，大力培养哲学社会科学学术带头人。哲学社会科学是人们认识世界、改造世界的重要工具，是推动历史发展和社会进步的重要力量。哲学社会科学的研究能力和成果是综合国力的重要组成部分。建设中国特色社会主义离不开以马克思主义为指导的哲学社会科学的繁荣发展。要按照政治强、业务精、作风正的要求，造就一批用马克思主义武装起来、立足中国、面向世界、学贯中西的思想家和理论家，造就一批理论功底扎实、勇于开拓创新的学科带头人，造就一批年富力强、政治和业务素质良好、锐意进取的青年理论骨干。

四是加强宣传思想文化、医药卫生人才培养。要加大教育培训和人才培养力度，造就一支政治强、业务精、纪律严、作风正的宣传思想文化工作队伍，造就一支数量规模适宜、素质能力优良、结构分布合理的医药卫生人才队伍，营造人才发展的良好环境，为加快我国医疗卫生事业改革发展，实现人人享有基本医疗卫生服务提供强有力的人才保障。

五是支持重点领域科学家参加国际科研计划、学术交流。重视对科学家国际化视野的培养，积极支持和鼓励重点领域科学家参加重要的国际科研计划和学术会议，深化与海内外的合作，为社会发展重点领域急需紧缺人才提供保障。

六是完善重点领域科研骨干人才分配激励办法。完善分配、激励、保障制度，建立健全与业绩和贡献紧密联系，充分体现人才价值，有利于调动人才积极性的激励保障机制。制定知识、技术、管理、技能等生产要素按贡献参与分配的办法；创新完善重点领域科研骨干人才分配激励机制。

七是建立重点领域相关部门人才开发协调机制。重点领域的人才开发一般都涉及多个部门管理、涉及多个重点领域。要按照专业领域分别组建由相关部门和单位共同参加的协调组织机构，并指定一个单位牵头负责；要建立定期研讨制度、信息交流报送和发布制度、业务协调制度、风险识别预警处置工作制度等；要针对本专业领域人才开发的重大问题共同寻找对策，共同研究制定本专业领域人才队伍建设的有关政策；要充分发挥中央宏观指导和协调职能，充分发挥各人民团体、企事业单位、社会中介组织的作用，形成人才开发工作整体合力。

第四节　统筹推进各类人才队伍建设

实现人才工作科学发展，就要坚持统筹兼顾、分类指导、整体推进，坚持党政人才、企业经营管理人才、专业技术人才、高技能人才、农村实用人才、社会工作人才六支队伍一起抓，把各方面优势人才凝聚到党和国家的宏伟事业中来。习近平 2011 年 12 月 18 日在全国组织部长会议上的讲话指出，要“继续大力推进重大人才政策创新和重大人才工程实施，大力培养造就高层次创新型科技人才和青年英才，大力引进海外高层次人才，统筹推进各类人才队伍建设，完善党管人才工作体制机制，不断提高人才工作科学化水平”。

一、党政人才队伍建设

党政人才队伍主要是指在党政机关、事业单位，以及群众团体等部门工作，经过专业教育培训或实践锻炼，具备一定管理水平和技能，能够进行创造性劳动的党务和行政管理人员。党政人才是党的事业骨干。作为执政党路线、方针、政策的具体贯彻和执行者，这支队伍建设状况的高低优劣，对于党和国家事业的兴旺发达和长治久安具有举足轻重的意义。

（一）党政人才发展的现状

我们党历来十分重视党政人才队伍建设，重视发挥各级党政人才在贯彻执行党的政治路线、实现党的中心任务中的关键作用。改革开放30多年以来，党培养和造就了一批又一批适应新形势新任务需要的宏大的党政人才队伍，为建设中国特色社会主义伟大事业提供了强有力的组织保证。总体来看，全国党政人才队伍呈数量上升、结构优化趋势。

（二）加强党政人才队伍建设的重要性和紧迫性

第一，加强党政人才队伍建设是提高党的执政能力的重要保障。加强党的执政能力建设，提高党的领导水平和执政水平，是党面临的重大课题。党的执政能力，具体体现在所制定的路线、方针、政策的正确性上，体现在各级党政机关的正常运转和功能发挥上，也体现在党政人才的素质上。只有提高各级党政人才的综合素质和工作水平，才能提高党的领导水平和执政水平，才能巩固党的执政地位，才能保证国家长治久安。

第二，加强党政人才队伍建设是应对国际国内新形势挑战的必然要求。当今世界正处在大变动的历史时期，世界的力量组合和利益格局正发生深刻的变化。在国内，随着改革开放的进一步深入，社会经济成分、组织形式、就业方式、利益关系和分配方式日益多样化，新事物新问题新矛盾不断出现，所有这些都对党政人才队伍带来了严峻挑战。只有不断加强党政人才队伍建设，才能使党在风云变幻的国际局势中站稳脚跟，在激烈的国际竞争中掌握主动，不断巩固执政地位。

第三，加强党政人才队伍建设是改善队伍现状、提高队伍素质的迫切需要。当前，党政人才队伍建设总的来说是好的，但是也存在一些不容忽视的问题。主要表现在以下四个方面：思想政治素质还有待进一步提高、党政人才队伍的执政能力和领导水平有待进一步加强、党政人才队伍结构有待进一步改善、党政人才队伍建设的工作机制有待进一步完善。

（三）党政人才队伍建设的基本目标

按照加强党的执政能力建设和先进性建设的要求，以提高领导水平和执政能力为核心，以中高级领导干部为重点，造就一批善于治国理政的领导人才，建设一支政治坚定、勇于创新、勤政廉洁、求真务实、奋发有为、善于推动科学发展的高素质党政人才队伍。到2020年，具有大学本科及以上学历的干部占党政干部队伍的85%，专业化水平明显提高，结构更加合理，总量从严控制。①

（四）加快党政人才队伍建设的主要举措

一是干部选拔中坚持德才兼备、以德为先。“德”，乃立身之本。“德才兼备，以德为先”，既是党选人用人的标准，更应是党补充新鲜血液、保持先进性和纯洁性的标准。干部是中国特色社会主义事业的骨干，是党的路线方针政策的贯彻执行者。在干部选拔中要坚持民主、公开、竞争、择优的改革方针，树立坚定信念、注重品行、科学发展、崇尚实干、重视基层、鼓励创新、群众公认的用人导向。

二是拓宽选人用人渠道，提高干部工作科学化水平。党和国家事业发展对干部和人才的需求是丰富和多方面的，提高党的执政能力和执政水平需要扩大干部工作民主，加大竞争性选拔党政领导干部工作力度，进一步拓宽党政干部选拔来源渠道，提高干部工作科学化水平，促进优秀人才脱颖而出。

三是注重从基层和生产一线选拔党政人才。从基层和生产一线选拔党政人才是提高领导干部执政能力的需要，是优化领导机关干部队伍结构的需要，是树立正确用人导向的需要。

四是建立健全党政干部岗位职责规范及其能力素质评价标准。实施促进科学发展的干部综合考核评价办法，按照“职位分类、岗位定则、科学分工、规范管理”的原则，加强工作业绩考核。根据岗位职责规范及其能

① 参见《国家中长期人才发展规划纲要（2010—2020年）》。

力素质评价标准，研究制订适应科学发展要求和干部成长规律的干部教育培训计划，加强干部自学。实施党政人才素质能力提升工程，构建理论教育、知识教育、党性教育和实践锻炼“四位一体”的干部培养教育体系。实施后备干部队伍建设“百千万工程”。加强女干部、少数民族干部、非中共党员干部培养选拔和教育培训工作。

五是健全权力约束制衡机制，加强干部管理监督。无数实践证明，权利失去制约必然导致腐败。为了推进反腐倡廉建设，巩固党的执政基础，要建立健全决策、执行、监督既相互制约又相互协调的权利结构和运行机制，从源头上杜绝腐败现象的产生，保持党员干部的先进性和纯洁性。

二、企业经营管理人才队伍建设

（一）企业经营管理人才发展的现状

新中国成立以来特别是改革开放以来，围绕解放人才、发展人才、用好人才，制定了一系列推进企业经营管理人才队伍建设的政策措施，取得了突出成就。人才总量稳步增长，素质显著提高，结构逐步优化，高层次人才明显增多，涌现出了一批优秀企业家，各种所有制企业积极探索市场配置人才资源的有效途径和方式，通过公开招聘、竞争上岗等市场化方式选聘的经营管理人才数量大幅增加。截至2010年，我国企业经营管理人才资源达到2979.8万人。①

（二）加强企业经营管理人才队伍建设的重要性和紧迫性

第一，加强企业经营管理人才队伍建设是推动人才强国战略的内在要求。企业经营管理人才是我国人才队伍的重要组成部分，在国家经济建设和企业经营管理的方方面面发挥着重要作用。这支队伍数量庞大，

---

① 2011年度人力资源和社会保障事业发展统计公报[EB/OL].[2012-06-05]. http://www.mohrss.gov.cn/SYrlzyhshbzb/zwgk/szrs/ndtjsj/tigb/201206/t20120605_69908.htm.

其能力素质及发挥作用如何，直接关系到我国企业核心竞争力的提升，关系到国家竞争优势的形成和积聚。我国企业经营管理人才队伍总体上还不能适应企业改革发展和应对国际竞争的需要。突出表现为：我国企业经营管理人才应对激烈竞争的开拓创新能力、适应市场经济的科学决策能力、适应知识经济发展的变革管理能力、达到国际水准的业务素质和专业能力迫切需要提升，战略企业家和高素质职业经理人较为短缺，人才专业化、国际化水平亟待提高，制约人才发展的体制机制障碍仍然存在，有利于人才成长和充分发挥作用的环境尚未全面形成，等等。

第二，加强企业经营管理人才队伍建设是提升国家竞争力的重要举措。许多案例表明，企业的兴衰成败往往系于企业核心人才特别是企业领导人才的能力和素质。正如胡锦涛所指出的："以经济和科技实力为基础的综合国力的竞争日趋激烈，这种竞争说到底是民族素质的竞争和较量，首先是企业领导人才的素质、能力的竞争和较量。"因此，通过加快企业经营管理人才队伍建设，重点培养造就大批战略型企业家和高素质经营管理人才，推动我国企业向具有国际影响力的大企业集团方向发展，是增强我国综合实力和国际竞争力的必然选择。

第三，加强企业经营管理人才队伍建设是促进企业科学发展的有力支撑。人才资源作为一种战略性资源，是构成企业竞争力的核心要素。产业结构每发展到一个新的阶段，企业活动每拓展到一个新的领域，都会对人才资源提出新的更高要求。特别是，为满足企业做强做大、科学发展的需要，需要打造一个具有战略思维和全球视野，能够引领企业科学发展的优秀企业家群体，建设一支综合素质高、创新能力强、能够适应企业科学发展的经营管理团队，以人才队伍建设和智力资本运作为推手，促使企业在科学发展的道路上越走越宽广。

（三）企业经营管理人才队伍建设的基本目标

适应产业结构优化升级和实施"走出去"战略的需要，以提高现代经营管理水平和企业国际竞争力为核心，以战略企业家和职业经理人为重点，加快推进企业经营管理人才职业化、市场化、专业化和国际化，培养造就一大批具有全球战略眼光、市场开拓精神、管理创新能力和社会责任感的优秀企业家和一支高水平的企业经营管理人才队伍。到2015年，企业经营管理人才总量达到3500万人。到2020年，企业经营管理人才总量达到4200万人，培养造就100名左右能够引领中国企业跻身世界500强的战略企业家；国有及国有控股企业国际化人才总量达到4万人左右；国有企业领导人员通过竞争性方式选聘比例达到50%。①

（四）加快企业经营管理人才队伍建设的主要举措

第一，形成符合现代企业制度要求的人才选用机制。坚持以市场机制选人，内部选人实行竞争上岗，外部选人实行公开招聘或者猎头。对国有企业领导人员的选用采取组织选拔与市场化选聘相结合的方式选拔。健全企业经营管理者聘任制、任期制和任期目标责任制，实行契约化管理。

第二，形成符合企业经营管理人才特点的人才开发培养机制。依托知名跨国公司、国内外高水平大学和其他培训机构，加强企业经营管理人才培训，提高战略管理和跨文化经营管理能力。

第三，完善以市场和出资人认可为核心的企业经营管理人才评价体系。按照现代企业制度的要求，积极发展企业经营管理人才评价机构，建立社会化的职业经理人资质评价制度，加强规范化管理。健全企业经营管理人才经营业绩评价指标体系。

第四，完善年度薪酬管理制度、协议工资制度和股权激励等中长期激励制度。年薪制、协议工资制和股权激励等中长期激励制度，是被西方发达国家实践证明的一种行之有效的适用于激励企业领导人员的薪酬管理办法。据统计，世界500强中，约有95%的企业对企业领导人员的薪酬管理采取了年薪制和股权激励等中长期激励制度。

---

① 参见《国家中长期人才发展规划纲要（2010—2020年）》。

三、专业技术人才队伍建设

（一）专业技术人才发展的现状

改革开放以来，我国专业技术人才队伍建设取得重要成就。一是专业技术人才队伍规模不断壮大。截至 2010 年，专业技术人才资源已达 5550.4 万人（具有专业技术职称的企业经营管理人才资源交叉统计在其中），占人才资源总量的 46.3%。[①] 二是专业技术人才队伍整体素质逐步提高。截至 2009 年底，在公有制经济企事业单位 2888 万专业技术人才中，大专以上学历 2291.6 万人，占总人数的 79.3%；高级职称 297.5 万人，占总人数的 10.3%；高层次专业技术人才队伍初具规模，目前，我国有两院院士 1400 多人，有突出贡献中青年专家 5200 多人，百千万人才工程国家级人选 4100 多人，享受政府特殊津贴专家 15.8 万人，博士后研究人员 8 万余人。[②] 三是专业技术人才在科技进步和经济社会发展中的作用显著增强。在开展重大科研项目攻关和重点工程建设方面取得了显著成绩，在开发国防尖端技术和破解关系国计民生重大问题方面作出了突出贡献，在推进高新技术产业化和理论创新、制度创新、科技创新、文化创新等方面发挥了重要作用。四是专业技术人才管理体制机制不断创新。专业技术人才公共服务体系逐步建立，市场化的用人机制初步形成，事业单位聘用制度和岗位管理制度基本建立，初步实现从身份管理向岗位管理转变。五是专业技术人才的社会地位明显上升，人才成长与发展的环境日益改善。随着人才强国战略的深入实施，专业技术人才队伍在经济社会发展中的基础性、战略性、决定性地位和作用日益凸显出来。

---

① 周英峰．中央人才工作协调小组负责人就 2010 年度全国人才资源统计工作答记者问[EB/OL]．[2012－05－16]．http：//news. xinhuanet. com/politics/2012－05/15/c_ 111958343. htm.

② 参见《专业技术人才队伍建设中长期规划（2010—2020 年）》。

（二）加强专业技术人才队伍建设的重要性和紧迫性

专业技术人才是我国人才队伍的骨干力量，在建设创新型国家和全面建设小康社会伟大事业中发挥着重要作用。全面加强专业技术人才队伍建设，是我们应对激烈的国际竞争，提高自主创新能力，实现经济社会又好又快发展的必然要求。

第一，加强专业技术人才队伍建设是应对国际人才竞争的需要。当今世界，经济全球化深入发展，科技进步日新月异，知识经济方兴未艾，各国之间以经济为基础、科技为先导、人才为焦点的综合国力竞争日益激烈。人才资源已经成为重要的战略资源，人才在综合国力竞争中越来越具有决定性意义。我国正处于全面建设小康社会的关键阶段，深入贯彻落实科学发展观，全面建设小康社会，建设创新型国家，加快推进工业化、信息化、城镇化、市场化、国际化，要求我们必须充分发挥人才在科学发展中的第一资源作用，加快经济发展方式由主要依靠物质资源消耗向主要依靠科技进步、劳动者素质提高和管理创新转变，把人力资源优势转化为人才资源优势，更有力地促进经济社会又好又快发展。

第二，加强专业技术人才队伍建设是提高自主创新能力的需要。我国专业技术人才队伍建设虽然取得了长足进步，但从整体来看，专业技术人才队伍的整体规模、素质能力、结构分布、体制机制以及发展环境与经济社会发展和建设创新型国家的要求还有一定差距，主要表现在：自主创新能力不强；高层次人才尤其是世界一流的拔尖人才和领军人才匮乏；基层一线专业技术人才短缺，专业技术水平亟待提高；队伍结构、分布不尽合理，人才的培养与快速发展的经济社会需求结构不相适应；人才发展的体制机制障碍依然存在，人才投入不足、激励不够；人才成长发展的社会环境还需要进一步改善，等等。

（三）专业技术人才队伍建设的基本目标

适应社会主义现代化建设的需要，以提高专业水平和创新能力为核心，以高层次人才和紧缺人才为重点，打造一支宏大的高素质专业技术人才队伍。到 2015 年，专业技术人才总量达到 6800 万人。到 2020 年，专业技术人才总量达到 7500 万人，占从业人员的 10% 左右，高级、中级、初级专业技术人才比例为 10:40:50。①

（四）加快专业技术人才队伍建设的主要举措

一是构建分层分类的专业技术人才继续教育体系。从更好实施科教兴国战略、人才强国战略、可持续发展战略的全局出发，为培养造就高层次创新型人才，增强自主创新能力，建设创新型国家，要进一步扩大专业技术人才队伍培养规模，提高专业技术人才创新能力，加快实施专业技术人才知识更新工程。进一步实施并完善新世纪百千万人才工程。组织实施青年英才开发计划、高素质教育人才培养工程、文化名家工程、全民健康卫生人才保障工程。

二是加大现代服务业人才培养开发力度。为促进我国经济社会全面协调可持续发展，提高产业竞争力，加快经济发展方式转变和产业结构调整，在重视传统服务业各类技术人才培养的同时，要发挥各类社会组织培养专业技术人才的作用，加大现代物流、电子商务、法律、咨询、会计、工业设计、知识产权、食品安全、旅游等现代服务业人才培养开发力度。

三是完善专业技术人才柔性流动政策。为盘活现有人才资源，发挥专业技术人才的作用，通过制定双向挂职、短期工作、项目合作等灵活多样的人才柔性流动政策，引导党政机关、科研院所和高等学校专业技术人才向企业、社会组织和基层一线有序流动，促进专业技术人才合理分布。

四是改善基层专业技术人才工作、生活条件，拓展职业发展空间。为了稳定基层专业技术人才队伍，调动他们工作的积极性，要从基层工作实际出发，制定出台向基层倾斜的优惠政策，切实改善他们的工作和生活环境。

---

① 参见《国家中长期人才发展规划纲要（2010—2020 年）》。

四、高技能人才队伍建设

高技能人才是指具有高超技艺和精湛技能，能够进行创造性劳动，并对社会作出贡献的人，主要包括技能劳动者中取得高级技工、技师和高级技师职业资格的人员。高技能人才是我国人才队伍的重要组成部分，是各行各业产业大军的优秀代表，是技术工人队伍的核心骨干，在加快转变经济发展方式、促进产业结构优化升级、提高企业竞争力、推动技术创新和科技成果转化等方面具有重要作用。

（一）高技能人才发展的现状

近年来，我国高技能人才工作取得了新进展。一是高技能人才规模不断扩大，结构逐步优化。截至 2010 年底，高技能人才资源达到 2863.3 万人①，比 2009 年底增加 232.3 万人，增长约 9%，高技能人才占技能劳动者比例为 25.6%。② 二是高技能人才成长的政策环境明显改善。各地区、各部门普遍制定了促进高技能人才队伍建设的政策，国家将高技能人才纳入享受国务院政府特殊津贴制度的范围。三是高技能人才培养体系逐步完善。企业行业在培养高技能人才中的主体作用开始得到发挥，一批高级技工学校、技师学院、高职院校紧贴市场需求，密切与企业合作，在加快培养后备高技能人才方面发挥了重要基础作用。四是高技能人才评价工作得到加强。以职业能力为导向、以工作业绩为重点，注重职业道德和职业知识水平的高技能人才评价体系逐步建立，社会化鉴定、企业评价、院校资格认证等多元评价机制逐步形成。五是高技能人才竞赛选拔机制逐步健全。各类职业技能竞赛活动蓬勃开展，已成为加快高技能人才脱颖而出的重要渠道。六是高技能人才在经济社会发展中的作用显著加强。以“首席

① 2011 年度人力资源和社会保障事业发展统计公报[EB/OL].[2012－06－05]. http://www.mohrss.gov.cn/SYrlzyhshbzb/zwgk/szrs/ndtjsj/tjgb/201206/t20120605_69908.htm.

② 周英峰. 中央人才工作协调小组负责人就 2010 年度全国人才资源统计工作答记者问[EB/OL].[2012－05－16]. http://news.xinhuanet.com/politics/2012－05/15/c_111958343.htm.

技师”、“首席工人”为代表的高技能人才带头人制度开始建立，高技能人才在技术攻关、工艺创新和带徒传技等方面的重要作用得到发挥。七是对高技能人才的宣传力度不断加大。崇尚劳动、尊重技能、重视高技能人才的社会氛围正在逐步形成。

（二）加强高技能人才队伍建设的重要性和紧迫性

当前和今后一段时期，我国处于全面建设小康社会的关键时期。走新型工业化道路，加快产业优化升级，全面提升我国企业核心竞争力，迫切需要大力加强高技能人才队伍建设。

第一，加强高技能人才队伍建设是推动产业结构优化升级的迫切需要。加快转变经济发展方式，关键是实现我国经济由主要依靠增加物质资源消耗向主要依靠科技进步、劳动者素质提高、管理创新转变，对加快培养高素质高技能人才提出了新要求。重点产业调整振兴计划的实施和新兴战略性产业的发展，急需一大批掌握精湛技能和高超技艺的高技能人才作支撑。一是走新型工业化道路，加快传统产业的升级改造，迫切需要提升技能劳动者队伍素质。二是加快发展以现代服务业为代表的第三产业，迫切需要一大批掌握现代服务技能的人员。三是发展低碳经济和绿色产业，迫切需要培养一批相关领域的技能人员。据预测，2015 年和 2020 年技能劳动者需求将分别比 2009 年增加近 1900 万人和 3290 万人（不含存量缺口 930 万人），其中，高技能人才需求将分别增加约 540 万人和 990 万人（不含存量缺口 440 万人）。①

第二，加强高技能人才队伍建设是提高国际竞争力的内在需要。从我国技能人才现状看，我国技能劳动者占从业人员总量比重较低，同时，技能劳动者结构不合理，特别是高技能人才比例偏低。在国际市场上，我国是制造业大国，但产品附加值低、盈利空间小、产品竞争力弱，其中一个重要原因是缺乏高技能人才。这就要求大力提高劳动者的技术技能水平，以满足高质量产品生产和服务需要，在新的国际经济环境下更加充分地发

① 参见《高技能人才队伍建设中长期规划(2010—2020年)》。

挥劳动力资源的比较优势，从“中国制造”走向“中国创造”。

第三，加强高技能人才队伍建设是提高劳动者就业能力的有效路径。当前和今后一个时期，我国就业形势依然十分严峻，劳动力供大于求的总量矛盾将长期存在，劳动者技能与岗位需求不匹配造成的就业结构性矛盾更加突出。因此，必须大力加强劳动者就业技能培训，不断提升职业素质和技能水平，逐步缓解就业结构性矛盾。

（三）高技能人才队伍建设的基本目标

适应走新型工业化道路和产业结构优化升级的要求，以提升职业素质和职业技能为核心，以技师和高级技师为重点，形成一支门类齐全、技艺精湛的高技能人才队伍。到 2015 年，高技能人才总量达到 3400 万人。到 2020 年，高技能人才总量达到 3900 万人，其中技师、高级技师合计达到 1000 万人左右。①

（四）加快高技能人才队伍建设的主要举措

第一，完善高技能人才培养培训体系。企业是技术创新的主体，也是高技能人才培养的主体，要完善以企业为主体、职业院校为基础，学校教育与企业培养紧密联系、政府推动与社会支持相结合的高技能人才培养培训体系。

第二，改革和发展职业教育。推进职业教育的改革与发展是实施人才强国、科教兴国战略、促进经济和社会可持续发展、提高国际竞争力的重要途径，是调整经济结构、提高劳动者素质、加快人力资源开发的必然要求，是拓宽就业渠道、促进劳动就业和再就业的重要举措。加强职业培训，统筹职业教育发展，整合利用现有各类职业教育培训资源，依托大型骨干企业（集团）、重点职业院校和培训机构，建设一批示范性国家级高技能人才培养基地和公共实训基地。改革职业教育办学模式，大力推行校企合作、工学结合和顶岗实习。加强职业教育“双师型”教师队伍建设。

---

① 参见《国家中长期人才发展规划纲要（2010—2020 年）》。

在职业教育中推行学历证书和职业资格证书“双证书”制度。逐步实行中等职业教育免费和学生生活补助制度。实施国家高技能人才振兴计划。

第三，促进技能人才评价多元化。加快建立以职业能力为导向、以工作业绩为重点，注重职业道德和职业知识水平的高技能人才评价体系，积极探索高技能人才多元评价机制，逐步完善社会化职业技能鉴定、企业技能人才评价、院校职业资格认证和专项职业能力考核的实施办法。

第四，进一步提高高技能人才经济待遇和社会地位。完善国家高技能人才评选表彰制度，进一步提高高技能人才经济待遇和社会地位。逐步建立统一标准、自主申报、社会考核、企业聘用的高技能人才成长机制。进一步提高高技能人才的社会地位，优化高技能人才成长的社会环境。

五、农村实用人才队伍建设

农村实用人才是指具有一定知识和技能，为农村经济和科技、教育、文化、卫生等各项事业发展提供服务，作出贡献，起到示范和带动作用的农村劳动者，是广大农民的优秀代表，是新农村建设的生力军，是我国人才队伍的重要组成部分。按照从业领域的不同，一般划分为五种类型：生产型人才、经营型人才、技能服务型人才、社会服务型人才和技能带动型人才。①

（一）农村实用人才发展的现状

改革开放特别是2003年全国人才工作会议以来，中央及各地各部门高度重视农业农村人才队伍建设工作，不断加大人才资源开发力度，着力健全人才教育培训体系，逐步深化教育科研体制改革，努力构建人才评价和服务体系，农业农村人才队伍呈现出良好的发展势头，人才队伍不断壮大。截至2010年底，全国共有农村实用人才1048.6万人②，比2008年增

① 参见《农村实用人才和农业科技人才队伍建设中长期规划(2010—2020年)》。

② 2011年度人力资源和社会保障事业发展统计公报[EB/OL].[2012-06-05].http://www.mohrss.gov.cn/SYrlzyhshbzb/zwgk/szrs/ndtjsj/tjgb/2012 06/t20120605_ 69908.htm.

长约28%，为我国农业连年增产、农民持续增收和农村经济社会健康发展作出了突出贡献。

（二）加强农村实用人才队伍建设的重要性和紧迫性

第一，加强农村实用人才队伍建设是推动新农村建设的客观要求。农村实用人才是强农的根本，是我国人才队伍的重要组成部分。加强农业农村人才队伍建设，对于推动转变农业发展方式，促进农村社会全面进步和农民全面发展有重要意义。大力开发农村实用人才队伍是确保现代农业发展的坚实基础，是确保社会主义新农村建设的重要依靠。

第二，加强农村实用人才队伍建设是加快推动城乡协调发展的重要途径。当前和今后一段时期是加快改造传统农业、走中国特色农业现代化道路的关键阶段，是着力破除城乡二元结构、形成城乡经济社会发展一体化新格局的重要时期，加强农村实用人才和农业科技人才队伍建设既面临着难得的机遇，也面临着严峻的挑战。

第三，加强农村实用人才队伍建设是提高农村人才竞争力的迫切需要。农村实用人才是农业农村人才中的骨干力量。加强农村实用人才队伍建设，是农业农村人才工作的重点领域。从现状看，农村实用人才总量不足，结构不合理，整体素质偏低，示范带动作用不明显；农业科技人才科研创新和成果转化能力不强，高层次人才匮乏，推广队伍作用发挥不充分；人才地域、行业分布不合理，欠发达地区人才严重不足；人才培养开发、评价发现、激励保障机制还不健全；投入不足，工作条件相对艰苦，人才流失严重。与发展现代农业、推进社会主义新农村建设的要求相比，农业农村人才队伍建设仍存在一些矛盾和问题。为提高农村人才竞争力，迫切需要大力加强农村实用人才的队伍建设。

（三）农村实用人才队伍建设的基本目标

围绕社会主义新农村建设，以提高科技素质、职业技能和经营能力为核心，以农村实用人才带头人和农村生产经营型人才为重点，着力打造服务农村经济社会发展、数量充足的农村实用人才队伍。到2015年，农村实用人才总量达到 1300 万人。到 2020 年，农村实用人才总量达到 1800 万人，平均受教育年限达到 10.2 年，每个行政村主要特色产业至少有 1—2 名示范带动能力强的带头人。①

（四）加快农村实用人才队伍建设的主要举措

第一，整合现有培训项目，加大农村实用人才培养力度。加快农村实用人才队伍建设，要大规模开展农村实用人才培训，充分发挥农村现代远程教育网络、全国文化信息资源共享工程网络、各类农民教育培训项目、农业技术推广体系、各类职业学校和培训机构的主渠道作用。健全县域职业教育培训网络，推进农村实用人才带头人素质提升计划和新农村实用人才培训工程，重点实施现代农业人才支撑计划。鼓励和支持农村实用人才带头人牵头建立专业合作组织和专业技术协会，加快培养农业产业化发展急需的企业经营管理人员、农民专业合作组织带头人和农村经纪人。

第二，积极扶持农村实用人才创业兴业。长期来看，积极扶持农村实用人才创业兴业，要坚持统筹城乡经济社会发展，加快构建城乡经济社会一体化新格局。一方面，要在创业培训、项目审批、信贷发放、土地使用等方面给予政策支持；另一方面，要加强农村实用人才公共服务体系建设，建立健全信息服务体系。

第三，因地制宜，建立健全农村实用人才评价制度。建立健全农村实用人才评价制度，有利于准确定位农村实用人才群体，实行有效的激励和扶持，发挥其作用。农村实用人才评价重在群众认可，根据农村实用人才的成长规律和特点，以知识、技能、业绩、贡献为主要内容，分层级、分地区、分类型制定农村实用人才认定标准，采取灵活、务实的评价方式，开展农村实用人才评价认定工作。加大对农村实用人才的表彰激励和宣传力度，提高农村实用人才社会地位。

第四，继续开展城乡人才对口扶持。长期以来，受城乡二元结构的影响，农村培养、集聚人才的能力不强，农村优秀人才流失严重，制约了农

① 参见《国家中长期人才发展规划纲要（2010—2020 年）》。

业农村经济持续健康发展。为此，要加大公共财政对农村发展急需的农业技术人员、教师、医生等方面人才培养的支持力度。继续开展城乡人才对口扶持，推进万名医师支援农村卫生、城镇教师支援农村教育、社会工作者服务社会主义新农村建设、科技人才下乡支农等工作。

六、社会工作人才队伍建设

社会工作专业人才是具有一定社会工作专业知识和技能，在社会福利、社会救助、扶贫济困、慈善事业、社区建设、婚姻家庭、精神卫生、残障康复、教育辅导、就业援助、职工帮扶、犯罪预防、禁毒戒毒、矫治帮扶、人口计生、应急处置、群众文化等领域直接提供社会服务的专门人员，是现代社会服务体系的重要支撑。

（一）社会工作人才发展的现状

党的十六届六中全会作出建设宏大社会工作人才队伍的决策部署以来，尤其是党的十七大之后，我国社会工作专业人才制度建设稳步推进，实践探索不断深入，发展了一支近 20 万人的社会工作专业人才队伍。他们在提供专业服务、解决群众困难、化解社会矛盾、推进公平正义、促进社会和谐方面作用逐步显现。但同时我们也看到，我国社会工作从业人员总量不足，普遍学历较低、年龄偏大、素质不高，多数没有接受过系统的社会工作专业教育，每年进入社会工作行业的专业毕业生很少。根据有关部门数据，截至 2008 年，上海社会工作人员中接受过系统的专业教育的仅占 2%。广西 41 万从业人员中，社会工作专业毕业的只有 335 人，仅占从业人员的 0. 08%。广东 45. 5 万从业人员中，毕业于社会工作专业的只有 969 人，仅占从业人员的 0. 21%。①

（二）加强社会工作人才队伍建设的重要性和紧迫性

加快培养一支数量充足、素质优良、结构合理的社会工作专业人才

---

① 孙建立．加强社工队伍建设是创新社会管理迫切之需［N］．学习时报，2011 - 12 - 12.

队伍，充分发挥他们在困难救助、矛盾调处、人文关怀、心理疏导、行为矫治、关系调适等个性化、多样化服务方面的专业优势，对解决社会问题、应对社会风险、促进社会和谐、推动社会发展具有重要基础性作用。

第一，加强社会工作人才队伍建设是满足社会服务需求的需要。改革开放以来，随着工业化、城市化、市场化的不断推进，随着我国经济社会不断发展和国民收入不断增长，随着人们民主意识、公平意识和权利意识的不断提高，人民群众的社会服务需求数量越来越多、领域越来越宽、范围越来越广、质量要求越来越高。现有的社会服务体系与人民群众不断增长的个性化多样化服务需求还存在着很大差距。

第二，加强社会工作人才队伍建设是队伍自身发展的需求。必须清醒地看到，我国社会工作专业人才队伍建设才刚刚起步，还存在基础比较薄弱，岗位不明确，投入不充足，体制机制和政策制度不太完善，人才数量缺口大、能力素质不高、结构不太合理等问题。我国社会工作专业人才队伍发展总体水平与现有经济实力不相匹配，与人民群众不断增长的社会服务需求不相适应，与构建社会主义和谐社会的要求还有较大差距，迫切需要系统化、制度化地加以解决。

（三）社会工作人才队伍建设的基本目标

适应构建社会主义和谐社会的需要，以人才培养和岗位开发为基础，以中高级社会工作人才为重点，培养造就一支职业化、专业化的社会工作人才队伍。到2015年，社会工作人才总量达到200万人。到2020年，社会工作人才总量达到300万人。①

（四）加快社会工作人才队伍建设的主要举措

第一，建立完善社会工作人才培养体系。要根据《人才规划纲要》的要求，准确把握社会工作人才队伍的现状和发展趋势，合理配置资源，明

① 参见《国家中长期人才发展规划纲要（2010—2020年）》。

确不同地区、不同领域、不同层次社会工作人才培养的重点任务和保障措施，加快建立不同学历层次教育协调配套、专业培训和知识普及有机结合的社会工作人才培养体系。加强社会工作学科专业体系建设。建设一批社会工作培训基地。加强社会工作从业人员专业知识培训，制定社会工作培训质量评估指标体系。

第二，建立健全社会工作人才评价制度。我国先后颁布了社会工作者职业水平评价的暂行规定和有关职业水平考试实施办法，部分地区还率先建立了社会工作者职业资格制度，但总体上看，我国社会工作人才的评价认定标准还比较单一，社会工作师执业资格制度还没有建立。

第三，加快社会工作岗位开发。为加强社会工作者队伍职业化管理，需要加快社会工作岗位开发，推进公益服务类事业单位、城乡社区和公益类社会组织建设，完善培育扶持和依法管理社会组织的政策。组织实施社会工作服务组织标准化建设示范工程。研究制定政府购买社会工作服务政策。建立社会工作人才和志愿者队伍联动机制。

第八章
区域人才发展战略

【导读】

研究区域人才发展战略，是建立在广义的区域概念即“泛区域”概念之上的，唯有如此，区域人才发展才具有“竞争、协同”的对象，才具有战略层面上的意义。本章共分三节，在厘清区域人才发展的内涵的基础上，对“泛区域”人才发展模型进行了概括，提出了区域人才竞争力评价指标体系的基本框架，指出了从区域产业集群引发区域人才集聚、区域人才市场机制创新两方面入手的区域人才发展路径。最后逐次深入地提出由区域人才集聚战略、“泛区域”人才一体化战略组成的区域人才发展战略构想。

第一节　区域人才发展概述

一、区域人才发展的内涵

在论及区域人才发展时，区域可以分为广义和狭义两种概念。狭义的区域指行政区划的范围，广义的区域是一种“泛区域”，指包含有不同行政区划、但各行政区划间具有某种关联的地理范围。

（一）区域人才发展的概念

区域人才发展的概念基于区域经济发展的概念，更为广阔的背景是经济全球化和人才国际化的发展。区域人才发展即指在包含有不同行政区划的范围内，在多层次、多类型的动力驱动下，区域人才相互依存、交流、共享的行为能力尤其是解决利益冲突的能力，以及协同创新创业、共同发展的趋势。此处的区域是一种“泛区域”。

（二）我国区域人才发展呈现的新特点

1. 人才战略从行政区层面和企业层面向跨区域和产业层面扩展

传统的人才战略从层次上主要是从国家到行政区再到企业层面，这是与传统的人才管理体制和户籍制度相适应的。而随着经济全球化、人才国际化、区域人才一体化以及产业区的快速发展，人才战略层次也发生了很大的转变，突出表现在三方面：

首先，随着经济全球化进程的加快，人才国际化成为一种新的趋势。人才国际化引起了国际范围内对人才的竞争和争夺，人才已经成为国家竞争力的决定性因素。构筑国际人才高地成为区域尤其是国际化程度较高的先发区域参与激烈国际人才竞争、向知识经济和信息社会转型的内在要求。

其次，伴随着人才区域化进程的加快，在更广阔层面上整合人才资源、加强人才合作也成为区域人才战略的一个新特点。长三角地区、泛珠三角地区、环渤海地区、东北三省正在逐步形成我国的区域性人才高地，人才聚集的多元化格局正在形成。

最后，工业园区在第二次世界大战后作为一种规划思路提出以后，在世界范围得到了快速发展。围绕产业集聚人才成为区域人才开发的新特点，“产业集群 + 人才集聚” 成为区域发展的一种新模式。

2. 人才开发跨区域合作向更广和更深层次延伸

人才开发一体化是区域经济一体化的重要基础之一，是区域经济一体化的内在要求。在区域经济一体化的宏大格局和开阔视野中来定位和架构人才开发一体化，已成为区域人才战略的新亮点。2003 年 4 月，上海、江苏、浙江三省市及所辖 19 个城市人事部门在上海签署了“长江三角洲人才开发一体化共同宣言”，拉开了长三角人才合作的序幕。随后，“珠三角人才资源开发一体化合作协议”、“京津冀人才开发一体化合作协议书”等一系列跨行政区人才开发合作协议的签署，标志着人才合作进入了一个新的层次和阶段。

3. 学习型区域与区域人才创新系统的构建进一步深化

学习型区域与区域人才创新系统的构建成为区域人才战略中不可或缺的重要组成部分。学习型区域是通过学习力——创新力——生产力——竞争力的传导，持续地提升区域人才核心竞争力的系统。通过学习型区域的构建，培育一种学习文化，在持续学习中不断创新，把创新转化为生产力，形成区域人才持续的竞争力。同时，围绕区域人才创新系统构建的区域创新网络、区域创新环境与创新人才培育成为区域人才战略乃至发展战略关注的另一焦点。把构建学习型区域与区域人才创新系统结合起来，是人才发展战略的又一新亮点。

4. 高度重视围绕区域人才发展的制度创新

区域人才战略更加注重围绕区域人才发展的制度创新。区域人才发展其实更像是一种人才发挥对区域经济发展作用的传导机制，这一机制的顺利传导需要一系列的制度安排，如人才资本产权制度、分配制度、管理制度、保障制度、激励制度等，其中人才资本产权制度创新尤为重要。人才资本转变为“知识经济时代区域经济发展第一资本”这一本质变化，要求通过产权制度安排对人才资本进行保障和激励，同时作为现代产权制度的重要组成部分的人才资本产权制度，也是市场经济条件下区域人才发展的体制基础之一。

二、区域人才竞争力

（一）区域人才竞争力的概念

1. 人才竞争力

人才竞争力是指由影响人才主体的内外各因素有机综合和高度凝聚而形成的能力，即人才竞争的能力。内部影响因素主要有：拥有的人才资源的数量、质量、结构、效益等。外部影响因素主要有：环境、政策和制度等因素。人才竞争力在内涵上具有两大特点：其一，人才竞争力是一定空间范围内个体竞争力的整合结果，但不仅仅是个体的简单加总求和；其二，人才竞争力是一个相对概念，是相对其他竞争对手而言所表现出来的能力。

2. 区域人才竞争力

区域人才竞争力为一个地区或城市中人才队伍在经济生活中所表现出来的可持续发展的综合竞争实力，包括对经济社会发展的支撑、对资源的有效利用以及创新能力等。在市场经济占主导地位的情况下，区域人才竞争力是从宏观角度衡量人才发展程度的最主要、最有效的指标，也是人才发展战略的核心目标，它可以从某一侧面反映某一区域的综合竞争力。而从微观上看它是从对人才影响的各个方面反映某一区域的综合竞争力。区域人才竞争力评价的目的不仅仅在于评价区域人才竞争力的优劣，更重要的是引导和鼓励被评价对象向正确的方向发展，通过建立评价指标体系指导各区域营造良好的人才环境，合理配置人才资源，为各区域的经济和社会发展提供人才保障和支撑。

（二）区域人才竞争力评价

1. 评价指标体系设计的基本步骤

第一步，结合人才评价相关理论和现有研究结论，邀请该领域专家对影响区域人才竞争力的指标进行讨论，确定这些指标的主要层次及相互联系。第二步，邀请从事有关人才工作的专家学者对初拟指标进行评价，综合各专家意见，对指标进行修订、完善，确定评价指标体系一般框架。第三步，筛选初拟指标体系，在指标的选取过程中，对不符合指标构建原则或指标区分度过小、涉及保密等级、一般区域不具备的，通常不列入指标选择范围。第四步，专家会议讨论，给出指标权重确定的方法和标准，邀请专家集中讨论第二步确定的指标，并进行打分，通过科学的评价方法确定评价指标体系的权重。

2. 区域人才竞争力评价指标体系的基本框架

构建区域人才竞争力评价指标体系，一般情况下分为体现区域人才竞争力的内在竞争力要素指标和影响区域人才竞争力的外在竞争力要素指标两大部分（一级指标），每一部分又分为三个要素类型（二级指标），每个要素类型再设计若干三级指标。指标体系的构架可用图 8—1 表示：

内在竞争力要素更多地体现人才的现实竞争力，外在竞争力要素更多

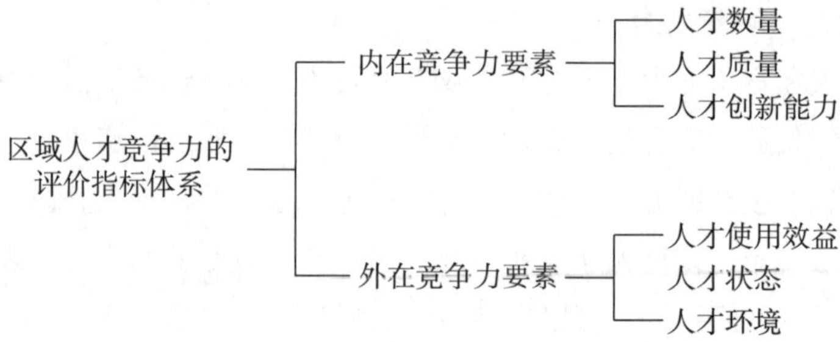

图 8—1　区域人才竞争力要素指标体系图

地体现人才的未来竞争力。在内在竞争力要素中，人才创新能力要素是一类核心要素；在外在竞争力要素中，人才环境要素是一类核心要素。各部分、各类型要素的重要程度通过赋予不同的权重系数予以体现。

表 8—1、表 8—2 是中国及各地区 2010 年人才数量和人才质量的最新数据。

表 8—1　2010 年全国及各地区人力人才资本总量比较

人力资本总量		人才资本总量					
排序	从业人员总人力资本（万人年）	排序	从业人员人才资本（万人年）	排序	从业人员高级人才资本（万人年）	排序	从业人员高端人才资本（万人年）
全国总计	1286114	全国总计	487713	全国总计	275958	全国总计	10141
广东	106277	广东	43501	广东	21523	北京	1808
山东	93810	山东	35333	江苏	19603	上海	1209
河南	82858	江苏	35237	山东	19315	广东	980
江苏	82079	河南	25258	北京	16186	江苏	735
河北	69229	湖南	24042	上海	13302	山东	656
四川	68319	湖北	22573	河南	13112	浙江	482
湖南	64452	北京	22301	辽宁	12644	辽宁	395
湖北	56280	河北	21338	浙江	12094	湖北	374
浙江	53456	辽宁	20873	四川	12023	河南	365
安徽	50169	浙江	20863	河北	11904	四川	309
辽宁	49762	四川	20608	湖北	11723	河北	267
黑龙江	40822	上海	20571	湖南	11299	安徽	246

续表

人力资本总量		人才资本总量					
排序	从业人员总人力资本（万人年）	排序	从业人员人才资本（万人年）	排序	从业人员高级人才资本（万人年）	排序	从业人员高端人才资本（万人年）
广西	39191	黑龙江	15294	安徽	8870	天津	242
江西	38825	安徽	14630	陕西	8401	湖南	230
陕西	36532	陕西	14575	黑龙江	7869	福建	206
山西	36044	山西	13447	山西	7323	陕西	203
福建	35250	福建	12751	福建	7139	广西	160
云南	34816	江西	12351	江西	6450	江西	153
上海	32520	吉林	12096	内蒙古	6356	重庆	149
北京	30828	广西	10733	广西	6188	山西	142
吉林	29499	内蒙古	10676	云南	6164	云南	132
重庆	25774	云南	9574	新疆	6138	吉林	122
内蒙古	25614	重庆	9467	吉林	6091	内蒙古	118
贵州	25122	天津	9156	重庆	5427	黑龙江	114
新疆	21440	新疆	8927	天津	5368	新疆	102
甘肃	20934	甘肃	7583	贵州	4403	甘肃	79
天津	16343	贵州	6496	甘肃	4386	贵州	68
海南	8155	海南	2956	海南	1522	海南	38
宁夏	5609	宁夏	2198	宁夏	1448	宁夏	24
青海	4591	青海	1841	青海	1302	青海	23
西藏	1513	西藏	463	西藏	388	西藏	10

注：人才资本的统计范畴为具有高中（中专）及以上学历的从业人员，高级人才资本的统计范畴为具有大专及以上学历的从业人员，高端人才资本的统计范畴为具有研究生学历的从业人员。

资料来源：依据《中国2010年人口普查资料》（中国统计出版社2012年版）测算。

从表8—1可见，无论是总人力资本，还是人才资本、高级人才资本、高端人才资本量，广东、山东、江苏均在前5名之列，显示了这3个省份在人才数量竞争力方面的总体优势。在人力资本总量方面，河南、河北也在前5名之中；但在人才资本总量方面，河南仍保持在前5名，而湖南则替代河北跻身进入；在高级人才资本量方面，北京、上海又替代了河南、湖南，但总量还排在广东、江苏、山东之后；而在高端人才资本量方面，北京、上海排名跃至广东、江苏、山东之前，居全国前列，显示了北京、上海高端人才资本的集聚优势。

表 8—2　2010 年全国及各地区人力人才资本质量比较

人力资本质量						人才资本质量			
排序	总人力资本中人才资本占比（%）	排序	总人力资本中高级人才资本占比（%）	排序	总人力资本中高端人才资本占比（%）	排序	高级人才资本在人才资本中的占比（%）	排序	高端人才资本在人才资本中的占比（%）
北京	73.12	北京	52.50	北京	5.87	西藏	83.65	北京	8.11
上海	63.94	上海	40.91	上海	3.72	北京	72.58	上海	5.88
天津	56.90	天津	32.84	天津	1.48	青海	70.72	天津	2.64
江苏	43.99	新疆	28.63	广东	0.92	新疆	68.76	浙江	2.31
新疆	43.59	青海	28.36	浙江	0.90	贵州	67.78	广东	2.25
辽宁	42.87	宁夏	25.81	江苏	0.90	宁夏	65.87	西藏	2.22
内蒙	42.85	西藏	25.61	辽宁	0.79	上海	64.67	江苏	2.08
广东	42.55	辽宁	25.41	**平均**	**0.79**	云南	64.38	**平均**	**2.08**
青海	42.52	内蒙	24.81	山东	0.70	安徽	60.63	辽宁	1.89
吉林	42.02	江苏	23.88	西藏	0.68	辽宁	60.58	山东	1.86
宁夏	41.61	陕西	23.00	湖北	0.66	内蒙	59.53	安徽	1.68
湖北	41.45	浙江	22.63	福建	0.59	天津	58.62	湖北	1.66
陕西	41.33	**平均**	**21.46**	重庆	0.58	四川	58.34	福建	1.62
浙江	40.29	重庆	21.05	陕西	0.56	浙江	57.97	重庆	1.57
平均	**39.43**	甘肃	20.95	青海	0.49	甘肃	57.84	四川	1.50
山东	38.96	湖北	20.83	安徽	0.49	广西	57.65	广西	1.49
山西	38.82	吉林	20.65	新疆	0.47	陕西	57.64	河南	1.45
湖南	38.77	山东	20.59	海南	0.46	重庆	57.32	陕西	1.39
龙江	38.32	山西	20.32	内蒙	0.46	**平均**	**56.58**	云南	1.38
甘肃	38.30	福建	20.25	四川	0.45	福建	55.98	海南	1.28
重庆	38.15	广东	20.25	河南	0.44	河北	55.79	河北	1.25
海南	38.03	龙江	19.28	宁夏	0.42	江苏	55.63	江西	1.24
福建	37.44	海南	18.66	吉林	0.41	山东	54.67	青海	1.23
西藏	33.97	云南	17.70	广西	0.41	山西	54.46	新疆	1.14
江西	33.68	安徽	17.68	山西	0.39	江西	52.22	内蒙	1.10
河南	32.62	四川	17.60	江西	0.39	湖北	51.93	宁夏	1.07
河北	32.04	湖南	17.53	河北	0.39	河南	51.91	山西	1.06
四川	31.49	贵州	17.53	云南	0.38	海南	51.47	贵州	1.05
安徽	30.52	河北	17.20	甘肃	0.38	龙江	51.45	甘肃	1.04
云南	29.32	江西	16.61	湖南	0.36	吉林	50.35	吉林	1.00
广西	28.98	河南	15.82	龙江	0.28	广东	49.48	湖南	0.96
贵州	28.24	广西	15.79	贵州	0.27	湖南	47.00	龙江	0.75

注：“平均”一栏为全国平均值；“龙江”系黑龙江的简称，“内蒙”系内蒙古的简称。
资料来源：依据《中国 2010 年人口普查资料》（中国统计出版社 2012 年版）测算。

从表 8—2 的“人力资本质量”栏可见，在总人力资本中无论是人才资本占比、高级人才资本占比，还是高端人才资本占比，北京、上海、天津均在前 3 名之列，显示了这 3 个直辖市在人力资本质量竞争力方面的总体优势。值得注意的是，在总人力资本中高级人才资本占比方面，新疆、青海跻身前 4、5 名，说明这两个西部省区的人力资本质量具有相当的竞争力，出乎我们平时主观判断的意料之外；而在总人力资本中高端人才资本占比方面，广东、浙江则跻身前 5 名，东部沿海省份紧跟其后，新疆、青海等西部省份就比较靠后了。

从表 8—2 的“人才资本质量”栏可见，在高级人才资本在人才资本中的占比方面，东部地区仅有北京进入前 5 名，而西藏、青海、新疆、贵州等西部省区占了大多数，这又出乎我们平时主观判断的意料之外，说明这些西部省区尽管人才资本总量较小，但质量却是具有优势的。而在高端人才资本在人才资本中的占比方面，北京、上海、天津、浙江、广东等东部省市占据了前 5 名，显示了高端人才资本在东部地区的高集聚度。

三、“泛区域”人才发展模型

泛区域人才一体化发展是区域经济社会发展的内在要求、必然结果和推动力量。进入 21 世纪以来，区域人才开发合作实践蓬勃发展、合作方式多种多样。以合作紧密度为标准，可分为松散型和紧密型两种；以合作时间长短为标准，可分为短期、中期和长期三种；以合作方向为标准，可分为单向型和双向型两种。本节以合作载体为标准，将其分为对话式、项目式、实体式和政策式四种基本类型，亦可称为四种发展模型。

（一）对话式合作模型

对话式合作是指合作倡议方和参与方通过会谈协商，最后签订人才开发合作文本或专项合作协议的一种区域人才发展模式。该模式主要包括召开联席会议、共同举办论坛和贯通信息网络等形式。

（二）项目式合作模型

项目式合作是区域人才开发合作最主要的方式。合作各方从区域经济社会发展和人才需求的实际出发，通过具体项目合作来进行人才交流与合作。该种方式既包括发达地区对口支援欠发达地区的帮扶性项目，也包括区域间的互助性项目。其主要形式包括人才培训合作、高级人才智力服务、共同组织招聘会、联合申报项目、人才派遣服务等形式。

（三）实体式合作模型

实体式合作是指在区域内人才开发合作各方结合自身需求和优势，投入一定量的资金和土地，为开展人才交流与合作提供载体的一种人才开发合作模式。主要包括共建培训基地、实践基地、创新中心、人才市场四种形式。

（四）政策式合作模型

统一的制度平台是促进人才自由流动的基础和前提，促进各项人才政策的衔接统一、平等开放是政府部门在推进区域人才开发合作中应履行的根本使命。合作各方梳理本区域人才吸引、流动、培养、评价、激励等方面的政策法规，革除各项不合时宜的规定，力求塑造一体化的政策框架，降低人才在合作区域内开发使用的成本，提高人才配置效率。主要包括共同制定新的政策和改革完善原有政策两种形式。

第二节　区域人才发展路径

一、区域产业集群引发区域人才集聚

发展经济，做强、做大产业是集聚人才的动力基础。而在各地的实践中，做强产业最有效的手段就是发展产业集群。产业集聚是现代区域经济增长的一种重要现象。产业集群是一些彼此关联的公司、专业化供货商、服务供应商和相关产业的企业的地理集聚体，产业集聚为劳动要素转移与集聚创造条件，而劳动要素的转移和集聚，又促进了产业竞争力的提升与地区经济的发展。

产业集群的形成过程中必然伴随着人才的集聚，同时产业集群的形成与发展也离不开人才的集聚。区域人才的集聚往往是与区域产业集群的形成与发展同步进行的。产业集聚区域存在着巨大的人才集聚效应，对各类人才具有吸水泵的作用。在集聚初期，良好的创业环境有利于企业家的创业。集聚达到一定规模后，就会如同磁场一样从国外或其他区域吸引大量的人才。随着集聚规模的扩大，集聚内部的专门化程度也势必增强，而伴随分工深化而来的创业机会的增加，必然吸引更多企业家的参与。此外，同一产业或相关产业的企业集聚在一起，在其内部形成专门的劳动力市场，市场中就业信息丰富，这不仅大大减小了人才搜寻就业岗位的密度和广度，降低了搜寻成本，同时也意味着更多的机会和较低的流动风险，人才为此所付出的交易成本也大为降低，从而引致各类人才的集聚。

（一）建设具有区域特色的产业集群

应充分利用区域历史发展起来的产业环境，建设适合区域实际，具有地域特点的产业集群，以此为基础，以产业集群带动人才集聚。在引导产业集群建设中，并不是简单地直接引入高新技术产业，要更加重视的是传统产业的改造升级。

1. 培育传统产业集群升级

产业集群的发展规模和水平在较大程度上决定了区域经济的发展规模和水平，区域发展战略的主要着眼处，已不再是如何利用资源条件来选择支柱产业，带动其他相关产业的发展，而是如何通过企业集群形成专业化的特色产业，构建产业链和价值链，构筑地区产业集群。在传统产业中鼓励领先企业通过兼并、联合发展壮大成为上规模、上档次的大型企业、企业集团。同时，传统产业的集群要把握机会进行产业升级，从原来的成本优势向技术、品牌等核心竞争优势发展。制定优惠政策，积极鼓励国外著名企业、跨国公司来区域设立分支机构，并与行业中的领先企业合作，以这些企业为龙头，带动相关配套产业群和企业群。与此同时，积极引导传统产业中中小企业集聚发展，进一步发挥以产业集群为特征的区域特色经济优势。以工业园区为依托，更大规模推动中小企业集群发展，壮大产业集群。从推进专业化协作、培育骨干企业和区域品牌、完善社会服务体系、创新市场组织上着力，进一步构建以特色产品为龙头、以专业化分工为纽带的中小企业生产体系，形成集群式发展和规模化区块的新格局、继续引导中小企业在“专精特新”上下功夫，发展“小型巨人”。

2. 发展高新技术产业

在巩固传统优势产业的同时，要以此为基础，大力发展高新技术产业。鼓励有基础的地方形成具有自身特色的产业群，合理引导建设相关产业的产业园区、技术创新中心、服务中心等配套设施，聚集本地企业和国内外相关企业。在发展企业数量的同时，更要培育和发展在全国具有竞争力的高新企业，最终以产业和企业优势集聚和吸纳人才。

（二）以产业集群为基础构筑人才载体

在人才载体建设上应拓宽思路，结合区域的实际，大力发展适合区域环境的人才载体。在经济结构和产业集群的基础上，构筑以民营企业、中小企业为主的多层次、多形式的人才载体平台，用事业吸引人才、留住人才、激励人才。

1. 积极培育各种性质的人才载体

积极培育各种性质的企业、非公有制经济组织、社会组织等作为人才载体。在人才载体建设上要不论身份、不论性质，不必计较是国家机关还是企业，是国有还是民营，是大型企业还是中小企业，只要是能够吸纳高层次的人才，为经济社会发展作出贡献的，都应该积极鼓励。一方面，企业是经济社会生活和科学技术创新的主体，要切实增强企业培养人才的积极性，推动企业加大人才培养投入，尤其是中小企业中人才队伍的培养和建设。从世界范围看，企业一直是科技创新的重要主体。企业的作用不仅在于知识和技术的运用，企业正越来越多地投入人才的培养开发，直接参与到研究开发的活动之中去。应该制定政策鼓励企业加大对人才的投入，例如企业用于人才工作的经费可以设立单位的科目，允许在税前列支，计入单位经营成本。积极鼓励企业引进人才工作，并且为它们提供相应的便利措施。另一方面，在人才载体的所有制形式上突破观念束缚，鼓励非公有制经济组织吸纳人才。随着我国经济体制改革的发展，在社会经济成分、组织形式、就业方式和分配方式日益多元化的格局下，人才队伍的格局也发生了重大的变化。人才从过去主要集中在党政机关和国有企事业单位，转变为广泛存在各种经济和社会组织中，尤其是非公有经济组织和社会组织中。

2. 重点建设高层次的人才载体

建设高层次的人才载体要高标准、有特色，为人才提供良好的创业平台。应集中资源以高标准建设好几个高新技术园区、经济技术开发区、留学人员创业园，以及一批博士后科研基地、博士后流动站，完善基础设施，加强配套服务，促进形成有利于人才集聚的相对优势。同时，这些园区和基地应该结合区域的优势产业、学科、资源，形成特色，并在特定领域具有相对比较优势。

3. 引导人才在产业集群内合理配置、交流协作

要充分发挥产业集群的作用，鼓励人才在产业集群内合理配置、交流协作。创新市场化的人才流动机制，鼓励通过市场调节让人才和用人单位之间进行双向选择，实现最优配置。应充分发挥市场配置的作用，建立市场机制与政府宏观调控相结合的运行机制，打破人才的部门、地区、所有制壁垒，打通各类人才队伍之间的交流渠道，促进人才合理流动。完善多层次、宽领域的人才市场体系，积极培育和发展专业性人才市场，盘活人才资源存量，特别是高级人才资源，通过各类人才的流动实现合理配置和交流协作。

二、区域人才市场机制创新

我国的人才流动率远远落后于发达国家，跟不上我国快速发展的经济建设的需要。只有从根本上打破束缚人才成长、阻碍人才流动、妨碍人才活力和智力迸发的体制性障碍，发挥市场机制在人才资源配置中的基础性

作用，让人才在相关产业和企业之间自由流动，才能让人才的潜能充分释放，让人才的聪明才智充分发挥。鉴于此，区域人才市场建设及其机制创新对于区域人才发展就显得尤为重要。

区域人才市场机制创新，其核心是人才市场一体化。只有形成以市场为导向的协调机制，打破现行体制的行政地域分割，消除人才流动的障碍，促使人才在区域内自主、自由地流动，形成统一的区域人才市场，才能实现全区域人才开发效益最大化和人才价值实现充分化，才能保证区域人才开发一体化目标的达成。

市场统一是市场化的发展方向，是发达市场经济的本质特征，是一个国家经济健康发展的保证。人才市场属于生产要素市场，培育和发展统一的人才市场是市场统一化建设的重要组成部分，是建立社会主义市场经济体制的重要环节。而区域人才市场一体化建设又是统一人才市场建设的必要步骤和环节，区域人才市场一体化建设对于统一市场体系的形成具有重要意义。

区域人才市场一体化，就是要进一步消除人才流动中的地域、部门、行业、身份和所有制限制，疏通各类人才之间的流动渠道。区域人才市场一体化是区域人才发展的核心，只有建立市场规则统一、人才资源自由流动、同一市场人才资源价格均衡、不同市场人才资源价格关联、统一的区域人才市场，才能形成以市场为导向的协调机制，从而逐步形成一个人才开发共同体。

（一）区域人才市场机制创新的主要内容

1. 消除制度性障碍是基本条件

在特定区域范围内消除各地域单元之间的制度性障碍是实现区域人才市场一体化的基本条件。地区之间存在障碍是计划经济条块分割的主要特征。而市场经济要求取消按地区、按部门关系进行资源配置，资源配置必须按照统一的市场价格和市场机制配置资源。但由于各地域单元隶属于不同的行政主体，不同的行政主体在计划经济体制下导致了地区封锁、市场分割。这种封锁和分割使人才资源的配置受制于各种各样的非市场、非经济条件的约束，给区域人才市场一体化的推进带来阻碍。因此，要实现区域人才市场一体化，就必须确立市场机制为配置人才资源的基础性力量，消除各地域单元的制度性障碍。

2. 人才自由流动是基本目标

人才资源在区域范围内充分自由流动是区域人才市场一体化的基本目标。区域人才市场一体化的建设是适应社会主义市场机制的要求，在市场经济体制下，对包括人才资源在内的各种资源进行有效配置。但是，市场机制要发挥作用，要以人才资源的充分流动为前提条件。只有人才具有充分的流动性，人才的供给方和需求方才能相互碰撞、相互了解，才有充分的选择对方的机会。人才资源才能在价格机制的作用下，从一个地区流向另一个地区，才能发挥市场对于人才资源的配置作用，才能实现人才资源的合理配置和人才资源实现价值最大化。

3. 人才开发一体化是根本目的

促进区域人才开发一体化形成是区域人才市场一体化的根本目的。区域人才开发一体化涉及管理体制一体化、运行机制一体化、法制建设一体化和人才市场一体化等。而区域人才市场一体化是区域人才开发一体化的核心。区域人才开发一体化要实现全区域人才开发效益最佳化和人才价值实现充分化，就必须形成以市场为导向的协调机制，打破地方市场封锁，建立统一的人才资源市场，使人才资源在区域范围内自由充分地流动。

4. 实行统一政策是基本保证

实行统一的政策是实现区域人才市场一体化的基本保证。单纯的市场机制的作用是有缺陷的，因此，需要政府的宏观政策和行为活动加以弥补和修正，以使经济能够稳定、健康地发展。但如果各地域单元的政策不是统一的，在某一地区实行一种政策，对另一地区实行另一种政策，就会割裂市场机制的作用。区域人才市场的各地域单元由于大多隶属于不同的行政主体，有着各自的行政体制，所以造成各自为政、各自为准的局面，这种局面势必会造成不同行政区划之间的人事人才政策不协调，制度不衔接，市场被人为分割，给区域人才市场一体化带来很大的阻碍。因此，要推进区域人才市场一体化，就必须梳理区域内各地域单元的人事人才政策，建立统一的人事人才政策，为区域创造一个统一公平的环境。

（二）区域人才市场一体化的基本框架

区域人才市场一体化的基本框架应包括：区域经济因素、物质技术因素、制度因素和区域人才市场主体因素。这些方面相互联系、相互作用共同构成一个区域人才市场一体化基本框架。

1. 区域经济因素

区域经济因素主要包括区域产业结构分工和区域经济发展阶段两个方面。

一是区域产业结构分工。区域经济一体化要求消除计划体制遗留下来的地域分工，在各地域的比较优势基础上，形成合理的区域分工。在合理区域分工的基础上，才能形成人才资源充分自由流动的统一的人才市场。如果一个区域产业结构过于趋同，必然会使各地域单元之间同类人才争夺激烈，阻碍人才市场一体化的进程。例如，在长三角的 15 座城市中，有 11 座城市选择汽车及零配件制造业，有 8 座城市选择石化业，有 12 座城市选择通信产业作为其主导产业。产业趋同使各地域单元展开激烈的人才竞争，无法实现全区域的共同发展，使人才共同开发的基础丧失。各地域单元为了各自利益必定产生防护心理，自觉不自觉地筑起“防护墙”，给人才自由流动带来障碍，阻碍区域人才市场一体化的进程。

二是区域经济发展阶段。区域经济的成长是一个渐进的过程，这一渐进过程通常又表现出一定的阶段性特征。区域经济发展根据发展程度不同，可以划分为有待开发、成长、成熟、衰退四个发展阶段。不同的区域发展阶段，对于区域人才市场一体化有着不同的影响。区域经济处于成长和成熟阶段时，区域经济快速增长，区域内各地域单元经济合作加深，既给区域人才市场一体化提供了良好的发展基础，也对区域人才市场一体化提出了更高的要求。对于处于待开发阶段或衰退阶段的区域来说，则市场规模狭小，经济增长缓慢，经济地位下降，各地域单元缺乏合作意愿和合作热情，这些势必会影响区域人才市场一体化进程。

2. 物质技术因素

区域的物质技术因素主要包括交通、通信网和人才资源信息网络两个方面。

一是交通、通信网。发达的交通、通信网络是区域人才市场一体化必备的物质技术条件，它为人才资源的流动提供了物质基础。发达的铁路、公路网络使得人才的出行方便快捷，使得异地工作变成可能，也使柔性人才流动成本降低。20 世纪 80 年代的长三角“星期六工程师”的产生和发展就是和长三角发达的交通网络密不可分的。特别是随着现代通信工具的不断发展，可视电话、网络的使用使沟通变得更加容易，大大降低了智力流动成本。宁波某民营企业聘请了 10 余位上海“外脑”，这些“外脑”都在上海的外企工作，每个月到企业去一两次，平时则通过电话、邮件“遥控指挥”。发达的交通、通信网络使得人才交流变得异常活跃。

二是人才资源信息网络。信息是市场的灵魂，健全的信息网络是成熟市场形成的标志。能否形成完善的统一的区域人才资源信息网，人才的供求信息能否在全区域内实现共享，直接影响区域人才市场一体化的进程。要实现区域人才市场一体化，就必须建立人才信息互动网络平台，建设现代化的人才市场网络。各地域单元在互惠互利的基础上建立人才资源综合信息系统及人才资源信息数据库，实现人才资源信息的网络互通。

3. 制度性因素

区域的制度性因素主要包括户籍制度和社会保障制度两个方面。

一是户籍制度。户籍管理僵化，是长期阻碍人才自由流动的关卡，使人才良性的流动没法形成。虽然各地为引进人才，纷纷采取了灵活的户籍管理制度，但各地在适用对象范围、申办条件等方面宽严悬殊，地方保护主义政策导向明显，这些都不利于区域人才市场一体化的形成。要构建统一的区域人才市场，就必须改革户籍管理制度，突破人才流动中的政策瓶颈。

二是社会保障制度。社会保障是一个涉及全体公民生老病死伤残的重大社会问题，其内容主要包括养老保障、医疗卫生保障、失业保障、工伤保障以及社会救济等。社会保障的属地管理使得社会统筹的跨省、跨市转移带来困难，这就客观上给流动人才带来不安全感。

区域人才市场一体化是一个长期的动态过程，不可能一蹴而就，需要区域内各地域单元行政主体的大力支持，需要用人单位和人才的积极参与，需要统一政策，消除各种制度性障碍，营造人才自由流动的良好环境，这样才能实现人才资源配置优化，才能推进区域人才开发一体化进程，才能实现区域各地域单元的共同发展和繁荣。

第三节　区域人才发展战略

一、区域人才集聚战略

人才集聚是人才流动过程中的一种特殊行为，是指在一定的时间内，随着人才的流动，大量同类型或相关人才按照一定的联系，在某一地区（物理空间）或者某一行业（虚拟空间）所形成的聚类现象。

（一）区域人才集聚倾向

人才究竟选择流向哪些区域，为什么流向这个地区而不流向另外一个地区，则关系到人才流动的区位选择与决策。人们总是要求寻求工作机会和居住地点，而地理事实分布的实际不均衡，又使得人们的空间选择行为几乎成为一种本能。因此在人才产生流动后，无一例外地离不开对各种区域因素的考虑。

人力资源理论认为，劳动力迁移的行为模式是：区位差别——经济利益差别——劳动力迁移。由于比起普通劳动力而言，人才的需要更多的是诸如尊重和自我实现等高层次的需要，因此，人才流动除了考虑经济因素外，还会考虑其他更复杂的区域因素，如人居环境、发展空间、地缘政治、交通等。区域因素从多方面对人才集聚的区位选择起到导向作用，总体来看，主要表现在地理位置、自然环境、社会文化、经济发展水平、区域政策等多方面。研究区域因素与人才集聚的关系，对认识和把握人才的区域分布规律，科学地进行区域人才开发有着重要意义。

1. 地理环境与区位因素

地理位置或区位是人才集聚的重要影响因素之一。优越的地理位置和区位条件有利于人的智力、创造力、开拓力等才能的开发利用，增强区域人才凝聚力，吸引人才流入。自然要素是人才成长的物质基础，尤其是生理素质对人的智力发展的影响也是不可否认的，而气候适宜、环境优越的地区，可以在自然条件方面为人才的成长提供良好的物质基础，人居环境比较理想的地方，人口也较稠密，对人才的吸引力也大，人才的集聚程度也较高。

在地理环境和区位因素表现较好的地方，就会形成一定的区位优势，区位优势是通过以生活、工作环境为主的众多因素的总和来体现的。如我国的广东省之所以在改革开放后吸引和集聚大批人才，其毗邻港澳、面向南海，水路交通便利的区位导向是一个重要因素。需要指出的是，区位优势往往是一个地方长期发展、积累而形成的，不是一朝一夕的事情，并且往往是在经济、政治、文化、交通条件等多种因素影响下而形成的。

2. 社会文化因素

社会文化是一种软环境，它是由绵绵不绝的区域集聚性群体的行为方式、思维方式长期积淀而成，是人文底蕴、环境亲和力的体现。社会文化环境也在很大程度上影响着人才的流动和集聚。一般而言，安定有序的社会环境是人才成长的前提，而不安定的环境往往造成人才的流失。有自己特色、有兼容性、有时代感的城市文化对人才会产生强大的吸引力，而历史悠久、文化底蕴深厚的地区，往往也更容易吸引各地教育、科技、文化人才汇聚于此，并进一步推动区域文化发展。

文化的传播是人才资本集聚与辐射的先导。一般来说，人才要去一个地方工作，首先会基本了解该地的文化特色，并确定自己是否接纳适应它。因此，文化传播对吸引人才就非常重要。如在某一区域盛行的人本文化、开放文化、制度文化等有可能在周围地区传播开来，这样也增大了该区域对人才资本的容纳力。其次，文化的传播蕴含着价值观、精神理念的传播，蕴含着知识、技能的传播，一旦区域文化被传播的受众接纳消化以后，则有可能使人们产生一种文化向往，这时文化对于人才集聚的导向作用就具有了长期性。因此，文化的集聚力量是非常巨大的。

3. 区域经济因素

区域经济发展水平对人才集聚的影响是显而易见的。经济活动是决定其他活动的基础，经济发展和人才流动互相促进、互相制约、相互作用。一方面，经济发展促进人才流动。人才自身的结构和布局，人才与其他生产要素的组合关系，都必须根据经济发展的客观需要适时调整，这就必然表现为人才流动。另一方面，人才流动不仅可促进人才结构和布局的调整，而且有利于人才素质的更新和人才资源与其他生产要素配置关系的改善，从而促进经济发展。现代社会，经济与人才流动的互动越来越密切，甚至可以从某种意义上说，人才流动程度的高低，是一个社会经济发展程度的标志。经济越发展，人才流动率就越高；人才流动规模越大、频率越高，经济发展的生机和活力就越强，经济增长的速度就越快。

4. 区域政策因素

区域政策是人才资本集聚的最有效的动力之一，也是其他各种动力机制能否发挥作用的关键。区域人才政策，包括不同地区人才的培养、使用与管理政策及人才的引进政策。尤其是区域发展的倾斜政策会对人才产生很大的吸引力，促进人才流动。政府制定和实施的政策往往是人才流动的指挥棒，正确的区域人才政策能根据本区域的需要，有计划地培养人才，合理使用人才，能使人才开发与区域经济社会发展相协调，从而增强人才凝聚力，吸引人才流入，促进人才合理流动。

（二）区域人才集聚方式

区域人才集聚现象并非是杂乱无章的组合，而是人才资源要素按一定的方式、原则有秩序地组合起来的。人才集聚形成以后，其内部各要素仍处在一个动态过程中。区域人才集聚是个动态系统，只有与外部不断进行交流，才能获得活力。人才个体总是要老化死亡的，这就需要有不断的新人才被培养、教育、锻炼出来；人才也总是有一部分会流失的，这就需要不断有人才被吸引和集聚进来，而且人才成长和人才引进总数一定要大于或等于人才个体死亡和流失数，只有这样人才总量才会稳定或不断增长，人才集聚区才会维持或发展下去。区域人才集聚就是这样在动态过程中不断完善，从而成为一个统一的整体，并具有相对稳定性。据此，在区域人才集聚的表现形态上，主要可分为以下三种方式：区域外部人才流入集聚、区域内部人才经营集聚以及区域内外部人才的交互作用。

1. 区域外部人才流入集聚

区域外部人才流入集聚是通过区域所表现出来的吸引力而集聚大批的人才或知识资本，从而改变区域人才资源结构。如果没有源源不断的输入增量，也不可能形成一定的人才集聚规模。各地发展经验也表明，一个区域之所以拥有丰富的人力资本存量，很大程度上是依托于人才从四面八方的流入。这也是目前区域人才集聚实践的主要形式。由于各个地区的自然资源以及相关条件的不均衡分布，客观上使得人才的数量和质量分布也有明显的区域差异。而人才又具有较强的流动性，如果某个区域的条件适合它增值，它自然会按照市场法则向这些地区流动。当人才一旦流向并富集在某些地区时，会加速这些区域的经济发展，而经济的发展又将进一步刺激对人才资本更大的需求，因此经济发达地区往往在吸引外部人才上具有明显的竞争优势。

从区域之间的可达性上看，空间距离、交通网络、城镇分布等区域的空间结构要素，以及政治、社会文化等环境要素都对人才的流入产生不同程度的影响。空间距离短、交通联系方便、城镇网络发达、经济、文化、政治和社会方面的障碍因素少，则可达性就越强，从而加大区域之间相互作用的强度，有利于人才的流入与集聚。

2. 区域内部人才经营集聚

区域内部人才经营集聚是通过本地人才所拥有的知识技术的扩散以及激励机制等来实现区域人才效益最大化。在实践中，区域内部人才经营集聚的主要做法就是通常意义上说的本地人才资源的开发和管理。如果把人才的外部流入看作是人才的引进，则区域内部人才的经营集聚就是人才的培养和开发。事实上，完全凭借外部人才的引进来集聚人才是远远不够的，还必须通过加大人力资源的充分开发，利用区域自身的“造血机制”，激活静态知识存量，实现对区域内原有知识资本的深度拓展。加快发展本地的教育发展水平、职业培训水平是人才经营集聚的主要措施，通过逐步改变区域人才知识能力、年龄结构，加强激励措施等一系列手段，可以充分发挥人才集聚的“溢出效应”，使得人才所拥有的知识资本的受益面更广。

3. 区域内外人才的交互作用

区域内外人才的交互作用，是人才主体内驱力、区域的人才凝聚力和区域人才的吸引力综合作用的结果。区域外部人才进入区域后，与区域内部人才产生互动作用，依赖于区域内部的激励机制而发挥集聚效应，从而提升区域整体人才质量和素质。同时，区域内部的人才由于各种原因向区域外部流出，在区域外部实现了知识资本的增值，区域通过各种制度安排强化区域的人才吸引力从而引致这些人才回来发挥作用。由于这些人对区域的了解程度、对区域文化的接受程度、对区域环境的适应程度都要高于区域外部的人才，因此他们回流后很快能投入到技术创新和生产发展中，对区域经济发展具有更直接、更深远的影响。因此区域人才集聚的有效措施之一就是积极吸引这部分人才回流。

此外，由于区域之间的互补性，往往使得不同区域存在一定的人才供求关系，某地急需的人才，也许正是另一处可以大量提供的。这种互补性越大，两地甚至多地之间的人才流量就越大，区域内外部人才的交互作用强度就越大。这种人才的互补性促进了区域联系交流，体现了区域人才集聚系统的动态性，同时也为区域之间的人才协作提供了前提条件。

（三）区域人才集聚战略的实施

人才集聚战略的实质，是人才集聚机制的完善发展。主要的目标就是通过吸引、培养和使用人才，形成一个层次合理、功能完善、效应明显的人才集聚区；而区域人才集聚功能和效应的发挥，主要取决于人才集聚的形态结构。因此在实施区域人才集聚战略方面，主要可通过以下措施来实现。

1. 注重区域外部人才流入集聚，加强人才吸引能力

首先，加大人才引进力度，积极引进人才和智力，构筑各类人才创业集聚地，鼓励和引导更多人才到区域创业发展。加强留学人员和海外高层次人才引进平台建设，实施吸引优秀留学人才和海外科技人才来区域工作服务计划，重点引进海外高层次、紧缺人才，聚集一支高素质的留学和海外人才队伍。引进一批具有国内外一流水平的学科和技术带头人，掌握国际先进技术和管理知识的留学人员。围绕区域经济、政治、文化、社会建设需要，重点支持区域重点项目（工程）引进国外项目规划与建设、开发与管理、关键技术与课题攻关等方面人才。

坚持市场配置和政策引导相结合，创新人才智力引进方式。根据区域经济社会发展和重大建设项目对人才需求，加强对紧缺急需人才的预测和规划，消除人才引进体制性、政策性障碍，建立高层次人才和紧缺急需人才“一站式”引进制度，畅通人才引进绿色通道，切实解决引进人才的户籍、住房、医疗、社会保险、配偶就业、子女入学等相关问题。积极实行人才柔性引进，通过兼职、定期服务、项目引进、科技咨询等多种形式，加快引进紧缺急需人才。通过项目带动机制作用，以项目吸引人才，积极引进前沿技术人才和带项目人才，实现项目落地，人才集聚。

2. 加强区域内部人才经营集聚，提升人才开发和培养能力

从区域内部人才开发和培养机制上，要完善人才管理体制，进一步拓宽选人渠道，倡导竞争机制，健全考评体系，努力形成广纳群贤、能上能下、充满活力的选人、用人机制。完善人才分配激励机制，创新劳动、资本、技术、管理等生产要素参与分配的实现形式，建立与人才效用密切挂钩的多元分配体系。优化公共服务环境，制定和完善户籍、住房、教育、医疗、社会保障等方面政策，营造留住人才、用好人才的良好氛围。

注重人才培养，要坚持把教育放在优先发展的地位，以改善知识结构、增强创新能力、提高综合素质为目标，优化整合各种教育培训资源，构建覆盖全社会的现代国民教育体系，增强人才培养能力。加快建立网络化、开放式、自主性的终身教育体系，形成广覆盖、多层次的教育培训网络；开展继续教育研修活动，提高专业技术人才吸收利用先进知识和技术的能力。鼓励人才采取多种形式进行终身学习，推动终身学习全民化、制度化，促进学习型组织和学习型社会形成。

做好区域内部人才经营集聚的另一个方面，是根据区域产业布局，优化人才资源的空间结构，以区域高新技术开发区等产业集聚区为载体，实施人才集群战略，通过紧密的产业关联、丰富的社会资本、共享的资源要素，为相关人才提供大显身手、建功立业的平台，形成布局合理的人才与产业协调互动的现代产业集聚区。

3. 重视区域内外部人才的互动，提高区域人才综合实力

重视区域内外部人才的互动，加强区域内外人才协作，建立人才协作机制。利用外部资源来提升区域人才资本，形成区域人才资源相互促进、优势互补的机制。政府推动和市场导向相结合，实现区域内外人才资源共享，促进区域人才协调发展。

利用区域之间的互补性，大力推进区域与发达地区在经济、产业、科技、教育、文化、卫生等领域的交流与协作。通过交流、培训、学习、观摩等形式让人才到相对优势区域学习，利用外部资源实现人才质量的提升和知识资本的累积，并建立起与优势区域的密切联系。以高等院校、科研院所、企业为依托，建立区域人才合作培训基地、科研基地。建立异地人才开发机制，鼓励企事业单位尤其是民营企业，到人才比较集中的国内外中心城市创立研发机构，直接吸引利用当地人才资源。

此外，还要制订吸引人才回流的长远计划，吸引外流人才的回流。外流人才在区域外部学习或掌握了先进的技术和管理经验，对于流出地而言起着人才“蓄水池”的作用，因此要与这部分人才积极保持联系，想方设法强化对这些外流人才的吸引力，通过各种政策对人才施加强大的回流推动力，制定整套吸引外流人员回区域创业的优惠政策和留住人才的有效机制，加大投入，提高区域整体竞争能力，为回流人员创业提供舞台。

二、“泛区域”人才一体化战略

区域人才开发战略合作依托于地缘、人文、经济、行政等基础条件，有赖于社会系统的整体改良与推进。推动区域人才开发战略合作升级和效率提升，需要从总体思路、组织机构、战略重点和主要载体四个方面着手，以实现区域人才开发的一体化。

（一）以促进发展为合作的根本出发点和落脚点

区域人才开发合作需以促进发展为根本出发点和落脚点，注重实现政府、用人单位和人才主体的多方共赢。以打造合作品牌为重点，以品牌活动提升影响力，提高区域对外部人才的吸引力。以破除体制机制束缚为根本使命，为人才的自由流动和优化配置夯实基础。以发挥市场人才资源配置基础性作用为最终目标，鼓励和支持各类人才中介组织合法经营，通过价格、供求等要素引导人才合理流动，实现人才科学配置。

（二）构建权威性合作组织机构

现行行政区划所导致的地方政府自我利益膨胀和行政分割已成为区域人才开发合作的主要阻碍。为解决这一问题，可以通过参与各方让渡部分权力的方式，构建合作式管理范式。这就需要从明确政府职责、提高合作层次和充实力量三个维度对现有合作组织进行改革。通过明确合作规则和各方职责，建立和完善沟通交流机制、利益共享机制、利益补偿机制、宣传动员机制、监督制约机制等基本制度，进一步提高合作组织的层次，突破部门限制。

（三）确定高层次人才资源为战略重点

为提高区域人才开发合作的效果，各合作地区应逐步实现战略重点的转移，将目标瞄准具备较强创新创业能力的高层次人才。具体措施有：各地联合组团赴海外招聘高层次人才，以提高招聘影响，降低招聘成本；在统一户籍、社会保障等政策方面先行试点并逐步推广；举办高层次人才交流洽谈会，等等。

（四）围绕经济项目加快人才合作

在我国的经济版图上，已经形成东部、中部、西部和东北地区四大经济板块和长三角、珠三角等若干个经济圈。经济开发决定人才开发，人才开发又对经济开发具有巨大推动作用，区域人才开发合作势必将成为区域经济合作的重要推手，在区域协同发展、产业接续中发挥更大作用。因此，要更加注重以区域经济项目为载体的人才开发合作。同时，要大力引导和推动各类人才服务机构围绕经济项目来培育、引进、聚合和使用人才。

实现泛区域人才发展一体化战略是一个较为长期、复杂的过程。在不同行政区划的行政管理体制下，毋庸讳言，地方政府往往扮演着本地区利益的代表者，所追求的是地方利益最大化。而在社会主义市场经济体制下，各地域单元的联系，往往是以利益为纽带的，利益一体化是区域一体化的内在驱动力和核心。这对推进泛区域人才发展一体化也不例外。只有以利益为纽带，形成互惠互利，共赢共享的动力机制，达到共同利益最大化，各个人才开发的地域单元主体才会积极参与一体化的进程。

但是，泛区域人才交融合作的理想状态，是在区域内各地区功能定位科学，经济结构错位，产业布局合理，形成互相支撑、互为补充的格局的前提下，政府部门对由此产生的不同人才需求进行引导、调控，优化配置，才能实现各区域经济结构与人才结构相互适应与耦合，最大限度地发挥区域人才资源的整体效能。

为此，泛区域各地既要坚持平等、民主、诚信原则，又要根据自身的情况“有所为，有所不为”，共同参与泛区域人才发展一体化战略的实施，这是一体化进程中协调递进的基本前提。

第九章
人才产业结构调整与优化

【导读】

产业结构的调整，必然要求人才在各产业中重新配置和调整。而推进人才结构的调整和优化是树立和落实科学发展观的重大举措。本章共分为三节，主要阐释人才在产业中的空间布局问题。首先厘清了人才结构、产业结构及其相关性和产业经济结构与人才产业结构的差异性检验、人才产业结构调整的路径等理论、实践问题，在此基础上，再从企业和社会两个层面来阐述人才产业结构的优化。

第一节　人才结构、产业结构及其相关性

一、人才结构及其调整优化

（一）人才结构

人才结构通常指人才的专业、年龄、智能、素质等的组合方式以及在经济、社会不同空间的配置方式，是构成人才队伍诸要素的比例及其相互关系。它是多要素、多层次、多序列的综合体动态结构，决定着人才队伍的整体素质和综合效能。按照各类人才的不同禀赋，可将人才结构分为人才年龄结构、人才专业结构、人才能级结构（学历结构、职称结构、能力结构）等；按照各类人才在经济、社会不同空间的配置，又

将人才结构分为人才产业结构、人才行业结构、人才地域结构、人才层次结构等。

人才结构是人才现象的一个重要特征，是人才存在和运动的形式，它的发展变化以及对社会经济发展的影响，都是有规律可循的。揭示和利用人才结构规律，可以为国家制定和实施人才战略提供理论依据。

（二）人才结构的调整与优化

人才结构调整，是指根据经济社会发展的客观要求，科学合理地分配人才于不同的产业和部门，使其实现与生产资料的合理结合，充分发挥人才作用的过程。人才合理配置的必要性是由按比例分配社会劳动规律决定的。每一个国家或地区，在每一个时期，都要根据经济社会的发展要求，将全社会的人力与人才按比例进行分配，最大限度地提高其经济效益，以促进经济社会协调发展。从社会经济与管理的角度来说，人才结构调整就是将社会中的所有人才充分合理地配置到社会生产及其经济活动之中，达到充分就业与合理分布，保证社会经济发展对人才的需要，以取得最大的社会生产与管理效果，实现人才作用的充分发挥与社会的和谐稳定。

人才结构优化是人才结构调整的目标。人才结构的优化，是指根据经济社会发展以及产业结构调整的客观要求，建立较为合理的人才群体结构，科学合理地分配各类人才资源于不同的区域、产业和部门，实现人才资源与物质资源的合理结合，以及充分发挥人才资源作用、形成一个多维的最佳组合的过程。这种最佳构成应该符合三条标准：适应组织发展战略的需要，有利于形成组织的核心竞争能力；能够充分发挥群体内各因素的作用，充分调动组织内各类人才的积极性；能够发挥整体效能，使人才群体共同发展。

二、产业结构及其调整优化

（一）产业结构

产业结构是由于社会分工的发展而出现，是人们用于研究产业变化而建立的经济范畴。一般公认的产业结构专指各产业间的关系结构。按照产业结构研究的内涵与外延的不同，学者们对产业结构研究有“广义”和“狭义”之分，狭义产业结构主要指：构成产业总体的产业类型、组合方式、各产业间的本质联系，各产业的技术基础、发展程度及其在国民经济中的地位和作用。广义产业结构除了狭义产业结构的内容之外，还包括产业之间在数量比例上的关系，在空间上的分布结构等。

（二）产业结构的调整与优化

产业结构可从两个角度来考察：一种是各产业投入和产业要素数量对比指标。从各产业间要素配置的比较上说明产业结构，如各产业的就业人数及其所占比例，各产业的资本投入额及所占比重等；另一种是各产业的产出数量对比指标，从各产业间生产经营活动成果的比较上说明产业结构，如各产业的国内生产总值及其所占比重等。这两类指标，前者是各种要素在各产业部门的投入状况及分配状况，它反映一个国家或地区在社会再生产的起点上，在各产业之间分配劳动力、资金等要素的状况及比例关系，后者则是社会再生产的结果，反映各产业的产出状况及构成。

产业结构调整是指为了实现产业结构的合理化、优化和高级化，政府有意识地选择并通过相应的产业政策促进一组产业或产业群发展的过程。

三、产业经济结构与人才产业结构的相关性

人才产业结构，是指人才在各产业的配置规模、构成的方式，具体指

不同专业、能力、学历、素质等各类人才在各产业中的规模和配置状况。由于各种产业的生产函数及其对人才资源等要素的需求结构和水平不同，决定了人才资源在各产业之间的配置状况和比例关系应服从相应的配置法则。各种产业活动和人才资源要素的配置状况有着内在的联系。作为产业活动必不可少的经济要素，人才资源在产业之间的配置结构应伴随着产业的优化升级而演化。

产业结构与人才结构之间存在着相互依存、相互促进的关系。产业结构的发展状况决定了人才需求的分布、类型、规格、数量和质量。人才结构与一定时期的产业结构水平相联系，并处于不断变化中。

（一）产业结构调整对人才结构优化作用机理

产业结构的调整必然对人才结构产生影响。在产业结构调整过程中，产业结构高级化改变人才的能级结构；产业结构柔性化改变人才的知识结构；产业结构技术设备水平的提高改变人才的层次结构；产业结构的地区差异性改变人才的配置结构；产业结构的专业化改变人才的类型和规格。

1. 产业结构高级化改变人才能级结构

产业结构高级化是指产业结构从低水平状态向高水平状态发展的动态过程。技术结构与产业结构相互依存，技术结构代表着产业结构的水平，产业结构决定着技术结构的状态。在产业结构中，技术结构的发展状态对人才能级结构起着重要的调节作用。人才的能级结构与产业的层次高度有着密切的联系。在劳动密集型产业向物质资本密集型产业过渡中，资本有机构成提高，物质资本的使用量增加，简单劳动的使用量相应减少，技术型人才尤其是初级技术人员的使用量增加，简单劳动力成长为技术工人；在物质资本密集型产业向技术资本密集型产业过渡时，资本资源中，物质资本含量减少，技术资本的含量增加，对高级人才的需要量增加，技术资本是人才资本的物化，特别是对高中级技术人才的能力要求提高。因此人才结构在横向上应不断地扩展，表现为人才需求的多样性；在纵向上表现为能级结构比例的提升。

2. 产业结构柔性化改变人才知识结构

产业结构柔性化是指围绕知识的生产、分配和使用在社会生产和再生产过程中，体力劳动和物质资本的投入相对减少，脑力劳动和科学技术投入相对增加。与此相适应，劳动和物质资本密集型产业的主导地位逐渐被信息、知识和技术性产业所取代。产业结构的柔性化对人才结构的知识结构提出了新的要求。“柔”又是相对于“硬”而言的，“硬”人才是从事单一技术工作的，人才知识结构对应于单一性的技术结构，“柔”人才可以在多种技术条件下开展工作。多变性的市场需求要求产品具有灵活新颖设计，人才的知识结构中具有“活”知识的程度提高。产品多样性要求人才要具有应变性，技术密集型是多种技术的组合和运用，因此，人才的知识结构要具有广延性、复合性和创造性。

3. 产业技术装备水平提高改变人才层次结构

产业技术水平的提高对人才需求的质量提出新的要求。由于先进技术装备的特点是技术系统的尖端化、集成化和信息化，人才的分层现象将更加明显。由于现代制造业的发展和新技术的运用使传统的技术结构发生着根本性变化，人才需求的层次也将发生相应改变。随着产业结构的演进，产业结构技术水平的提高，产业结构发展将对技能型、复合型、外向型、创新型的人才的需求增大。这就要求提高高等教育水平，优化高等教育的专业结构，改善人才的生成结构，以满足产业结构发展过程中产业技术装备水平的需要。

4. 产业结构的专业化改变人才类型和规格

经济学家亚当·斯密认为，分工和专业化的发展是经济增长的主要源泉。分工的好处在于能够获得分工经济和专业化经济，从而得到生产效率的提高。随着产业结构的升级、社会分工的专业化水平提高，人才的类型和规格也相应得以多样化，进而以适应产业结构发展过程中专业化发展的需要。多种技术岗位的产生使人才的类型和规格发生着变化，人才的类型和规划随着社会专业分工的发展呈现多样化趋势。

5. 产业结构的地区差异性改变人才配置结构

从全球产业结构调整的过程来看，具有产业传递性的特点。从动态上看，由于各地区经济发展水平及所处的阶段不同。各地区产业结构会随着经济的发展而出现传递和变动情况，从而各地区的产业结构会出现动态的非一致性。人才配置的本质要求人才应与不同地区的优势产业相结合，由于市场在人才配置中的基础作用的加强，人才的流动性大大加强，从而改变了人才区域配置结构。这就要求，一方面，各地区根据本地区的产业结构特点，对人才进行统一规划、合理开发，使产业发展立足于本地人才的基础上；另一方面，要建立人才的合理流动机制，促进人才跨区域合理流动。在综合考虑本地的人才需求和供给基础上，合理在全国甚至全球范围内与其他地区进行人才开发合作，积极引进各类人才，不断提升产业竞争力，促进本地区产业结构优化升级。

（二）人才结构优化对产业结构调整作用机理

产业结构调整对人才结构有很大影响，但人才结构优化对产业结构的反作用也不能忽视。科学的、合理的人才结构可以加速产业结构优化升级。

1. 人才结构优化有助于提高产业转换速度

经济发展必然伴随着产业结构调整，产业结构调整的速度反映了经济发展的水平与速度，是保持经济竞争力的关键。产业转换是指有竞争优势的成熟产业或衰退产业逐渐向新兴产业或成长产业转移的过程。产业转换的速度在很大程度上取决于人才的状况，不仅取决于人才的数量、质量，而且取决于人才的配置。人才资源存量越大、质量越高、配置越合理，越能为工业经济时代主导产业转换到知识经济时代的新兴产业提供更有力的人才支撑。另外，人才与一般劳动力相比，在产业转移过程中所遇到的阻力相对较小，且人才的能级越高，在资源转移过程中所遇到的阻力就越小，越能更快、更容易、更有效地适应新的产业环境。因此，提高人才能级结构也将有助于提高产业转换速度。

2. 人才结构优化有助于增强产业的创新能力

产业创新系统是创新体系的核心，体现着一个产业创新能力和竞争力的强弱，也反映出一个产业吸收外来技术和承接外来产业转移的能力。对特定区域而言，高素质的人才更多扮演着新兴产业“发动机”的角色，其对产业创新的支撑作用是无可替代的。高素质人才是产业创新的载体，产业的全要素创新需要创新人才，技术创新需要人才，高素质人才不仅具有很强的消化吸收能力，而且具有原始性创新的潜力。无论是渐进技术创新还是重大创新都将大大提高产业核心竞争力。而非技术要素创新则有利于提高产品或服务的创造效率，进而也增强了产业竞争力。同时，伴随着经济与产业的发展，高素质人才就会涌向具备活力的产业，形成良性循环，产业创新能力将在高素质人才的带动下不断提高，进而获得并长期保持产业竞争优势。

3. 人才结构优化有助于加速产业转移与扩散

经济发展空间上的梯度差异，使经济的空间转移与扩散通过资本投资、技术传播和劳动力的迁移从一个地区流向另一个地区。经济的空间流动包括扩散和转移两种方式。所谓“扩散”是指扩散源向周围地区逐次地、由近及远地连续扩散，扩散强度随距离的阻碍而逐渐减弱。而“转移”则是指采取跳跃的形式，从一个地区向另一个地区跨过了某个空间距离的流动。无论是产业扩散还是产业转移过程，都伴随着人才在各个产业间或不同地区间的流动与配置，产业转移的同时伴随着人才资源的转移。合理的人才资源配置应充分发挥市场配置的基础作用，建立市场与政府调控有效结合的配置方式，这样将有助于新兴高科技产业由发达地区向落后地区的扩散和转移，进而缩小地区之间的差距。随着市场在人才资源配置中的基础作用的加强，人才的流动性也大大加强，人才将自发流向具有活力的新兴产业。伴随人才的积聚和转移，产业也将在区域间发生转移和扩散，这不仅有利于加速区域产业结构优化和升级，而且有利于发挥各个区域的比较优势，提高区域产业结构整体实力。

第二节　人才产业结构调整

一、人才产业结构调整的理论基础

人才产业结构调整的理论基础是配弟—克拉克定理描述的劳动力的就业结构变化规律和运用库兹涅茨定律及比较劳动生产率概念分析人力资源在产业分布结构演变中的变化规律。

（一）劳动力的就业结构变化规律

英国经济学家威廉·配弟和科林·克拉克总结出了劳动力的就业结构变化规律，即配弟—克拉克定理。

该定理阐明，随着经济的发展，人均国民收入的提高，劳动力首先由第一产业向第二产业移动；当人均国民收入提高到一定程度时，劳动力便从第一产业和第二产业中向第三产业移动。劳动力在产业间的分布状况为：第一产业将逐步减少，第二、第三产业将逐步增加。

经济发展中各产业间出现收入的相对差异是造成劳动力从第一产业转向第二、第三产业的根本原因。一般来说，从事第二、第三产业所取得的收入较从事第一产业所取得的收入要大得多。当人均收入水平很低时，劳动力多是集中在第一产业，从事第一产业的劳动力若在80%以上，属于最不发达的状态；随着收入水平和经济发展水平的不断提高，从事第一产业劳动力所占比重逐渐下降，若下降到10%以下时，属于最发达的状态。从事第二产业劳动力所占比重的变化，是先随着经济发展水平的提高而不断提高，当经济发展水平提高到一定程度后，又不断降低，劳动力不断向第三产业转移；而从事第三产业劳动力所占比重的变化则呈不断上升的趋势。

人才在产业间的转移，同样符合配弟—克拉克定理所阐述的规律。

（二）人力资源在产业分布结构演变中的变化趋势

运用库兹涅茨定律和比较劳动生产率概念分析人力资源在产业分布结构演变中的变化趋势，对描述人才在产业分布结构演变中的变化趋势同样是适用的。

比较劳动生产率即一个部门的产值同在此部门就业的劳动力比重的比率，它反映 1% 的劳动力在该部门创造的产值（或收入）比重。比较劳动生产率大致能客观地反映一个部门当年劳动生产率的高低，比较劳动生产率越高，表明本部门的产值与劳动力比值越大。第一产业和第二、三产业的比较劳动生产率的差距越大，经济的二元性越显著。

从时间序列考察，当经济结构二元性处于加剧阶段时，农业部门的比较劳动生产率逐渐降低，非农业部门的比较劳动生产率逐渐升高；在两部门的比较劳动生产率差别达到最高点后，农业部门比较劳动生产率又转而逐渐升高，从低于 1 的方向趋于 1，非农业部门比较劳动生产率则趋于下降，从高于 1 的方向趋于 1。所以，农业部门比较劳动生产率的变动轨迹呈现"U"形特征。同时，非农业部门比较劳动生产率的变动轨迹呈现"倒 U"形特征。

比较劳动生产率的计算公式为：

设 G 为总产值（或总收入），L 为劳动力总数，G_1 为农业部门产值（或收入），G_2 为非农业部门产值（或收入），L_1 为农业部门劳动力数，L_2 为非农业部门劳动力数。又设 B_1 为农业部门比较劳动生产率，B_2 为非农业部门比较劳动生产率。很显然 $G_1+G_2=G$，$L_1+L_2=L$。则比较劳动生产率的数学计算公式为：

$$B_1=\frac{G_1/G}{L_1/L};\qquad B_2=\frac{G_2/G}{L_2/L}$$

库兹涅茨定律则阐明了劳动力和国民收入在产业分布结构中演变的一般趋势，即：

（1）第一产业的比较劳动生产率（也称相对国民收入，即该产业的增加值所占比重与该产业劳动力所占比重的比值）一般低于1，而第二、第三产业的比较劳动生产率大于1，且第一产业的比较劳动生产率随着经济发展水平的提高而呈下降趋势。这就意味着从事第一产业的劳动力所占比重一般大于其相应的增加值所占比重，而第二、第三产业则相反。另外，劳动力所占比重和增加值所占比重，随着经济发展水平的提高都呈下降趋势，但增加值所占比重下降的幅度要超过劳动力所占比重下降的幅度。

（2）第二产业的比较劳动生产率一般呈上升趋势，但幅度小，属于微增，因为第二产业增加值所占比重随着经济发展水平的提高而不断上升，而从事第二产业劳动力所占比重虽也上升但上升的幅度小、速度缓慢。这说明，工业化达到一定水平之后，第二产业不可能大量吸收劳动力。

（3）第三产业的比较劳动生产率呈不断下降的趋势，因为从事第三产业劳动力所占比重和增加值所占比重都随着经济发展水平的提高而提高，但劳动力所占比重提高的幅度更大、速度更快，这说明第三产业具有很强的吸收劳动力的特性，往往被人们称为劳动力的“大蓄水池”。

从西方国家经济发展的道路来看，一个国家在比较充分地完成工业化之后都会出现所谓的“服务型经济结构”，即第三产业在国民经济中的比重超过第一、二产业。随着经济的进一步发展，第一产业在国民经济中的比重会更加收缩，但其目前就业的劳动力必须转移到第二产业和第三产业中去，而第二产业对劳动力的吸收能力比不上第三产业。从目前我国的情况来看，只能通过城镇化就业和第三产业的发展来吸收充足的人力资源，否则我国将不可能真正建立起现代化的经济体系。

二、产业经济结构与人才产业结构的差异性检验

（一）人才产业（行业）结构离散度评估模型

经济学家在研究地区经济的时候，将人力资源与自然资源、资本等并列作为“投入要素”。对于生产要素而言，要能够生产出最多的产品，取得最高的效益，就应该达到经济学中所指的“帕累托最优”或“帕累托效

率”。帕累托最优也被称为资源有效配置，人才作为人力资源的一种，在市场中也应该达到有效配置，使得人才能够最大限度地发挥促进经济发展的作用。人才结构的帕累托最优状态就是指社会经济发展需要的各方面人才都能得到有效供给，人才结构中任何一个部分的变动都会导致人力资源的浪费和失衡，人才构成中各种人才的需求与供给互相满足，人才结构与经济发展结构相协调。

微观经济学需求与供给的一般均衡是很难达到的，只有在完全竞争市场才能满足帕累托最优状态，因此不可能要求人才结构与经济发展完全地相互协调，但是研究出一个地区的人才结构与经济发展的协调程度，就可以提出有针对性的人才培养结构调整建议，从而建立更加适应当地经济发展的人才结构，促进科技创新和经济高效率地发展。

人才结构与地区产业发展有着相互促进、相互制约的关系，这种关系体现在：一是人才结构的发展要与地区产业结构相适应，合理的人才结构能够实现技术、物质和资本的高效率使用，并由人力资源要素合理利用引起各种投入要素的合理流动；二是人才结构的调整受产业结构的制约，人才结构的发展要与产业结构的变动相互适应，人才结构的形成要为产业的发展服务。从区域经济发展的理论来看，一个地区的人才结构只有符合该区域的产业结构才能产生巨大的经济效益。

根据“赛尔奎因—钱纳里结构变动模式”的基本思想，不同的经济发展水平下的国家，其就业结构与产值结构应保持合理的比例，超出这一比例的程度称为就业结构偏离度或离散度。

借鉴就业偏离度系数的原理，可以构建人才产业（行业）结构离散度评估模型：

如以 GDP 为产业（行业）的产出指标来考察，人才产业（行业）结构离散度评估模型为：

人才产业结构离散度 =（人才产业构成占比/GDP 产业构成占比）- 1

人才行业结构离散度 =（人才行业构成占比/GDP 行业构成占比）- 1

如以工业总产值为产业（行业）的产出指标来考察，人才产业（行业）结构离散度评估模型为：

人才产业结构离散度=（人才产业构成占比/产业的工业总产值构成占比）-1

人才行业结构离散度=（人才行业构成占比/行业的工业总产值构成占比）-1

根据离散度评估模型评估，如果两者是完全协调的，则它们的比值应该是1，模型评估的离散度就为0。若离散度变化趋向于0，说明两个指标的协调性得到改善，是相互促进的。反之，离散度偏离开0越远，说明两个指标的协调程度越差，即两者的结构不能互相匹配、不能满足相互的需要。

若离散度为正值，说明该产业（行业）人才丰富。经验显示，正值若大于1.0以上，说明该产业（行业）人才饱和，可以有导向地引导人才流向其他产业（行业）；

若离散度为负值，说明该产业（行业）人才缺乏。经验显示，负值若小于-1.0以下，说明该产业（行业）人才匮乏，可以有导向地吸引人才补充该产业（行业）；

产业经济结构与人才产业结构的差异性检验结果是人才产业结构调整的依据。

（二）我国各地区第一、二产业人才结构离散度评估

《中国2010年人口普查资料》（国务院人口普查办公室、国家统计局人口和就业统计司编）中“表4—7　各地区分性别、职业中类的就业人口”提供了全国分地区、分职业的就业人口最新数据。为了便于研究，假定其中的农业技术人才都在第一产业，工程技术人才都在第二产业（其实这两类人才都有一部分在第三产业）。

按照上述“人才产业结构离散度评估模型”，则有：

第一产业人才结构离散度C

=（第一产业人才构成占比A_1/第一产业GDP构成占比B_1）-1

第二产业人才结构离散度D

=（第二产业人才构成占比A_2/第二产业GDP构成占比B_2）-1

评价标准：如果人才产业结构离散度的值在+0.2—-0.2之间，说明人才在该产业配置较为合理；如果人才产业结构离散度的值>+0.2，说明人才在该产业配置比较富裕；如果人才产业结构离散度的值<-0.2，

说明人才在该产业配置比较贫乏。

表 9—1　我国各地区第一、二产业人才结构离散度评估结果（2010）

排序	第一产业 GDP（亿元）	排序	第一产业人才产业结构离散度 $C=(A_1/B_1)-1$	排序	第二产业 GDP（亿元）	排序	第二产业人才产业结构离散度 $D=(A_2/B_2)-1$
全国	40533.6	上海	2.96	全国	187581.42	北京	2.16
山东	3588.28	北京	2.79	广东	23014.53	西藏	0.71
河南	3258.09	天津	1.12	江苏	21753.93	上海	0.57
河北	2562.81	云南	0.99	山东	21238.49	贵州	0.37
江苏	2540.1	宁夏	0.97	浙江	14297.93	陕西	0.28
四川	2482.89	甘肃	0.75	河南	13226.38	云南	0.22
湖南	2325.5	贵州	0.68	河北	10707.68	甘肃	0.22
广东	2286.98	青海	0.62	辽宁	9976.82	新疆	0.13
湖北	2147	新疆	0.51	四川	8672.18	宁夏	0.09
安徽	1729.02	重庆	0.40	湖北	7767.24	海南	0.04
广西	1675.06	河北	0.33	福建	7522.83	四川	0.03
辽宁	1631.08	西藏	0.22	湖南	7343.19	全国	0.00
福建	1363.67	山西	0.19	上海	7218.32	黑龙江	-0.05
浙江	1360.56	内蒙古	0.16	安徽	6436.62	湖北	-0.07
黑龙江	1302.9	四川	0.16	内蒙古	6367.69	湖南	-0.09
江西	1206.98	福建	0.15	陕西	5446.1	青海	-0.11
云南	1108.38	全国	0.00	山西	5234	天津	-0.12
内蒙古	1095.28	河南	-0.01	黑龙江	5204.11	安徽	-0.17
新疆	1078.63	陕西	-0.01	江西	5122.88	重庆	-0.18
吉林	1050.15	江苏	-0.06	天津	4840.23	辽宁	-0.18
陕西	988.45	黑龙江	-0.15	广西	4511.68	山西	-0.18
重庆	685.38	广东	-0.18	吉林	4506.31	江苏	-0.19
贵州	625.03	广西	-0.18	重庆	4359.12	江西	-0.24
甘肃	599.28	海南	-0.18	北京	3388.38	广东	-0.25
山西	554.48	湖北	-0.19	云南	3223.49	吉林	-0.27
海南	539.83	湖南	-0.21	新疆	2592.15	广西	-0.28
宁夏	159.29	安徽	-0.26	甘肃	1984.97	河北	-0.31
天津	145.58	江西	-0.27	贵州	1800.06	福建	-0.36
青海	134.92	吉林	-0.32	宁夏	827.91	河南	-0.36
北京	124.36	辽宁	-0.32	青海	744.63	山东	-0.39
上海	114.15	山东	-0.38	海南	571	内蒙古	-0.41
西藏	68.72	浙江	-0.41	西藏	163.92	浙江	-0.42

资料来源：《中国2010年人口普查资料》；《中国统计年鉴》（2011）。

1. 我国各地区第一产业人才结构离散度评估结果分析

2010 年我国第一产业生产总值超过 1500 亿元的省份有 11 个，从高到低依次排序为：山东、河南、河北、江苏、四川、湖南、广东、湖北、安徽、广西、辽宁，这些都是我国著名的农业大省，但在第一产业人才结构方面，其离散度的排序却大相径庭。见表 9—2。

表 9—2　第一产业产值大省人才产业结构离散度对照表

省区市	第一产业 GDP（亿元）	第一产业 GPD 排序序号	第一产业人才产业结构离散度 $C=(A_1/B_1)-1$	第一产业人才产业结构离散度排序序号
山东	3588.28	1	-0.38	30
河南	3258.09	2	-0.01	17
河北	2562.81	3	0.33	11
江苏	2540.1	4	-0.06	19
四川	2482.89	5	0.16	15
湖南	2325.5	6	-0.21	25
广东	2286.98	7	-0.18	21
湖北	2147.00	8	-0.19	24
安徽	1729.02	9	-0.26	26
广西	1675.06	10	-0.18	22
辽宁	1631.08	11	-0.32	29

由表 9—2 可见，作为第一产业产值第一大省的山东，其人才产业结构离散度的值却为 -0.38，排序在全国倒数第 2，属于第一产业人才配置贫乏的地区；如果考虑到其农业科技人才有一部分配置在第三产业的情况，则山东第一产业属于人才配置非常贫乏的区域。作为第一产业产值排序第 11 的辽宁，其人才产业结构离散度的值为 -0.32，排序在全国倒数第 3，也属于第一产业人才配置贫乏的地区。作为第一产业产值排序第 3 的河北，虽然其人才产业结构离散度的值为 +0.33，属于第一产业人才配置比较富裕的地区，但排序却只能居全国第 11 位。山东、辽宁第一产业人才配置的

贫乏状况，值得这些省份高度关注并采取相应的措施予以改善。

2. 我国各地区第二产业人才结构离散度评估结果分析

2010 年我国第二产业生产总值超过 7000 亿元的省份有 12 个，从高到低依次排序为：广东、江苏、山东、浙江、河南、河北、辽宁、四川、湖北、福建、湖南、上海，这些大部分是我国东中部省市，具有厚实的工业基础，但在第二产业人才结构方面，其离散度的排序也各有千秋。见表 9—3。

表 9—3　第二产业产值大省人才产业结构离散度对照表

省区市	第二产业 GDP（亿元）	第二产业 GPD 排序序号	第二产业人才产业结构离散度 第二产业 $C=(A_1/B_1)-1$	第二产业人才产业结构离散度排序序号
广东	23014.53	1	-0.25	24
江苏	21753.93	2	-0.19	22
山东	21238.49	3	-0.39	30
浙江	14297.93	4	-0.42	32
河南	13226.38	5	-0.36	29
河北	10707.68	6	-0.31	27
辽宁	9976.82	7	-0.18	20
四川	8672.18	8	0.03	11
湖北	7767.24	9	-0.07	14
福建	7522.83	10	-0.36	28
湖南	7343.19	11	-0.09	15
上海	7218.32	12	0.57	3

由表 9—3 可见，作为第二产业产值超过万亿元、排名第 1—6 位的 6 个大省，除江苏、广东外，其余 4 个省（山东、浙江、河南、河北）的人才产业结构离散度在 -0.31— -0.42，排序在全国之末（第 27—32 位），属于第二产业人才配置贫乏的地区，说明这些省份的工程技术人才在企业的集聚度不高，难以支撑这些省份推进新型工业化进程。作为第二产业产值排名第 7—12 位的 6 个省份，福建的人才产业结构离散度偏低（ -0.36），属于第二

产业人才配置贫乏的地区；而上海的人才产业结构离散度较高（0.57），属于第二产业人才配置富裕的地区。

三、人才产业结构调整的路径

产业结构调整的一个重要部分是对构成生产要素之一的人才结构的调整，人才结构从而成为影响产业结构优化升级的重要因素之一。

现代经济增长阶段是以工业化和制造业占经济总量比重的快速上升为主要特征的。根据工业化不同阶段的不同特征，可以把工业化全过程细分为劳动密集型阶段（以轻工业为主导产业）、资本密集型阶段（以重工业为主导产业）和技术密集型阶段（以机械、电子等高加工度组装工业为主导产业）。在完成工业化之后，制造业在经济中的地位开始衰退，而同期商业、金融、公共服务等第三产业开始在经济增长中扮演越来越重要的角色，进入了知识密集型后工业化阶段。产业结构的调整促使了产业结构升级，使产业从劳动密集型向物质资本密集型过渡、物质资本密集型产业向技术密集型产业过渡、技术密集型产业向知识密集型产业转换。在这种产业高级化的过程中，人才结构也随之向高级化演化。

（一）人才优先发展对产业发展的先导推进

产业的发展阶段要求人才发展进程与之相适应，产业结构调整的高级化过程，依次经历以下几个阶段：以劳动密集型轻工业为主导的工业化阶段（Ⅰ），以物质资本密集型重工业为主导的工业化阶段（Ⅱ），以技术密集型高加工度组装工业为主导的工业化阶段（Ⅲ），知识密集型后工业化阶段（Ⅳ）。与此几个阶段相适应的人才发展大致可分为积累期、快速发展期、饱和期和饱和后期。

一是人才积累期。在劳动密集型轻工业化阶段，经济刚从农业社会进入以工业化为核心的现代经济增长初期阶段，经济开始发展，增长速度较快，但此时，人才发展速度低于经济增长速度，人才发展处在积累期，人才积累还没有达到人才发展起飞的阈值。发达国家和发展中国家在发展速度上的分野，往往就体现在这个时期是否重视人力资本投资，是否掌握人力资本的先行追赶是经济追赶的先导这一规律并加大人力资本投资的力度。

二是人才发展期。当人才积累达到人才发展起飞的阈值（一般认为这一阈值以财政性教育投入占国内生产总值的5%—8%为标志），人才发展进入了快速发展期。产业人才数量与质量经过前期的积累，促使产业的技术水平提升进入了物质资本密集型重工业化阶段。此时，经济增长率和人才增长率高速增长，而且人才增长率在此阶段开始超过经济增长率。

三是人才饱和期。随着时间的推移和人员的不断充实，人才增长速度逐渐放慢，于是人才发展进入缓慢发展的饱和期。在此期间，由于人才已形成的优势积累和人才的滞后效应，产业结构调整高级化将继续发展，产业发展进入了技术密集型高加工度组装工业主导的工业化阶段。此时经济增长率速度有所放缓，但仍具有较高的经济发展速度，同时仍低于人才发展速度。

四是人才稳定期。到了知识密集型的后工业化阶段，产业发展主要体现在产业的“软化”和产业结构高技术化，经济发展速度明显放缓。这时，相应的人才发展阶段为饱和后期，人才增长速度围绕着饱和线上下波动，并稳定在一定水平线上，低于经济发展速度。人才发展主要表现在人才智能的更新、能级的提高、结构的优化等方面。

通过以上几个阶段后，由于产业发展的新需要，人才在更高的质量、结构上进行数量积累，达到一定阈值时，使产业在更高水平上起飞。如此往复，形成以人才优先发展为先导的、与产业发展阶段相适应的人才科学发展阶段。

（二）从（Ⅰ）型产业向（Ⅱ）型产业过渡阶段的人才产业结构调整

劳动密集型产业（Ⅰ）向物质资本密集型产业（Ⅱ）过渡中，资本有机构成提高，物质资本的使用量增加，简单劳动的使用量相应减少，技术型人才尤其是初级技术人员的使用量增大，简单劳动力成长为技术工人。在劳动密集型产业向物质密集型产业过渡中需要各类型的人才，主要包括以下四个方面。

一是组织型人才。这种组织型人才把劳动密集型企业里的简单劳动组成一个有机的整体，能够组织企业部门体系即物的体系平衡所构成的技术组织，能够组织企业规章制度体系即人与人之间所构成的人群组织，能够组织社会生产所带来的协作体系即企业与社会之间所构成的公共关系。

二是管理型人才。在劳动密集型企业里，劳动的生产率较低，创造的价值较少，或者主要依靠传统工艺进行生产，一般难以实现机械化、自动化。因此，它需要具有责任感和重视人群行业关系的管理型人才。这种人才不仅把企业职工看作是“经济人”，而且还把企业职工视为“社会人”，注重企业员工的社会发展需要。

三是改进型人才。在劳动密集型企业里，手工操作多，需要不断减轻劳动强度或者推出新产品、新工艺。因此，能在生产过程中改进工艺水平和技术上提升的改进型人才就成了劳动密集型企业发展和提高的关键因素。

四是技艺型人才。许多劳动密集型企业在向物质资本密集型企业转型中，主要需要各种类型的技师、艺人、能工巧匠，这种人才一般具有实践经验或掌握了传统工艺技术，是企业产品保持市场竞争力的技术骨干。

在劳动密集型产业（Ⅰ）向物质资本密集型产业（Ⅱ）过渡的过程中，社会要加强产业一线简单劳动工人的技术培训，使之成长为技术工人；同时，向产业输送各种学校培养的初中级技术型人才，以适应物质资本密集型产业发展的需要。

（三）从（Ⅱ）型产业向（Ⅲ）型产业过渡阶段的人才产业结构调整

物质资本密集型产业（Ⅱ）向技术密集型产业（Ⅲ）过渡时，资本资源中物质资本含量减少，技术资本的含量增加，对高级人才的需要量增加。技术资本是人力资本的物化，特别是对高中级技术人才的操作、指挥管理的能力要求提高。在人力资源的开发中，侧重于能对高技术含量的资本资源实行应用、消化、组织、指挥和管理的中级以上人才的培养。在物质资本密集型产业向技术密集型产业过渡过程中，主要需要以下四类人才。

一是决策型人才。资金密集型企业，一般技术装备程度较高，许多企业属于现代化企业。在商品经济中，企业经理人的决策成为企业兴旺发达的关键。这时企业经理人要以效益为中心，力求决策效益、技术效益、管理效益、时间效益和社会效益的协调统一。

二是经营型人才。资金密集型企业需要现代化管理，它的特点是从事后管理转化为事前管理，要求管理高效化；从定性管理为主转为定性定量管理，实行管理科学化；从体力劳动为主转向体力、脑力劳动相结合，实行管理的轻型化。同时，相应要求管理组织系统、管理信息网络化、管理职能集中化和管理人员专业化。

三是技术型人才。技术操作人员是技术密集型企业的技术载体，企业主要工序技术、工艺水平的高低是企业发展的主要标志。根据企业的特点，要使技术人才配套、水平协调、比例结构合理。

四是生产管理人才。生产管理人才不仅是生产管理、生产调度、经济分析的行家，而且要能够熟悉产品性能、工艺过程、设备管理，并能熟悉系统工程、全面质量管理、作业成本法等现代管理方法。

在物质资本密集型产业（Ⅱ）向技术密集型产业（Ⅲ）过渡的过程中，要加强对产业中高级技术人才的操作、指挥管理能力的培训；同时，向产业输送各种学校培养的中高级管理人才，以适应技术密集型产业发展的需要。

（四）从（Ⅲ）型产业向（Ⅳ）型产业转换阶段的人才产业结构调整

从技术密集型产业（Ⅲ）向知识密集型产业（Ⅳ）转换时，人才的创新能力是重要的因素，知识作为要素直接投入到生产过程中，人的创造力和智力在生产过程中直接物化在产品中，形成高额的附加值，人力资源的质量水平成为决定这个转化能否成功的关键。人力资源的开发应着重于人的知识、智力、创新能力的开发。从技术密集型产业向知识密集型产业转换时，主要需要以下四类人才。

一是战略型人才。知识技术密集型的企业领导者对人、物、环境应有渊博的科学知识，对企业发展有高超的领导艺术，视野开阔，纵观全局，有远见卓识。

二是开发型人才。在知识技术密集型企业里，生产增长的70%—80%以上都是依靠科学技术进步。这种企业以科技为主导，在生产方式上向多品种、小批量方向发展，在产品上向高、精、尖方向发展，在生产管理上需要多样化的柔性加工系统。因此，在知识密集型企业里，开发型人才占有决定性的地位。

三是创造型人才。创造型人才突破、破坏经济循环惯性轨道，把握革新的主动，把创造的新欲望传递给消费者，使企业摆脱旧的组合方式，完成新的组合，不断破除旧的生产方式，创造新的生产方式，使经济结构不断地从内部进行革命和变革。创造是创造性人才的重要特征，冒险是创造性人才的天性，正是创造性人才的创新冒险精神才使企业能够超常规飞跃式发展。

四是信息型人才。一项新发现或新技术有90%的内容是通过各种途径从已有的信息中取得的，独创性工作只占10%，但信息被视为企业的生命。信息型人才由于具有强烈的获取信息的意识和先进的收集信息的方法，因此，他们对于知识密集型企业的发展具有十分重要的作用。

在从技术密集型产业（Ⅲ）向知识密集型产业（Ⅳ）转换的过程中，企业要加强产业中高级技术人才的研发能力的培训；社会要向产业输送各种学校培养的创造型、开发型人才。同时，企业要主动引进高端创新创业型人才，以适应知识密集型产业发展的需要。

（五）产业流程（产业链）布局对人才不同类型与层次的需求

1992年，宏碁集团创办人施振荣先生提出了有名的“微笑曲线”（Smiling Curve）理论。经历了10多年产业经济发展实践的检验，“微笑曲线”成为各种产业的中长期发展策略之方向。在产业链条中，研发、生产、流通诸环节的附加值曲线呈现两端高中间低的形态（如图9—1所示）。

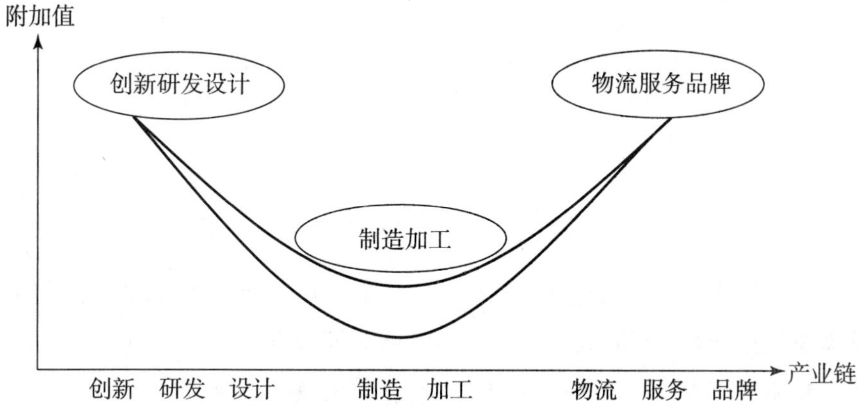

图 9—1　宏碁集团创办人施振荣先生提出的“微笑曲线”图

在产业链条中，研发设计、制造加工、流通服务诸环节对不同类型与层次人才的需求也相应地呈现不同的形态（如图 9—2 所示）。

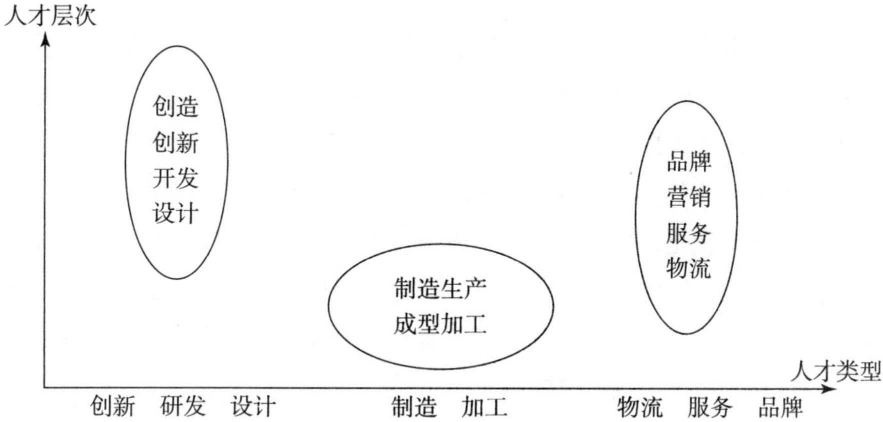

图 9—2　与产业附加值曲线——“微笑曲线”相对应的人才类型与层次需求图

为适应产业链的变化而进行的人才产业结构调整，也是一条重要路径。当某一区域的产业结构从制造生产、成型加工为主转为以创造创新、开发设计和品牌营销、服务、物流为主的阶段时，产业的人才结构也要采取一线生产加工工人输出（或向承接地转移），同时引进开发、设计、营销、物流等新型产业链人才而实现调整。

第三节 人才产业结构优化

一、人才产业结构优化的基本内容

从新制度经济学的理论可以证明区域实行以市场为导向的人才结构优化调整战略与政府通过完善制度来实现宏观调控并行不悖。但是，不论是市场机制的调整、政府导向的调整，还是其他具体调整手段的运用，都必须以经济发展为中心。

（一）市场机制的基础性作用

社会经济的发展是在生产要素的不断组合和流动的过程中实现的。人才是生产要素中最活跃、最重要的要素，只有通过市场才能实现最佳的配置，并取得最大效益。在市场经济条件下，人才要素供求状况影响就业竞争和聘用竞争。这两种竞争往往相互交叉而又彼此渗透。前者激励人才不断提高自己的业务技能和市场应变能力，后者促使企业在不断提高经济效益的前提下，改善工作环境和待遇以获取人才。

基于此，优化人才产业结构必须加快人才资源配置市场化进程，充分发挥人才市场机制作用，加快人才市场主体到位，建立市场调节机制，政府依据市场动态制定人才政策。最终使人才产业结构不合理等深层次的矛盾，通过市场机制得以缓解和解决。

（二）政府的有效管理不可或缺

人才产业结构调整机制的运作，要在人才结构存量的基础上，利用指定信号（人才价格、人才政策），促成存量结构变动，从而优化人才产业布局，提高人才效益。在市场机制发挥基础性作用的同时，某些领域还需要加强产业政策的作用。

运用产业政策要有两个基本前提，一是“市场失效”的确明显存在，二是即或出现“政策失效”，其弊端不会大于“市场失效”。在这样两个前提之下，需要推行产业政策的主要是与公共产品供给、产业发展和实行退出援助政策等问题有关的领域。政府依靠自身的政治力量，通过立法和政策干预人才市场的运行，进行职业培训与提供教育机会，促进就业、稳定社会、安抚人心。如通过就业政策调节人才需求，增加就业机会；用人才政策调节人才供给；用立法调节人才使用；用工资和收入政策，保证最低工资，限制最高工资增长率；通过各种信息引导人才市场走向；用各种管理手段，把重点人才调整到关系国家竞争优势的产业中来。

人才产业结构调整的市场机制需要政府调控，但干预手段表现为间接方式。避免无效调控，防止过度干预，充分发挥市场机制的作用。制度是规范人们行为的规则体系，这是市场经济运行的基本前提。

高新技术产业与其他产业相比，对知识和技术的依赖性更大，知识密集度更高，相应地对掌握知识与技术的主体——人才的素质要求也更高。人才能否得到充分和有效使用，直接关系到高新技术产业自身的发展水平和发展速度。发展高新技术产业必须以适合高新技术产业特点的方法来推动，高新技术产业的最主要的特点在于：在诸种生产要素中，人才资本对高新技术产业的发展起决定性的作用。因此，要使高新技术产业更好更快地发展，就必须为创造性人才进行必要的制度安排和制度环境建设。从人事制度改革着手调整存量结构、从教育制度改革着手调整增量结构，以及建立有关政策法规的制度环境，共同构成了政府调节人才产业结构的目标模式。

二、人才产业结构优化的路径

（一）人才产业结构优化的思路

基于人才结构与产业结构之间的互动规律、人才产业结构优化的基本目的和方法，结合各地产业结构和人才发展现状，以及各地支柱产业发展和新兴产业发展对各地人才结构的要求，优化各地人才产业结构可以作两个方面的考虑：一是考虑在现状基础上的调整，二是考虑支柱产业发展计划对人才的需求和新兴产业发展计划对人才的需求。具体思路可以分解为：

第一，以调整人才分布、增加人才总量、提高人才质量为基础，减少人才在行业、各地分布中的不均衡现象，消除人才结构性矛盾，提升人才使用效益。

第二，紧紧围绕各地产业结构优化升级的大局，重点调整支柱产业人才的专业结构，强力引进新兴产业的紧缺人才特别是高端领军人才，满足各地产业结构优化升级对人才的需要。

第三，注重建设企业家人才队伍，各地产业结构的优化升级和各地经济的跨越式发展，有赖于一大批新兴的优秀企业家的兴起。建立能够促使各地产生旺盛的企业家精神的制度，注重优秀企业家人才特别是具有战略眼光的企业领袖的扶持和培育，使得各地的人力资本结构实现从专业人力资本富裕型向双高型转化。

第四，在充分发挥人才市场调整作用的同时，进行必要的行政性调整。当前的人才市场对人才的配置起到了重要的作用，但是为了保证国家经济结构调整需要以及重点行业、重点部门对人才的需求，政府需要出台相应的倾斜性政策，引导人才到各地的新兴产业创新创业。

（二）人才产业结构优化的方法

1. 加强人才开发的产业导向

建立产业人才需求的预测预报制度。近几年由各地政府有关部门发布的重点领域人才开发目录，突出产业导向，正成为各地吸引、培育专项人才的风向标。在此基础上，应加强预测预报机构和网络体系建设，不仅要及时提供近期预报服务，更重要的是要搞好中长期预测预报。

根据产业布局，优化人才资源的空间结构。以产业集聚区为载体，实施人才集群战略，通过紧密的产业关联、丰富的社会资本、共享的资源要素，为相关人才提供大显身手、建功立业的平台，形成布局合理的人才与产业协调互动的现代产业集聚区。

制定和完善有利于人才向企业汇聚的政策，实现以企业和产业为核心的人才资源整合。包括：建立社会保险基金随被保人流转的社会保险政策；探索并实践人力资本要素参与分配的薪酬政策；制定和规范科技人才到企业兼职的办法等。尤其要抓住事业单位改革的有利契机，引导科技人才向关键行业、重点企业、科研和生产一线集聚。

2. 构建以企业为主体、市场为导向、产学研结合的人才开发体系

创新型人才的培养需要真实的科研创新和工程创新的环境。要鼓励和促进高校与企业从自发式、松散式的合作，逐步发展成为政府引导下校企优势互补、资源共享、相互促进的有序合作，结合产业布局和功能定位，分门别类，建设一批创新型人才培训基地，促进高等教育、科技创新和产业发展的紧密结合，积极为相关人才参与真实的科技创新和工程创新提供平台，如探索构建博士后研究项目与产业发展的对接机制。一般而言，国家规定的设立企业博士后工作站的门槛比较高，可探索政府出面建立博士后工作站平台机制，加大对创新人才、创新项目的资助和支持力度，以更好、更灵活地服务于企业和产业发展的需求。

3. 以企业为主体，构建大科研机制

自主创新能力不足是导致众多企业缺乏核心竞争力的根源所在。针对创新型人才严重不足的现实，要进一步发挥政府统筹和引导作用，力促创新要素向企业集聚，推动大型企业、高校、科研机构联手构建大科研机制。以大科研机制为抓手，积极盘活高校、研发机构等创新资源，汇聚各类人才的智力支持，包括高素质的原创型人才，善于在集成创新中系统管理的组织型人才，善于消化、吸收再创新的复合型人才，进而培育一批具有显著竞争优势的产学研联盟。应引导主导产业、优势产业建成一批具有世界先进水平的研发机构，鼓励大型骨干企业建立研发机构，中小企业以参股、合资、合作等方式联合建立专业化的研发机构。同时，构建符合国际惯例的知识产权保护体系，进一步完善相关政策措施，如加大对职务发明成果转化的支持力度，职务成果完成人可根据不同的成果转化方式，获得与之相当的股权、收益和奖励；允许高新技术产业领域高端人才以知识产权、技术、管理等作为资本参股设立高新技术企业，允许人才本身作为资本参与企业设立；等等。通过知识产权制度、知识产权文化和商业信用制度的结合，建立创新型人才的有效激励机制，激发创新创造的活力。

4. 提升企业家人力资本，促进各地人力资本结构向双高型转化

（1）大力培养企业家精神，提高各地企业家人力资本存量。党的十六大以来，非公有制经济发展具有了社会共识的平台和国家层面的政策支撑，企业家人力资本投资的瓶颈已经克服，企业家人力资本投资的收益将会得到保障。（2）引进企业家人力资本。在继续努力引进外资（外资的引进不单单是物质资本的引进，更多的是企业家人力资本的引进。外资企业所带来的企业家精神的传播以及管理方法、协调资源的能力等都是可以成为培养各地企业家人力资本的一个途径）的同时，引进国内其他地区的企业家人力资本也是增加企业家人力资本存量的一个可行的方法。（3）引导部分专业人力资本向双高型转化。充分利用一些地区专业人力资本富裕的优势，同时提高部分具有专业人力资本群体的企业家人力资本存量。在这些地区造就一批既具有专业人力资本又具有企业家人力资本的群体，让他们从事创办企业的活动，从而实现各地的经济增长。（4）鼓励科技型企业的创立。制定鼓励科技型企业创业的政策（如提供金融支持、场地的帮助，以及税收、工商方面的便利等）。科技型企业的设立，不仅可以增加企业家人力资本的存量，而且其对技术创新的更高要求会促使专业人力资本的更快发展。

5. 企业人才群体的组合优化

人才资源的群体组合是人才资源配置体系中的最有意义的环节。市场的配置在宏观层面上进行，主要解决人才社会结构的优化问题；群体组合在微观层面上进行，主要解决人才群体结构优化问题。组合得好，就能得到事半功倍的效果；组合得不好，就有可能事倍功半。这就使得人才群体的优化组合成为一个具有很大难度的大课题。

人才群体组合是一种根据特定的组织目标而形成的具有一定结构的劳动组织形式，其群体内的人才之间一般都结成具有紧密联系的微观生产关系。人才资源的群体组合包括两个方面的内容：一是人才群体组合的结构问题，二是人才群体组合的管理问题。人才群体的优化组合要求人才群体能够动态结合，形成合理的结构，充满生机和活力，具有较好的效率和效益。在人才群体的组合过程中，组织的管理体制起着重要作用。这就需要组织建立科学的领导体制和管理制度，使群体形成优化的组合，与各生产要素形成优化的匹配，充分调动每一个人才个体的积极性，最大限度地发挥群体的组合优势，促使人才资源形成微观的优化配置。

人才资源配置的优化最终体现在人才群体组合的优化上。优化的人才群体组合要能够和谐包容每一个人才个体，具有放大、感应、聚焦、互补、师承、调节六个方面的功能，并发挥出四个方面的优势：一是能够满足组织任务、目标及发展战略的需要；二是能节约人才劳动力的投入，有利于追求最大的产出；三是能够根据优化原则组织整合，有利于实现人才与其他生产要素的优化配置；四是能够择优汰劣，形成竞争机制，最大限度地调动人才的积极性和上进心。

6. 构建合理的个体知识结构，适应产业结构调整的需要

产业结构的调整和高级化，已不仅是传统意义上的生产要素在各产业部门中的比例变化，而更多地体现在高新技术对传统产业的影响、融合的力度，以及引起产业结构变化的能力的加强。因此，人才结构要适应产业结构的调整趋势，个体的知识结构就要符合产业技术结构的要求，人才素质、人才能级要与产业的发展水平相匹配。

7. 企业和政府联手推进人才产业结构的优化

产业结构调整，不仅需要优化的人才个体知识结构，而且需要合理的人才群体知识结构。人才群体知识结构不是个体人才知识结构的简单累加和多种要素的机械重叠，其整体功能的大小主要取决于群体知识结构的优化程度，其中包括人才的群体规模及其协同互补性。因此，发挥企业和政府对人才群体知识结构的主体和辅助效用，是构建适合产业结构调整的人才群体知识结构的关键。

（1）以产业结构调整为中心，实施企业的人才开发计划，扩大企业人才规模，实现企业人才的规模效益。根据企业所处的产业环境、发展状况等各种因素，分析产业发展过程中合理的人才知识结构和目前企业的人才知识结构，分析企业在产业中的人才优势和劣势，明确企业有必要开发的人才数量和种类以及相应的成本和收益，从而选择企业人才开发的侧重点；注重企业关键人才的开发是企业设计人才开发计划的重中之重，企业也必须对各部门实施相应的人才开发战略。

（2）企业人才应在各部门、各职位中得到合理的配置，发挥企业人才的协调效益。企业对人才的配置必须依据组织结构设计原则，使人才在企业中均有适当的位置，使人尽其能、最大限度地发挥其作用的同时，人才的配备更要关注人才的相互合作协调，使其相互完善和补充；加强对企业管理层人才的知识结构调整，提升管理层的职业化水平。

（3）构建合理的企业人才内部流动机制，保证企业人才在总量和质量上的最优化。所谓人才内部流动，绝不是自由式的、大批量的流动，而是依据企业内部人才的数量、分布、结构和余缺状况，按照客观实际的需要和人才本身的才能、爱好、品德、志愿等，通过企业人事部门的桥梁和协调作用，有目的、有计划地安排其在本企业内部的工作调动，把他们安置到所需和急需的岗位上，目的是最大限度地发挥人才的内在潜力。实践证明，人才的合理流动有利于人才的“智能横移”，有利于培养适应产业结构调整的复合型人才。

（4）构建合理的人才外部引进机制，为企业人才队伍输送新的血液，以适应产业结构调整的需要。产业结构调整要求人才的知识结构不断更新，要优化企业的人才结构，就有必要建立一套吸引外部人才、辞退不能发挥效用的人才和留住有用人才的人才进出机制。鼓励和引导企业储备人才，设立人才基金，专项用于人才引进工作。

（5）建立人才调控机制，对人才配置规模、方向、重点、结构比例等问题进行宏观调控。产业结构的调整，新兴产业的出现，朝阳产业的成熟，以及成熟产业的转向或没落，都会引起从事不同产业的人才在规模、流向、结构比例等方面的巨大变化。这就要求政府对人才的群体结构进行调控，以保证人才的规模效益和人才配置的有效性、高效性。要不断促进人才的产学研结合，使人才的科学研究、技术创新为经济建设服务，为产业结构的调整作贡献，促进科技成果的商品化和产业化。

（6）建立符合市场经济运行规律的人才流动机制，充分发挥市场在人才配置中的基础作用，实现人才的合理流动，优化人才组合。首先，要突出用人单位在人才使用和配置中的主体地位，尊重主体意愿，实现人才的最佳配置。政府应制定宽松的、有利于人才流动的政策法规，并努力做好人才流动的服务工作。除提供必要的服务场所外，还要广泛开展人才的代理、仲裁等工作，完善社会保障体系，努力将人力资源流动的服务范围引向更为广阔的领域。其次，要让人才在竞争中走向社会，使各类人才积极参与市场竞争，在竞争中实现人才的合理流动，力争形成“教学—管理—科研—产业”一体化的流动模式和“竞争—淘汰”机制。最后，要在各地建立大的人才市场，并建立一些专业人才市场，通过这些市场将人才引导到重点地区、重点行业和重点项目中去。

（7）建立适应产业结构调整要求的全方位、多角度的人才管理机制。建立公平竞争的人才激励机制，搞活人才流动，创造条件留住人才。提高人才待遇，积极推动知识、智力、技术成果等因素参与收益分配和占有股份，允许职务发明与专利在一定条件下参股或以发明人名义进行转化。对特殊行业和专业的人才实行特殊津贴。放开人才兼职政策，允许和鼓励科技人员在完成本职工作、保守商业技术秘密、不影响本单位利益的前提下进行兼职服务，实行兼职兼薪。积极引导大专院校、科研机构的高层次人才到企业兼职服务和进行智力成果转化。逐步改善优秀人才的生活与工作条件。进一步发挥奖励的激励作用，对涉及人才奖励的政策、项目进行梳理，规范奖励名称，理顺奖励层次，明确奖励级别与待遇，提高奖励质量。

总之，人才配置的合理性，表现为数量配置的合理性，产业、行业、部门配置的合理性，各类职业配置的合理性，专业结构配置的合理性。只有合理配置人才，才能发挥人才的规模效益、结构效益和边际效益。

经济的发展、产业结构的调整要求对人才结构进行不断的调整，而产业结构的优化和升级是一个长期的过程，因此人才结构的优化和升级也是一个长期的过程。

第十章
海外高层次人才引进

【导读】

人才资源是第一资源，在综合国力竞争中具有决定性作用，其中站在世界科技前沿和产业高端的海外高层次人才在当今科技进步日新月异、经济全球化日趋深入的情况下，越来越成为我国参与国际竞争、实现经济社会全面协调可持续发展的特需资源。大力引进海外高层次人才，是进一步扩大对外开放、提高国际竞争力的迫切需要。本章共分四节，在概述海外高层次人才基础上，重点阐述了海外高层次人才引进、使用以及在海外高层次人才引进过程中需要正确把握的几对重要关系。

第一节　海外高层次人才概述

一、海外高层次人才的概念与特征

（一）概念

“海外高层次人才”是一个动态发展概念，富有时代特征。不同时代，它的内涵和外延有所不同。《人才工作决定》、《人才规划纲要》和《中央人才工作协调小组关于实施海外高层次人才引进计划的意见》三个重要人才文件对海外高层次人才作了权威、精辟界定。

概言之，海外高层次人才是指在海外从事科研、教学、高新技术、金融、管理等领域工作并取得显著成就，为我国经济社会发展所急需紧缺的出国留学人员和国外智力，主要包括海外留学人员、华人华侨和外国专家等。

（二）基本特征

作为一种人才资源，海外高层次人才资源除了具有人才资源的杰出性、创造性、社会性、实践性、类别性、层次性、相对性和动态性①共性特征外，还具有更为鲜明的特点。

一是国际化素质。这是海外高层次人才的基本特质，主要包括宽广的国际化视野和强烈的创新意识、熟悉并掌握国际惯例、较强的跨文化沟通能力、独立的国际活动能力、较强的运用和处理信息的能力、较高的政治思想素质和健康的心理素质、能经受多元文化的冲击、在做国际人才的同时不丧失民族的人格和国格。

二是数量稀缺。海外高层次人才是具备较高素质的高级专门人才，在国际范围内他们在总量上总是呈现稀缺性。

三是高层次需求。由于受教育程度较高，海外高层次人才的个人需求除了生理需求、安全需求和社交需求外，有更强烈的尊重需求和自我实现需求。

四是流动性强。高层次人才的素质越高，其面对选择的机会就越多，因此流动率较高。

二、海外高层次人才引进的重大意义

（一）我国社会主义建设的客观需要

以留学人才为主体的海外人才是我国高层次人才队伍的重要来源，在社会主义现代化建设进程中发挥了积极作用。新中国成立之初，以钱学森、李四光、邓稼先、吴文俊等杰出科学家为代表的海外留学人才回到祖国，为发展新中国的工业、科研、教育和国防建设事业建立了卓越功勋。目前，国家重点项目学科带头人中的72%是“海归”，81%的中科院院士和

① 王通讯．人才学新论［M］．北京：蓝天出版社，2005：41－44.

54%的工程院院士也是“海归”。在全国创办的60多个留学人员创业园中，留学人员创办企业5000多家，年产值逾100亿元。以2006年为例，国家自然科学奖获奖项目的第一完成人中的67%、国家技术发明奖第一完成人中的40%、国家科技进步奖项目第一完成人中的30%是留学回国人员。①

（二）提高人才国际竞争力的通行做法

采取积极措施吸引海外人才是世界主要发达国家和新兴发展中国家壮大本国人才队伍的通行做法，也是在较短时间内突破技术瓶颈，提升科研水平的一条宝贵经验。改革开放以来，我国出国留学人数不断增多。据有关方面统计，我国在主要发达国家约有20多万人学成后留在海外工作，其中45岁以下、具有助理教授或相当职务以上的约6.7万人；就职于国际知名企业、高水平大学和科研机构，具有副教授或相当职务以上的高层次留学人才约1.5万人。这些留学人员虽然长期在海外工作、生活，但其中许多人始终心系祖国，有回国工作和为国服务的愿望。②

三、改革开放以来我国引进海外高层次人才工作思想

（一）邓小平的引进海外高层次人才工作思想

党的十一届三中全会以后，以邓小平同志为核心的党的第二代中央领导集体确立改革开放基本国策，引进海外人才工作思想成为邓小平理论的重要组成部分，系统回答了为什么引进海外人才、引进什么样的海外人才和如何引进海外人才以及如何用好海外人才等一系列重大问题。邓小平深刻指出，“三十几年的经验教训告诉我们，关起门来搞建设是不行的，发展不起来”，“现在任何国家要发达起来，闭关自守都不可能。我们吃过这个苦头，我们的老祖宗吃过这个苦头”，“不加强国际交往，不引进发达国

① 吴江，等．建设世界人才强国［M］．北京：党建读物出版社，2011：125.

② 中央人才工作协调小组办公室，中共中央组织部人才工作局．《国家中长期人才发展规划纲要（2010—2020年）》学习辅导百问［M］．北京：党建读物出版社，2010：79.

家的先进经验、先进科学技术和资金，是不可能的”。[①] 他强调指出，人才是宝贵的财富。我们要“敢于和善于吸收和借鉴人类社会创造的一切文明成果，吸收和借鉴当今世界各国包括西方发达国家的先进技术和一切反映现代社会化生产规律的先进经营方式、管理方法”[②]。针对海外人才引进方法，他指出我们要走“请进来、派出去”的路子，“接受华裔学者回国是我们发展科学技术的一项具体措施，派人出国留学也是一项具体措施”[③]。他还提出：“特区是个窗口，是技术的窗口，管理的窗口，知识的窗口，也是对外政策的窗口。从特区可以引进技术，获得知识，学到管理，管理也是知识。”[④] 如何更好发挥海外人才作用，他提出了“尊重知识，尊重人才”思想。针对外国专家不敢大胆放手使用问题，他一针见血地指出，外国专家“请来之后，应该很好地发挥他们的作用。过去我们是宴会多，客气多，向人家请教少，让他们帮助工作少，他们是愿意帮助我们工作的”[⑤]。

（二）江泽民的引进海外高层次人才工作思想

以江泽民同志为核心的党的第三代中央领导集体，创立了“三个代表”重要思想，创造性地继承和发展了邓小平引进海外人才思想。首次提出“人才资源是第一资源”的思想。基于这种认识，他进一步指出：“要建立一整套有利于人才培养和使用的激励机制。积极引进国外智力。鼓励留学人员回国工作或以适当方式为祖国服务。”[⑥] “大力引进海外各类专业人才和智力”[⑦]。在反复强调坚持“相互尊重、平等互利”合作原则前提下，不失时机地提出利用“两种资源、两个市场”的重要策略。他深刻揭

① 邓小平．邓小平文选：第 3 卷［M］．北京：人民出版社，1993：64，90，117.

② 邓小平．邓小平文选：第 3 卷［M］．北京：人民出版社，1993：373.

③ 邓小平．邓小平文选：第 3 卷［M］．北京：人民出版社，1993：57.

④ 邓小平．邓小平文选：第 3 卷［M］．北京：人民出版社，1993：51－52.

⑤ 邓小平．邓小平文选：第 3 卷［M］．北京：人民出版社，1993：32.

⑥ 江泽民．江泽民文选：第 2 卷［M］．北京：人民出版社，2006：26.

⑦ 江泽民．江泽民文选：第 3 卷［M］．北京：人民出版社，2006：551.

示了创新与引进海外人才的重要关系："我们应该引进世界上比较高的技术，但光引进还不够，还需有自己的创新，这样我们就可以提高得更快一点。"① 除此之外，他还明确提出了"大胆吸收和借鉴"、"赢得比较优势"、"利用国际贸易规则"等重要思想。

（三）胡锦涛的引进海外高层次人才工作思想

以胡锦涛同志为总书记的党中央提出了以科学发展观统领海外人才工作全局，对引进海外人才工作作出了一系列重要概括和论述。他提出要"牢固树立人才资源是第一资源的观念"、"树立科学的人才观"、"实施人才强国战略"等重要思想，确立了"以我为主、按需引进、突出重点、讲求实效"的工作方针，提出了"要积极引进海外高层次人才和我国经济社会发展需要的紧缺人才"、"有计划引进一批能够突破关键技术、发展高新技术产业、带动新兴学科的战略科学家和创新创业领军人才"等工作重点②。他进一步明确引进海外人才的方式方法，要"采取团队引进、核心人才带动引进、高新技术项目开发引进等方式"③，"探索实行技术移民"、"支持高等学校科研院所与海外高水平教育、科研机构建立联合研发基地"④，等等。

第二节　海外高层次人才引进的国际态势

人才资源是第一资源，在综合国力竞争中具有决定性作用。当今世

---

① 江泽民．论科学技术［M］．北京：中央文献出版社，2001：55－56.

② 中央人才工作协调小组办公室，中共中央组织部人才工作局．《国家中长期人才发展规划纲要（2010—2020年）》学习辅导百问［M］．北京：党建读物出版社，2010：32.

③ 本书编写组．《中共中央、国务院关于进一步加强人才工作的决定》学习辅导百问［M］．北京：党建读物出版社，2004：13.

④ 中央人才工作协调小组办公室，中共中央组织部人才工作局．《国家中长期人才发展规划纲要（2010—2020年）》学习辅导百问［M］．北京：党建读物出版社，2010：28.

界，国际竞争日趋激烈，这种竞争，说到底是人才之争，世界性的人才争夺达到了白热化的程度。一个国家如何应对与参加这场国际竞争，在很大程度上决定着这个国家的命运与前途。

一、人才国际流动状况

（一）从人才国际流动的经典理论看人才国际流动的基本规律

1. 人才国际流动的经典理论

人才国际流动的经典理论主要包括"推拉模型"、"中心与外围"学说和"新经济移民理论"等。

"推拉模型"主要从经济发展角度，研究工业化和人口转变过程中产生的推力和拉力作用。该理论认为，无论是在迁出地还是在迁入地都存在一定的拉力因素和推力因素，只不过在迁出地的推力因素和迁入地的拉力因素所产生的合力大于迁出地的拉力因素和迁入地的推力因素所产生的合力，进而导致人口流动；反之，人口则反向流动。

"中心与外围"学说从世界经济结构体系的角度，分析发达国家与发展中国家或"中心"与"外围"之间在结构上的依存关系，通过中心与外围的各种联系来解释人口的国际流动。"中心"是经济、政治、文化较发达的资本主义国家，在世界经济政治分层体系中处于较高的支配地位；"外围"往往是经济较落后的欠发达国家，在经济、政治、军事、文化等方面都依赖于"中心"，处于被支配地位。在中心与外围之间，存在政治、经济、文化等各方面的联系与合作，存在着商品、资本、信息和人员的流动。人口的国际流动只是全球市场经济循环系统中的一个组成部分。

"新经济移民理论"从社会人际关系的角度，研究跨国社会空间的构成及其在国际人口流动中的作用，以此解释国际人口流动的动力机制。该理论认为：移民在异国他乡保持着与迁出地的稳定联系。他们的这种联系在迁出地与迁入地之间形成了一个跨国社会关系网络纽带或跨国社会空间，就像一条横跨两国的"传送带"一样，促进信息、思想观念、资金、商品和人员的国际流动。跨国社会空间降低了迁移成本，导致人口及其人力资本从迁出地源源不断流向迁入地。①

通过分析美国社会学家拉文斯坦的“推拉模型”、“中心与外围”学说、“新经济移民理论”等经典人才流动理论，我们可以得出这样一个人才国际流动结论：人才流动与经济、政治、科学技术、社会环境等要素有着密切联系，而经济因素具有决定性作用。换言之，人才国际流动与经济要素有着必然联系，人才国际流动基本上可以看作是一个经济主导现象。

2. 人才国际流动的基本规律

人才国际流动的基本规律与人才输出国的经济发展程度有关，可以归纳为以下三个方面的规律。

规律一：人才国际流动与其输出国经济发展水平相关。人们很难论证经济发展与人才国际流动的具体关系，但没有人否认它们之间的正相关关系。通过实证研究发现，当人均 GDP 达到 4000 美元时，流出去的海外人才开始大量回流。这是客观的经济规律，韩国以及我国香港、台湾地区的发展历程都印证了这一流动规律。由此，我们得出：人才国际流动与其输出国经济发展水平相关，是输出国经济水平发展到一定阶段的产物。经济发展水平为海外人才回流提供了物质基础。

规律二：海外人才回流与其输出国经济发展速度相关。人才输出国的经济发展水平低于甚至远远低于人才接收国，而人才为什么要通过人力资本、货币资本等方式回流到人才输出国？这说明，人才国际流动不一定是经济水平发展到一定阶段的必然产物。经济发展水平固然重要，但健康、高速与持续的经济发展速度意味着市场潜力巨大，就业机会增多，资金需求量大等。由此，我们得出：海外人才回流与其输出国经济发展速度相关，健康、高速与持续的经济发展速度为海外人才提供了创业市场空间与就业空间。

规律三：海外人才回流与其输出国经济开放度相关。海外人才回流要求经济体系有序开放，为回流行为提供可能条件。这种有序开放经济格局

① 袁旭东．中国引进海外人才的理论分析与实证研究［D］．吉林：吉林大学，2009：4－6.

是通过国家政策、制度化等渠道形成的，具有权威性、规范性等特点，从而为海外人才创造自由流动的渠道和良好的创业环境。由此，我们得出：海外人才回流与其输出国经济开放度相关，有序开放的经济为海外人才提供了政策支持、回流渠道与良好环境。

（二）人才国际流动的新特点

2008 年，国际金融危机席卷全球，全世界经济局势剧烈动荡，人才国际流动出现了新的特点。

1. 人才输出国面临人才回流难得机遇

以人才流出国、尤其是亚非拉国家为代表的机遇说认为，对于开放程度不高、市场化程度不高、政府行政能力较强或贫困率高的国家而言，金融危机影响相对较小，而危机带来的引才机遇却前所未有。哈佛大学、杜克大学和纽约大学 2010 年公布的一份实证调查报告显示：很多在美国深造的外国优秀人才考虑回国发展，来自中国和印度的技术移民正大量离开。这一调查报告显示，人才输出国面临着人才回流的一个难得机遇。

2. 人才流向发达国家趋势发生转变

国际金融危机引发美国和一些西方国家的金融机构倒闭、企业破产或大量裁员，继而出现某些行业人才暂时过剩现象。在这之前流到这些西方国家的人才开始大批返回流出国。有西方媒体报道，金融危机后的美国，七成本土企业削减招聘计划甚至不再招收应届毕业生。因此，《华尔街日报》不无忧虑地说："一直以来都是中国向海外输送其最优秀、最聪明的人才，而现在轮到中国从华尔街吸收专业人才了。"

3. 世界人力资源市场进入人才"再分配"新时代

一些日本学者认为，美国所奉行的人力资源政策制造了国际人力资源市场的混乱局面，令世界市场进入了一种混沌状态。世界人力资源市场将进入一个人才"再分配"的新时代：人们开始反思这种混沌并试图进行调整，这已是不可否认的趋势。首先，美国千方百计阻止外籍人才回流，如美国众议员杰夫·傅雷克（Jeff Flake）提出了"2009 年阻止在美国获得博士学位者离开的经济法案"。其次，新兴工业国和发展中国家不遗余力吸引海外人才回流，如时任俄总统梅德韦杰夫宣布，将在莫斯科郊区小城斯科尔科沃建立一个现代化的高技术研发和商业化中心，吸引俄罗斯科学家回国。最后，少量人才流失的发达国家大力吸引外籍人才以弥补本国人才流失，如2009年欧盟推出了“蓝卡计划”。

二、人才国际竞争状况

（一）竞争空间全球化

目前，世界各国遭遇人才稀缺。面对人口老龄化和确保经济增长规模和速度，发达国家求贤若渴。面对工业化、现代化以及产业结构调整升级，发展较快的发展中国家急需大量高层次人才。为改变自身不发达局面，落后的发展中国家迫切需要大量人才。世界各国人才严重短缺，国际人才竞争全球化。

（二）竞争对象高端化

随着信息科技革命的加速，全球产业结构进行快速调整，世界各国在新形势下竞争最激烈的当属高层次人才，尤其是国际级科学大师、科技领军人物、学科带头人、高新技术人才、高级管理人才、高级知识型服务人才等，这些高端人才成为各国竞相争夺的主要对象。这些高端人才既是人才资源中最优秀的群体，又是最富有创造力的群体，对一个国家（地区）的发展发挥着至关重要的作用。

（三）竞争手段多样化

为争夺国际人才，发达国家千方百计吸引国外人才为本国经济社会发展服务，新兴工业国不遗余力促进本国人才回流，发展中国家也不甘示弱。各国手段层出不穷，措施推陈出新。例如借助留学之机“收割人才”，采用并购之术“连锅端才”，张开猎头之网挖高才，设立研究机构“就地”取才，修改移民法规开门迎才，办学设奖培养人才，制订特别计划超前揽才，拓展人才工作网络通道集聚英才等。

（四）竞争方式制度化

人才是一种能动性资源，人才争夺远比物质资源争夺更为复杂。人才资源的争夺不能仅靠提供经济待遇与国力强大，更需要建立适合人才长远发展的良好体制机制。目前，各国日益重视建立国际化的人才使用、评估、激励制度，从注重人才使用的短期政策过渡到有利于人才长期发展的制度建设上来，国际人才竞争方式日渐制度化。

（五）竞争流向复杂化

当前国际人才竞争有两大基本流向：一是从东到西，二是从南到北。从东到西流动的主体是中国、俄罗斯、东欧等国人才流向西方国家，从南到北流动的主体是印度、南亚、南美洲和南部非洲等国的人才流向北美和欧盟国家。除此之外，当前国际人才竞争还出现其他流向：一是发达国家之间的人才对流。二是新兴工业国和发展中国家的人才回流。新兴工业国人才大量回流，正在崛起的“金砖四国”人才开始少量回流。[①] 三是人才在全球范围内大循环而形成的人才“环流”。

三、人才引进的国际模式

（一）领先型引才模式

领先型引才模式，是指一个国家根据国际人才市场上的各种供求信息，利用本国引才机制优势并抢先实施这种引才机制，以确立在国际人才竞争中的领先地位。简单地说，领先型引才模式就是一种基于制度优势的人才战略措施。

实施领先型引才模式以美国、英国、日本等发达国家为代表，尤以美

① “金砖四国”（BRIC），这个由美国高盛投资银行的经济学家创造的新词，把巴西、俄罗斯、印度和中国四国联系了起来。“BRIC”是由巴西（Brazil）、俄罗斯（Russia）、印度（India）和中国（China）四国的英文名称首字母缩写而成，由于“BRIC”发音与砖块（brick）相似，故称为“金砖四国”。

国最为典型。他们的共同特点是经济实力强大，科技发达，在绝大多数科技领域都处于世界领先地位，教育体系完善且教育水平一流，科技投资占GDP比重远高于其他国家，社会人力资本水平高，靠市场来调节人才供需关系，人力资源配置和人力资源结构较为合理，社会保障体系健全且财力雄厚等。因此，他们引进人才的“法宝”不仅在于高薪，更关键的是能提供人才继续发展所需的良好环境，以及完善的社会福利体系。

总体上看，领先型引才模式国家是人才的主要接受国。据联合国开发计划署的统计，目前发展中国家正以每年平均10万专门人才的流量流向这类国家。对于这些国家来说，吸引最优秀的外国留学人员是引才的中心任务。概括起来讲，这类国家更加重视通过移民、留学、双重国籍以及科技园区等手段引进海外人才。

（二）赶超型引才模式

赶超型引才模式，是指在国际人才竞争中一个国家（地区）围绕赶超领先型国家而采用的引才战略。赶超的中心目标是在尽可能短的时间内，赶上领先型引才模式国家，或大大缩小与这类国家的差距。这种赶超，不仅是数量指标的赶超，如外籍人才占国内人才总量比例；而且是质量指标的赶超，如国际人才素质、国际人才竞争力和国际人才使用效能等。

采用这一模式比较典型的有亚洲“四小龙”。这些国家（地区）经济发展较快且有了相当基础，教育体系发达，人才市场健全，人才流动较为频繁，研发经费支出占GDP比例很高，社会平均人力资本水平较高，人均教育投入较高，拥有大量在发达国家留学或工作的海外人才等，在一些产业和科技领域已经可以同实行领先型引才模式的发达国家（地区）相媲美。但是与领先型引才模式国家相比，这类国家（地区）还存在着经济整体实力较弱、总体科技实力相对落后、人才引进体系尚不完备、人才引进过于依赖政府而民间力量不足等一系列问题。

对于这些国家（地区）来说，引才任务是双重的，既要保持本国（地区）人才持续回流，又要吸引外国人才。进入21世纪以来，这些新兴工业国（地区）开始通过移民和留学生机制争夺国外人才。与发达国家不同的是，这些新兴国家（地区）意识到自身的不足与优势，引才对象向有同文同种优势的海外族裔人才进行重点倾斜。

（三）跟随型引才模式

跟随型引才模式，是指以扭转国际人才竞争困境为核心的人才引进战略措施，尤其是如何从人才流失大国中摆脱出来，尽量减少本国人才流失。总体上说，跟随型引才模式国家是人才的输出大国。提升国家实力、增强对出国人才的吸引力、减少人才流失，是这一类国家面临的重大问题。

这一模式比较典型的国家是一些发展中国家，如印度、巴西等。这些国家（地区）的共同特点在于经济相对落后，科学教育水平不高，科技投入水平不高，人力资本水平低，高新技术产业竞争力不强。一方面这类国家缺乏人才，另一方面人才流失严重，沦为发达国家的人才培养基地，而人才流失加剧了当地人才短缺，阻碍了经济发展。尽管这些国家（地区）取得了相当大的成就，在很大程度上扭转了人才流失的严重局面，但依旧面临着重大挑战。它们多半通过税收优惠、兴建科技园区、建立海外人才库等政策大力吸引海外人才回流。20 世纪 90 年代以来，一些发展中国家开始实施只有发达国家才采用的双重国籍制度，对海外人才纷纷开放双重国籍，比如印度、菲律宾、巴西、墨西哥、韩国、越南、俄罗斯等。

第三节　我国海外高层次人才引进战略

人才资源是第一资源，在当今科技进步日新月异、经济全球化日趋深入的情况下，站在世界科技前沿和产业高端的海外高层次人才越来越成为我国参与国际竞争、实现经济社会全面协调可持续发展的特需资源。大力引进海外高层次人才，是进一步扩大对外开放、提高国际竞争力的迫切需要，是深入贯彻落实科学发展观、建设创新型国家、实现全面建成小康社会奋斗目标的重大举措。

一、我国海外高层次人才引进的机遇与挑战

（一）战略机遇

一是经济发展机遇大于挑战。世界银行2007年的研究报告预测，全球经济产出将从2005年的35万亿美元增加到2020年的54.5万亿美元，平均年增长率约3%。① 其中，高收入国家为2.5%，发展中国家为4.2%。②根据国家发改委预测，2009—2020年我国经济年均增长高位约为9.5%，低位约是7.8%，以年均7%的速度快速增长。③ 未来12年，全球经济年增幅保持在3%左右，而我国以年均7%的速度快速增长，为进一步加快推进国际人才高地建设提供了良好发展机遇。

二是全球移民有增无减。在全球化和信息化背景下，由于受到地缘政治发展、通信技术革命和人口结构变动等因素影响，世界移民潮将再次风起云涌。据统计，2007年全球移民总数（包括非法人口）达到2.1亿多，占世界人口总数的3%。由此推算，到2020年全球移民将达到3.5亿以上。④ 分析预测进一步表明，亚洲是最大的移民区，其次是欧洲和北美，这为我国引进海外高层次人才提供了机遇。

三是国际人才争夺由竞争走向合作。进入21世纪以来，国际人才竞争出现了新趋势，国与国的人才竞争由过去的非合作竞争演变为合作竞争就

① 由于美国经济下滑的影响，有经济学家预测世界经济在未来10多年的年增幅可能只维持在3%左右。

② 这些数据按照不变市场汇率和不变价格计算得出。

③ 国家发改委预测数据显示，“十一五”期间，我国经济增长高位为10.5%，中位10%，低位9.5%。“十二五”期间，我国经济增长的高位为9.5%，中位8.5%，低位7.5%，“十二五”期末我国将达到世界下中等收入水平。“十三五”期间，我国经济增长的高位为8.5%，中位7.5%，低位6.5%，“十三五”期间我国则跨入世界上中等收入国家的门槛。到2020年，全国人均GDP将达到3200美元，第一、第二、第三产业之比为7.3:52.5:40.2，三次产业的就业比重分别为34.2%、22.4%和43.4%。

④ 毛大立．向往之地——上海国际人才高地建设构想［M］．上海：上海社会科学院出版社，2008：48.

是典型代表。也就是说，未来任何一个国家不可能独掌国际人才竞争局面，而必须依赖其他国家才能有效解决国际人才竞争问题，这是一个总体趋势。“不求所有、但求所用”已经成为全球共识，国际人才竞争与合作并存，共同培养、智力共享、联合攻关的新时代已经到来。

四是我国出国留学人员由滞留走向回流。依据韩国、中国香港和台湾地区的经验，当一个国家（地区）处在人均国民生产总值达到4000美元以上、产业技术资本密集度达到60%以上、第三产业贡献率达到64%以上的历史阶段，出国留学人员将大量回归。也有资料显示，当教育经费占国民生产总值5%以上、研究开发经费占国民生产总值1.9%以上、科学家工程师人均研究开发经费每年6万美元以上、从事研究开发的科学家每百万人口有1500人以上时，出国留学人员回归也会大幅增加。① 根据这些发展经验，未来十几年，我国将迎来出国留学人员的回归潮。

（二）主要挑战

一是发展中的问题。在实施海外人才引进工作中，有许多难点重点问题需要解决。比如，在海外高层次人才引进过程中，如何建立科学的决策机制、协调机制和督促落实机制，形成统分结合、上下联动、协调高效、整体推进的人才引进工作新格局？如何完善与国际接轨的符合中国国情的融资政策、税收政策和社会保险政策，为海外高层次人才创业提供良好的政策支持？如何坚持用法制保障海外高层次人才，切实推进海外高层次人才管理工作科学化、制度化和规范化？等等。所有这些问题，在我国海外高层次人才引进工作中都具有成长性特点，是发展性问题，需要我们用发展的眼光去探索、去解决。

二是亟待破解的突出问题。根据我国实际情况，目前亟待创立一种科学合理的海外高层次人才激励机制和评价机制。海外高层次人才激励机制的核心是要建立公平的竞争制度，让拔尖人才脱颖而出并且享受与其贡献

① 毛大立．向往之地——上海国际人才高地建设构想［M］．上海：上海社会科学院出版社，2008：49.

和水平相应的待遇。要实现公平竞争，就需要有科学的海外高层次人才评价机制。要建立健全海外高层次人才评价体系，以保证评价结果的客观公正，改变目前单一的行政主导的评价方式，这样才能真正做到优胜劣汰，建立具有竞争性的内部激励机制。任何激励和评价制度、政策的推行，一方面，应有具体的可操作规范，使各类人才都能真正根据其贡献和水平各得其所，否则就会取得适得其反的后果；另一方面，应与国际接轨，建构以人才为本的管理机制，实现海外高层次人才管理的科学化和民主化。

二、新时期我国海外高层次人才引进战略安排

（一）目标任务

随着人才国际竞争日益激烈，不少国家制定并实施新的人才战略目标任务，千方百计吸引人才、延揽人才。但是，真正将人才引进定位为立国之本的国家，只有美国、以色列、新加坡。这三个国家的共同特点是不仅将人才引进定为国策，而且还将人才引进视为立国之本。人才引进成为国家发展战略的核心，人才引进工作成为政府工作的重中之重。正是给予对人才引进重要性与紧迫性的高度认同，这些国家所采取的人才引进措施也最为有力和有效。①

为应对日益激烈的人才国际竞争，我们要围绕“确立国家人才竞争比较优势，进入世界人才强国行列”这个总体目标，开发和利用海外高层次人才资源，建设国际人才高地，实现人才构成的国际化、人才素质的国际化、人才活动空间的国际化，为进入世界人才强国行列奠定人才基础。为推进国际人才高地建设战略，我们要突出做好以下四个方面的工作。

一是要坚持人才资源优先开发，加大海外高层次人才引进力度，创新海外高层次人才引进模式，提高海外高层次人才引进质量，大幅度提高海外高层次人才队伍素质。

二是要坚持人才结构优先调整，及早谋划和率先调整引进海外高层次

① 胡又牧．人才国际化与中外人才引进［M］．北京：新华出版社，2010：179.

人才专业素质结构、层级结构、分布结构，以适应和引领经济发展方式转变、产业结构优化升级、区域协调发展、经济社会协调发展。

三是要坚持人才投资优先保证，加大对海外高层次人才引进、使用、保持的投入力度，提高投资效益，力争以较小的投入获得较大的收益，减少海外高层次人才引进中的浪费现象。

四是要坚持人才制度优先创新，高度重视并优先进行海外高层次人才制度顶层设计，完善海外高层次人才管理体制机制，激发各类海外高层次人才的创新活力和创造智慧。

（二）重大政策

引进海外高层次人才，需要实施更加开放的人才政策。更加开放的人才政策要求对人才的评价采用国际通行标准，以能力和业绩为主要尺度，人才的流动、使用、配置等管理环节与国际接轨，人才的素质、技能、结构等力争达到世界先进水平。

就海外高层次人才而言，更加开放的人才政策主要包括：大力吸引海外高层次人才回国（来华）创新创业，制定完善出入境和长期居留、税收、保险、住房、子女入学、配偶安置、担任领导职务、承担重大科技项目、参与国家标准制定、参加院士评选和政府奖励等方面的特殊政策措施。建立海外高层次人才特聘专家制度。鼓励海外留学人员回国工作、创业或以多种方式为国服务。加强留学人员创业园区建设，提供创业资助和融资服务。建立统一的海外高层次人才信息库和人才需求信息发布平台。完善外国人永久居留权制度，吸引外籍高层次人才来华工作。加大引进国外智力工作力度，探索实行技术移民，制定国外智力资源供给、发现评价、市场准入、使用激励、绩效评估、引智成果共享等措施。扩大国家公派出国留学和来华留学规模。开发国（境）外优质教育培训资源，完善出国（境）培训管理制度和措施。支持高等学校、科研院所与海外高水平教育、科研机构建立联合研发基地。推动我国企业设立海外研发机构。积极支持和推荐优秀人才到国际组织任职。推进专业技术人才职业资格国际、地区间互认。发展国际人才市场，培育一批国际人才中介服务机构。制定维护国家重要人才安全的政策措施。

（三）重大工程

实施人才重大工程是许多国家打造人才竞争比较优势、参与国际竞争的成功经验，特别是进入新世纪以来一些发达国家更是把实施人才重大工程作为打造新的竞争优势的战略举措，如2000年美国提出了“面向21世纪的人才竞争力计划”、2005年日本制定了“创新25战略”、2000年加拿大实施“首席科学家计划”、2003年韩国制定了“21世纪精英工程”等。

按照引领性、创新性、示范性原则，我国组织实施“海外高层次人才引进计划”。重点围绕国家发展战略目标，在中央、国家有关部门、地方分层次、有计划引进一批能够突破关键技术、发展高新技术产业、带动新兴学科的战略科学家和创新创业领军人才。

三、深入实施“千人计划”

（一）政策措施

2008年12月，中共中央办公厅转发《中央人才工作协调小组关于实施海外高层次人才引进计划的意见》。海外高层次人才引进计划被简称为“千人计划”，从2008年开始，用5—10年，围绕国家发展战略目标，重点引进一批能够突破关键技术、发展高新产业、带动新兴学科的战略科学家和科技领军人才。在国家重点创新项目、重点学科和重点实验室、中央企业和国有商业金融机构、以高新技术产业开发区为主的各类园区等，引进并有重点地支持一批海外高层次人才回国（来华）创新创业。在符合条件的中央企业、高等院校和科研机构以及部分国家级高新技术产业开发区，建立一批海外高层次人才创新创业基地，推进产学研紧密结合，探索实行国际通行的科学研究和科技研发、创业机制，集聚一批海外高层次创新创业人才和团队。国家有关部门继续做好做强“长江学者奖励计划”、“百人计划”、“国家杰出青年科学基金”等人才项目。同时，制订实施专项计划，重点引进本行业本领域发展急需和紧缺的海外高层次人才。各省

(自治区、直辖市)结合经济社会发展和产业结构调整的需要，研究制订实施本地区海外高层次人才引进计划，有针对性地引进一批海外高层次人才。有条件的地方特别是东部沿海地区和中心城市，要依托经济技术开发区、高新技术产业开发区、留学人员创业园、大学科技园等，推出一批特色项目，吸引海外高层次人才回国（来华）创新创业。

"千人计划"明确提出：第一，要充分发挥高等院校、科研机构、企业、商业金融机构等用人单位的主体作用，将海外高层次人才吸纳到能够充分发挥其专业和特长的岗位，为他们提供干事创业的舞台。符合条件的高层次引进人才，可以担任高等院校、科研院所、企业和商业金融机构的领导职务和高级专业技术职务，领衔重大科研和工程项目，申请政府部门的科技资金和产业发展扶持资金，参与重大项目咨询论证、重大科研计划和国家标准制定、重点工程建设，参加国内各种学术组织等。第二，要大力推动科研工作机制创新，积极探索建立与国际接轨、符合国情的科研和管理机制，给予引进人才相应的科研自主权、人事管理权和经费支配权。根据引进人才的工作领域和工作性质，实行弹性考核制度，避免多头评价、重复评价。对引进人才可以实行协议薪酬制，有条件的用人单位还可实行期权、股权和企业年金等中长期激励措施。

（二）显著成效

截至2012年7月25日，"千人计划"已分7批引进了2263名海外高层次人才。其中，创新人才1818人，创业人才445人。① 各地把引进用好海外高端人才，特别是科技领军人才作为人才队伍建设的战略重点，充分发挥其示范带动、关键支撑和团队核心作用，形成了引进一个高端人才、带来一个创新团队、催生一个新兴产业、培育一个经济增长点的倍增效应。

1. 引领技术自主创新

各地发挥海外高层次人才科研技术水平领先优势，加快技术革新和自

---

① "千人计划"分7批引进了2263名海外高层次人才[EB/OL].[2012-04-28].http://rencai.gmw.cn/2012-04/28/content_4055559.htm.

主研发，形成了一批具有自主知识产权的专利产品。浙江宁波江丰电子材料有限公司董事长姚力军带领他的研究团队累计申请专利117项，取得了一批具有国际竞争力的自主知识产权，成为继美、日企业之后首家掌握超高纯金属及溅射靶材关键技术并产业化的中国企业。上海凯世通半导体有限公司总经理陈炯带领的科研团队，自主研发了用于太阳能光伏设备的离子注入机核心技术和集成技术，填补了国内这一技术的空白。安徽奇瑞汽车股份有限公司依靠海外高层次人才，坚持走自主创新发展之路，公司拥有的2000多项专利中，海归专家负责或参与的就占一半。广东引进的"光启团队"，继2010年自主成功研发全球第一款高增益、小型化9频射频器件后，2011年又研发出居全球领先地位的应用型亿级结构隐形超材料，短短2年多申请知识产权专利1179件，占全球过去10年超材料技术专利申请总量的80%。

2. 引领新兴产业发展

首批国家"千人计划"人才俞昌博士创办的安集微电子有限公司，成为国内率先实现商业化的高端IC材料企业，带动上海浦东张江高科技园区成为国内领先、国际先进的IC产业集群高地。浙江杭州高新区引进的杨立友博士等"千人计划"人选，先后领衔创办了正泰、普尼等太阳能企业，使该区太阳能光伏产业迅速发展。江苏泰州新世纪造船集团投资2亿元设立船舶设计研发中心，引进20多名国际顶尖船舶设计师加盟，使企业一跃成为全国船舶行业销售第二、利税第一的领军型企业，使该市的船舶产业跃居全国第二。

3. 引领创新团队集聚

各地坚持以才引才、以才聚才，通过引进高端人才带动引进和培育创新研发团队。广东实施"百团千人"引才行动，通过引进包括3名诺贝尔奖获得者在内的一批顶尖人才，带动引进创新科研团队31个，汇聚高层次人才500余人。浙江从2009年开始实施企业技术创新团队建设"121"工程，在全省企业中培育了100个瞄准国际技术研发前沿、200个具有国内同行先进水平、1000个瞄准国内技术研发前沿的技术创新团队，为经济增长、转型升级装上"新发动机"。四川成都海圻生物科技有限公司姜和博士，带动引进10多名具备国际专业资质的高级人才，建立了近百人的技术骨干队伍。

（三）深入推进

“千人计划”实施4年多来，各地各部门创造了许多很好的经验和办法，但也存在需要完善的地方。我们要认真总结经验，加大引才力度，提高引才质量。

1. 实施“青年千人计划”

根据人才成长的一般规律，35岁左右的青年人才是最有创新激情和创新能力的群体。一方面，中央人才工作协调小组办公室在广泛听取多方面专家意见基础上，决定实施“青年千人计划”，大力引进一批有潜力的优秀青年人才，为今后10—20年中国科技、产业的跨越式发展提供支撑。“青年千人计划”目标是，从2011年开始，面向自然科学或工程技术领域，每年引进400名左右海外优秀青年人才，至2015年共引进2000人。另一方面，决定实施“外专千人计划”。为吸引更多高层次外国专家参与我国现代化建设，2011我国设立了“千人计划”高层次外国专家工作平台，实施“千人计划”高层次外国专家项目，简称“外专千人计划”。“外专千人计划”的目标是，利用10年左右的时间，引进500—1000名高层次外国专家，每年引进50—100名，重点引进一批能够突破关键技术、发展高新产业、带动新兴学科的战略科学家、科技领军人才和国际化创新团队。

2. 继续探索与国际接轨的海外高层次人才引进政策

根据海外高层次人才回国创新创业中遇到的突出矛盾和问题，在兼顾国际接轨与中国国情的基础上，按步骤分阶段探索完善有关管理政策。比如，海外高层次人才在华长期居留、永久居留和国籍问题。一是是否可以参照美国等国家绿卡制度，健全中国的关于引进海外高层次人才绿卡制度；二是是否可以参照世界一些发达国家做法，有条件承认双重国籍。又如，根据《关于进一步加强党管人才工作的意见》和党的十八大最新精神和要求，进一步完善党管人才领导体制和工作格局。

3. 发挥国际猎头公司的作用

猎头公司的出现，是适应人才国际流动的产物。据不完全统计，世界上70%的顶级人才通过国际猎头公司实现流动。在发达国家，90%以上的大企业利用国际猎头公司“猎取”企业所需的高端人才。在利用北京、天津和武汉3个“科技城”，大连“海创周”、广州“留交会”、无锡“太湖峰会”等载体的同时，我们要解放思想，放手利用国际猎头公司，在国际范围内搜寻海外高层次人才并加以引进，为我所用。

第四节　科学看待海外高层次人才引进

当前我国政府宏观职能转变还没有完全到位，市场机制还不够健全，国有企业事业单位自主权还没有完全落实到位，如何正确处理海外高层次人才引进中政府、市场和社会关系，显得尤为重要和迫切。人才的自主培养、对外引进和使用是一个有机整体。海外高层次人才引进是前提和基础，海外高层次人才使用是核心和关键。做到自主培养、对外引进和使用并重，是统筹开发利用国内国际人才资源、提高我国人才国际竞争力的有效途径。

一、海外高层次人才引进主体间关系

（一）发挥政府的引导作用

人力资本优先积累，是后发国家实现经济追赶的共同规律。我国主要通过三个方面举措来发挥政府在海外高层次人才引进中的引导作用。

一是通过公共财政投入和财税政策支持，鼓励企事业单位增加投入。加大国家财政性人才投入力度，保证人力资本投入增长快于物质资本投入增长。鼓励和引导用人单位、个人和社会投资人才资源开发，形成多元化人才投入机制，大幅提高人才投资比重。

二是制定各类海外高层次人才重大政策，尤其是设计和实施海外高层次人才引进重要工程。实施人才重大工程，是许多国家打造人才优势、参与国际人才竞争的成功经验。通过这些重大政策和重要工程的引领性和示范性作用，吸引集聚海外高层次人才。

三是增强政府服务意识，加强海外高层次人才服务体系建设。完善政府人才公共服务体系，建立全国一体化的服务网络。健全人事代理、社会保险代理、企业用工登记、劳动人事争议调解仲裁、人事档案管理、就业服务等公共服务平台，满足人才多样化需求。创新政府提供人才公共服务的方式，建立政府购买公共服务制度，为各类人才平衡工作和家庭责任创造条件。加强对人才公共服务产品的标准化管理，大力开发公共服务产品。

（二）发挥企事业单位的主体作用

从根本上说，引进高层次海外人才是一个经济活动。在市场经济体制下，企事业单位、尤其企业是经济活动中最重要的主体。海外高层次人才对于企业、事业单位生存发展至关重要，而这些单位引进海外高层次人才的意愿和需求也最为强烈。充分发挥企事业单位在海外高层次人才引进的主体作用，也就顺理成章。这种主体作用，一方面体现在人才引进过程的主体地位，另一方面体现在人才引进投入的主体地位。美国、英国等当今世界高层次人才高度集聚国家经验表明，一个有效的海外人才引进体系应具备以下三个特征：一是发挥企业在人才引进全过程中的主导作用；二是建立以市场调节为主、政府调控为辅的人才引进机制；三是充分调动各类企业特别是中小企业的人才引进积极性。

为加强和完善企事业单位在海外高层次人才引进中的主体地位，我们需要从以下几个方面入手：其一，把企事业单位培育成人才市场主体，这是海外高层次人才引进的客观前提；其二，政府对企事业单位海外高层次人才引进活动的支持，这是海外高层次人才引进主体地位形成的基本保障；其三，企事业单位海外高层次人才引进能力的提升，这是海外高层次人才引进主体地位形成的内在要求。

（三）发挥国际人才市场的基础性作用

人才的国际化流动与配置是通过市场机制实现的，人才市场的国际化是人才流动国际化的必然产物。国际人才市场是全球重要的要素市场之一，对人才资源配置有基础性的作用。与国内人才市场相比，国际人才市场交易具有跨国境的特点，它包含了三个要素：（1）市场主体的国际性。人才（供给方）、雇主（需求方）、中介机构等市场主体不属于同一个国家。（2）交易环境的国际性。人才供需双方往往是跨越国界实现交易。（3）市场运作的国际性。即它的市场行为符合国际通行的市场机制和服务模式（见表10—1）。①

在我国海外高层次人才引进和使用中，按照国际惯例，充分发挥国际人才市场的基础性作用，形成海外高层次人才供求机制、价格机制和竞争机制，让海外高层次人才以人力资本形式通过这些市场机制合理配置、科学管理，人尽其才、才尽其用。

表10—1　国际人才市场与单一国内人才市场差异比较

<table>
<tr><th colspan="2">市场构成要素</th><th>单一的国内人才市场</th><th>国际人才市场</th></tr>
<tr><td rowspan="2">市场主体</td><td>人才供给</td><td rowspan="2">隶属于国内</td><td rowspan="2">至少其中一方是跨境的</td></tr>
<tr><td>人才需求</td></tr>
<tr><td rowspan="3">市场机制</td><td>供需机制</td><td>变动频繁、激烈</td><td>变动较少、平缓</td></tr>
<tr><td>竞争机制</td><td>在本国范围内市场主体进行搜寻、匹配、竞争，竞争对手相对较少</td><td>在国际范围内进行人才供需双方的搜寻、匹配、竞争，竞争对手相对较多</td></tr>
<tr><td>价格机制</td><td>受本国工资报酬、雇员福利、一定生活成本的影响</td><td>受国家间工资报酬、汇率、税收、利率差异的影响，同时也受到迁移成本的影响</td></tr>
<tr><td rowspan="3">市场组织</td><td>人才中介组织</td><td>以本国人才中介机构为主</td><td>本土与外国人才机构竞争、合作</td></tr>
<tr><td>服务功能与内容</td><td>层次多样、内容广泛、本地特色</td><td>强调高层次、专门化、国际特点</td></tr>
<tr><td>服务方法与手段</td><td>侧重本地资源优势</td><td>注重信息化、网络化发展</td></tr>
</table>

资料来源：沈荣华．人才引进与保持［M］．北京：党建读物出版社，2008：175.

① 胡又牧．人才国际化与中外人才引进［M］．北京：新华出版社，2010：17.

二、海外高层次人才引进与培养、使用关系

（一）对外引进与自主培养

《人才规划纲要》对未来 10 年人才培养和引进工作作了总体部署："坚持自主培养开发与引进海外人才并举"，"开发利用国内国际两种人才资源"。

自主培养是一种人才内生导向，就是自主开发技术和人才；对外引进是一种人才外生导向，就是引进海外技术和人才。我国已经响亮提出"自主创新"战略，这就要求必须实行"内生导向"战略。但过去在人才管理上，我们有一个偏向，就是不很重视自主开发技术和人才，片面追求引进海外技术和人才。内生导向，最好途径就是在实战中培养人才。要依托国家重大人才培养计划、重大科研和重大工程项目、重大产业攻关项目、重点学科和重点科研基地、国际学术交流合作项目，积极搭建各类人才的战略平台，充分发挥中国人才的聪明才智，为各类人才脱颖而出创造良好条件。

内生导向也要开放，要与引进海外人才相结合。我们要善于利用国内国际两种人才资源，坚持自主培养开发和引进海外人才并重，立足国内进行人才资源开发，坚持自力更生培养人才，同时加大引进人才、引进智力工作的力度。中国一定要在立足国内进行人才资源开发的同时，开发利用全球人才资源，加快人才国际化的进程。上海建设国内国际人才高地，一个诀窍就是善于利用国际国内两种人才资源，打造了一批人才成长的战略平台。①

（二）引进与使用

"千人计划"要求各地区各部门进一步解放思想，完善体制机制，健全政策措施，以更宽的眼界、更宽的思路和更宽的胸襟做好海外高层次人才引进工作。同时也强调，要坚持重在使用，切实为海外高层次人才充分发挥作

① 沈荣华. 中国人才在 21 世纪的战略走向［J］. 人力资源，2009（10）：16.

用提供良好条件。以用为本是我国人才发展的重要方针。科学发展以人为本，人才发展以用为本。人才作为一种特殊资源，其价值完全在于使用。

在海外高层次人才使用上，一些地方和单位还存在一些陈腐落后的观念和违背人才成长规律的现象。比如，体现并非平等的“厚此薄彼”现象。在人才使用上，不能正确处理对外引进人才与自主培养人才的关系，要么一味地“崇洋媚外”，舍近求远；要么一味强调“水土不服”而将海外高层次人才拒之门外，造成机会不平等、过程不平等、结果不平等。又如，体现并非竞争的“论资排辈”现象。选人用人注重身份，不问贤愚，只认年头，不追求“马场赛马”。这种熬年头现象，造成海外高层次人才被埋没，挫伤海外高层次人才积极性。再如，体现并非择优的“武大郎开店”现象。凡是比自己高明的人才一律不用，嫉贤妒能，担心业绩被人抢、名誉被人夺、位置被人占，排斥人才、压制人才，甚至打击人才。

要消除上述现象，就要解决三个方面的问题。

一是公平用人。被引进的海外高层次人才要想得到发展并作出贡献，除了个人努力之外，还需要有公平机会。根据公平理论和选人用人实践，公平是激励人才成长的基本条件。我们要建立健全公开、平等、竞争、择优的用人机制，唯才是举，机会均等，不论资排辈，不任人唯亲，这样才能人尽其才、才尽其用，最大限度地调动广大海外高层次人才的积极性、主动性。

二是不拘一格用人。金无足赤，人无完人。在用人上，要认识到术业有专攻，不能求全责备。对于某些特殊海外人才，要允许他们有自己的个性和有别于他人的行为方式。只有用其所能、任其所宜，才能体现海外高层次人才的价值。任何一个海外高层次人才，不论什么身份、资格、教育背景，只要有专业知识或专门技能，能为我国社会事业进行创造性劳动，能为社会作贡献，要放心放手使用。

三是用当其时。自然科学发明的最佳年龄是 25 岁到 45 岁，峰值是 37 岁。社会科学人才的成长，则往往需要更丰富的阅历和更深厚的积累。践行以用为本，就是要注重海外高层次人才用当其时的规律，牢牢抓住他们成长和使用的“黄金期”，在提高人才使用效率中实现海外高层次人才的社会价值和个人价值。

第十一章
人才发展环境

【导读】

一个良好的环境，对人才的成长与开发至关重要。人才发展环境是人才发展依赖的外部条件的综合，具有外部性、相对性、多样性、层次性和动态性。良好的人才环境是人才发展的关键支撑、激励人才发展的重要因素、赢得人才发展的制胜关键。本章共分五节，从人才发展环境的内涵理解出发，讨论人才发展环境的构成及其意义，并梳理我国人才发展环境的成就与面临的问题。在此基础上，着重讨论优化我国人才发展的事业环境、生活环境、社会文化环境和政治环境等宏观因素。

第一节　人才发展环境的内涵理解

一、人才发展环境的内涵及其构成

（一）人才发展环境的内涵

人才发展环境是人才赖以生存、成长、发展的外部因素的总和。这一内涵，可以从以下三个角度来进行理解。

1. 环境是人才发展的外部基础

人才发展环境是人才发展的外部条件，是人才发展依赖的基础，对人才发展具有重要影响和制约作用。这意味着：一方面，人才发展是以一定外部环境为前提的。适宜的环境可以促进人才发展；恶劣的环境则可以制约、阻碍人才发展。另一方面，作为外部条件的人才发展环境不同于人才发展本身。构成人才发展环境的，是诸如产业结构、创新创业平台、城市基础设施、教育、医疗等人才发展的外部要素。虽然，它们在一定程度上有助于促进人才发展，与人才发展具有密切的联系与相互作用，但这些要素毕竟不是人才发展本身，与诸如人才发展自身的人才培养开发、评价发现、选拔任用、流动配置、激励保障等内在机制存在着重要区别。

2. 人才发展是环境的核心

人才发展环境是以人才的发展为核心的环境。作为外部条件的人才发展环境，是与人才主体系统的发展紧密相连的，目的在于促进人才发展。这表明，一方面，人才发展环境具有普遍性，即人才发展环境具有普遍意义上的人的发展环境的共同特点。但另一方面，人才发展环境又具有特殊性。人才发展环境是人的发展环境的重要组成部分，但人才发展环境特殊性表现在，它聚焦与人力资源中较为优秀、较为精华的一部分——人才，为人才发展提供外部环境。因此，不能简单地将人的发展环境等同于人才发展环境，也不能简单地将人才发展环境泛化为人的发展环境。

3. 人才发展与环境密不可分

人才发展与环境之间存在密不可分、相互作用和相互依存的关系。一方面，人才发展以一定的环境、条件为前提；另一方面，人才发展不是被动接受环境、消极适应环境，而是积极、能动地认识、选择环境，在充分获取外部环境提供的支持的同时，通过自身发展，积极地反作用于外部环境，能动地改造环境。

（二）人才发展环境的特征

从特征上来看，人才发展环境具有外部性、相对性、层次性、多样性和动态性等特征。

1. 外部性

环境是围绕某个中心事物的外部世界，是外部条件、因素的总和。人才发展环境总的来说是人才赖以生存与发展的外部条件和因素的综合。这种外部性体现在环境外在于人才发展本身。作为外部条件和因素，环境不同于人才发展自身或者人才发展的内部构成，有其自身发展的轨迹，不受人才发展规律的制约或者引领。但与此同时，环境在外部又无时无刻不与人才发生关联：一方面，环境支撑着人才的发展；另一方面，人才又通过发展，不断认识和改造环境。

2. 相对性

环境总是相对于某一中心事物而言的，因而属于相对的范畴，环境因中心事物的不同而不同，随中心事物的变化而变化。中心事物的不同，其指称的外部世界也不尽相同。在论及人才发展环境的时候，应该对所论述对象的中心事物有明确的界定。例如，如果把个体的人才作为考察的中心，则个体以外的诸多要素，如微观的单位、组织、家庭、团队抑或宏观的自然、社会，都可以构成其赖以生存与发展的外部环境。但如果把整体的人才系统作为关注的中心，则人才的团队、组织等要素，则不可归于外部环境。本书在这里所讲的环境，既不是针对个体人才的环境，也不完全是针对整体人才的环境，而是整体人才发展的环境。

3. 层次性

由中心事物的变化而变化，我们可以看到，人才发展环境是具有层次性的。同时，人才发展环境还是一个立体系统，具有多个层面，随着人才的活动范围和方式的拓展而日益密切和广阔。

4. 多样性

人才发展环境具有多样性，具体体现在以下三个方面：一是从外部世界来看，影响人才发展因素的内涵多种多样，既包括硬环境，也包括软环境；既包括物质环境，也包括精神环境；既包括宏观环境，也包括微观环境。二是从人才发展环境的内容来看，人才发展环境涉及的面非常广泛，包括政治、经济、文化、人文、科技、教育、地理环境等各个方面。三是从环境对人才发展的影响方式来看，既有单向影响，也有多向影响；既有直接影响，也有间接影响；既有深层影响，也有浅层影响。

5. 动态性

人才发展环境不是一成不变的，而是处于不断的运动、变化之中。尽管在一定的时期和一定的范围内，人才发展环境可能表现出一定的稳定状态，但这种稳定是相对的。从长远的角度来看，人才发展环境及其内部各个系统始终处于运动中。在人才发展的过程中，环境总是在不断地发生作用，有时甚至是起决定性的作用。与此同时，随着人才发展主体对环境的选择、改造，也会推动环境发生变化。

（三）人才发展环境的构成

人才发展环境是一个有机的整体，其构成包括多个维度。从人才发展角度来看，最为密切相关的环境，主要涉及事业环境、生活环境、社会文化环境和法治环境等宏观因素。

1. 人才发展的事业环境

人才发展，根本在于为人才系统搭建一个良好的事业发展平台。事业环境是一定社会的经济环境的反映，是一定时期内一个国家或者地区生产水平、经济发展水平的体现，它决定了人才在一个国家、地区的发展机遇、发展动力以及发展潜力。同时，良好的事业环境有助于激发人才创新创造激情与活力，使自身的知识、能力、才华得以体现和施展，并在事业发展中得到发展与进步。一项针对全球 16 个国家约 1.7 万名生物、化学、地球和环境科学、材料等领域研究人员的流动情况分析发现，越是富裕的国家，流入的研究人员也越多；其中，国内生产总值（GDP）和薪酬水平固然是重要衡量指标，但它不是唯一的吸引力。在众多影响因素中，吸引全球科技人才流动的首要因素是发展事业的机会，排在杰出的科研团队、国外出色的学术机构、生活质量以及其他个人原因等方面之前。① 据此我们不难发现，从全球视角来看，一个地方、一个城市、一个国家之所以能够吸引人才，究其根本，还在于这些地方具备或者创造了良好的事业环境，能够给予人才以好的机遇、好的工作，能够不断提升人才的知识、能力，能够使各类人才更加接近成功或者更加易于实现其发展梦想。因此，

① Franzoni, C., Scellato, G., & Stephan, P. Foreign Born Scientists: Mobility Patterns for Sixteen Countries [EB/OL]. [2012-05-06]. http://www.nber.org.

从这个意义上而言，提供能够使人才不断增值的事业，是吸引、集聚人才的根本，也是培养、锻炼、激励人才的最佳手段。

2. 人才发展的生活环境

所谓人才发展的生活环境是与人才生活、居住等密切相关的各种条件的总和。一般而言，影响人才的生活水平和生活质量的环境，大致可以分为与衣食住行相关的生活环境以及与可持续发展相关的生态环境。俗话说，安居才能乐业。如果我们把事业环境作为解决人才发展动力问题的关键的话，那么为人才提供良好的生活环境，解决居住、子女入学、医疗等后顾之忧，则是促进人才发展的重要基础。

3. 人才发展的社会文化环境

文化环境因文化内涵的差异，有狭义和广义分别。狭义的文化环境，多指包括文学艺术、意识形态等精神因素构成的外部环境。广义的文化环境还包括科技、教育等诸多因素。这里，我们侧重从狭义的角度来理解文化环境，即人才发展的文化环境主要是指与人才发展相关的精神因素的总和。一般而言，作为具有创造力、素质能力较高的人才，不仅有物质需要，也有精神追求；在其发展过程中，不仅需要满足其生存发展基本需要的物质性条件支持，如具有挑战的工作、安居乐业的环境、与人才广泛交流的社会网络，同时，还需要营造良好的文化环境，满足其多样化文化需求和精神追求。

4. 人才发展的法治环境

人才发展的政治环境是人才发展的法治因素的总和。法治因素对人才发展具有双重性，一方面是起积极的促进作用，即开明和谐的法治环境能孕育大批的人才；另一方面是可能起消极的阻碍作用，即恶劣的法治环境压抑、扼杀人才。

二、优化人才发展环境的重要意义

（一）良好的环境是人才发展的关键支撑

人才发展和环境是不可分割的有机综合体。随着世界范围内的科学技术和知识经济的发展，具有一定知识、技能和创新能力的人才越来越成为推动经济社会发展的主要动力，而良好的人才发展环境则是人才发展的沃土。因此，从这个意义上来说，21 世纪人才的竞争也是人才发展环境的竞争。健全、完善的人才发展环境，是培养人才、造就人才、用好人才的重要保证。

首先，好的人才发展环境能够为人才发展提供基础性支撑条件，为人才安居乐业、成长发展提供便利。从赫茨伯格“双因素”理论的角度来看，一定的人才发展环境具有“保健因素”的特征，即缺少这些基础条件的支撑，直接会影响人才的生存与发展，直接会影响人才对所在地的满意度评价，在开放条件下，缺乏优势的发展环境直接会成为导致人才“出走”或者人才流失的重要原因。

其次，好的人才发展环境为满足人才越来越明显的多样化、差异化、高端化需求提供可能，成为吸引、集聚和发展人才的激励因素。

最后，好的人才发展环境能够为人才提供可资利用的充裕的资源及其组合。当这些外部条件与内部因素有效结合时，能够给人才带来超额的收益价值。

正因如此，在经济全球化程度日益加深、人才国际流动日益加快的今天，处于国际流动甚至以“四海为家”的人才，对发展环境越来越具有敏感性和依赖性，越来越倾向和汇聚于能够成就事业、享受生活的地方。而那些在人才发展环境上具有竞争优势的国家、地区，也越来越成为人才的首选，成为吸引集聚人才、并通过人才引领经济社会发展的重地。

（二）良好的环境是激励人才发展的重要因素

美国心理学家勒温认为，个人能力与条件及其所处的环境直接影响个人的工作绩效，个人绩效与个人能力、素质、环境之间存在着函数关系。他提出了如下个人与环境关系的公式：

$$B = f(p, e)$$

其中，B 为个人的绩效，P 为个人的能力和素质，e 为所处的环境。该函数表示，一个人所能创造的绩效，不仅与他的能力素质有关，而且与其所处的环境有密切关系。如果一个人处于一个不利的环境之中，例如体制僵化，专业不对口，人际关系恶劣，工资待遇不公平，领导作风专断，不尊重知识和人才，则很难发挥其聪明才智，也很难取得应有的成绩。相反，在一个有利的环境中，一般人才的绩效都会得到改善，对其成长与发展而言是有益的。

这表明，人才的脱颖而出及作用的充分发挥，不仅需要自身的发奋努力，而且需要有一个良好的环境和机制。环境好则人才聚，人才聚则事业兴。好的人才发展环境，则不仅能够吸引高端人才，更重要的是，它还能在一定的人才开发机制的共同作用下，激发人才内在的知识、能力，为其成为对社会或者社会某个方面作出贡献的人才奠定基础，把一般的人力资源变为高端人才。因而，要实现人才资源的开发利用，就必须建设良好的人才发展环境。

（三）良好的环境是赢得人才发展的制胜关键

“种好梧桐树，引得凤来栖。”环境是吸引力，更是竞争力。美国学者佛罗里达研究证实，适宜环境、文化多样性与人才、高新技术园区存在高度相关的关系。① 良好的环境有利于吸引人才，有利于在全球人才流动中掌握主导权，形成自身经济发展与人才集聚的良好循环，获得发展先机，促进生产和经济的高速发展。因此，在人才竞争日趋激烈的全球化条件下，各国普遍重视环境建设，把营造和优化更加适应人才需求、促进人才发展的环境，作为赢得人才竞争胜利的关键。

三、我国人才发展环境建设的成就与面临的挑战

（一）人才发展环境建设的主要成就

改革开放以来尤其是近年来，随着我国人才工作的逐步深入，工作力

---

① Florida，R. The Economic Geography of Talent [M]. Pittsburgh：Carnegie Mellon University Press，2002：6－7.

度的不断加强以及相关文件的颁布实施，我国人才强国战略深入贯彻实施，人才发展环境持续优化，在培养人才、集聚人才与发挥人才作用等方面作出了积极的努力。

这具体体现在，当前已基本构建了党管人才、有关单位参与、运转有力、有章可循的管理体制；出台了多层次的政策制度，形成了较完善的政策体系，人才培养、考核、激励与评价等机制逐步建立并发挥着重大作用；全国人才总量的数量与质量以及东、中、西部人才数量与质量不断提升，在促进经济社会发展的过程中发挥了重要作用；形成了较完备的人才终身学习机制，不断促进人才发展与提高人才资本；人力资源市场不断健全发育并在配置人才资源等方面发挥着重大作用；人才使用方面基本构建了德绩、能力、知识等综合发展体系；基本建立了人才流动机制，人才流动面临的体制性障碍逐步减少；人才创新创业环境不断改善，人才创业较好地发挥了提升科学技术水平与自主创新水平的应有作用；科学人才观逐步确立并深入人心，在促进人才培养与使用等方面发挥了重大作用。

同时，近年来随着人才强国战略的贯彻实施，社会对于教育以及人才不断加大关注与投入度，不断营造人才发展与创业的良好环境，尊重劳动、知识、创新与能力的人才理念初步确立，有效促进了人才发展环境的培育。

（二）人才发展环境面临的挑战

与人才发展的要求相比，我国人才发展环境还存在着三个方面的问题。

1. 事业环境与人才发展的要求尚有一定距离

在产业发展方面，引导和推动支柱产业、主导产业、优势产业发展的政策还不够明晰，产业结构、产业布局、产业能级与创新创业人才发展之间的矛盾还比较突出。

在创新方面，重大战略性科学技术和工程技术项目偏少，吸引世界高层次人才的事业舞台偏小，为其他高层次人才提供的发展机会也比较有限。

在创业方面，一是创业融资环境有待进一步改善，创业融资风险较大，成本较高，退出机制不健全等，均在相当程度上影响到了创业。二是创业面临较高的商务成本，创业受到场地、人才、手续等相关方面的限制，政府对于创业的财政、税收政策支持仍显不足，尤其是对于部分落后地区来说更是不利于有效促进创业。三是对于创业存在认识上的偏差，当今仍未形成鼓励创业、支持创业的共识，创业精神较为缺乏，影响到创业发挥应有的扩大就业的重大作用。

2. 生活环境与人才发展的要求尚有一定距离

一是人才在住房、子女教育、医疗等方面存在诸多不方便，既给人才引进工作带来了困难，又给留住人才增加了难度。二是人才生活成本较高。三是自然资源匮乏、环境污染与一定程度上的食品安全等事件，影响了不少人才尤其是海外人才的去留抉择。

3. 社会环境与人才发展的要求尚有一定距离

从社会环境角度来看，科学人才理念没有得到全面落实，唯学历、唯年龄、唯资历等旧有的人才观还有较大的市场；有利于人才成长和开发的文化环境还没有完全形成；鼓励创新、宽容失败的社会氛围还有待进一步优化；规范和保障人才发展的法律法规体系不够健全；不拘一格有效使用人才、发挥人才作用的大环境还有待进一步优化。

第二节　优化人才发展的事业环境

面对经济全球化、科技日新月异的背景，优化人才发展的事业环境，必须按照当前发展逻辑，在突出全球化、信息化的基础上，建构以服务经济为主的产业结构，推动创新驱动为主的发展模式，加大创新创业力度，搭建人才发展项目载体，只有这样，才能做到舞台聚人、事业育人、项目引人，让人才发展有机会、干事有舞台、发展有空间，在发展中实现和提升价值。

一、优化产业环境

从发展的角度来看，应从以下三个方面着手优化有利于人才成长发展的产业环境，促进经济转型发展，能够为各类人才提供施展才华和不断成长的空间。

（一）发展优势产业和支柱产业

要出台明晰的产业政策，全力推动战略性新兴产业和现代服务业的发展，加快重大产业基地及高端领域重要项目的布局和建设，引导人才创新创业。同时，通过产业政策促进企业发展，以此为各类优秀人才创造就业机会、提供理想的薪酬以及发展事业、施展才华的舞台和空间。

一是积极发展高新技术产业。要顺应产业结构高新技术化发展特点，以提高自主创新能力和培育战略性新兴产业为抓手，努力提高制造业整体能级。要提高工业制造业的国际竞争力，促进工业优化升级，推动第二、三产业融合发展。培育新能源、先进重大装备、生物医药、电子信息制造业、新能源汽车、海洋工程装备、新材料、软件和信息服务业等战略性新兴产业发展，提升研发、设计、采购、营销等环节在产业链的比重，淘汰高污染、高能耗、高危险的落后产能，促进产业结构优化升级。

二是积极发展服务经济。从一定意义上来讲，服务经济是头脑经济，具有知识和人才密集的特征。积极发展服务经济，能够为各类服务业特别是专业服务业人才提供发展空间。因此，要顺应产业结构服务化特征，坚持市场化、产业化、社会化、国际化方向，大力发展加快推进金融、航运、贸易、商务服务、法律、评估、经纪、咨询等高端服务业，重点发展服务外包、节能环保服务、融资租赁、咨询服务、专业售后服务等生产性服务业，加快发展文化、会展、专业服务业等以知识密集为特征的新兴服务业，大力发展就业吸纳能力强和市场需求大的生活服务业，形成以服务经济为主的产业结构。

三是大力推动产业融合发展。要抓住产业结构融合发展的新趋势，积极发展现代农业、文化创意产业、研发服务等新兴产业，增强三次产业的协调性，促进经济增长由主要依靠第二产业带动向依靠第一、二、三产业融合协调发展带动转变，以此，为不同专业、不同行业人才的“跨界”交流创造空间，为不同类型人才的成长发展提供条件。

（二）抓紧产业发展布局调整

要按照国家战略，紧扣国家产业发展布局，编制重点产业发展规划，引导重点人才向重点产业、优势领域聚集，并在重点产业优势领域创业和发展。同时，要加强人才部门和产业部门对接，建立快速会商机制，建立产业人才需求预测预报制度，引导人才向重点行业、关键领域、科研和生产一线集聚，促进人才合理流动，在重点和优先发展产业形成人才密集区，实现人才和产业相互结合、协调互动。

（三）加大对外开放，吸引外国直接投资

跨国公司在东道国的投资和贸易，对推动人才流动、提升人才能力具有独特的作用。要加大对外开放程度，在重点区域、重点领域发展总部经济，集聚一批国际组织、跨国公司总部和研发机构等功能性机构，建设一批世界一流企业，让优秀人才在一流的环境氛围中快速成长，在经济社会发展中实现和提升价值。同时，要积极推出放宽市场准入和外资控股方面的政策，大力吸引外国直接投资，通过跨国公司在全球范围内配置和培育高级管理人员和专业人员，提升本土人才的国际视野，帮助人才通晓国际规则、掌握先进技术和管理理念。

通过上述在产业环境方面的建设，最终实现以优势产业发展凝聚优秀人才，以优秀人才引领产业发展，充分发挥优秀人才在引领改革发展、推动成果转换、提高自主创新能力和实现产业升级中的重要作用。

二、搭建创新创业平台

（一）打造创新平台

一是建设国际知名创新平台。不断加大对自主创新的投入，抓紧建设一批在国际上具有知名度的创新平台，激发创新活力，增强创新动力，大力推进原始创新、集成创新和引进消化吸收再创新，着力突破制约经济社会发展的关键技术，支持基础研究、前沿技术研究、社会公益性技术研

究，在关键领域和若干科技发展前沿掌握一批核心技术和拥有一批自主知识产权。

二是健全技术创新体系。建立以企业为主体、市场为导向、产学研相结合的技术创新体系。要依托重要骨干企业和科技型企业，在创新实践中发现人才，在创新活动中培养人才，在创新事业中凝聚人才，加快科技成果向现实生产力转化。

三是加快建设世界一流高校、科研院所。具有国际声誉、在某些学科具有较高知名度的高校和科研机构，是吸引世界各国杰出的科学家、学者和海外留学生的重要阵地。因此按照建设创新型国家要求，要围绕重大科技攻关项目、学科发展规划和人才培养计划，增加科研和教育投入，加快具有国际水平实验室的建设，提升高等教育和科研机构的国际化水平，加快建设世界一流大学和科研机构，为吸引和造就在国际学术领域中具有名声的机构、学科以及具有影响力的学术大师提供条件、奠定基础。

（二）打造创业发展平台

以“整合行政资源、联合社会资源、融合市场资源”为理念，打造创业发展平台，这是优化人才发展事业环境的重要组成部分。

一是建设高层次人才创新创业基地。依托企业、高校、院所、园区，建立高层次人才创新创业基地，充分发挥基地的主体作用，支持基地争取更多国际和国家级创新项目、创新资源落户。

二是加大创新创业财政扶持力度。围绕战略性新兴产业领域，加大对创新创业平台建设的财政扶持力度，加快建设科技孵化器、加速器、创业苗圃等创新创业平台。

三是加强产学研合作与交流。一方面，创业苗圃、科技企业孵化器、大学科技园等创业服务载体要与高校、科研院所建立长期的科研动态与成果信息合作机制。另一方面，要培育一批具有显著竞争优势的产学研联盟，鼓励高校、科研院所从科研成果产业化需求出发，与创业服务机构和投融资机构合作，共建创业服务载体，为创新创业人才营造创业环境。

四是进一步拓展创业空间。一方面，鼓励有条件的地区代建实验室、生产厂房等基础设施，以租赁方式供科技人才创业企业使用。另一方面，开展集体建设用地试点，以租赁、入股和联营联建等方式，为承担重大科技成果研发和产业化项目科技人才创业企业提供办公用地。

（三）打造公共服务平台

加强人才工作公共服务载体建设，陆续将各项服务功能归并整合成为政策咨询、投融资、公共研发和成果转化四个公共服务平台，为人才及其企业提供综合配套服务，大力营造激励、扶持人才创业创新、成长发展的良好公共服务环境。

一是打造政策咨询服务平台。一要整合政策资源，梳理有关人才及相关领域政策，形成政策汇编，供创新创业人才使用。二要整合各相关服务机构、职能机构、行业协会，汇集相关服务内容、办事流程、联系方式，完善联系沟通机制，为人才创新创业提供全程导航服务，协调解决在办事过程中遇到的各类问题。三要整合政府各个部门，利用政策平台，定期组织召开政策宣讲会，向创新创业人才宣传解读相关政策。

二是打造投融资平台。对各渠道的政府科技资助基金、科研资助资金的申请条件、申请程序、相关资料和受理窗口的联系方式进行整合梳理，帮助和指导符合条件人才申请和享受扶持政策。同时，与风险投资公司、银行贷款和担保受理单位及相关服务机构建立联系，组织人才创新创业项目投资融资活动。

三是打造公共研发平台。整合高校、科研院所和大型企业资源，根据行业特点为人才创办高新技术企业提供良好的软、硬件环境，以降低创业成本和提高资源利用率，提高企业科研能力。鼓励积极使用研发公共服务平台，对企业共享使用仪器费用给予财政补贴。

四是打造成果转化平台。通过政策引导、专项资金支持、专业服务人才团队等，将高校、科研院所中的科研成果逐步释放出来，汇集到转化平台上，推动企业集团、专业服务机构与高校、科研院所和产业化管理部门之间开展合作，在机构层面上建立促进技术转移和产业化的渠道。通过平台的认定机制，予以确认，提供专业性、导向性服务。

三、搭建人才发展项目载体

要着眼于以“人才+项目+团队”集聚人才，用项目引进人才、用项目带动人才发展。启动和实施一批国家战略项目、重点建设工程、重大攻关项目、基础研究项目、前沿技术研究项目以及关键配套服务项目，建立一批国家重点实验室和国家工程中心、经营实体、技术中心、重点实验室和高质量的博士后科研流动站、科研工作站，坚持以重大项目工程为平台，打造高层次岗位，提供施展才华的舞台和更多的机会，吸引、集聚、培养高层次人才，促进项目工程与人才工程的有机结合。实行政策聚焦、服务聚焦，形成项目、人才、资金、政策四位一体的互动机制，真正使项目工程成为人才筛选工程、培育工程、激励工程。以项目引才、产业聚才、核心人才带动引才等多种方式吸引高端人才和创新团队，为人才积极搭建平台与载体，让每一个人干事有舞台，发展有空间。

第三节　优化人才发展的生活环境

人才生活环境，多为与人才衣食住行以及生命、健康等基本需求直接相关的要素，包括安居住房、教育、医疗保健、社会保障等方面。优化这些环境，对提高人才生活水平、生活质量，进而全身心投入工作、学习，更好创新创业具有重要意义。

一、优化人才发展居住环境

居住环境主要指城市居民居住水平、基本居住配套生活设施和社区服务质量。居住水平对吸引外来人才，激发本地市民的创业动力有一定影响。现代社会住房在整个私人生活消费中所占的比例比较大，人们在选择职业和选择居住地时，对住房十分敏感。宽敞的住房、齐全先进的居住配套基础设施和服务周到的物业是城市吸引人才的重要因素。①

在解决人才安居问题方面，一些国家和地区采取了各具特色的对策。例如，新加坡实施“外国人才居住计划”（Scheme for Housing Foreign Talent，简称 SHiFT）向有住房需求的国外人才提供租期为 3 年的组屋。同时，组屋区设施齐全、公共交通便利，超市、美食中心、诊所、学校、图书馆等周边生活设施完善，而且通常距离地铁站很近。此外，新加坡为海外人才提供了共管式公寓、服务式公寓、购房等多种选择。

借鉴海外经验，着眼于不同人才群体、不同阶段居住需求，优化人才居住环境必须突出以下三个方面。

（一）探索人才安居多元模式

一是探索新工作青年人才安居方式。对工作或创业不久的青年人才，以公共租赁住房（单位租赁房）解决人才过渡性、阶段性的住房困难。要多渠道筹措公共租赁住房，放宽公共租赁住房准入门槛和收入限制，有效缓解引进人才的阶段性住房困难。同时支持有条件大型国有企业、产业园区、高校等单位，按照规定自行建设单位租赁房向本单位职工、人才供应。

二是探索有长期安居需求青年人才安居方式。对需要长期安居的青年人才，可以共有产权保障房（经济适用住房）、限价商品房解决符合条件的本地和新落户的人才的住房困难。要在重点发展的区域，积极探索试点限价商品住房政策，定向解决人才住房区域性供应紧缺。要降低共有产权保障房（经济适用住房）申请门槛，逐渐加大政策覆盖面，使大批中等收入的青年人才符合申请条件而受益。

三是探索满足高层人才居住需求的有效方式。要着眼于市场角度，有效运用市场机制，以市场化商品住房，满足高端人才长期的、多种层次的居住需求。不断完善和优化住房供应的制度安排，基本覆盖各类人才不同

① 倪鹏飞，彼得·卡尔·克拉索．全球城市竞争力报告（2005—2006）[M]．北京：社会科学文献出版社，2006：44.

的住房安居需求。

（二）抓紧推出系列人才安居计划

在坚持政府引导、市场化运作的前提下，多渠道多形式解决各类人才尤其是青年人才安居问题。一是实施人才住房资助计划。通过政府特殊拨款和用人单位配套资金，为人才提供一次性购房补贴。二是实施人才公寓计划。在产业集聚区、高科技园区、大学园区、留学人员创业园等区域集中建造人才公寓，为人才提供租住住房。三是完善住房公积金办法。鼓励有条件的地方，制定出台住房公积金支付人才公寓租金实施细则，帮助解决人才居住需求。

（三）灵活应用多种手段满足需求

根据不同人才的特点，可采取把货币化的租房补贴、实物配租房和配售房“三位一体”组合起来，全方位、多层次地解决优秀人才的住房问题。例如，针对青年人才租住困难，可采取带有普惠性质的租房补贴政策，缓解青年人才的租房困难，雪中送炭；对有突出贡献的优秀高层次人才，可采取带有奖励性质的配售房政策，为激励人才锦上添花；对于特别优秀的杰出领军人才，还可以破格奖励售房，予以重奖。

二、优化人才发展生活环境

（一）建设更完善的功能配套和便捷的基础设施

一要从满足全面发展需求出发，统筹生产生活功能配套，建设购物广场、学校、公共图书馆、医院、文化中心等配套设施，同时，规划建设一批酒店、办公楼等商业项目，给各类人才生活工作提供便利。二要建立完备的交通出行系统，完善公共交通系统，建设一批公交枢纽，健全快速铁路交通系统，加快机场及港口设备现代化，不断提高交通营运效率，为各类人才出行及跨区域流动提供便利，减少通勤时间与成本。三要基于信息社会的特征，大力发展通信基础设施，建立先进的通信系统，降低网络通信资费，为人才能够便捷连接全球提供重要基础。

（二）培育优质教育、医疗服务

着眼于人才成长发展的角度，做好教育、卫生等社会事业的发展规划，整体提升公共服务水平，有计划地培育、引进与国际接轨的品牌教育、医疗资源，带动区域社会事业发展。

一是提供优质的教育。在提供教育资源方面，通过公平提供优质教育资源、建立国际学校等，给予教育便利；要改善教学环境，尽量满足外来人才子女不同层次的受教育需要，如开展托儿所、幼儿园、学前班、学生课后辅导班等服务，切实解决外来人才子女就学的后顾之忧。同时，要整合社会教育培训资源，形成宽领域、广覆盖、科学合理、规范有序的学习教育网络，充分利用和开发文化教育公共设施、各类教育机构和居民活动场所，开展社会教育与公益性培训活动，不断满足各类人才学习和发展需求。

二是提供完善的医疗服务和保障。一要提高医疗服务水平。要健全完善医疗系统，增设世界一流的医疗服务设施，提高医师执业水平，提供专业、优质医疗服务。要完善医院网络，鼓励公立和私立医院共同发展，建立求医方便、费用合理、服务专业的医疗服务体系。二要健全医疗保障。要探索建立基本医疗保障制度，进一步满足各类人才基本医疗需求。要探索建立医疗卡制度，为各类人才提供优质、便捷的医疗服务。要鼓励商业保险机构设立医疗费用保险。要探索建立海外医疗保险结算平台，引导国外保险部门和商业保险公司逐步认可其参保人员在医疗机构就诊发生的医疗费用。

（三）建构符合国际惯例的生活环境

在全球化时代，发展人才还要从国际惯例的角度，为人才提供便捷的生活条件。一是在银行开户方面，要给予各类人才同等便利待遇。二是在申请驾照方面，基于互惠关系的有效国际驾照，予以互认。三是在语言方面，提供主要路牌、交通工具、重要建筑、重点文娱设施、相关政府机构等公共场所设置规范的外语标识和标记。四是在媒体方面，提供境外电视频道，政府网站、报刊杂志、广播电视等媒体逐步增加英语、日语、法语、拉丁语等国际主要语种的服务，满足海内外各类人才的需求。

三、优化人才发展生态环境

美国学者费戈认为，一个国家的生态环境，在未来是争夺其他地方知识精英或挽留本土知识精英的重要变量。知识经济和开放的世界人才流动体系给予了知识精英挑选自己处境的特权。于是，青山绿水将比银元钞票更重要。如果一个国家经济发展很好，但污染严重，那么知识精英会逃离这个环境，这使得这个国家无法获得足够的智力资源在经济上升级。[①] 显然，一国、一地的生态环境是争夺和挽留高端人才的重要变量，环境污染会造成一些高端人才流失，使国家智力资源耗散。当前，注重生态建设，建设绿色经济，已经成为国家、区域、城市发展的重要主题，这也是促进人才发展不可忽略的重要环境问题。

因此，基于可持续发展理念，要从人才的需求及未来成长发展的角度出发，营造有利的生态环境。一是要注重人口的可持续发展。对一个城市、一个地区、一个区域而言，要树立人口可持续发展的理念，平衡好人口、人才与发展的关系，使其能够均衡发展。二是要注重经济发展和环境保护的平衡。一方面，要看到经济发展、人才引进带来的红利；另一方面，也要注意到人口增长、经济发展带来的土地约束、资源紧缺、能耗增大以及空气、水和噪声污染增多等问题。因此，必须倡导低碳发展、循环社会、绿色生活理念，将绿色发展理念有效融入城市规划和产业发展，加大污水下水道、再生能源、绿色建筑等基础设施建设，营造资源节约利用、清洁能源广泛使用、生活舒适、生态持续的工作生活环境，走出一条具有特色的低碳发展道路，在经济发展与环境保护之间谋求平衡点，让绿色成为吸引人才、留住人才和发展人才的重要基础。三是要充分利用现有

---

① 费戈．寻找“绿猫”——在未来，一国的生态环境是争夺和挽留知识精英的重要变量［N］．21 世纪经济报道，2006－11－20（3）．

生态资源和人文基础，推动社区互助、加强国际合作，建设多元共生、充满活力的生态人文环境。

第四节　优化人才发展的社会文化环境

一、优化人才发展的文化环境

先进的文化对人才发展具有巨大的促进作用。首先，良好的文化环境，有助于人才陶冶情操、提升和完善个人品格修养，帮助其在高度紧张的社会里抚慰心灵、舒缓压力。其次，良好的文化环境，可以帮助人们拓展心灵世界，培育情感和想象力，激发创造潜能和活力，这对整体提升创造力、培育创新精神进而促进经济社会的发展具有重要推动作用。此外，良好的文化环境，不仅有助于本土社会培育和形成开放、宽容、色彩多样的地域文化，而且还可以给予外来人才以生长的自由空间，增长个人的实力和发挥创造的潜能，保持持久的活力。

正是基于文化之于吸引和集聚人才重要性的认识，不少国家和地区致力于文化的建设和文化政策的建构，并以此作为人才发展的重要因素。例如，伦敦不仅是全球金融中心，而且是全球文化中心，几乎每天都有世界级的歌剧、经典或现代音乐会、音乐剧、比赛、展览等，为金融从业者提供从繁重工作和压力中释放出来的空间。新加坡、中国香港也纷纷提出文艺复兴城市计划、创智计划等，加大文化投入，积极举办文化活动，发展文化产业，重视城市文化内涵建设，用文化来充实精气神，进而以多元、活力的氛围来引才留才。从这个角度来看，优化人才发展的文化环境，应该突出以下五个方面。

（一）突出文化对人才发展的重要作用

一方面，要在人才发展战略中增加文化的因子，进一步提升文化软实力，让文化成为吸引、集聚、培养、塑造人才的不可或缺的关键变量。另一方面，从文化的角度，发展和繁荣文化，不应囿于文化人“小圈子”的自娱自乐、自我欣赏，而应站在大格局中，从塑造文化对人才的影响力和吸引力的角度，建构文化发展战略，加快文化体制机制改革创新，为未来人才发展提供精神动力、智力支持、思想保证和文化内涵，为人才发展增添精气神。

（二）提高文化原创能力

文化影响力的核心源于不断地推出新的作品、新的内容、新的创意来引起人们的关注，满足人们的需求，引起人们的思考。因此，要正确把握文化产品创作生产规律，鼓励文化创作、创新、创意，激发文化原创力，推出更多精品力作，用内涵丰富的文化产品影响和呼唤人才，构建丰富、多元、相融的文化氛围，让人才浸润在丰富的文化环境之中，心灵心智得到养护，创新创业激情得以激发。

（三）完善文化基础设施

要通过广泛建设博物馆、美术馆、剧院、剧场、音乐厅，健全功能性文化设施，建设世界一流的文化艺术设施，积极盘活既有或原有文化设施，集聚各类文化要素，为文化发展繁荣打造平台，为人才享受文化创造空间，为吸引和造就人才奠定坚实基础。

（四）积极开展文化活动

要积极开展各种文化活动，如举办画展、音乐会、戏曲戏剧、论坛等，打造各类人才的“理想家园”。同时，积极举办大型节日庆典活动和顶级国际赛事，打造文化品牌，加强本地艺术家和国际艺术家合作交流，为人才发展提供文化动力。

（五）加大文化人才的培育与开发力度

文化原创力的基础在于有一大批优秀的文化人才。因此，一方面要吸引、集聚和造就一大批德艺双馨、社会公认的文化艺术名家，知名的哲学社会科学名家，具有国际视野、勇于开拓的文化企业家，富有创意、积极创业的文化创意领军人才和拔尖人才，业务精通、视野开阔的网络文化及新媒体领军人才，充分发挥文化领军人才在推动城市文化繁荣发展中的引领作用。另一方面要着眼于文化人才的自身特点，进一步健全文化人才开发机制，完善文化人才脱颖而出的发现机制，建立文化人才培养机制，探索符合文化发展规律、体现文化创新创作特点的人才激励机制，特别是要为更多优秀的年轻文化人才提供条件、提供舞台、提供机遇，要让更优秀的文化人才拥有实现自身价值的舞台和空间，让文化人才创作创意涌流，用他们的创造激情来影响和感染更多优秀人才。

二、营造人才发展的社会氛围

要把营造有利于人才成长成才、创新创业的社会氛围，作为人才发展的社会文化环境建设的重要方面。

（一）大力营造尊重人才、见贤思齐的社会氛围

要创造尊重劳动、尊重知识、尊重人才、尊重创造的社会氛围，营造良好的工作创业环境，激发人才创新创造活力，鼓励创新、呵护创新，使一切创新想法得到尊重、一切创新举措得到支持、一切创新才能得到发挥、一切创新成果得到肯定。要树立“重能力、看业绩、比贡献”的人才观念，在全社会形成支持人们干事业、鼓励人们干事业、支持人们干成事业，放手让一切劳动、知识、技术、管理和资本的活力竞相迸发，让一切创造社会财富的源泉充分涌流。

（二）营造鼓励创新、宽容失败的社会氛围

美国学者佛罗里达从创新城市的研究角度提出，要成为创新城市，三个“T”不可或缺，即技术（Technology）、人才（Talent）、宽容（Tolerance）；在宽容、宽松的氛围之中，人才和技术才能更好地融合在一起，不断产生创新创业的重要成果。从硅谷的经验来看，鼓励冒险和容忍失败的氛围，是其成功的独一无二的优势。这种氛围，不仅体现在文化上宽容创新创业失败，也体现在有关的制度安排上，例如，相关破产法允许企业家

只承担有限责任，创业投资公司（风险投资）采用有限合伙制扫除了相关障碍。① 可见，宽容的社会氛围之于人才成长、发展的重要意义。因此，有效激发各行各业人才的创新创造活力，必须营造良好的人际环境和开放的学术环境，倡导自由探索与百家争鸣，形成相互信任、彼此尊重、鼓励创新、鼓励探索的氛围，做到重视、关心、爱护、激励、保障人才。同时要抓紧制度建设，在风险共担机制上有所突破，真正把鼓励创新、宽容失败落到实处。

（三）营造良好的舆论环境

要充分利用电视、报纸、网络、广播等新闻媒体，树立科学的人才理念和现代人力资源理念，加强引导、提高认同、大力宣传，积极倡导鼓励创新、宽容失败的氛围环境，提倡敢为人先、敢冒风险、不怕失败、锲而不舍的创业精神，努力形成争颂人才、争学人才、争当人才的舆论环境；大力宣传为经济社会发展作出重要贡献的优秀高层次人才，在全社会营造鼓励创业、追随人才的良好氛围；加强人才政策、举措的宣传力度，增强人才创新创业的荣誉感和责任心。

第五节　优化人才发展的法治环境

世界知名的盖洛普调查公司（Gallop），将法律秩序环境作为吸引全球人才最为基础、最为首要的环境因素。② 当前和未来一段时间，我们要赢得发展优势，必须通过法治建设来营造良好发展环境。良好的法治环境，要求各相关主体能够遵循法律的精神、创制法律法规、加强和严格执法，依法对人才及其开发过程进行有效治理。良好的发展环境，赋予人才发展进程中各相关主体明确的权利义务，提供人才工作科学发展基本依

① 李钟文，等．硅谷优势——创新与创业精神的栖息地［M］．北京：人民出版社，2002.

② Clifton J.. Global Migration Patterns and Job Creation［EB/OL］．［2010－09－03］．http：//business Journal. gallup. com.

据，为人才发展建构良好的秩序。因此，在开放背景下，坚持依法治国基本方略，构建良好的人才发展法治环境，这是促进和推动人才科学发展、完善人才发展格局、实施人才强国战略、赢得人才竞争优势的迫切需要。

一、坚持依法治国基本方略

坚持依法治国基本方略，是从全局出发来整体优化我国人才发展法治环境的基石。只有坚持依法治国，建设社会主义法治国家，才能充分发挥优势，最大限度地调动人才积极性，推动科学发展，构建和谐社会。

（一）树立法治精神理念

良好的法治环境，首先源于社会整体具有的法治精神和理念。营造有利于人才发展的公平公正的法治环境，要求社会各个方面都牢固树立法治观念，弘扬法治精神，按照法治理念，来推动人才发展。一是领导干部要牢固树立法治观念。《中共中央关于加强党的执政能力建设的决定》中也提出："依法执政是新的历史条件下党执政的一个基本方式"，强调"全党同志特别是领导干部要牢固树立法制观念，坚持在宪法和法律范围内活动，在法制轨道上推动各项工作的开展"。在人才发展领域，首先要求领导干部牢固树立并自觉践行社会主义法治理念，加强宪法和法律实施，维护社会主义法制的统一、尊严、权威，推动社会主义法治理念逐步深入人心。二是各级公务员要模范践行法治观念。广大公务员树立牢固的社会主义法治理念，在开展人才工作、促进人才队伍建设、推动人才发展进程的各个环节、各个方面，都能坚持依法执政、依法行政、依法决策，并不断提高推动科学发展的能力和水平。三是全社会要弘扬法治精神。包括各类人才在内的全体公民要将法律印刻在日常的行为之中，在全社会营造运用法律调适、规范各类人才之间的关系，运用法律手段切实维护各类人才权益，充分调动人才的积极性、主动性和创造性，依据法律创新人才体制机制，切实加强人才管理良好局面的建设。

（二）推动人才工作法治化

推动人才工作的法治化，加快人才工作发展，这是塑造有利于人才发展法治环境的核心。一是要通过立法来规范各种实施人才强国战略的措施，使人才强国战略能够具体化和制度化，成为实践中可以指导和规范人才工作的行为准则。二是运用各种积极有效的行政手段，来为人才的选拔、培养、使用、评价等提供制度保障，明确各级政府在保障和促进人才事业不断健康有序发展中的法律职责，建立以政府积极促进和保障为核心的人才工作模式。三是基于司法程序来为解决人才开发进程中可能出现的各种矛盾和纠纷，为有效保护各类人才的合法权益，提供公正的法律救济途径。只有这样，才能使我国人才队伍建设有章可循、有法可依，才能确保大力实施人才强国战略，才能开创我国人才工作的新局面。

（三）把握“党管人才”和依法管理的关系

依法治国，要求从制度上、程序上实现并保障坚持共产党领导、人民当家作主和依法治国的有机统一，实现国家各项工作的法治化；努力提高党科学执政、民主执政、依法执政的能力和水平，切实从制度上、程序上保证并实现党的依法执政，保证党领导人民有效治理国家。具体到人才发展领域，就是要正确把握好“党管人才”和依法管理之间的关系，共同推进人才工作。

坚持党管人才原则，是我们党运用共产党执政规律、社会主义建设规律和人类社会发展规律来研究党对人才工作领导的最新成果，同时也进一步明确我们党巩固执政基础、提高执政能力的工作着力点。《人才工作决定》指出：“党管人才主要是管宏观、管政策、管协调、管服务。”还指出，“全面贯彻党管人才原则，必须动员和组织全社会力量，加大投入，完善法制，优化环境”。加强党对人才工作的领导，对于保证人才工作的正确方向，促进人才强国战略的更好实施和建设人才强国目标的顺利实现意义重大。

在新的历史条件下，坚持党管人才原则、做好党管人才工作，提高党依法管理人才工作的能力，是提高党的执政能力的一个重要内容。强调党管人才与依法管理相结合，一是要突出党领导人民制定人才工作的法律、法规，即善于把党有关人才工作的政治理想、主张通过法定程序成为国家意志、社会主义国家的发展目标，确立党在人才工作中的领导核心地位，不断提高党科学执政、民主执政、依法执政水平，不断提高人才工作的法治化水平，不断激发全社会参与人才工作的积极性、主动性、创造性，实现对人才工作的有效治理。二是要突出党领导人民模范执行人才工作的法律、法规，不因领导人的改变而改变，不因领导人的看法和注意力的改变而改变，从而有效规范人才工作，提高人才工作效率，提升人才工作的制度化、规范化、程序化水平，保障人才成长发展，充分发挥人才工作对于经济发展、社会进步的作用。三是要突出党管人才的行为应接受宪法和法律的约束和监督；依法管理人才必须体现党对人才工作的指导思想和方针。

二、切实维护人才权益

切实有效地维护人才权益，是实施人才强国战略的根本要求，也是贯彻依法治国方略、塑造良好法治环境的重要内容。改革开放以来，按照“尊重知识、尊重人才”的方针，我国的人才权益保障取得了前所未有的巨大进步。进入21世纪，人才权益保障被明确列为人才工作的重要目标，受到党和国家的高度重视。胡锦涛曾明确要求：“在立法和执法中，对各类人才的合法权益都要同等保护；在舆论宣传方面，对各类人才的创业活动都要给予充分肯定和鼓励。”①

（一）切实维护人才经济和社会权益

经济社会权利涉及财产权、教育权、劳动权、社会保障权等，是公民参与政治、经济和社会生活的条件保证。保障人才经济社会权利，是全面实现人才权益的必然要求。以财产权保护为基础，我国宪法和法律对公民的经济

---

① 孙承斌．胡锦涛在全国人才工作会议上发表重要讲话[EB/OL]．[2003－12－20]．http：//news. xinhuanet. com/zhengfu/2003－12/22/content_ 1242053. htm.

社会权利进行了较为全面的规定，为人才经济社会权利保障提供了法律依据。一是保护人才收益。完善收入分配机制，从制度上保证各类人才得到与他们的劳动和贡献相适应的报酬，真正做到人尽其才、各得其所。针对各类人才的特点，建立健全与社会主义市场经济体制相适应、与工作业绩紧密联系、鼓励人才创新创造的分配制度和激励机制。实行特殊人才特殊待遇。通过实施一系列积极的激励政策和措施，我国人才的经济收入相对有了较大提高。二是有效保护人才知识产权。知识产权保护对于促进科学技术进步、文化繁荣和经济发展具有重要意义，是保护人才创造性成果、维护人才权益的重要措施。三是保障人才教育培训权。教育培训权是人才提高能力、成才发展的重要保证。四是落实人才择业自主权。通过建立和完善人才市场服务体系，改革户籍、人事档案管理制度，不断消除人才流动中的城乡、区域、部门、行业、身份、所有制等限制，真正做到自主择业。

（二）切实维护人才政治权利

政治权利是人才权益的基础。在我国的政治文明建设中，党和国家非常重视发挥人才在国家管理和政治发展中的积极作用，形成了具有中国特色的政治权利保障体系，为实现人才的政治权益提供了有效途径。一要维护人才参政议政的权利，为优秀人才参政议政提供舞台。二要吸引优秀人才参与国家管理。要通过用人制度不断创新，建立干部选拔任用新机制，为优秀人才脱颖而出、参与国家管理打开方便之门，创造公平竞争的环境和机遇。三要发挥专家在决策中的咨询顾问作用，在推动科学民主决策的同时，拓展人才政治参与的途径。四是营造有利于创新的社会环境。

三、加快人才发展法制建设进程

当前，我国的改革已进入一个关键期，面临着解决各种深层次矛盾和问题、完善社会主义市场经济体制的艰巨任务。完善社会主义市场经济体制，关键需要有相应完备的法律法规加以规范和保障。构建中国特色的人才政策法规体系，是完善社会主义市场经济体制的重要内容。我国人才政策创新力度和人才法律法规建设进度，是衡量我国社会主义市场经济体制完善程度的一把尺子。

（一）明确法制建设目的

《人才工作决定》提出，要实行依法管理，加快推进人才工作法制化建设，增强工作的规范性和有效性，用事业造就人才，用环境凝聚人才，用机制激励人才，用法制保障人才，把全社会人才的积极性和创造性引导好、保护好、发挥好。

人才工作法制建设要以邓小平理论、“三个代表”重要思想和科学发展观为指导，在制定各种规范人才工作的法律法规时，坚持正确的政治方向。要突出和保障党在组织、实施和推进人才强国战略中的领导地位和主导作用，贯彻党管人才、党管干部的基本方针。要突出“以人为本”的价值取向，充分实现尊重人才、爱护人才、培养人才、用好人才的立法价值。要以人为中心，以发现、培养、使用、爱护人才作为人才工作法制建设的出发点和着重点，围绕有利于人的全面发展和健康向上的社会建设目标，建构人才法制建设的体制与机制。要贯彻落实科学发展观，针对各类不同人才制定不同的人才立法，针对人才工作的不同环节确定不同的人才工作制度，将全面实现人才强国战略与普遍提高公民素质的立法目标有机地结合起来。

（二）突出法制建设主要任务

人才法律法规体系，包括形式体系与内容体系两个方面：人才法律法规体系的形式体系，是指由规范实施人才强国战略各方面社会关系的法律、行政法规、地方性法规以及行政规章等规范性法律文件所构成的法律形式体系；人才法律法规体系的内容体系，是指由规定人才的培养、选拔、使用和保护等人才工作各个方面的具体法律制度所构成的法律内容体系。要全面梳理人才政策法规，重点围绕人才安全、人才权益保护、人才市场管理、人才服务、人才知识产权保护和人才培养、使用、引进、评价、激励、保障等各个环节，研究制定人才管理、继续教育、人力资源市场管理、外国专家来华工作管理等法规、规章或规范性文件，形成层次分明、覆盖广泛的人才法规体系，依法维护各类人才和用人主体权益。

第十二章
全球化背景下的中国国际人才竞争

【导读】

当今世界，各国的人才争夺日渐激烈，在激烈的人才竞争中吸引并留住人才，依靠的不仅是薪酬待遇和适合人才长远发展的平台和环境，更重要的是一套相对健全的人才吸纳制度及与之相应的政策体系。目前，中国正在努力遏制人才流失、加大引进海外人才储蓄、积极吸引与争夺外籍顶尖人才，将人才强国战略真正落到实处。本章共分五节，在分析国际人才竞争现状和趋势以及中国人才竞争的现状和不足的基础上，确立我国的国际人才竞争优势，从而找到应对国际人才竞争的策略。

第一节　国际人才竞争的背景与特点

全球化进程加快，智慧产业的兴起、产业结构的升级、人口结构的变化以及国际人才分布和培养的不平衡等问题，极大地刺激了国际社会对于人才的需求，使得国与国之间对于人才的竞争越来越激烈。

一、国际人才竞争的背景

（一）人才全球化加快

弗里德曼认为，全球化历经三个阶段的发展，一是贸易、商品的全球化，二是资本的全球化，三是人才全球化。① 第一个阶段贸易、商品的全球化，主要基于国家与政府的推动，开启了从大航海时代到殖民时代的历史。此时的全球化为各国政府所主导，它的进程取决于一个国家的认知能力、政策水平以及实力。第二个阶段资本的全球化，主要由跨国公司推动。第三个阶段是主要由知识经济带来的互联网和人才的全球化时代。与传统经济不同，知识经济的社会生产力决定性要素不再是机器、劳动力、设备、能源等实体物质，而是人的智力、知识、创意、技能等脑力因素。人才成为这个时代最重要的资源。

（二）人才经济席卷全球

人才经济时代的标志性产业是智慧产业或知识产业（或称“第四产业”）。人才经济的到来，使得人才资本的地位空前提升，知识不再是社会的“上层建筑”，人才成了各国竞相争夺的第一资源，智力成为第一生产力。世界银行一份研究报告指出，当前世界工厂、土地、工具以及机械所凝聚的财富日益缩水，而人才资本对于一国的竞争力正变得日渐重要。在以知识经济为主的美国，人才资本与实物资本相比，重要性要高出3倍多。在美国、日本、英国、德国、澳大利亚等发达国家，知识经济的产值已成为国民经济总产值的最大部分。在发展中国家，知识、创意、新兴高科技产业已被视为关系国家未来的“朝阳产业”。

（三）国际产业转移及升级导致人才流动加剧

国际产业转移是产业的基本构成要素向发展中国家的国际移动，这一移动的本质是发达国家产业结构调整的产物。世界范围的产业转移加速了世界产业结构调整，尤其是在发达国家，产业结构由劳动密集型向技术资本密集型再向技术知识密集型转型升级，对人才发展提出了越来越高的要求。技术知识密集型产业必然要求有大批能够研究和开发新技术的高科技人才。因此，人才发展成为一个国家战略的重中之重。

① ［美］托马斯·弗里德曼.世界是平的［M］.长沙：湖南科技出版社：2006：22－26.

（四）人口老龄化加剧人才竞争

目前全球人口的增长率已经从20世纪60年代中期的2%骤降了一半，人口出生率呈现负增长态势。在2050年年底以前，老人所占比例预计将由8%上升到19%，但儿童所占比例将由33%下降到22%。① 在世界出生率暴跌的今天，维持人口增长基数的很大一部分是数量日渐增多的老年人，世界人口正以未曾预见的速度老龄化。退休人口数量增加、人类寿命延长及“少子化”加速导致劳动力短缺，加重了劳动人口与整个社会的负担。全球老龄化也必然影响世界人口结构的变化。人口结构的变化，加速了全球人才的流动与竞争，尤其是发达国家与发展中国家之间存在人口结构和人口增长的巨大反差，更加剧了这种人才流动与竞争趋势。许多国家都会打开移民大门，但是移民大门的敞开并不是面向所有希望移民的人们，其所欢迎的对象只有一种人，那就是人才。

二、国际人才竞争的主要特点

伴随着经济全球化以及分工协作的深化，作为高级生产要素的人才开始走向国际化，国际人才的竞争出现了新的时代特征。

（一）竞争空间全球化

20世纪90年代后兴起的第四次国际产业转移浪潮推动了产业链的全球化布局，加速了世界产业结构调整，也由此导致不同国家出现了不同的人才需求，从而加速了人才的全球流动以及国际人才的竞争，国际人才竞争呈现出空间上的全球化。落后的发展中国家迫切需要大量人才来改变自身落后的局面；发展较快的发展中国家迫切需要补充大量的高层次人才，来完成工业化、现代化以及产业结构调整的进程；发达国家要想保持自己国家的世界领先地位，尤其是美国要想保持自己的霸主地位，则需要引进

---

① 世界人口老龄化：老龄化概况[EB/OL].[2012－07－19].http：//www. ims. edu. cn/cms/. 2008－7－19.

更多更优秀的人才。另外，加拿大、澳大利亚等人口短缺，欧洲国家和日本人口老化，这些国家若要保持现有的人才规模，都需要补充大量外国人才。

目前，人才在世界范围内的主要流动趋势包括：第一，亚、非、拉美发展中国家的大量人才流向发达国家和地区。最近10年，美国超过四成移民来自美洲，超过三成移民来自亚洲。从1998年开始，美国移民来源国排名前四名的国家就一直是墨西哥、中国、菲律宾、印度。第二，欧盟各国、日本、澳大利亚、加拿大等发达国家人才向最发达的美国流动。德国过去每7个本土毕业的博士有1人前往美国寻找工作，根据德国基金会统计，43%在海外工作的德国科研人员并不打算返回德国。第三，最落后的发展中国家的人才向新兴发展中国家大量流动。

（二）竞争手段多样化

当今世界主要国家都为国际人才竞争不遗余力。传统的国际人才竞争手段曾经是移民、留学、建立海外专家联络站、通过技术合作获得外援等，而目前各国争夺人才的手段更加多样化，如通过跨国公司使人才本土化，建立猎头公司猎取人才，实施人才跨国利用，实施人才孵化计划等。例如，微软公司就专门设有人才招聘机构，每年到世界一些知名大学招聘优秀的、富有创造能力的天才。比尔·盖茨每次来中国都要到清华、上海交大等著名学校与学生座谈，物色选拔人才。IBM、英特尔、惠普公司等在北京中关村或上海等地都设有总部和研究开发中心。新加坡和以色列则以专门的吸引人才的“国家猎头”机构来充当国家猎头的角色，在全世界为国家寻找人才。美国硅谷通过网络办公大量利用印度的电脑网络人才进行项目开发，不改变人的生活环境和习惯，而使项目开发得到昼夜连续进行，变“人才国际流动”变为“人才跨国利用”。过去注重“圈住人才”、“留住人才”和“占有人才”的传统用人观念和科技人才政策受到严重挑战，人才竞争手段更加多样化。

美国的职业移民法规定杰出人才、优秀人才、高技能人才、投资移民为优先移民对象，其家属也是亲属移民的优先对象，让移民制度为人才争夺服务。进入21世纪后，欧洲非移民传统的发达国家也进行改革，以应对竞争。2000年8月，德国正式实施“绿卡工程”。2007年8月，法国实施《优秀人才居留证》制度。2008年10月，英国正式实施“记点积分制”移民制度。2008年11月，欧洲议会通过了“蓝卡计划”，欧盟希望“蓝卡计划”在未来20年内能吸引至少2000万技术人才。

（三）竞争对象高端化

高新技术与高级管理人才成为争夺的热点。当今世界各国的政策发生了重大变化，越来越有利于流动性强的生产要素，如资本与高技能人才；而不利于流动性低的要素，如低技能劳工。随着信息科技革命、全球产业结构进行快速调整，世界各国在新形势下竞争最激烈的是高新技术、高级管理、高创意的人才以及其他学科的领军人才。为了防止优秀人才流失海外，2009年，法国政府加强吸引高层次人才从事高等教育和科研工作，遴选最具潜力的130名年轻教师或科研人员，并提供为期5年的合同，每年颁发奖金6000—15000欧元，还配有相应的科研经费。英国从2011年8月9日起启动杰出人才签证，从2011年8月9日至2012年3月31日，提供1000个名额分配给杰出人才，以此鼓励在科学、人文、工程及艺术领域的杰出人才前往英国发展。日本出台“自由研究计划”，该计划每年大约可以为外籍博士后提供200项奖学金项目，为高级外籍科学家提供70项奖学金项目。以色列实施I－Core项目（Israeli Centers of Research Excellence），为科学家提供最尖端的研究环境和30个新的研究中心。截至2012年4月，这个计划已经锁定了300位顶尖科研精英，并计划引进2400名分散在世界各地的犹太裔知名科学家。① 为了留住高层次人才，韩国对有各类有特殊才能的人才均发放永久居留签证。这里的特殊才能的人才包括：科学人才、经营管理人才、教育人才、文艺人才、体育人才等，并对这些人才的核定标准作出了明确细致的规定。

---

① 数据统计截至2012年4月；2400名科学家全部指的是分散于欧美地区的科学家。

（四）竞争方式日渐制度化

人才争夺远比物质资源争夺更为复杂，人才是有多重复杂性的活资源。因此，人才资源的争夺不仅要依靠自身国力的强大，而且要能提供丰厚的薪酬待遇，更要能创造出适合人才长远发展的基础、环境以及优化相关政策的机制。目前，各国都日益重视建立对人才使用、评估、成长的开放性环境，从过去注重人才使用的短期政策，过渡到有利于人才长期发展的制度建设上来。最典型的例子就是关系到人才流入门槛的签证、绿卡以及入籍制度。为了争夺顶尖人才，欧洲传统三强都进行了制度改革：2000年德国正式实施“绿卡工程”；2007年法国实施《优秀人才居留证》制度；2008年英国正式实施“记点积分制”移民制度。芬兰对掌握先进技术的高收入外国人实行特别税率制度，征税率为35%，远远低于该国所得税最高税率60%的规定。2008年底，中国出台了吸引海外高端人才回国创新创业的“千人计划”；2010年，又出台了第一个人才中长期规划纲要《人才规划纲要》。

第二节　国际人才竞争的趋势

随着世界经济格局的转变、经济全球化进程的加快、经济形态的转变，国际人才发展呈现出一些新的趋势，包括人才培养的国际化、人才全球化流动加剧、人才竞争的激烈化、人才战略地位越来越突出等方面。

一、人才培养国际化

在人才的国际化培养中，留学是主要方式。据联合国教科文组织统计，2009年发达国家接收外国留学生2055.6万人，发展中国家接收留学生131.3万人（见表12—1）。据2009年联合国教科文组织发布的《2009年世界教育报告：全球教育数据比较》显示，2007年全球共有280多万留学生，比2006年增加了12.3万人（增长4.4%），比1999年增长53%（年均增长5.9%），是1975年留学生人数的2.5倍（年均增长11.7%）。国际化人才需求不断膨胀，推动了教育国际化进程，国际留学生的规模也进入快速发展期。1999 年澳大利亚 38 所大学联合组成的教育国际开发署（IDP Education）预测，到 2025 年全球留学生规模将达到 720 万。亚洲的留学生派出人数预计将占到世界的 70%，中国和印度被认为将为世界留学生市场提供 50% 的生源。经济合作与发展组织（OECD）更是预言 2025 年全球将有 800 万名留学生，而这些留学生，将会成为国际化人才的主力。

表 12—1　1990—2009 年中国和主要发达国家接受高等教育外国留学生数量

单位：万人

国家	1990 年	2000 年	2003 年	2009 年
中国		4.5	11.1	6.1
俄罗斯		6.4	6.9	13.7
英国	8.0	26.0	27.0	49.9
意大利		2.5	3.6	6.8
西班牙	1.0	4.1	5.4	4.9
法国	13.6	13.7	22.2	24.9
德国	10.7	18.7	24.1	25.7
美国	40.8	54.8	57.3	66.1
发达国家	86.4	163.3	202.0	2055.6
发展中国家	0.2	13.2	28.2	131.3

资料来源：1990 年、2000 年、2003 年数据来自 Kritz，Mary M.，“Globalization and internationalization of tertiary education”，2009 年各国数据来自联合国教科文组织《Global Education Digest 2011》。

二、人才流动全球化

（一）人才将持续流入欧美发达国家

决定人才全球化流动的因素主要有两个，一是国家的经济、军事和科技发展水平，称之为“硬件”；二是国家社会文化、价值观念、社会制度等，称之为“软件”。从硬件来说，那些经济发展水平比较高、科研投入较高、基础设施、生活环境良好的国家和地区，如美国等发达国家，人才流入的可能性更高。从软件来说，那些开放兼容、富有移民人文色彩的国家也拥有人才流入的机会，例如加拿大、澳大利亚、以色列、新加坡等国。

2010 年，全世界约有 2.13 亿人在出生国以外生活与工作，占世界总人口的 3.1%，其中大约有 9000 万是经济移民或技术移民，大部分是流向美国为首的欧美发达国家。① 北美洲和欧盟地区是全球移民主要集中地。美国、德国、加拿大、英国、法国、澳大利亚等发达国家（见表 12—2），国际移民占各自全国人口总数都超过 10%，都达到 400 万人以上，其中，澳大利亚外国移民所占比例达到 25.7%②。从世界范围来看，每 5 个移民就有 1 个在美国。目前，美国每年接纳移民超过 100 万，加拿大超过 20 万，澳大利亚、德国、英国、法国等都超过 10 万。而在非洲、亚洲、拉丁美洲，移民占总人口比例都没有超过 2%。③

表 12—2　世界拥有国际移民最多的 10 个国家

排名	国家	移民数量（万）	排名	国家	移民数量（万）
1	美国	4280	6	英国	700
2	俄罗斯	1230	7	西班牙	690
3	德国	1080	8	法国	670
4	沙特阿拉伯	730	9	澳大利亚	550
5	加拿大	720	10	印度	540

数据来源：World Bank. Migration and Remittances factbook 2011 [R]. Washington: World Bank, 2011.

（二）新兴国家通过人才回流和人才环流获得发展机会

目前，“人才回流”现象在世界范围内的主要状况是，欧美发达国家的人才向新兴国家回流，最发达国家美国的人才向欧盟各国、日本、澳大利亚、加拿大等发达国家回流。另外也存在少量发达国家人才向最落后的

---

①　参见联合国人口委员会移民数据库。

②　世界银行数据库，[EB/OL]. [2003 - 06 - 05]. http: //econ. worldbank. org/WBSITE/EXTERNAL/EXTD ECPROSPECTS/O. . Content MDK: 21352016 ~ pagePK: 64165401 ~ pipk: 64165026 ~ thesitePK: 476883. 00. html.

③　王雪梅，曲建升，高峰．全球人才竞争力：高技能人才的流动 [J]．科学新闻杂志，2008 (2)．

发展中国家回流的现象。其中，欧美发达国家向新兴国家的回流最为普遍。

“海归时代”的出现，使得新兴国家和地区的科学技术领域、高新技术产业领域、新经济领域都从人才回流中受益。在中国，81%的科学院院士，51%的工程院院士，72%的国家重点项目学科带头人，78%的教育部直属高校校长，63%的博士生导师，72%的省部级以上的教学基地（中心）和研究基地（中心）以及重点实验室主任都有留学经历。中国大多数在纳斯达克上市的新经济或高科技企业，都有海归的创始人。当新兴国家从制造业开始产业升级时，从这些国家出去的留学人员和族裔人才会大量回流。例如，1988年汉城奥运会后的韩国，在产业升级的过程中迎来大量的人才回归，到20世纪90年代，其具有博士学位的科学和理工留学人员超过一半都选择回归。

“人才回流”是一种经济学现象，依据新兴工业化国家的经验，当一个国家人均国民生产总值达到4000美元以上、产业技术资本密集达到60%以上、第三产业贡献率达到64%以上的时候，人才将大幅度回归。另外还有一些指标调查显示：当教育经费占国民生产总值5%以上、研究开发经费占国民生产总值1.9%以上、科学家工程师人均研究开发经费每年6万美元以上、从事研究开发的科学家每百万人口有1500人以上时，归国的海外人才也会大幅度增加。①

同时，随着全球分工协作、国际产业转移以及跨国公司的崛起，“人才环流”已经形成一个庞大的群体。2011年，美国在接纳100多万移民的同时，还有1.56亿的外国人持临时入境签证进入美国境内。② 这一现象的出现有其独特的历史价值。从发展中国家和新兴国家来考虑，需要一批人才留在最发达或技术最领先的国家，进行“环流”而不是演变为“流失”，掌握最新技术与经验，然后将其传递回国内。发达国家也同样如此，需要

① 王辉耀．国家战略——人才改变世界［M］．北京：人民出版社，2010.

② Randall Monger, Nonimmigrant Admissions to the United States: 2011［R］. Homel and Security of U. S. , 2012.

一批人才滞留在海外引导企业从产品到技术的出口。随着新兴国家在绿卡、签证以及出入境手续等门槛程序方面的放宽，人才环流将越来越普遍。欧盟就致力于使27个成员国的人才能够在整个欧盟区域内自由流动与工作，不受国籍限制。许多发展中国家如巴西、墨西哥、菲律宾、印度、越南等都改变了移民政策，针对原籍本国的高学历留学人士和投资者出台特别的绿卡政策，或者承认双重国籍，使离开的人才能够重新进入适合他们知识技能水平的当地市场。

（三）发展中国家人才流失还将持续

在过去10年，发展中国家的人才流失最为严重。2007年，联合国贸易和发展会议的结论就指出：人才流失严重，是阻碍非洲国家发展并影响其顺利实现千年发展目标的主要障碍之一。[①] 美国芝加哥来自塞拉利昂的医生比塞拉利昂全国的医生总数还多；赞比亚1964年独立之后所培训的医生90%移民到了国外；肯尼亚卫生部统计显示每年在公立医院受训的医生只有10%留在国内；英国曼彻斯特来自马拉维的护士比马拉维本土护士总数还多。[②] 短时间内，非洲国家很难迎来大规模的人才回归，因为人才回归需要软环境和硬件基础的逐渐改善，而这需要很长一段时间。

三、人才区域发展不平衡，人才竞争日益加剧

从《全球人才指数：展望2015》来看，世界各地人才发展将持续不平衡态势。北美的人才发展表现最突出，不管是2011年还是对2015年的预测值，都是排名最高的，而且2015年呈现上升趋势。西欧人才发展排名仅次于北美，但是分值比北美低10余分。其他区域的人才排名在2011年和2015年变化不大，依次为亚洲、拉丁美洲、东欧和中亚、中东、非洲，这些区域的得分均低于平均分。区域人才发展水平受到主要国家的发展状况

---

① 2007年联合国贸易和发展会议：最不发达国家报告2007：知识、科技学习和发展创新［C］. 日内瓦：联合国贸易和发展会议，2007.

② 王辉耀. 人才战争——全球最稀缺资源争夺战［M］. 北京：中信出版社，2009.

影响而出现显著的差异。例如亚洲的突出表现主要是受到新加坡、中国香港的推动。具体数据详见表12—3。

表12—3 全球人才指数区域排名（2011—2015年）

单位：名次，分数,%

2011年	2015年	区域	2011年	2015年	变化（%）
1	1	北美	66.0	67.9	+1.9
2	2	西欧	55.9	57.0	+1.1
3	3	所有国家平均	45.1	47.0	+1.9
4	4	亚洲	43.2	45.5	+2.3
5	5	拉丁美洲	39.3	41.1	+1.8
6	6	东欧和中亚	39.1	41.0	+1.9
7	7	中东	37.0	39.4	+2.4
8	8	非洲	30.3	33.2	+2.9

资料来源：Danny Kalman，KA Narayan. The Global Talent Index Report：the Outlook to 2015［R］. Chicago：Heidrick & Struggles，2011.

人才的区域发展不平衡以及各国对高端人才日益强烈的需求加剧了人才竞争。对于人才接纳国来说，吸引人才流入虽然需要付出一些成本，但是，引进的高技能人才和投资者会带来资本、知识和科技方面的积极影响，或创造潜在的就业机会进而使该国公民获益。对于人才输出国来说，长期人才外流和短期人才外流造成的影响是不同的。长期人才外流会造成经济产出、财政支出的损失。一方面，输出国因为人才外流，丧失了人才原本应在本国创造的经济价值，造成经济产出下降；另一方面，输出国培养人才花费了大量的教育成本，人才外流使得这些成本不能够在国内得到补偿，造成财政教育支出的损失。而短期的人才外流不一定会对输出国造成损失。如果一国出现人才流失，即发生人才长期移居国外的现象，则该国会造成大量的财富和技术的流失，甚至导致国家错过发展机遇。因此，各国之间国际人才竞争日益激烈。同时，由于外资企业、跨国公司大量使用本土人才，使得“国内竞争国际化，国际竞争国内化”的现象非常普遍。

四、人才战略倍受重视

为了应对人才的全球化竞争，提升国家的整体竞争力，世界各国纷纷制定相应的人才战略，提升本国的国际人才竞争力。20 世纪 70 年代韩国对欧洲的赶超过程中，最重要的成功因素是对人才战略的重视和对人力资本的重视。韩国从 20 世纪 60 年代起就在经济开发和产业化发展的过程中制定了相关的人才政策，包括大力推进“技术立国战略”，制定、实施“21 世纪精英工程”等有效措施，培养和吸引优秀人才。

从推动战略实施的路径来看，各国政府普遍选择强化移民制度吸引优秀人才、改善相关产业环境及创新环境让人才作用得以充分发挥、加大教育投资提高人才培养能力等措施来实施自己的人才战略。由于各国发展的阶段和水平不同，所采取的措施也不尽相同。例如，美国由于其本身产业环境及创新环境比较优越，其所采用的主要战略路径是通过移民制度的调整吸引外来优秀人才，并通过持续加强本国教育力度来培养和储备人才。而新加坡、以色列等新兴发达国家，由于第二次世界大战后国内创新创业环境相对传统发达国家相差甚远，人才流失较为严重，20 世纪 90 年代以来，主要通过提升国内产业环境、创新环境，加强本国基础教育等措施吸引人才回流，提升国内留住人才的能力。但是不管是采取哪种路径，各国政府都把人才发展作为推动经济、社会发展的根本。

第三节 我国国际人才竞争的现状与问题

在激烈的国际人才竞争中，我国的高层次人才大量以留学、移民等方式流失到海外。与此同时，我国的人才绿卡制度、人才培养体系与欧美国家相比，吸引外国人才力度不足，在接收国外留学生方面也与欧美国家也存在较大的差距。

一、国际人才竞争对我国的影响

（一）携带技能和资本的人才流失

中国新闻社发布的《2008 年世界华商发展报告》估计，过去 30 年，散居海外的华人华侨大概有 4800 万人，其中很多人是世界一流的科学家、工程师、高级管理人才。改革开放后移居海外的中国新华侨华人大约有 600 万人，其中仅仅取得美国绿卡和公民资格的中国人就已经达到 110 万人。对中国来说，这些庞大数据的后面是巨大的人才流失，且有愈演愈烈之势。最近 3 年，中国一直是美国、加拿大、澳大利亚三个世界主要移民接纳国的名列前三的移民来源国。每年仅仅移民这三个国家的中国人都达到 12 万以上。

据美国“全国科学理事会”2005 年的统计显示，美国目前大约 35% 的科学与工程博士来自外国出生，而这些外国出生者有 22% 来自中国大陆，4% 来自中国台湾，排在第 2 名的印度才只占 14%。① 中国先后有 8 名华裔获得自然科学领域的诺贝尔奖，其中 4 人出生在中国（即本来是中国籍），但他们全部都拥有或曾拥有过美国籍，目前只有 1 个人恢复了中国台湾籍。

携带财富和资本离开的投资移民更为严重。根据有关国家移民局的数据，仅 2010 年，通过投资移民形式到美国、加拿大、澳大利亚的中国人就超过 6000 人。从 2006 年开始中国就成为美国移民第二大来源国、加拿大移民第一大来源国。从 1998—2008 年，10 年间大约有 363760 名中国公民移居加拿大，占加拿大所有新移民的 14%，其中 2/3 是经济技术移民。美国公民及移民服务局的统计数据显示：2011 年有 934 名中国人获投资移民批准，申请数和获批准人数都占总数的 3/4。加拿大公民和移民事务部的负责人则称，2010 年中国大陆通过投资移民方式成为加拿大永久居民的人数占加拿大全部投资移民总数的 62.6%，达到 2020 人。

---

① National Science Board, Science and Engineering Indicators 2006 [R]. Arlington VA: National Science Foundation, 2009.

（二）持工作与留学签证的人才外流

1978—2011 年，我国各类出国留学人员总数达 224.51 万人，中国成为世界上送出留学生最多的国家，留学生总数占世界的 14%。① 目前中国是美国、英国、德国、日本、加拿大、澳大利亚、韩国等国家最主要的留学生来源国，而且由于中国经济的继续增长和个人收入水平的提高，越来越多的人还会选择出国深造。

留学生出国深造本是人才国际化培养的重要方面，问题是他们中的很多人选择了“在美找工作——获得签证——申请绿卡——入籍成为美国人”的道路。据国际经合组织的一份统计，1990—1999 年在各国经济发展最急需的科学和工程领域，非美国出生的博士留在美国的平均比例大约为 47%，中国大陆留学生博士滞留美国的比例高达 87%，而韩国只有 39%。而 2010 年美国《纽约时报》公布最新数据则表明这一趋势还在加强：2002 年在美国拿到科学和工程博士学位的外国留学生，到 2009 年仍然滞留在美国的比例，所有国家中以中国比例最高，大约为 92%，印度为 81%，中国台湾地区为 43%，韩国为 41%，日本为 33%。截至 2011 年，中国留学回国人员总数为 81.84 万人，回归率不足 36.5%。

二、我国国际人才竞争存在的主要问题

（一）国家人才竞争力不强

2010 年全国人才资源总量为 12165.2 万人，每年每万劳动力中研发人员 33.6 人，高技能人才占技能劳动者比例为 25.6%，主要劳动年龄人口受过高等教育的比例为 12.5%；人力资本投资总量为 47328.3 亿元，占 GDP 比例为 12.0%，人才贡献率为 26.6%。受过高等教育的普通人才并不缺乏，但高层次顶尖人才总量匮乏。根据《全球人才指数报告》，2011 年

① 王辉耀．中国留学发展报告（2012）No.1［M］．北京：社科文献出版社，2012.

我国全球人才指数在参评的60个国家中，排名33位，分值为41.1分，比排名第一的美国（74.2分）少33.1分，比全世界平均分（45.1分）少4分。根据瑞士洛桑国际管理学院《2011年世界竞争力年鉴》，中国的人才流失对国家的影响在59个国家中排名48，国家竞争力因为人才流失受到了严重的影响。具体数据见表12—4。

表12—4　2011年人才流失对竞争力影响排名及得分

国家	排名	成绩
挪威	1	7.86
印度	12	6.29
以色列	21	5.54
韩国	44	3.68
中国大陆	48	3.49
保加利亚	59	1.15

注：排名越靠前、成绩越高说明人才流失对国家竞争力的影响越弱。

资料来源：International Institute for Management Development，World Competitivenes Yearwork 2011［R］. Lausanne：IMD，2011.

（二）本土人才缺乏国际竞争力

英国《泰晤士报高等教育副刊》发布的2011—2012世界大学排行榜中，中国内地进入排行榜百强的只有北京大学和清华大学。在没有人文意识形态差异的自然科学领域，本土培养的科学家也一直没有实现诺贝尔奖的零的突破。国际知名咨询公司麦肯锡的调查报告指出：我国大学生所接受的教育，缺少全球化工作所需的实用和团队协作技能，大学毕业生中只有不到10%的人拥有为外企（其实就是强调人才的国际竞争力）工作的国际化技能，相比之下，印度为25%。我国每年新培养约60万名工程师，是美国的9倍。然而在我国大约160万名年轻工程师中，仅有10%具备跨国公司工作所需的实用技能和语言技能；今后10年，我国将需要7.5万名具备国际化素质的经理人，但我国目前仅有约5000名此类管理人才。①

① 参见麦肯锡公司发布的《2005年度中国职业经理人现状及发展调查报告》。

（三）引进外国人才缺乏战略意识

在国际人才竞争中，偏重短期引进使用外国人才，忽略长期引进使用外国顶尖人才。从2001到2010年的10年间，每年来中国工作或交流合作的外国专家有30万人次，基本上是短期引进。事实上，一直到2004年，我国才出台长期引进使用人才的正式绿卡制度。而从2004年8月15日到2007年8月15日的3年间，全国公安机关共受理外国人主动申请在华永久居留资格1460人，已批准686人获得在华永久居留资格，同时，为在管理办法颁布以前被批准在中国永久居留的342人换发了外国人永久居留证。① 而在美国，一年批准的绿卡都超过100万，给职业移民的绿卡总额为14万。澳大利亚、加拿大等②国家，一年也大约吸纳超过10万的技术移民和投资移民③。而且，由于这些国家承认或默认双重国籍，前往海外的留学人员和同胞大多并不在此列数据统计中。相比之下，我国绿卡包括海外留学人才在内的申请的人数都极为稀少。

我国目前的绿卡制度还存在着国民待遇不明确、管理审批程序复杂、绿卡类别不全面、对雇佣单位要求严格、申请限制多且门槛窄、评判标准主观等一系列亟待解决的问题。此外，在我国申请绿卡的群体中，不包括我国海外族裔人才、我国海外留学人才、外国来华留学人员这三个特殊群体。这不符合国际惯例。在拥有庞大海外族裔人才的新兴国家例如印度、韩国，对海外族裔人才包括留学人才从申请绿卡到移民都有特殊照顾，例如印度出台了“印度裔卡”（PIO）计划和“印度海外公民证”（OCI）计划。在以色列，海外出生具有本国血统的侨胞只有愿意，随时可以恢复本国国籍，并保留双重国籍。对于来到本国的外国留学生，加拿大、澳大利亚在积分评估制中则属于可加分的因素。

---

① 甘肃省外国专家局.686名外国人获在华永久居留资格［J］.国际人才交流，2007（11）.

② 参见经济合作与发展组织发布的《国际移民报告2011》。

③ 参见美国国家安全局发布的《移民统计年报2010》。

（四）教育培养体系不利于国际人才培养

目前我国的国际化教育水平与美国、英国、法国、澳大利亚等国家相比相差甚远，这不仅仅造成了大量留学生外流，还导致吸引国际顶尖留学生相对不足。美国国际教育协会（IIE）公布的在美国国际学生的统计数据显示，美国2008—2009学年留学生人数已达671616人。这一数字相当于当年来华留学生数量的3倍（来华教育数据见表12—5）。2006年联合国教科文组织曾统计并公布了各国接收外国留学生的数量，其中美国58万、英国33万、德国26万、法国25万、澳大利亚20万、日本13万、俄罗斯8万，这些数据均为学历留学生人数。尽管2009年到我国留学的留学生总人数为23万多，但其中学历生仅为9万多，同上述国家相比差距甚大。而且来华留学生还存在着就业、学历层次低等问题，与我国在国际上所处的大国地位极不相称，也与我国人才国际化的战略不相符。

表12—5　1996—2011年来华留学教育情况表

单位：人，所

年份	1996	1997	1998	1999	2000	2001	2002	2003
总人数	41211	43712	43084	44711	52150	61869	85829	77715
院校数	289	335	339	356	346	363	395	353
年份	2004	2005	2006	2007	2008	2009	2010	2011
总人数	110844	141087	162695	195503	223499	238184	26509	292611
院校数	420	464	519	544	592	610	620	660

数据来源：教育部发布的1996—2011年来华留学生教育统计数据。

（五）人才发展环境不利于国际人才引进

一方面，目前中国个税较高，个人所得税税率在5%与45%之间，实行七级超额累进税率，存在起点太低、税率过重、征收方式不够合理等问题。个人所得税的最高税率也普遍高于周边地区和主要发达国家。例如：

中国香港是2%—15%，新加坡是2%—28%，马来西亚是1%—29%，加拿大是17%—29%，① 如果再考虑起点工资与其他国家横向的差距，外籍人才在我国工作的收入则会大幅缩水。因此，这种税收差异会导致我国的跨国企业在聘用国际人才时，往往要付出更高的成本。

另一方面，法律和政策不完善，也是阻碍人才发展的重要方面。根据调研，海归创业面临的首要问题就是政策制度方面的障碍。留学人员长期生活在国外，对国内的政策制度及机制缺乏了解，特别是对留学生归国创业、安居的管理与配套服务机构不熟悉，而留学回国无论是安居、就业还是创业都要涉及到外事、侨务、科技、教育、人事、民政、工商、海关、税务、商务、金融等多个部门，留学回国人员办理各类行政登记审批手续过多，效率低下。

第四节　确立我国国际人才竞争比较优势

中国要想在激烈的国际人才竞争中胜出，必须要统筹规划、合理布局我国国际人才竞争的战略布局，建立我国国际人才的比较优势。

一、我国国际人才竞争的主要优势

中国在国际人才竞争中有许多优势。其一，中国经济高速增长，经济总规模居于世界第二，逐步完善的市场环境以及人文环境，以及不断提高的人均收入水平，能给高端人才提供丰厚的待遇和充分发挥才能的经济支持。其二，目前中国正进行产业结构调整与升级，科研投入总量达到世界第二，各种科技园、产业园等配套措施不断完善，也能为大量高新领域人才提供用武之地，从硬件上打造人才回流的潜力及机会。其三，自改革开放以来，从政策上“支持留学”到出台各种细化的人才回归计划，以及建立针对外籍人才的绿卡制度，国家的政策越来越开放，进入21世纪后“人才强国”提到国家战略的高度上。在“千人计划”及《人才规划纲要》等国家战略及计划的带动下，各地纷纷建立人才办

① 王辉耀．国家战略——人才改变世界［M］．北京：人民出版社，2010：185.

等相关人才工作部门，出台了各种人才政策，如北京的中关村人才特区、江苏苏州的姑苏人才计划、无锡的“530”计划、南京的“321”计划、浙江杭州的“5050”计划、广东东莞的人才东莞战略等，初步形成以中央“千人计划”、《人才规划纲要》为核心、地方人才政策为支撑的人才政策体系，大大提升了中国在全球人才市场上争夺人才的软实力。其四，我国拥有数量巨大的海外留学生和海外侨胞。截至 2011 年，我国拥有 140 多万名海外留学生以及 5000 万名海外华人。海外华人掌握着巨大的技术、资金资源。民族情结以及同文同种，使得中国即使与发达国家有一定的距离，也对海外华裔人才有很大的吸引力。

随着经济腾飞，以及政府在招商引资方面的努力，中国在改革开放的 30 多年里，已有大规模的资本回流。从 1978 年到 2005 年，中国累计引入外资大约 6208 亿美元，其中华裔占主导的大约 67%，批准成立的 55 万多家外资企业中大约 70% 是华裔建立，来自中国香港的投资居第一位，达 2600 亿美元。① 随着招才引智工作的推进，自“千人计划”2008 年出台以来，中国正由“人才流失国”逐渐扭转成为全球最主要的“人才回流国”。截至 2012 年底，中国已吸引“千人计划”专家近 3319 人。②

过去，大量来自中国、印度的人才通过留学、技术移民的方式来到美国。很多人出于对今后职业生涯的考虑而选择留在美国，他们认为美国的经济机遇以及专业发展机会都较国内更具吸引力。如今，他们正热衷于回国发展。越来越多在美国接受教育的人员选择回国。大部分计划创业的人认为，回国创业会有较好或更好的机会；大部分打算回国工作的人则认为，归国后专业技能增长和职业发展会更好。

根据本书的作者 2010 年到 2011 年在美国哈佛大学和国外专家所做的合作研究，越来越多中国的海外留学人才希望回来。调查发现，91.8% 的中国海归称中国有更好的经济发展机遇，这是他们回归的最重

---

① Sumei Tang, Eliyathamby A. Selvanathan, Saroja Selvanathan. China's Economic Miracle: Does FDI Matter? [M]. Edward Elgar Publishing Ltd.. 2012.

② 中国组织人事报，中国梦激荡“史上最大海归潮”[EB/OL].（2013 - 04 - 01）. http://rencai. people com. cn/n/2013/0401/c244853 - 20986332 - 2. html.

要原因。详见表12—6。另外，在中国留学人员回归的原因中，中国更为庞大的市场和政府更为积极的激励机制是重要的吸引力。超过八成的中国留学人员都认为，回来能有更好的专业、职业、创业发展，有更大的人才需求市场。这显示了中国留学人员对中国经济发展的信心。值得注意的是，59%的中国海归觉得在祖籍国的生活水平会优于或等于他们在美国的情况。

表12—6　留学人员从美国回国的原因调查

单位:%

归国的原因		印度	中国
国内经济环境	国内的经济机遇	62.1	91.8
	国内市场	52.9	77.8
	较低的商业成本	40.7	38
	政府的激励机制	3.7	22.6
	为祖国的经济发展作贡献	60.5	52.3
职业发展	更好的专业发展机会	68.7	84
	更好的职业机会	62.3	87.3
	祖国对其专业技能的需求增加	79	86.8
	国内更好的生活水平	68.2	55.5
	国内更高的报酬	49.4	57.1
个人及社会比较	家庭/家族价值	79.7	67
	照顾年迈的父母	89.4	78.8
	距离家人、朋友更近	88	76.8
	孩子的情感成长	63.1	24.9
	孩子的教育	42.5	17.6
	生活质量	45.1	33

资料来源：Vivek Wadhwa, AnnaLee Saxenian. America's Loss is the World's Gain: America's New Immigrant Entrepreneurs, Part Ⅳ［R］. Kansas City: The Kauffman Foundation, 2009.

二、明确我国国际人才竞争的指导思想及战略目标

建立我国国际人才竞争的优势是关系社会主义现代化建设全局、具有战略意义的一件大事，确立正确的指导思想和战略目标尤为重要。

第一，在工作方针上，应该坚持以科学发展观为统领，深入实施人才强国战略，坚持党管人才原则，继续贯彻支持留学、鼓励回国、来去自由的方针，按照拓宽留学渠道、吸引人才回国、支持创新创业、鼓励为国服务的要求，以高层次留学人才为重点，以团队引进、核心人才带动引进、高新技术项目开发引进等为主要方式，加大高层次留学人才引进工作力度，为全面建成小康社会和构建社会主义和谐社会提供坚实的人才保障。

第二，在工作思路上，坚持开发利用国际、国内两个人才市场、两种人才资源，坚持回国工作与为国服务相结合，全面吸引与重点引进相结合，政策支持与市场配置相结合，政府主导与社会参与相结合，引进与培养相结合，进一步健全政府主导、市场配置、重点突出、服务完善的国际人才竞争工作新格局。

第三，在工作重心上，需要把改革开放 30 年来各地各级政府重“招商引资”的战略重点转移到重视“招才引智”上来，人才流入自然会带进资金与技术，缺少人才则有资金也无法有效使用。同时，对于使用人才，也要注意与政策、产业、项目、资金的结合。

第四，在战略重点上，我国正处于产业结构升级，转变经济发展方式的关键时期，可以借鉴以色列、韩国等新兴发达国家的经验，以全面推动海外人才回流为主，重点引进外国人才为辅。我国本土人才教育培养体系相对滞后，但有着全世界只有以色列、印度可以相提并论的海外族裔人才资源。因此，我国未来国际人才竞争战略的重点主要放在推动中国出生的海外高层次人才大部分回流上，重点引进外国人才为补充。对外籍人才由重点引进到全面吸收，由短期引进过渡到长期引进，开通外国人才通过投资、技术移民入籍的制度，扩大招收留学生，争夺全世界的人才为我所用，以完成建设创新型国家、和谐型社会以及民族全面崛起复兴的伟大战略任务。

第五，在战略目标上，在未来10年，应根据社会发展的需要，务实地提升留学生的回归率，提升国际人才的比例。2011年，我国出国留学生达到33.9万人，留学生总回归率达到36.5%。在未来10年内，留学生总回归率应超过50%，留在海外的中国出生的人才当中，高层次顶尖人才应80%拥有我国绿卡或类似双重国籍待遇，并促进这些群体保持经常性回国访问，进行不限形式的联系与合作。同时，提升海外人才入籍或获得绿卡的比例，争取有与以色列、新加坡等新兴发达国家相当数量的海外人才绿卡数，以及相当数量的外国留学生数量。

三、统一部署我国国际人才竞争的战略任务

（一）全面落实国家中长期人才发展规划

《人才规划纲要》明确了新时期我国人才工作的指导方针、战略目标和总体部署，提出了加强人才队伍建设、创新体制机制、完善重大人才政策、实施重大人才工程的主要任务。《人才规划纲要》的颁布实施是贯彻落实科学发展观、更好实施人才强国战略的重大举措，是在激烈的国际竞争中赢得主动的战略选择。因此，抓好《人才规划纲要》的落实和实施，可以说就是抓住了我国国际人才竞争工作的核心。

（二）坚持国际化视野，树立国际人才竞争新理念

国际人才的竞争，既是各国总体实力的竞争，更是各国人才观念的竞争，只有具有国际视野的人才竞争观念，才能在人才竞争中抢得先机，取得主动权。要树立全新的与人才国际化相适应的理念，使人才国际化与经济全球化协调发展、相互促进。首先，要树立外资外贸外经和外智同步进行的理念。进一步丰富对外开放的内涵，在部署外资、外贸、外经“三外”工作的同时，积极考虑“外智”工作，努力实现“四外”齐上。其次，要树立产业招商与产业招才同步实施的理念。坚持一手抓产业招商、一手抓产业招才，既要招商引资，还要招才引智，哪里有引资项目，哪里就有引智项目。第三，要改进人才管理方式，鼓励地方和行业结合自身实

际建立与国际人才管理体系接轨的人才管理改革试验区，设立建设“人才特区”的战略目标。就像当年改革开放建立“经济特区”推动中国过去30年大发展一样，建立“人才特区”推动中国未来30年大发展。通过改革，达到创建人才管理新模式、创新人才工作机制、优化人才环境、聚集海内外人才的作用。第四，要树立既提高国际化人才的存量和增量，又促进国际化人才在城乡、区域、产业、行业和不同所有制之间的合理分布的理念，提升行政人才、企业经营管理人才、专业技术人才国际化水准，促进各类人才协调发展。遵照经济全球化的总体规律，准确把握人才国际化的客观规律和人才开发的方式方法，着力研究如何提高各类人才创新、创业、创优的能力，如何提高各类人才复合、通用、交流的能力等。建立与人才国际化相适应的理念，还需要加强理论研究，为全面实施人才国际化战略提供理论支撑。

（三）以实施人才工程为依托，发挥我国国际人才的竞争优势

自中央的“千人计划”2008年出台和《人才规划纲要》颁布以来，我国的国际人才竞争战略已经初步显现了成效，在国际社会引起了强烈反响。要把实施人才重大工程作为我国国际人才竞争工作深入贯彻落实科学发展观的战略抓手，着眼于服务科学发展大局，围绕转变经济发展方式、促进产业结构调整、提高自主创新能力、实施国家重大发展战略，明确各项人才重大工程的战略定位和工作重点，找准切入点和着力点，充分发挥国际人才对经济社会发展的引领和支撑作用。实施好这些工程能够引领我国国际人才队伍建设，推动人才竞争力进入世界前列，从而对国家经济社会发展全局产生重大影响。要充分发挥“千人计划”、“青年千人计划”、“外专千人计划”、“人才特区”、“人才特支计划”等各种人才工程战略特点，整合各方面资源，形成合力，共同推进我国国际人才竞争的战略优势。

把重大人才工程作为吸引、凝聚海内外领军人才的高端平台，通过强有力的经费支持和系统的政策扶持，为他们发挥作用创造良好条件。坚持使用与培养相结合，强化培养功能，实行“大师+团队”的组织模式，做

到以才带才、以才育才。推动引进与使用一体化。

（四）完善我国国际人才机制，增强我国国际人才竞争的比较优势

提升我国国际人才竞争的优势，加大吸引国际化人才，要按照前瞻性、时代性、针对性、导向性和可操作性的原则，突出工作重点，建立完善符合中国人才国际化特点的四项人才机制。

第一，围绕“人才流动国际化”，建立人才资源的引进机制。着眼于构建来去自由的流动体制，实行人才流动体制“柔性化”。疏通行政干部、企业干部和科技干部人才之间的贯通渠道，体制内外人才之间的贯通渠道，国内外人才之间的贯通渠道。有条件的地方和部门可以组建国际人才市场，建立国际人才库，加大吸引海外高层次人才力度，整合国内外人才资源，推进国内和国际人才市场的融通，提升人才市场的外向度。

第二，围绕“人才素质国际化”，建立人才资源的培养机制。构建终身教育体系，多层次全方位地办教育。加大教育对外开放的力度，鼓励有条件的高校拿出重点学科、专业与国外高校同类强项学科、专业进行国际化合作办学。就像当年改革开放初期为了搞活经济搞对外教育，当前为了搞好教育，培养好国际化人才，我们也必须搞好对外开放与合作。根据各类人才的不同特点，还可以采取依托境外培训机构和高等院校等形式，加大国际化培训力度。加强国际人才合作与联合培养。

第三，围绕“人才价值国际化”，建立人才资源的全球定价的薪酬机制。在各行各业尤其是高新技术领域实行以年薪制、期权制、职工持股等股份化分配方式，大力推进管理、技术等生产要素参与分配的制度，从而在根本上解决人才的分配问题。大幅度提高特殊专业技术人才的待遇，特别是高新技术领域，岗位工资水平要努力达到国内同类岗位甚至国际市场水平。

第四，围绕“人才使用国际化”，建立人才资源的评价机制。大力引进国际通行的职业资格认证制度。培养选拔适应国际职业发展和技术标准

的专业技术人才，逐步建立起以国家职业资格制度为主干、以引进国际通用职业资格认证为补充的专业技术人员职业资格制度体系。

第五节　应对国际人才竞争的策略

国际人才竞争涉及多方面的因素，既有经济发展提供的空前机遇和经费的保障，也有政府的重视、公平有效率的法制、移民政策的保障和个人收入的提高，还有产业发展能提供施展才华的舞台，以及是否具有兼容适宜的生活环境和人文环境等，众多因素都不可或缺。为了应对国际人才发展竞争新趋势，我国 2008 年推出“千人计划”，2010 年颁布《人才规划纲要》，并着手改革绿卡、居留、签证以及出入境制度，实施同时开发国内国际两种人才资源的更为开放的人才战略。要确立人才国际化理念，根据全国人才规划和“千人计划”的相关精神和战略规划，制定国际人才竞争的相关策略，从制度建设着手，完善人才培养、引进、选拔、使用、激励等相关配套政策，最终形成良好的人才发展和开发平台，充分发挥人才资源对国家发展的驱动作用。

一、国际人才竞争的法制化策略

目前我国引进海外高层次人才的文件多属于政策性范畴，法律位阶低，权威性不够。大凡政策性文件，总给人一种缺少应有稳定性的感觉，即只能指导或者间接规范引进海外人才事务，而不能作为有关部门规范引进海外人才事务的直接依据。另外，很多政策性文件是带有密级的内部文件，只为政府管理部门内部掌握，海外高层次人才作为被管理的主体却可能不知道它们的存在和内容。

首先要实现从以政策规范向以法律调整的转变。以政策规范向以法律调整的转变，是加强当前国际人才竞争工作的必然趋势。2008 年出台的《引进海外高层次人才暂行办法》是一部规范出入境、移民、引进海外高层次人才的具有法律性质的行政规章，但与《中华人民共和国外国人入境出境管理法》、《外国人在中国就业管理规定》、《外国人在中国永久居留审批管理办法》的滞后性、落后性规定存在冲突。因此，应该以法律化和制度化的手段，顺应引进海外高层次人才的蓬勃发展趋势以及其他国家和地区引进海外人才的惯例制度做法，将我国目前人才战略和人才计划的精神法制化。

另外，要在法律设计中强化国家人才竞争战略的立法目的。目前与引进海外高层次人才相关的《中华人民共和国出境入境管理法》、《外国人在中国就业管理规定》、《外国人在中国永久居留审批管理办法》三部重要法律性文件的立法目的中，都忽视了国家的国际人才竞争战略。《中华人民共和国出境入境管理法》第一条规定，“规范出入境管理……促进对外交往和对外开放”。《外国人在中国就业管理规定》第一条规定，“为加强外国人在中国就业的管理……”。《外国人在中国永久居留审批管理办法》第一条规定，“为规范外国人在中国永久居留审批管理工作……”。显然，它们在立法目的中没有明确引进海外高层次人才对促进我国经济社会发展的重要性，因此，很难达到建立有利于我国参与国际人才竞争的相关制度和具体措施的目的。法律建设滞后，势必对我国政府部门与海外高层次人才之间的沟通形成障碍，降低服务和管理的效率。因此，应该从法制化角度加强人才战略的制定和实施。

二、国际人才竞争的制度策略

高层次人才进入、工作、居留、移民，必然涉及出入境、签证、居留、绿卡、入籍等最基本制度。我国 2004 年出台的绿卡制度，虽然明确是为社会经济发展服务，但既不是建立在移民申请与许可的基础之上，也没有建立一个真正完善、系统的人才移民法律。因此，我国需要探索建立中国的技术移民和投资移民法律的具体体系，结合“政府主动招纳”和“人才主动申请”两种模式去全球争取顶尖人才，具体而言，应该包括如下两个方面内容。

（一）建立经济移民制度

明确建立鼓励外国高端人才凭借资本和技能移民中国的经济移民制度

要从三个方面入手。一是制定入籍归化的政策，设置一些加速入籍的条件。例如在美国，以永久居民身份居住满5年并符合一定条件，就可以申请入籍。在韩国，需要通过入籍考试，主要是考韩国的文化、历史、地理和生活基本信息。二是包括给予绿卡持有者“等同本土公民”的基本国民待遇，只在参政议政方面有所限制，明确永久居民的权利和义务。三是设置明确、系统的申请类别和门槛，包括年度总量上限。改革当前的绿卡制度，建立技术移民、投资移民、自雇移民、国家利益与贡献四大类别人才移民机制。参照国际通行的标准，全面评估相关申请者的素质和情况。投资绿卡要更为完善，不只是看投资金，还要全面评估投资者包括商务能力与背景、年龄、家庭资产等各方面情况。技术人才绿卡改革为有工作邀请的雇主联合申请和独立申请相结合两种模式，雇主联合申请类别以职业而非职位作为申请门槛，实施国际通行的积分评估制，对用人单位不再进行限制。针对三类人才（诺贝尔奖得主等全球领军型人才，人文艺术学科的高层次人才，商业精英和创业人才）实行独立申请也即自雇移民制度，不需要先在中国工作、居留过以及找到雇主。

（二）为海外族裔人才与留学人才发放“同胞证”

向原籍中国的海外族裔人才与留学人才直接发放“同胞证”，相当于长期签证。在非移民国家以及拥有庞大海外族裔人才的新兴国家例如印度、俄罗斯、韩国，对本族裔人才包括留学人才从申请绿卡到移民都有特殊照顾。美国、加拿大、澳大利亚、英国、法国之所以对本国侨胞、留学生没有特别规定，是因为承认或默认双重国籍，这些人根本就没有任何回归障碍。我国侨务方面的国情与当时的印度20世纪90年代以前有些相似，当时印度也不承认双重国籍，也有南亚的海外印侨的问题，后来印度采用了对等承认的政策，回避了印侨的问题。因此，中国可以适当借鉴并综合印度和韩国两个国家的经验。在目前没有双重国籍政策下，考虑针对原籍中国（本人或父母曾拥有过中国籍）、凡具备硕士学历、或在国内纳税超过一定额度、或具备高层次人才标准、或在边远地区工作且保持一定收入者，都可以直接申请绿卡，或发放相当于绿卡的

"海外华裔卡"。一方面可节省政府相关部门的工作成本，有利于引进外才与外资，推动人才环流；另一方面主要是针对改革开放后出去的新华侨华人，这一群体主要集中在欧美发达国家，也不会引发东南亚的华人问题。也可以考虑采用印度模式或我国香港的模式来解决海外华人华侨回来的身份问题。

三、国际人才竞争的工作程序策略

完善国际人才竞争的工作程序策略，目的是使国际人才引进和开发工作条理化、标准化和规范化，以求获得最佳的工作秩序、工作质量和工作效率。

（一）设立专门的移民事务管理机构

设立专门的移民事务管理机构是有效管理外国人工作签证、长期居留、申请绿卡、移民入籍事务，简化行政审批程序的关键。外国人来到中国工作，必须办理外国就业证或外国专家证、外国人就业许可证书以及居留证三个证件。就业证归人社部审批，外国专家证由外国专家局审核；用人单位的外国人就业许可证书要由行业主管部门批准；居留证件要在公安部审批。此外，还可能涉及外交部、教育部等相关部委。在发达国家和地区都是由一个政府部门办理，例如美国公民与移民服务局（USCIS）、澳大利亚移民和公民部、日本厚生劳动省、韩国就业和劳工部、中国香港特别行政区劳工处等，都是单独审批外国人长期工作和居留申请的。因此，需要建立专门的机构，统一管理外国人签证、居留、移民的事务，统一审批绿卡和入籍的申请，以及处理包括外国人申请绿卡、入籍成功之后的社保、档案以及可能的集体户口等有关问题。

（二）简化往返中国的签证手续

在国籍与绿卡问题解决前，往返中国签证问题也是人才回归以及人才环流的重要障碍。我国海外使领馆不多，手续却很繁杂。国家有关部门曾多次出台文件，鼓励留学人才以多种形式为国服务，并从强调"人的回归”过渡到“才的回归”，提出对在华任职的留学归来人员以及外籍高科技、高层次管理人才提供入出境便利。这项规定立意非常好，但实施起来难度非常大。大多数国家对于本土人才出入境没有任何限制，对于外籍人才也注意简化手续。例如欧盟成员国之间的人才能够自由流动与选择工作。法国发放等同于居留证的长期签证，不用去大使馆，抵达法国后只需在3个月内向所在地的移民融入办公室邮寄相关材料，再填写相应的官方文件、接受体检后，其居留就可以获得批准。

四、国际人才竞争的环境策略

改善人才发展的环境，实现高层次人才国际竞争的新突破，是发达国家的实践经验，也是我国积极探索的重要课题。

（一）完善人才发展的创新创业环境

继续加大科研投入，为科研工作和科研人员提供必要的软件保障，确保人才“进得来、留得住”。建立对科研成果的奖励激励机制，调动科研人才的积极性、主动性和创造性。完善高科技园区、产业园、创业园区等人才制度改革实验区配套产业化条件，聚集人才。人才、企业、产业能够产生巨大的聚集效应，这是一个国际共识。同时，积极探索建立国家风险基金与担保机构来吸引人才，来挽留以及吸收海内外的高科技、新经济领域的人才。鼓励高端人才去中西部发挥作用，将海外留学人才以及华裔人才通过考核纳入西部人才引进计划。

（二）完善人才激励体系

国际人才竞争中的人才待遇标准，通常是由全球人才市场定价来决定的。待遇不仅仅是薪酬收入等显性因素，还包括相对收入、生活物价、发展前景、发挥平台、收入增长空间等隐性因素，对人才的影响也要具体问题具体分析。首先，将社会发展急需、国内人才缺乏的岗位拿出来参与全球招聘。参照国际人才全球定价，采取灵活的薪金制度，实施聘任制，专才专用，对于国家急缺的人才可考虑薪金高出国际同行水平。对于特殊人才的特殊待遇，还可以采取政府支持、民间基金冠名的方式，给予补助与津贴，提升人才薪酬的竞争力。其次，降低个人所得税率，提高本土企业在全球市场中竞争、挽留、培养国际人才的能力，对于企业招聘、引进、使用国际上高级科技人才、创意人才、专业人才等进行减、免、退税，以便企业进行国际人才竞争。再次，改善社会公共环境及相关配套设施。尤其是住房、教育、社会保障、子女入学、家属就业等问题，其中最典型的是子女教育等问题。众所周知，东西方教育体系不同，许多外国人才以及留学人才的子女来到中国首先要面临严重的重新适应问题，有些孩子连汉语都说不流利，更别说参加中国的高考。

（三）为人才竞争创造适当宽松的政治环境

建立具备国际竞争力的人才制度，吸收归国留学人才参与政府工作，发挥与国内人才的互补作用，是我国调整人才战略中不可或缺的部分。首先，要对海外人才尤其是留学人才进行合理政治定位。目前，有些地区和部门对留学生依然存在“政治歧视”，认为留学人员在国外生活过，政治意识就是“外国人”，甚至成为国家安全问题防范对象。如在有关访谈中，有归国留学人员就指出：如果只将留学人员当作“统战”、“团结”、“利用”的对象，不当自己人，只会让更多高层次留学人才不愿意回国。其次，取消不必要的行政门槛，让不管海内还是海外的所有体制外优秀人才都能顺利进入体制内为国家所用。我国已有万钢、陈竺两位“海归部长”，但这种可担任正职的“开放”还应从科、教、文、卫领域扩大，从根本上建立具备国际竞争力的人才机制。尤其在需要进行国际竞争的领域、经常涉外的政府部门岗位以及大型国企高管职位，必须提高人才机制的国际化程度，甚至主动向那些对本土与国际情况都熟悉的国际化人才倾斜。对于外籍人才，只要是国内急缺的领域，就应该通过任期制大胆聘用。此外，吸引留学人才进入政府机构工作以及使用外国人才，还可考虑实施聘任制或任期制。大多数留学人才以及外籍人才在国外已经熟悉并习惯这类制度运作，对他们实施任期制或合同聘任制有利于不与现行体制形成冲突。

五、国际人才竞争的开发策略

在激烈的市场竞争中，国际人才作为一种重要的资源扮演着越来越重要的角色，做好国际人才的开发培养是我国人才工作健康、可持续发展的关键。

（一）加强国际化教育

一是改革现行教育体系，加强本土大学对人才国际化素质与竞争力的培养，适应全球化的人才要求。与国外名校开展合作办学，通过国际学分互认等方式开设交换学生计划或 3 +1（国内读 3 年，国外读 1 年）等课程，在本土培养更多能以国际话语、国际规则去处理国际事务的国际化人才。二是把接受外国留学生作为既能创汇又能帮助文化输出的产业，采取优惠倾斜政策，扩大招收外国留学生。只要是我国所需要的人才就争取挽留下来，作为我国人才资源的一种补充。外国优秀留学生只要是我国需要的人才，就要通过各种方式挽留下来。三是由中国派出教师在海外多设立孔子学院，与国外大学合作开设中国文化、汉语等专业课程，以便在国外培养了解甚至亲善中国的外国人，有利于我国国际形象的改善与对外国人才吸引力的提高。四是多举办国际性学术会议，邀请外国科学家到国内参观、讲学，开放一些高校实验室接待国外科学家来华研究，出台外国人博士后制度，使我国高校成为国际学术研究型人才聚集地。五是加强在职政府公务员国际化培训。对经常“涉外”部门（如外交部门、新闻宣传部门、对外贸易部门等）的公务员、重要岗位领导干部开展国际化培训计划，还可以考虑对在职部级、司局级政府公务员进行轮岗，轮流出国去哈佛等世界名校进行在职学习或培训，时间在 3 个月到 1 年之间，这能迅速提升我国党政人才的国际化水平。

（二）建立国际人才库和吸引平台

建立国际人才库和吸引平台，是国际人才开发的必要手段之一。20 世纪 60 年代印度政府就开始投资创建“科学人才库”，并在主要发达国家建有海外高层次专家人才数据库，尤其关注那些能为印度重点项目解决难题的海外人才。20 世纪 90 年代，韩国政府也在建立各类国际人才联络站之后，建立了海外人才数据库。我国台湾地区也专门建立了“国家青年委员会”，一是资助返台专家和技术人才获得所需的贷款、生产用地或科研项目；二是建立专门的海外人才数据库，仅在美国就设立了三个办事处，建有“海外华人专家学者档案”，存储上万名科技人才的档案；三是帮助需要人才的政府部门、公司企业寻找合适的人才。

政府有必要建立一个集信息储存、沟通联络、信息发布为一体并与互联网相结合的海外人才数据库。在海外，我国有百人会、旅美科协、华源科技协会等数百个华裔和留学人员的专业社团，同时国内也有欧美同学会这样著名的留学生组织。政府完全可以通过欧美同学会等社团的协助，与海外对接，建立一个更有针对性的中国全球留学人才/华裔人才联系网络。把海内外各类留学人员组织吸纳为联系单位，在此基础上建立主要发达国家的中国留学人才/华裔人才联络站，以及相关各专业的高级人才数据库，以最终建成一个能够有效协助政府与企业吸收各类海外高级人才的机构。这一人才联络站的建立，必能很好地促进我国的国际人才竞争。

同时，可以通过与各海外社团的合作，成立一个专门在全球搜索、关注、接触、挖取人才的国家猎头部门或特别工作组，或者付费资助成立一些帮助国内引进人才的民间猎头机构。以海外高端留学人才与华裔人才为重点，外国高级人才为补充，专门吸纳引进具有战略意义和领军作用的顶尖人才，在一定程度上解决我国高层次人才匮乏的局面。

参 考 文 献

[1] 王通讯．宏观人才学［M］．北京：人民出版社，1986.

[2] 李增福，张鸣，等．人才与经济发展［M］．北京：中国展望出版社，1987.

[3] 沈荣华．商品经济与人力资源配置——社会主义人才市场研究［M］．上海：上海社会科学院出版社，1988.

[4] 望山．人才，走向市场——人才市场学概论［M］．南京：河海大学出版社，1989.

[5] 江苏省人才学会软课题研究室．21 世纪的江苏：人才与经济协调发展［M］．南京：南京大学出版社，1990.

[6] 彭涵明，望山．科技队伍建设与发展［M］．南京：河海大学出版社，1990.

[7] 沈荣华．第一资源论［M］．上海：上海三联书店，1993.

[8] 苏廷林，王通讯．人才资源学导论［M］．北京：中国人事出版社，1994.

[9] 沈荣华．尊重知识，尊重人才——振兴中华的百年大计［M］．上海：上海人民出版社，1994.

[10] 望山．充分发挥现有人才作用的研究［M］．南京：河海大学出版社，1995.

[11] 叶忠海．人才资源优化策略［M］．上海：上海人民出版社，1996.

[12] 刘显桃，赵永乐．新世纪人才曙光——江苏省加快培养跨世纪学术和技术带头人对策研究［M］．南京：江苏科学技术出版社，1996.

[13] 江苏省人才学会．人才与经济·社会·文化发展——第二届中

国东南地区人才问题国际研讨会论文集［M］. 南京：东南大学出版社，1996.

［14］赵永乐. 现代人才规划技术［M］. 上海：上海交通大学出版社，1999.

［15］叶忠海. 人才地理学概论［M］. 上海：上海科技教育出版社，2000.

［16］沈荣华. 中国经理革命［M］. 上海：上海交通大学出版社，2000.

［17］桂昭明. 湖北人才资源世纪报告［M］. 武汉：湖北人民出版社，2001.

［18］潘晨光. 中国人才发展报告［M］. 北京：社会科学文献出版社，2004.

［19］王通讯. 人才学新论［M］. 北京：蓝天出版社，2005.

［20］沈邦仪. 人才生态论［M］. 北京：蓝天出版社，2005.

［21］桂昭明. 人才资源经济学［M］. 北京：蓝天出版社，2005.

［22］叶忠海. 人才学基本原理［M］. 北京：蓝天出版社，2005.

［23］赵永乐，等. 人才市场新论［M］. 北京：蓝天出版社，2005.

［24］丁向阳. 人才竞争战略［M］. 北京：蓝天出版社，2005.

［25］齐秀生. 社会环境与人才［M］. 济南：齐鲁书社，2005.

［26］王辉耀. 海归时代［M］. 北京：中央编译出版社，2005.

［27］中国人事科学研究院. 2005中国人才报告［M］. 北京：人民出版社，2005.

［28］叶忠海. 区域人才开发研究论集［M］. 北京：生活·读书·新知三联书店，2006.

［29］吴江. 人才强国战略论［M］. 北京：党建读物出版社，2007.

［30］王辉耀. 当代中国海归［M］. 北京：中国发展出版社，2007.

［31］沈荣华. 人才立法和规范管理［M］. 北京：党建读物出版社，2008.

［32］唐志敏. 人才配置与人才市场［M］. 北京：党建读物出版

社，2008.

[33] 沈荣华．人才引进与保持［M］．北京：党建读物出版社，2008.

[34] 罗洪铁，等．人才学学科30年建设和发展研究［M］．北京：中央文献出版社，2009.

[35] 毛大立．向往之地——上海国际人才高地建设构想［M］．上海：上海社会科学院出版社，2009.

[36] 王辉耀．中国留学人才发展报告［M］．北京：机械工业出版社，2009.

[37] 王辉耀．国家战略——人才改变世界［M］．北京：人民出版社，2010.

[38] 胡又牧．人才国际化与中外人才引进［M］．北京：新华出版社，2010.

[39] 倪鹏飞，潘晨光．人才国际竞争力——探寻中国的方位［M］．北京：社会科学文献出版社，2010.

[40] 吴江，等．建设世界人才强国［M］．北京：党建读物出版社，2011.

[41] 王辉耀．人才竞争——海外看中国人才战略［M］．北京：东方出版社，2011.

[42] 刘国福，王辉耀．技术移民法立法与引进海外人才［M］．北京：机械工业出版社，2012.

[43] 王勇．人才资本产权实现的路径模式与制度安排［M］．北京：中国财政经济出版社，2012.

[44] 王辉耀，路江涌．中国海归创业发展报告（2012）No. 1［M］．北京：社科文献出版社，2012.

[45] 吴江，苗月霞．人才强国战略管理创新研究［M］//吴江．第一资源：第4辑．北京：党建读物出版社，2009.

[46] 桂昭明．中部六省人才开发效能提升及对策研究［M］//吴江．第一资源：第6辑．北京：党建读物出版社，2009.

［47］桂昭明．2020 年中国进入世界人才强国论证报告［M］//吴江．第一资源：第 12 辑．北京：党建读物出版社，2010.

［48］桂昭明，程芳．人才资源使用效益评价研究［J］．科技进步与对策，2001（8）.

［49］王通讯，等．西部经济开发的人才战略［J］．人才研究，1986（1）.

［50］江迪．我国西北智力资源的态势分析与评价［J］．人才，1987（2）.

［51］望山．试论"七五"期间人才体制改革与经济体制改革的关系［J］．人才，1987（2）.

［52］望山．试论我国人才的宏观控制与调节机制［J］．人才，1987（4）.

［53］刘君德，叶忠海．中国人才开发的空间研究［J］．华东师范大学学报：哲社版，1991（1）.

［54］叶忠海．区域人才资源开发的若干基本理论问题探讨［J］．高教与人才，1991（5）.

［55］王通讯．研究制定中国特色的人才资源发展战略［J］．科技与人才，1992（3）.

［56］望山．关于沿海开放地区人才系统外向型转轨的思考［J］．徐州师范学院学报，1993（4）.

［57］桂昭明，等．试论"人才资本"［J］．科技进步与对策，1997（2）.

［58］望山．世界贸易大战与人才战略取向［J］．学海，1997（5）.

［59］胡颖．人才资源结构优化：一个不容忽视的问题［J］．经济体制改革，1998（5）.

［60］桂昭明．人才资本收益率探析［J］．中国人才，2000（12）.

［61］王磊．产业结构变动与宏观人力资源开发［J］．北京社会科学，2002（1）.

［62］朱杏珍．城市化建设中集聚人才探析［J］．技术经济与管理研

究，2002（1）.

［63］蔡哲人、沈荣华，等. 上海构筑国际人才高地对策研究［J］. 中国人力资源开发，2002（9）.

［64］肖友江. 关于加强人才工作宏观管理的思考［J］. 中国人力资源开发，2002（11）.

［65］桂昭明. 人才资本论纲［J］. 中国人才，2003（9）.

［66］罗文标，黄照升，等. 我国产业的人才结构研究［J］. 科技进步与对策，2003（7）.

［67］彭剑锋. 聚焦中国人才市场：基本问题与矛盾［J］. 中国人才，2003（1）.

［68］何增科. 美国、新加坡、印度等国家在人才资源开发管理方面做法和经验的比较研究［J］. 马克思主义与现实，2004（2）.

［68］桂昭明. 论人才强国的战略阶段［J］. 中国人才，2004（2）.

［70］陈庆修. 以人才结构调整促进经济结构调整［J］. 高科技与产业化，2004（4）.

［71］卢圣泉. 人才市场的机制问题探析［J］. 江汉论坛，2004（9）.

［72］罗文标，黄照升. 产业结构与人才结构互动研究［J］. 科技进步与对策，2004（7）.

［73］王顺. 我国城市人才环境综合评价指标体系研究［J］. 中国软科学，2004（3）.

［74］汪华林. 人才聚集：发展产业集群的基础保障［J］. 经济问题探索，2004（12）.

［75］赵永乐. 人才强国战略实现途径和动力的选择［J］. 济南大学学报：社会科学版，2005（1）.

［76］赵光辉. 我国人才结构与产业结构互动研究的探讨［J］. 中国人力资源开发，2005（5）.

［77］胡钰. 关于人才结构调整的若干思考［J］. 中国软科学，2005（5）.

［78］赵永乐，王勇. 人才资本：产权特性与制度安排［J］. 开发研

究，2006（2）.

［79］李锡元，查盈盈．人才生态环境评价体系及其优化［J］．科技进步与对策，2006（3）.

［80］王倩．新区域主义影响下我国区域人才开发战略研究［J］．开发研究，2006（6）.

［81］王萍，章守明．区域人才集聚策略研究［J］．经济问题，2006（11）.

［82］沈荣华．中国人才21世纪的战略走向［J］．中国人才，2007（1）.

［83］丁向阳，王素玲．探索区域人才开发合作新模式［J］．中国人才，2007（1）.

［84］张西奎，胡蓓．产业集群的人才集聚研究［J］．商业研究，2007（3）.

［85］沈荣华．人才强国：国家发展战略的深化［J］．中国人才，2007（7）.

［86］陈安明．基于人才结构的区域人才效能综合评价［J］．重庆大学学报：自然科学版，2007（8）.

［87］吴江．以改革创新精神加快推进人才强国战略［J］．中国人才，2007（21）.

［88］吴江．人才强国的重要机遇［J］．瞭望新闻周刊，2007（46）.

［89］吴江．正确把握更好实施人才强国战略的要求［J］．中国人才，2008（1）.

［90］翁坤海．人才服务业发展的路径选择［J］．人才资源开发，2008（3）.

［91］马平轩．党管人才领导体制和工作机制分析［J］．人才资源开发，2008（9）.

［92］王通讯．区域经济与人才开发［J］．中国人才，2008（9）.

［93］桂昭明，苏琴．中国人才流动效益研究［J］．中国人才，2008（11）.

[94] 吴江. 人才强国战略需要科学评估 [J]. 瞭望新闻周刊, 2008 (19).

[95] 沈荣华. 中国将迎来一场人才革命 [J]. 人力资源开发, 2009 (3).

[96] 吴江. 民族复兴 人才强国——建国 60 年来人事人才工作十大成就 [J]. 中国劳动保障, 2009 (10).

[97] 刘春香. 产业结构升级和人才结构优化的互动关系分析 [J]. 中外企业家, 2009 (11).

[98] 桂昭明. 人才资本对经济增长贡献率的理论研究 [J]. 中国人才, 2009 (12).

[99] 汪怿. 加快我国人才服务业发展的几点思考 [J]. 科技进步与对策, 2009 (15).

[100] 倪鹏飞, 李清彬. 人才环境的国际比较: 指标构建及应用 [J]. 南京社会科学, 2010 (2).

[101] 桂昭明. 改进完善人才流动配置机制研究 [J]. 中国人才, 2010 (6).

[102] 崔祥民. 区域人才市场一体化的内涵、特征和基本框架 [J]. 武汉工程大学学报, 2010 (8).

[103] 尹蔚民. 以高层次、高技能人才为重点统筹推进各类人才队伍建设 [J]. 中国人才, 2010 (17).

[104] 孙锐, 王通讯, 等. 我国区域人才强国战略实施评价实证研究 [J]. 科研管理, 2011 (4).

[105] 孙锐. 高层次创新型人才队伍建设亟待推进 [J]. 中国人才, 2011 (4).

[106] 陈书洁, 曹立锋. 区域人才资源开发合作的主要方式研究——基于十六个区域人才开发的历史实践 [J]. 中国人力资源开发, 2011 (4).

[107] 李轶, 刘丹. 发达国家实施人才优先战略的做法及启示 [J]. 学习月刊, 2011 (5).

［108］李中斌．我国创新型科技人才研究与队伍建设［J］．中国人力资源开发，2011（7）．

［109］白春礼．人才蔚起国运兴——科技人才工作的回顾与思考［J］．党建研究，2011（9）．

［110］蒋影明．高层次人才引进和使用中的分类区别［J］．中国人才，2011（21）．

［111］申雪．人才结构对经济发展的影响分析［J］．经济研究导刊，2011（33）．

［112］吴江，孙锐．构建人才发展规划绩效评估机制［J］．人民论坛，2011（37）．

［113］桂昭明．人才优先发展是科学发展的有效路径［J］．中国人才，2012（2）．

［114］柳学智．以科学人才观为中国特色社会主义事业凝聚力量［J］．党建，2012（3）．

［115］赵永乐．充分发挥高端人才在转变发展方式中的作用［J］．群众，2012（5）．

［116］孙锐，吴江．公共项目评估视角下的我国人才战略规划实施效果评估机制研究［J］．中国软科学，2012（7）．

［117］吴江．建设人才强国的百年大计［J］．中国人才，2012（10）．

［118］孙锐，吴江．人才强国战略规划评估路径研究［J］．中国科技论坛，2012（10）．

［119］沈荣华．人才体制机制的创新之策［J］．中国人力资源社会保障，2012（11）．

［120］翁坤海．我国人才服务业发展研究［D］．福州：福建师范大学，2008.

［121］张志刚．创新党管人才原则的实现方式的思考［D］．长春：东北师范大学，2009.

［122］吴江．人才公共服务的价值准则——公共利益［N］．中国人事报，2007-10-26.

[123] 赵永乐．推动人才结构战略性调整 [N]．中国人事报，2010 - 07 - 09.

[124] 桂昭明．人才贡献率，衡量人才发展水平的核心指标 [N]．中国组织人事报，2012 - 05 - 18.

[125] AnnaLee Saxenian. The New Argonauts：Regional Advantage in a Global Economy [M]. Harvard University Press，2006.

[126] Andrés Solimano. The International Mobility of Talent：Types，Causes and Development Impact [M]. Oxford University Press，2008.

[127] World Bank. Immigration Database [EB/OL]. http：//econ. worldbank. org/WBSITE/EXTERNAL/EXTDEC/EXTDECPROSPECTS/0，contentMDK：21352016 ~ pagePK：64165401 ~ piPK：64165026 ~ theSitePK：476883，00. html.

[128] World Bank. Patent Application Database [EB/OL]. http：//search. worldbank. org/data? qterm = patent%20application&language = EN.

[129] OECD. International Migration Outlook Report [R/OL]. http：//www. wiso. uni - hamburg. de/fileadmin/vwl/aussenhandel/internationalewirtschaftsbeziehungen/Hauptstudium/Migration/WiSe2011_ 12/oecd_ 2011. pdf.

[130] Technical Immigration Papers from OECD Countries [EB/OL]. http：//www. un. org/esa/population/meetings/fourthcoord2005/P12_ OECD. pdf.

[131] Greater Zurich Area，IMD World Competitiveness 2011 [EB/OL]. http：//www. greaterzuricharea. ch/content/02/02_ 003en. asp.

[132] Siemens AG&Economist Intelligence Unit. Asian Green City Index：Assessing the environmental performance of Asia's major cities [R/OL]. http：//www. siemens. com/greencityindex.

[133] Berg，L Van den. Urban Systems in a Dynamic Society，Aldershot：Gower，1987.

[134] Castells，M.. "The Information City，the New Economy，and the Network Society"，in People，Cities and the New Information Economy，materials from an International Conference in Helsinki，14 - 15 December，2000.

［135］Julie Berry Cullen and Steven D. Levitt. Crime，Urban Flight，and the Consequences for Cities［J］. The Review of Economics and Statistics，MIT Press，1999，81（2）.

［136］Richard Florida. The Economic Geography of Talent［J］. Pittsburgh：Carnegie Mellon University，September 2002.

后 记

2010年4月《国家中长期人才发展规划纲要（2010—2020年)》颁发后，党中央、国务院于2010年5月召开全国人才工作会议，中央人才工作协调小组认真贯彻落实会议精神并对实施国家中长期人才发展规划纲要进行了具体部署。2010年10月23日，我和沈荣华教授参加了全国人才发展理论创新座谈会，都在这次座谈会上作专题发言并聆听中央领导同志的重要讲话，很受鼓舞。

中国人才研究会于2011年底下达人才学理论研究丛书的写作任务，《宏观人才学概论》一书由我和沈荣华教授牵头。2012年1月15日，我邀请沈荣华教授、桂昭明教授等专家在南京研讨《宏观人才学概论》的写作方案。王辉耀教授因故未能到会，发来自己的意见参加研讨。3月下旬，《宏观人才学概论》写作大纲形成，大家分头落实，写作工作展开。5月下旬，全书形成初稿。在这之后，全书先后九易其稿。其中，7月1日和8月14日，分别在南京和镇江召开书稿研讨会。

2012年11月24日，人才学理论研究丛书审稿会在北京召开。审稿会对《宏观人才学概论》的写作工作给予了充分肯定，会议指出："宏观人才学首次提出人才功能、人才要素、人才资源、人才资本、人才发展五大基本理论；提出宏观人才运行、人才市场体系、人才宏观管理三大基础理论，特别对人才大国迈向人才强国的内涵外延作了系统回答，对人才学发展都有重要贡献。"

2013年1月21日，人才学理论研究丛书统稿会在北京香山饭店召开。李有慰会长、吴江常务副会长、柳学智秘书长亲临会议并作了讲话。

《宏观人才学概论》在写作期间，得到中央组织部人才工作局、人力资源和社会保障部相关司局、中国人才研究会、党建读物出版社的大力指导和支持。李有慰会长、吴江常务副会长、柳学智秘书长、王占生社长、王英利总编辑、罗哲副总编辑给予了深厚的关怀，从写作的立意、大纲和主要观点等方面给予了全面指导。徐颂陶、王通讯、叶忠海、郑其绪、马抗美、吴德贵、沈国权、尚春博、余兴安等中国人才研究会的领导提出了宝贵的意见和建议。人才学专业委员会的罗洪铁、钟祖荣、黄健等领导给予了学术支持和帮助。中国人事科学研究院的蔡学军副院长、李维平研究员、刘艳良处长和中国人才研究会秘书处的韦智敏常务副秘书长给予了具体的指导和帮助，梁晓梅主任、刘嵬主任多次亲临现场指导并解决实际问题。在此，谨致以崇高的敬意，并表示衷心的感谢。

沈荣华、桂昭明和王辉耀都是我的好朋友，他们都是中央人才工作协调小组特聘专家组成员，都参加过国家中长期人才发展规划纲要的编制研究工作并作出了应有的贡献，这次为《宏观人才学概论》的写作又付出宝贵的精力和心血。参加《宏观人才学概论》写作工作的还有王培君教授、夏剑锋教授、汪怿研究员、潘运军副教授、赵全军副研究员、程芳副教授、石凯副研究员、朱义令博士、王芳霞博士、苏琴博士和郑金连总监等。在此，谨对他们付出的艰辛努力深表谢意，并说一声：你们辛苦了！

本书由赵永乐任主编，沈荣华、桂昭明任副主编。具体执笔分工如下：绪论，赵永乐；第一章，王培君；第二章，赵永乐、朱义令；第三章，潘运军、赵永乐；第四章，赵全军；第五章，沈荣华；第六章，桂昭明、夏剑锋；第七章，沈荣华、王芳霞；

第八章，苏琴、桂昭明；第九章，程芳；第十章，石凯；第十一章，汪怿；第十二章，王辉耀、郑金连。

还要感谢的有：张仰飞、祝中昊、王巍、汤玲、王佳、崔颖、陈双双、黄翠、张璐等，他们或负责组织接待，或提供条件服务，或参与研究写作，或提供参考资料，或协助审核校对，或进行格式整理，或从事通信联络，做了大量难以统计工作量的工作。在此，谨对他们默默无闻的奉献深表敬意，并说一声：谢谢你们！

此外，还要感谢党建读物出版社编辑刘宗琴的辛勤劳动。同时还要感谢河海大学文天学院杨士魁院长的大力支持和帮助。

时间紧迫，仓促付梓，惴惴不安。担心的是书中的内容能否承受得了“宏观人才学”五个字。无奈又无奈，只能期待同仁和读者批评指正。

是为后记。

赵永乐

2013 年 6 月于南京江东之滨

《宏观人才学概论》主编、副主编简介

赵永乐　曾用笔名望山，男，1946 年生。教授、博士生导师。水利部人力资源研究院副院长，中国（南京）人才发展研究中心常务副主任，河海大学人力资源研究中心名誉主任，中国人才研究会副会长、学术委员会委员。中央人才工作协调小组特聘专家组成员、人力资源和社会保障部 CETTIC 面试考官认证专家委员会副主任委员、江苏省人大常委会立法咨询专家。中国最早从事人才学研究的学者之一，江苏省人才学会的创始人和主要领导者之一。主要从事宏观人才学、人才市场学、人才经济学、人才社会学、人才规划学、人才测量学、企业领导学和人力资源管理等学科领域的研究和教学。出版著作 55 部，发表文章 260 余篇，主持参加国家级、省部级课题 58 项，获全国性和省部级一等奖 8 项，二、三等奖 23 项次。先后担任过 60 余家企业管理顾问。获“中国人才学研究突出贡献奖”。

沈荣华 男，1944年生。上海市公共行政与人力资源研究所名誉所长、研究员、博士生导师。兼任中国人才研究会副会长、学术委员会副主任等职。自1979年以来，主持和参加了《构筑上海人才高地战略研究》等50多项重大软科学项目研究，主编了《第一资源论》等17部著作，撰写了《中国将迎来一场人才革命》等百余篇论文。课题研究、著作和论文获得国家和省部级奖励共30多项。2003年至2010年期间，作为主要骨干，先后参加了两次全国人才工作会议文件起草工作。获“中国人才学研究突出贡献奖”。

桂昭明 男，1948年生。武汉工程大学人才资源开发研究所所长、二级教授、博士生导师，中国·湖北·人才发展研究中心主任，中国人事科学研究院博士后导师，中国人才研究会常务理事、学术委员会委员，享受国务院政府特殊津贴。研究方向为人才资源与经济发展的相关性。受聘为中央人才工作协调小组战略专题研究专家，完成《国家中长期人才发展规划纲要(2010—2020年)》核心指标“人才贡献率”的建立、测算及研究；参与36项中央及国家部委课题，发表4部学术专著、70余篇学术论文；获全国人事科研成果奖6项、湖北省科技进步奖2项，获“中国人才学研究突出贡献奖”、首届“中国人才发展论坛”论文一等奖。